O SOLO MOVEDIÇO DA GLOBALIZAÇÃO

Thiago Aguiar

O SOLO MOVEDIÇO DA GLOBALIZAÇÃO
trabalho e extração mineral
na Vale S.A.

© Boitempo, 2022

Direção-geral Ivana Jinkings
Edição Carolina Mercês e Livia Campos
Coordenação de produção Livia Campos
Assistência editorial João Cândido Maia
Preparação Lyvia Félix
Revisão Sílvia Balderama Nara
Capa e diagramação Antonio Kehl

Equipe de apoio Camila Nakazone, Elaine Ramos, Frank de Oliveira, Frederico Indiani, Higor Alves, Isabella Meucci, Ivam Oliveira, Kim Doria, Lígia Colares, Luciana Capelli, Marcos Duarte, Marina Valeriano, Marissol Robles, Maurício Barbosa, Pedro Davoglio, Raí Alves, Thais Rimkus, Tulio Candiotto, Uva Costriuba

CIP-BRASIL. CATALOGAÇÃO NA PUBLICAÇÃO
SINDICATO NACIONAL DOS EDITORES DE LIVROS, RJ

A233s

Aguiar, Thiago
   O solo movediço da globalização : trabalho e extração mineral na Vale S.A. / Thiago Aguiar. - 1. ed. - São Paulo : Boitempo, 2022.

   272 p.
   Inclui bibliografia
   "Prefácio por Ruy Braga"
   ISBN 978-65-5717-128-8

   1. Companhia Vale do Rio Doce. 2. Minas e recursos minerais. 3. Sindicalismo. 4. Mineradoras de ferro - Aspectos sociais. 5. Mineradoras de ferro - Aspectos econômicos. 6. Privatização - Brasil. I. Título.

22-76177
CDD: 338.76220981
CDU: 622.012(81)

Meri Gleice Rodrigues de Souza - Bibliotecária - CRB-7/6439

É vedada a reprodução de qualquer
parte deste livro sem a expressa autorização da editora.

Esta obra contou com o apoio da Fundação de Amparo à Pesquisa do Estado de São Paulo (Fapesp) para a publicação (processo n. 2020/15496-5).

1ª edição: março de 2022

BOITEMPO
Jinkings Editores Associados Ltda.
Rua Pereira Leite, 373
05442-000 São Paulo SP
Tel.: (11) 3875-7250 / 3875-7285
editor@boitempoeditorial.com.br
boitempoeditorial.com.br | blogdaboitempo.com.br
facebook.com/boitempo | twitter.com/editoraboitempo
youtube.com/tvboitempo | instagram.com/boitempo

Para Jovelino José da Trindade,
meu avô e grande mestre,
a caminho de seu século de Brasil.

[...]
Uma rua começa em Itabira, que vai dar em qualquer ponto da terra.
Nessa rua passam chineses, índios, negros, mexicanos, turcos, uruguaios.
Seus passos urgentes ressoam na pedra,
ressoam em mim.
[...]
Sou apenas uma rua
na cidadezinha de Minas,
humilde caminho da América.
[...]

Carlos Drummond de Andrade, "América"

Agradecimentos

Este livro, como todo produto do conhecimento, é uma obra coletiva, que contou com a colaboração de muitas pessoas. Agradeço, em primeiro lugar, a Leonardo Mello e Silva, meu orientador e amigo, e a Michael Burawoy, por ter me recebido na Califórnia durante meu estágio doutoral. André Singer, Judith Marshall, Paula Marcelino, Ricardo Antunes, Rodrigo Santos e Ruy Braga, em diferentes momentos, ofereceram sua leitura generosa, sugestões e comentários.

Devo muito ao apoio decisivo de trabalhadores e sindicalistas que dedicaram parte de seu tempo para me ensinar sobre suas atividades. Agradeço aos dirigentes do Stefem, do USW Local 6500, do Metabase Carajás e a Guilherme Zagallo pela acolhida, pelos contatos e pela paciência para responder a minhas questões.

Cristina, João e Priscila Aguiar, minha mãe, meu pai e minha irmã, foram uma fonte de apoio incondicional em todos os momentos. Muitos amigos também contribuíram para que eu pudesse concluir este livro. Em particular, Pedro Micussi e Vittorio Poletto estiveram sempre por perto, mesmo quando estive longe. Pedro foi, além disso, um interlocutor permanente, fundamental para os eventuais acertos deste livro, sem compartilhar, no entanto, de qualquer responsabilidade por meus equívocos.

Agradeço ao Programa de Pós-Graduação em Sociologia da Universidade de São Paulo e ao Departamento de Sociologia da Universidade da Califórnia, Berkeley, por acolherem a pesquisa que baseou esta obra; à Boitempo, por viabilizar sua publicação. Sou grato ao Conselho Nacional de Desenvolvimento Científico e Tecnológico (CNPq) pela bolsa que permitiu a realização de minha pesquisa de doutorado; à Fulbright Commission e à Coordenação de Aperfeiçoamento de Pessoal de Nível Superior (Capes), pelo financiamento de meu estágio doutoral; à Fundação de Amparo à Pesquisa do Estado de São Paulo (Fapesp), pelos recursos que viabilizaram esta publicação (processo n. 2020/15496-5) e pela bolsa de pós-doutorado (processo n. 2019/26020-4) no IFCH-Unicamp, que possibilitou a atualização do material ora publicado.

Sumário

LISTA DE SIGLAS 13

PREFÁCIO, *POR RUY BRAGA* 15

APRESENTAÇÃO – CAMINHANDO NO SOLO MOVEDIÇO 19

Um período de crise e o sentido geral das mudanças 23

Capitalismo global, capital e trabalho transnacionais: uma aproximação 29

Enquadrando fenômenos sociais multissituados: redes globais de produção (RGPs), estratégias corporativas e redes sindicais internacionais.....................39

Alguns apontamentos metodológicos: a inspiração etnográfica e o método do "estudo de caso ampliado" 45

1 – DE COMPANHIA VALE DO RIO DOCE A VALE S.A. 51

A privatização da CVRD e o salto na internacionalização.....................54

O *boom* e o pós-*boom* das *commodities* minerais...................................68

Mudanças e continuidade na estratégia de relações trabalhistas e sindicais após a privatização 74

Algumas características da RGP de minério de ferro da Vale no Brasil.............83

2 – PODER CORPORATIVO E FRAGMENTAÇÃO DOS SINDICATOS: A ESTRATÉGIA DE RELAÇÕES TRABALHISTAS E SINDICAIS DA VALE NO BRASIL.................87

A entrada em campo em um período de crise....................................93

O poder coletivo fragilizado 103

O primeiro maquinista da Estrada de Ferro Carajás 112

A representação dos trabalhadores no Conselho de Administração da Vale.....120

As dificuldades de entrada em Carajás...125

"É sempre bom saber com quem a gente está falando" 131

3 – A Vale compra um orgulho canadense: reestruturação, greve e
rede sindical internacional 143

"O grande não desastre mineiro canadense" 145

Uma sogra brasileira para os órfãos da "mãe Inco" 147

Um poderoso sindicato multinacional com profundas raízes locais...................151

"Ter-me como patrão pode não ser fácil"...................162

Derrota ou vitória?...................179

A rede sindical internacional da Vale: uma experiência frustrada 193

4 – Capitalismo global, fundos de pensão e a "nova governança
corporativa" da Vale como forma de conclusão...................211

Os fundos de pensão e o controle da Vale pós-privatização...................212

A relação com o governo federal e o papel do BNDES na estratégia
financeira da companhia 222

Os fundos de pensão e a transnacionalização da Vale...................232

A "nova governança corporativa" da Vale após o *boom* das *commodities*:
reorientação dos fundos de pensão e aumento da presença de investidores
transnacionais 239

Epílogo – Vale S.A., uma corporação transnacional no solo movediço
da globalização...................249

Referências bibliográficas 259

Índice onomástico...................269

Lista de siglas

AFL-CIO – American Federation of Labor and Congress of Industrial Organizations

AIAV – Articulação Internacional dos Atingidos pela Vale

AIP – Annual Incentive Program

AMI – Acordo-Marco Internacional

AMZA – Amazônia Mineração S.A.

ANM – Agência Nacional de Mineração

Aval – Associação de Sindicatos de Trabalhadores da Vale

BIRD – Banco Internacional para Reconstrução e Desenvolvimento

BNDES – Banco Nacional de Desenvolvimento Econômico e Social

BRBF – Brazilian Blend Fines

Brics – Brasil, Rússia, Índia, China e África do Sul

BSGR – Benjamin Steinmetz Group Resources

CCT – Classe Capitalista Transnacional

CESP – Companhia Energética de São Paulo

CFEM – Compensação Financeira pela Exploração de Recursos Minerais

CIPA – Comissão Interna de Prevenção de Acidentes

CLC – Canadian Labour Congress

CME – Coordinated Market Economy

CMM – Companhia Meridional de Mineração S.A.

CNDTM – Comitê Nacional em Defesa dos Territórios Frente à Mineração

CNQ – Confederação Nacional dos Químicos

Contraf-CUT – Confederação Nacional dos Trabalhadores do Ramo Financeiro da CUT

COO – Centro de Comando Operacional

CPRM – Serviço Geológico do Brasil

CTN – Corporação Transnacional

CUT – Central Única dos Trabalhadores

CVM – Comissão de Valores Mobiliários

CVRD – Companhia Vale do Rio Doce

DNPM – Departamento Nacional de Produção Mineral

EBC – Earnings Based Compensation

ECSC – European Coal and Steel Community

EFC – Estrada de Ferro Carajás

ETN – Aparatos de Estado Transnacional

FGV – Fundação Getulio Vargas

FHC – Fernando Henrique Cardoso

FMI – Fundo Monetário Internacional

FNC – Floresta Nacional de Carajás

FSI – Federação Sindical Internacional

Funcef – Fundação dos Economiários Federais

Funcesp – Fundação de Empresas Elétricas de São Paulo

GTAMS – Grupo de Trabalho Articulação Mineração-Siderurgia

IBGE – Instituto Brasileiro de Geografia e Estatística

14   *O solo movediço da globalização*

ICEM – International Federation of Chemical, Energy, Mine and General Workers' Unions

ICMBio – Instituto Chico Mendes de Conservação da Biodiversidade

IED – Investimento Estrangeiro Direto

IMF – International Metalworkers' Federation

INSS – Instituto Nacional do Seguro Social

Investvale – Clube de Investimentos dos Empregados da Vale do Rio Doce

KfW – Kreditanstalt für Wiederaufbau

LME – Liberal Market Economy

Metabase – Sindicato dos Trabalhadores na Indústria de Extração de Ferro e Metais Básicos

OAB – Ordem dos Advogados do Brasil

OIT – Organização Internacional do Trabalho

OMC – Organização Mundial do Comércio

ONG – Organização Não Governamental

ONU – Organização das Nações Unidas

Otan – Organização do Tratado do Atlântico Norte

PCdoB – Partido Comunista do Brasil

PDT – Partido Democrático Trabalhista

PFC – Projeto Ferro Carajás

PIB – Produto Interno Bruto

PLR – Participação nos Lucros e Resultados

PRI – Principles for Responsible Investment

PSDB – Partido da Social Democracia Brasileira

PSTU – Partido Socialista dos Trabalhadores Unificado

PT – Partido dos Trabalhadores

PUC-Rio – Pontifícia Universidade Católica do Rio de Janeiro

RBJA – Rede Brasileira de Justiça Ambiental

RGP – Rede Global de Produção

SEC – Securities and Exchange Comission

Sindimina-RJ – Sindicato dos Trabalhadores nas Indústrias de Prospecção, Pesquisa e Extração de Minérios no Estado do Rio de Janeiro

Stefem – Sindicato dos Trabalhadores em Empresas Ferroviárias dos Estados do Maranhão, Pará e Tocantins

STIEAPA – Sindicato das Indústrias Extrativas dos Estados do Amapá e do Pará

TICs – Tecnologias de Informação e Comunicação

TJLP – Taxa de Juros de Longo Prazo

TLP – Taxa de Longo Prazo

UGT – União Geral dos Trabalhadores

US Steel – United States Steel Co.

USW – United Steelworkers

VBG – Vale BSGR Guinea

Prefácio

Ruy Braga[1]

No dia 5 de novembro de 2015, o maior desastre ambiental na área de mineração do mundo aconteceu no município de Mariana, em Minas Gerais. Uma barragem da Samarco, empresa controlada pela Vale, em sociedade com a companhia anglo-australiana BHP Billiton, rompeu-se, provocando uma enxurrada de lama tóxica e vitimando dezenove pessoas, em sua maioria trabalhadores. A bacia hidrográfica do Rio Doce, a mesma que nomeou a mineradora, foi devastada, com o sacrifício de grande parte da vida aquática, destruindo, de quebra, a economia de subsistência de inúmeras comunidades tradicionais existentes na região, em especial, tribos indígenas.

Tragédias nessa escala não se improvisam. Elas são meticulosamente preparadas. Há método, cálculo de risco e planejamento. Existe toda uma estrutura burocrático-administrativa por trás da catástrofe. E há muitos responsáveis que, até o momento, não foram punidos. O livro de Thiago Aguiar, *O solo movediço da globalização: trabalho e extração mineral na Vale S.A.*, é uma contribuição decisiva para que possamos compreender os diferentes condicionantes econômicos e sociais existentes nesses desastres – e em outros que se avizinham. Trata-se de uma obra de raro apuro teórico e metodológico, cuja importância para a sociologia do trabalho brasileira e internacional merece ser devidamente destacada.

Em primeiro lugar, Thiago Aguiar narra em detalhes o complexo processo de transformação da Vale, uma tradicional empresa estatal umbilicalmente associada ao ciclo industrializante do país, em uma grande corporação mundial na liderança da produção de minério de ferro e de níquel. Partindo da análise dos inúmeros impactos que uma mudança tão profunda acarreta ao cotidiano da empresa, o autor enfoca a experiência coletiva dos trabalhadores da Vale, em especial aqueles organizados sindicalmente, tanto no Brasil quanto no exterior. Para tanto, ele

---

[1] Professor titular do Departamento de Sociologia da USP.

16   *O solo movediço da globalização*

manuseia com grande maestria os instrumentos da pesquisa etnográfica em dois países, Brasil e Canadá, entre os quais a Vale mantém operações extrativas de grande monta. É importante frisar que a realização de estudos com técnicas de observação etnográfica em dois países não é nada usual na sociologia brasileira.

Esse expediente o levou a lugares tão diferentes como Carajás, no coração da Amazônia, e Sudbury, no norte de Ontário, onde revelou detalhes das operações extrativas da Vale por meio da observação da experiência organizativa dos trabalhadores. Dessa forma, pôde trazer à luz as decisões empresariais dominadas pelas dinâmicas da financeirização do capital e que colocam em risco tanto os trabalhadores quanto o meio ambiente. Para tanto, seu olhar foi guiado por uma robusta teoria do capitalismo global, especialmente balizada pela obra de William I. Robinson, que o ajudou a se mover sobre o solo inseguro para os trabalhadores do processo da globalização capitalista. De forma muito engenhosa, Thiago Aguiar tomou o caso da maior empresa latino-americana em valor de mercado como representativo das complexas modalidades de integração da estrutura econômica brasileira à globalização neoliberal.

Assim, teoria e história enlaçam-se, evidenciando as consequências deletérias do processo de subsunção de trabalhadores, comunidades e meio ambiente, aos imperativos econômicos de uma ordem corporativa financeirizada. Nesse sentido, é importante destacar a coragem de Thiago Aguiar em nadar contra a corrente das análises celebratórias frequentes tanto na imprensa quanto na academia nas primeiras décadas do século XXI a respeito do bloco conhecido pelo acrônimo Brics (Brasil, Rússia, Índia, China e África do Sul). De certa maneira, a obra que o leitor tem em mãos corresponde a uma espécie de "história sombria" da formação dos Brics, contada do ponto de vista dos "de baixo".

Em vez de comemorar a tese segundo a qual o bloco serviria como uma espécie de contrapeso aos "excessos" trazidos pela terceira onda de mercantilização conhecida por neoliberalismo, o autor demonstra a complementariedade existente entre os Brics e a mercantilização do trabalho, da natureza e do dinheiro. Para tanto, o livro retrata a estratégia de relações de trabalho da empresa cujo foco consiste em enfraquecer e isolar os sindicatos. Em acréscimo, Thiago Aguiar analisou o processo de reestruturação das operações da Vale no Canadá após a compra da Inco em 2006, cujas características gestaram, entre 2009 e 2010, a mais longa greve do setor privado canadense em pelo menos trinta anos.

O livro também se voltou para as transformações recentes na estrutura de propriedade e na "governança corporativa" da Vale que promoveram a ampliação da presença de grandes fundos transnacionais de investimento em seu controle acionário após vários anos de expansão internacional da mineradora. Como demonstrado na obra, trata-se de um conjunto de operações impulsionado por fundos estatais e paraestatais durante os governos petistas. Ou seja, além de relacionar a integração de parte da estrutura econômica brasileira à globalização capitalista,

Prefácio 17

Thiago Aguiar revolveu o terreno instável das bases sociais da hegemonia lulista, cuja reprodução dependia parcialmente daquilo que eu e Alvaro Bianchi chamamos há quase duas décadas de *financeirização da burocracia sindical*. Trata-se de um problema fascinante, proposto por Francisco de Oliveira, quando da publicação de seu conhecido ensaio "O ornitorrinco"[2], porém, ainda não adequadamente explorado empiricamente pela sociologia brasileira.

Ao entrevistar trabalhadores e dirigentes sindicais brasileiros, canadenses e estadunidenses, entre os quais lideranças nacionais da Central Única dos Trabalhadores, do United Steelworkers e da AFL-CIO, além de gestores e ex-gestores da Vale, Thiago Aguiar nos ofertou uma contribuição decisiva para o conhecimento empiricamente orientado a respeito tanto da hegemonia precária que caracterizou os governos petistas quanto da dependência desta relação social da ampliação do superciclo de *commodities* dos anos 2000.

Em termos da organização do livro, Thiago Aguiar criou uma estrutura elegante que parte de uma problematização atualizada das teorias das redes globais de produção e das redes sindicais internacionais a fim de apresentar a dinâmica de seu objeto, isto é, a história do trabalho e da extração mineral na Vale. Assim, o primeiro capítulo reconstrói a história da empresa estatal fundada em 1942, avançando até sua privatização em 1997. Dessa maneira, ele revelou as metamorfoses das relações de trabalho e sindicais da empresa ao longo do século XX. Ao mesmo tempo, o superciclo de *commodities* foi analisado como o pano de fundo da transformação da empresa numa corporação transnacional presente em dezenas de países nos cinco continentes.

No segundo capítulo, o autor esquadrinhou a estratégia de relações de trabalho e sindicais da Vale por meio de uma notável pesquisa etnográfica realizada em Carajás e em São Luís. O capítulo descreve as várias táticas da Vale para conter o poder coletivo dos trabalhadores, contornando conflitos e evitando a realização de greves, além de estimular terceirizações e formas de remuneração variável. Por meio de observações em campo e entrevistas realizadas durante a crise econômica de 2015-2016, o livro revela a posição marcadamente antissindical da empresa, cujo estilo de gestão autoritário foi exportado para outros países.

No terceiro capítulo, analisa-se a compra da empresa Inco pela Vale. Por meio de rico material etnográfico colhido em Sudbury, em Ontário, o livro enfoca a reestruturação autoritária promovida pela empresa brasileira em suas operações canadenses, destacando os esforços da empresa para reduzir o pagamento de bônus, modificar o plano de pensão dos trabalhadores e a política de segurança nas minas. Visando reduzir a capacidade de intervenção sindical no processo de produção e na arbitragem dos conflitos, a mineradora atacou uma antiga comunidade mineira e

---

2 Francisco de Oliveira, "O ornitorrinco", em *Crítica à razão dualista/O ornitorrinco* (São Paulo, Boitempo, 2003).

18 *O solo movediço da globalização*

enfrentou um sindicato poderoso, o United Steelworkers. Como resultado, a Vale colheu uma histórica greve mineira, além da organização de uma embrionária rede sindical internacional, em certa medida frustrada pela dificuldade de engajar os sindicatos mais importantes da Vale no Brasil.

Por fim, o quarto capítulo analisou a importante participação de fundos de pensão de empresas estatais brasileiras e do BNDES no controle acionário da Vale após sua privatização. Trata-se de um capítulo no qual Thiago Aguiar lançou luz sobre as relações da direção da Vale tanto com governos petistas quanto com a cúpula financeirizada do sindicalismo brasileiro. O autor nos oferece um balanço muito bem-feito a respeito dos efeitos deletérios e trágicos da transnacionalização da Vale para a organização dos trabalhadores e para o meio ambiente.

De volta ao início, pouco mais de três anos após a tragédia de Mariana, uma barragem controlada diretamente pela Vale rompeu-se em Brumadinho, matando quase três centenas de trabalhadores e alcançando uma façanha que mais de três séculos de exploração mineira não foram capazes: a companhia conseguiu matar um rio, o Paraopeba. Como afirmamos no início deste prefácio, não é acidental que a mineradora produza "acidentes" trabalhistas e ambientais com tanta frequência.

Neste livro, Thiago Aguiar nos oferece uma oportunidade ímpar para compreendermos catástrofes como as de Mariana e Brumadinho, e agirmos a fim de evitar que elas se repitam no futuro. De fato, o lado sombrio da globalização capitalista foi iluminado por esta obra politicamente radical e sociologicamente instigante. A urgente resposta da sociedade às ameaças trazidas para nossa existência pela financeirização capitalista se fortalece com livros como este. Lê-lo e debatê-lo são tarefas estratégicas para todos os que lutam por uma sociedade justa e ambientalmente sustentável.

Apresentação
Caminhando no solo movediço

É verdade: geralmente, o conhecimento de anatomia não é uma precondição para um "correto" caminhar. Mas quando o chão sob nossos pés move-se constantemente, muletas são bem-vindas. Como cientistas sociais, nós abolimos o equilíbrio dos pés, por estarmos presentes no próprio mundo que estudamos, por absorvermos a sociedade que observamos, por vivermos lado a lado daqueles que chamamos de "outros". [...] É por isto que nós desesperadamente necessitamos de metodologia, para mantermo-nos de pé, enquanto navegamos num território que se move e muda de lugar quando tentamos atravessá-lo.[1]

O sociólogo buscando apoiar-se em "muletas" para caminhar em um solo movediço: eis a cômica e sugestiva metáfora encontrada por Michael Burawoy para tratar do papel da metodologia nas Ciências Sociais. A percepção da mudança social e a relação desta com a condição do pesquisador em um mundo em movimento talvez sejam as grandes questões suscitadas por sua obra metodológica. A mudança e o movimento constituem a própria condição da etnografia, realizada em espaço e tempo reais, enquanto a história e seus conflitos seguem desenvolvendo-se. A condição dupla do sociólogo, como observador e participante, na etnografia pode converter-se em uma dificuldade ou em um instrumento para auxiliar a compreensão dos microprocessos no campo e de suas relações com as macroforças sociais[2].

A percepção da mudança e a perda do equilíbrio dos pés, como se verá, acompanharam permanentemente a investigação que baseia este livro[3]. A pesquisa,

---

[1] Michael Burawoy, *Marxismo sociológico: quatro países, quatro décadas, quatro grandes transformações e uma tradição crítica* (trad. Marcelo Guirau e Fernando Jardim, São Paulo, Alameda, 2014), p. 40.

[2] Ibidem, p. 28.

[3] Trata-se de uma versão modificada da tese de doutorado elaborada no Programa de Pós-Graduação em Sociologia da Universidade de São Paulo (USP) (2015-2019), com período de estágio doutoral na Universidade da Califórnia, Berkeley (2016-2017), complementada por novas análises realizadas

20 *O solo movediço da globalização*

no início, pretendia acompanhar o movimento de expansão internacional de empresas brasileiras ocorrido durante as primeiras décadas do século XXI, suas consequências para as relações de trabalho e as respostas propostas por sindicatos e organizações de trabalhadores diante da fluidez global do capital e da dimensão das corporações transnacionais (CTNs).

Essas questões já haviam sido objeto de pesquisa anterior[4], um estudo de caso sobre a Natura, líder nacional do ramo de cosméticos com crescente presença no exterior, que abriu seu capital e incorporou ativos e fábricas em outros países. Como se mostrou então, a empresa é um caso bem-sucedido de implantação de conceitos e práticas de produção flexíveis, com impacto concreto nas formas de sociabilidade do grupo operário. Os princípios do *toyotismo*, isto é, qualidade e flexibilidade, orientam a realização das tarefas na produção, bem como o relacionamento nas células de trabalho. Paralelamente às mudanças na organização da produção e do trabalho, pôde-se notar a preocupação daquela empresa em contratar e formar determinado tipo de mão de obra: mais jovem, escolarizada, com maior presença feminina, orientada ao consumo e à carreira, e pouco afeita à participação sindical. Ao mesmo tempo, foi possível apontar um importante vetor da constituição desse grupo: ao contrário do que ocorria no período fordista[5], observava-se em larga medida uma "nova condição operária"[6], com a criação de uma espécie de "sociabilidade de empresa", por meio de estratégias como o "modelo da competência"[7], o *just in time*, as células e as metas, que buscam comprometer o grupo operário com as expectativas de produção da empresa e estimular certas formas de comportamento com os colegas, as chefias e mesmo com os sindicatos.

Tais conclusões, a respeito de uma CTN do setor de cosméticos, levaram à indagação sobre a existência de uma eventual generalização de casos de reestruturação e internacionalização de corporações de origem nacional. A inquietação a respeito do tema somava-se ao interesse pelas relações desse processo com a integração da economia brasileira ao capitalismo global no período. Para encontrá-las, é necessário um esforço de investigação comparativa entre diversas empresas e setores econômicos. Diante do vulto da tarefa, a pesquisa voltou-se

---

em pesquisas de pós-doutorado na USP (2020-2021) e na Universidade Estadual de Campinas (Unicamp) (2021).

[4] Thiago Aguiar, *Maquiando o trabalho: opacidade e transparência numa empresa de cosméticos global* (São Paulo, Annablume, 2017).

[5] Ver Huw Beynon, *Trabalhando para Ford: trabalhadores e sindicalistas na indústria automobilística* (trad. Laura Motta, Rio de Janeiro, Paz e Terra, 1995); Robert Castel, *As metamorfoses da questão social: uma crônica do salário* (trad. Iraci Poleti, Petrópolis, Vozes, 2005), entre outros.

[6] Stéphane Beaud e Michel Pialoux, *Retorno à condição operária: investigação em fábricas da Peugeot na França* (trad. Mariana Echalar, São Paulo, Boitempo, 2009).

[7] Claude Dubar, "A sociologia do trabalho frente à qualificação e a competência", *Educação & Sociedade*, Campinas, v. 19, n. 64, set. 1999.

Apresentação – Caminhando no solo movediço   21

à busca de tais nexos por meio de um estudo de caso sobre a Vale S.A.[8], CTN da mineração de origem brasileira com presença marcante de capital nacional em seu controle acionário.

A escolha não foi aleatória: além de sua enorme dimensão econômica e relevante presença internacional – como se mostrará ao longo dos próximos capítulos –, a entrada em campo pôde beneficiar-se do contato com diversos atores sindicais nacionais e estrangeiros. Sobretudo, a presença da empresa no Canadá – após a aquisição da Inco, uma das maiores produtoras de níquel do mundo, em 2006 – e a posterior greve dos trabalhadores canadenses da Vale em 2009-2010[9], tida como a maior greve do setor privado naquele país em trinta anos[10], foram uma rica fonte empírica que iluminou a investigação sobre as relações entre trabalho, sindicatos e globalização apresentada neste livro.

O que essa situação traz de novo? Décadas atrás, era comum a presença de multinacionais do Norte instalando-se em países periféricos. Fernando Henrique Cardoso e Enzo Faletto chamaram esse tipo de investimento de "economias de enclave" em países dependentes, nas quais

> o capital estrangeiro investido, *originado no exterior*, é incorporado ao processo produtivo local, transformando partes de si em salários e impostos. Seu valor é aumentado pela exploração da força de trabalho local, que transforma a natureza e produz mercadorias que *realizam* novamente a vida deste capital quando os produtos básicos (óleo, cobre, bananas etc.) são vendidos no *mercado externo*.[11]

Ao contrário do "enclave", nas situações de dependência com produção controlada nacionalmente, a burguesia local é a responsável pela apropriação dos recursos naturais, pela exploração do trabalho e pela acumulação. Para Cardoso e Faletto, dependência e desenvolvimento não são excludentes, já que o último refere-se ao desenvolvimento das forças produtivas capitalistas e à acumulação (seja no centro, seja na periferia) enquanto as relações de dependência tratam da necessidade de obter tecnologia e financiamento do exterior, mesmo quando a acumulação ocorre nacionalmente, fenômeno cujas origens estão no imperialismo e em alianças de classe internas e externas. A dependência é o cerne da relação

---

[8]   Ao longo deste livro, em geral, a empresa será chamada simplesmente de Vale (nome adotado oficialmente pela companhia desde 2007) ou de CVRD (sigla de Companhia Vale do Rio Doce), em especial, neste último caso, quando se fizer referência a seu período estatal.

[9]   A greve dos trabalhadores da Vale durou praticamente um ano nas operações de Sudbury e Port Colborne (Ontário) e dezoito meses em Voisey's Bay (Terra Nova e Labrador).

[10]   John Peters, "Down in the Vale: Corporate Globalization, Unions on the Defensive, and the USW Local 6500 Strike in Sudbury, 2009-2010", *Labour*, v. 66, outono 2010, p. 73-105.

[11]   Fernando Henrique Cardoso e Enzo Faletto, "Preface to the English Edition", *Dependency and Development in Latin America* (trad. Marjory Urquidi, Berkeley, University of California Press, 1979), p. XIX. Tradução nossa.

22 *O solo movediço da globalização*

entre centro e periferia. Os autores referiram-se claramente à dependência, desenvolvida historicamente, das economias latino-americanas em relação às nações do centro global.

A presença de uma CTN de origem brasileira no Canadá, após a compra de uma importante mineradora local, explorando sua força de trabalho e exportando recursos naturais, modifica relações clássicas de dependência? Ou apenas as tornam mais complexas? Em que medida o duro conflito trabalhista mencionado ilumina aspectos desse problema? Este livro pretende contribuir para essa discussão a partir de uma abordagem etnográfica situada no campo de estudos da sociologia do trabalho.

O caso apresentado é, de certo modo, uma novidade pelo desenvolvimento de CTNs brasileiras, cuja organização da produção e do trabalho está em sintonia com as práticas de empresas de países centrais. Estas já foram bastante debatidas pela literatura internacional e enquadradas como o que se nomeou "acumulação flexível" ou padrão "pós-fordista" de produção[12]. Pode-se falar em uma "nova etapa de racionalização do trabalho"[13], em uma caracterização bastante conhecida como "modelo japonês"[14] ou toyotista de organização do trabalho. Além disso, também é possível destacar: a externalização de atividades das empresas para subcontratadas e fornecedores em um mesmo país ou no exterior, o que foi exposto pelos estudos centrados nas *"commodity chains"*[15]; a terceirização ou subcontratação da mão de obra; e a avaliação por competência como forma de mobilização da força de trabalho.

Os efeitos de tal processo estão largamente difundidos no Brasil e já foram bastante analisados pela literatura nacional[16]. No entanto, em um período recente, assistiu-se à expansão de multinacionais e CTNs brasileiras, das quais a Vale é um exemplo significativo.

A pesquisa realizada, portanto, localiza-se em uma tradição bem estabelecida de estudos de casos de sociologia do trabalho, que vêm acompanhando as mudanças da base produtiva em uma economia globalizada. O interesse é analisar

---

[12] Ver David Harvey, *Condição pós-moderna: uma pesquisa sobre as origens da mudança cultural* (trad. Adail Sobral e Maria Gonçalves, São Paulo, Loyola, 2009); Huw Beynon e Theo Nichols, *Patterns of Work in the Post-Fordist Era: Fordism and Post-Fordism* (Cheltenham, Edward Elgar Pub, 2006), entre outros.

[13] Jean-Pierre Durand, "A refundação do trabalho no fluxo tensionado", *Tempo Social*, São Paulo, v. 1, n. 15, abr. 2003.

[14] Helena Hirata, *Sobre o modelo japonês: automatização, novas formas de organização e de relações de trabalho* (São Paulo, Edusp, 1993).

[15] Gary Gereffi e Miguel Korzeniewicz (orgs.), *Commodity Chains and Global Capitalism* (Westport, Praeger, 1994).

[16] Alguns exemplos podem ser encontrados em Ricardo Antunes (org.), *Riqueza e miséria do trabalho no Brasil*, v. 1-3 (São Paulo, Boitempo, 2006, 2013, 2014); Leonardo Mello e Silva (org.), *Exercícios de sociologia do trabalho* (Belo Horizonte, Fino Traço, 2016), entre outros.

Apresentação – Caminhando no solo movediço 23

de que modo os trabalhadores reagem às mudanças estruturais relacionadas tanto à passagem para a produção pós-fordista como também, agora, à consolidação de CTNs de origem nacional, em suas operações no Brasil ou no exterior. Para tanto, é inescapável uma abordagem comparativa entre as práticas promovidas por tais empresas, nos diferentes locais em que atuam, e uma perspectiva sociológica focada na coletividade dos trabalhadores. Eis o que se apresentará a seguir.

Um período de crise e o sentido geral das mudanças

As empresas brasileiras que alcançaram um *status* de "desafiante global", com a Vale à frente, projetam uma imagem de si mesmas de "motores do desenvolvimento", seja no Brasil ou nos países onde elas investem, gerando empregos e crescimento econômico, um símbolo do "Brasil global".[17]

O Brasil é como é e a Vale é muito esperta em utilizar a bandeira do Brasil para projetar a sua identidade. A "brasilianidade" da Vale foi um fator forte. (Susan[18], assessora sindical, em entrevista)

A criação e a expansão de CTNs de origem brasileira nas primeiras décadas do século XXI foram por vezes relacionadas à ascensão dos Brics e ao modelo de desenvolvimento brasileiro do período. Essa fotografia, no entanto, rapidamente começou a modificar-se. O solo movia-se.

Quando a pesquisa que deu origem a este livro foi projetada, um debate sobre o "Brasil global" estava em pleno andamento nas ciências sociais e na economia brasileiras: uma caudalosa polêmica a respeito da caracterização dos governos do Partido dos Trabalhadores (PT), do período de crescimento econômico a partir do segundo governo Lula (em especial, após o primeiro choque da crise de 2008-2009) e de suas consequências para as classes sociais, as possibilidades de desenvolvimento e a localização geopolítica do país[19]. Era o período de ascensão

---

[17] Judith Marshall, "Behind the Image of South-South Solidarity at Brazil's Vale", em Patrick Bond e Ana Garcia (orgs.), *BRICS: An Anti-Capitalist Critique* (Chicago, Haymarket Books, 2015), p. 162-85.

[18] Neste livro, os nomes de sindicalistas e trabalhadores entrevistados serão sempre modificados. Entretanto, gestores da Vale, alguns dirigentes sindicais nacionais e agentes destacados, pela relevância de suas posições e sempre com sua autorização, terão seus nomes apresentados.

[19] Não é objetivo desta obra promover um levantamento exaustivo a respeito do tema. No entanto, podem-se mencionar sumariamente alguns trabalhos que trataram dessas questões: Cornel Ban, "Brazil's Liberal Developmentalism", *Review of International Political Economy*, v. 20, n. 2, 2013, p. 298-331; Armando Boito Jr. e Andréia Galvão, *Política e classes sociais no Brasil dos anos 2000* (São Paulo, Alameda, 2012); Ruy Braga, *A política do precariado: do populismo à hegemonia lulista* (São Paulo, Boitempo, 2012); Luiz Carlos Bresser-Pereira, "Do antigo ao novo desenvolvimentismo na América Latina", em Luiz Carlos Prado (org.), *Desenvolvimento econômico*

24   *O solo movediço da globalização*

dos Brics como estrelas emergentes da economia mundial. Diversas empresas brasileiras, nesse período, beneficiaram-se do estímulo governamental[20] à criação de "campeãs nacionais" e, logo, "campeãs globais", CTNs que expandiram seus negócios para todo o mundo. Apesar de ser considerada uma multinacional desde o período estatal, a expansão internacional da Vale durante esse período pode ser considerada um caso significativo da consolidação de uma transnacional brasileira como "*global player*" em seu setor de atuação.

A internacionalização da Vale coincidiu com o "superciclo das *commodities*" (de 2002 a 2012, os preços dos minérios aumentaram, em média, 150%) e com a intensa demanda chinesa por minério de ferro para sua indústria siderúrgica[21]. O país asiático respondia, em 2013, por 64,3% da demanda transoceânica por minério de ferro, bem como por 50% da demanda global de níquel e 43% da demanda global de cobre[22]. Como se verá nos próximos capítulos, além do cenário econômico externo, a abundância de capitais disponíveis para empréstimo pelo BNDES e a proximidade entre o comando da Vale e o governo federal brasileiro são fatores fundamentais para compreender a expansão da empresa, particularmente durante a gestão de Roger Agnelli (2001-2011)[23].

O quadro modificou-se com o encerramento do *boom* das *commodities*. Em 2016, o minério de ferro alcançou o menor valor em muitos anos: US$ 39,60 por tonelada. Para efeitos de comparação, em janeiro de 2013, o valor do minério de

---

e crise (Rio de Janeiro, Contraponto, 2012), p. 27-66; idem, "O governo Dilma frente ao 'tripé macroeconômico' e à direita liberal e dependente", *Novos Estudos*, São Paulo, Cebrap, n. 95, mar. 2013; Francisco de Oliveira, Ruy Braga e Cibele Rizek (orgs.), *Hegemonia às avessas: economia, política e cultura na era da servidão financeira* (São Paulo, Boitempo, 2010); Marcio Pochmann, *Nova classe média? O trabalho na base da pirâmide social brasileira* (São Paulo, Boitempo, 2012); Plínio de Arruda Sampaio Jr., "Desenvolvimentismo e neodesenvolvimentismo: tragédia e farsa", *Serviço Social e Sociedade*, n. 112, out./dez. 2012; André Singer, *Os sentidos do lulismo: reforma gradual e pacto conservador* (São Paulo, Companhia das Letras, 2012); Jessé Souza, *Os batalhadores brasileiros: nova classe média ou nova classe trabalhadora* (Belo Horizonte, Editora UFMG, 2010); Pedro Paulo Zaluth Bastos, "A economia política do novo-desenvolvimentismo e do social-desenvolvimentismo", *Economia e Sociedade*, Campinas, v. 21, número especial, dez. 2012, p. 779-810. Boas análises críticas a respeito dos Brics encontram-se em Patrick Bond e Ana Garcia (orgs.), *BRICS: An Anti-Capitalist Critique* (Chicago, Haymarket Books, 2015); William I. Robinson, "The Transnational State and the BRICS: A Global Capitalism Perspective", *Third World Quarterly*, v. 36, n. 1, 2015, p. 1-21.

[20] Especialmente, por meio da política de financiamento do Banco Nacional de Desenvolvimento Econômico e Social (BNDES) e do papel dos fundos de pensão ligados a empresas estatais, como se verá no capítulo 4.

[21] Ver Judith Marshall, "Behind the Image of South-South Solidarity at Brazil's Vale", cit., p. 162.

[22] Ver Tádzio Peters Coelho, *Projeto Grande Carajás: trinta anos de desenvolvimento frustrado* (Rio de Janeiro, Ibase, 2014), p. 22.

[23] Aspectos destacados por Judith Marshall, "Behind the Image of South-South Solidarity at Brazil's Vale", cit.; André Guilherme Delgado Vieira, *O mapa da mina* (Curitiba, Kotter Editorial, 2020); entre outros.

ferro era de US$ 154,64[24], após ter alcançado um pico de US$ 187,10 em janeiro de 2011[25]. Nesse período, em especial a partir de 2014, a retração contínua dos preços das *commodities* no mercado mundial, causada pela redução da demanda chinesa, atingiu de maneira profunda a economia brasileira, pela redução do valor de suas exportações e pela queda na arrecadação do governo[26].

Em 2015, a Vale sofreu duramente as consequências desse processo. O prejuízo de quase R$ 45 bilhões contabilizado naquele ano significou pressão e arrocho salarial para os trabalhadores da companhia no Brasil, com o endurecimento nas negociações do acordo coletivo anual, reajuste zero, retirada de benefícios e não pagamento de Participação nos Lucros e Resultados (PLR)[27] em 2016, como se discutirá nos capítulos 1 e 2. Em novembro de 2015, o colapso da barragem do Fundão, da Samarco (*joint venture* entre Vale e BHP), em Mariana (MG)[28], ampliou as perdas e as dificuldades da mineradora, que retraiu investimentos no país e no exterior.

No período, o Brasil entrou em profunda recessão: em 2015, a queda do Produto Interno Bruto (PIB) foi de 3,5% e, em 2016, de 3,3%[29]. A crise econômica combinou-se com uma crise política que se desenvolvia desde junho de 2013, quando manifestações de massa ocorreram em todo o país, expressando, como é sabido, contrariedade ao aumento das tarifas de transporte. Logo, ampliaram seu questionamento para a qualidade dos serviços públicos, os gastos bilionários com

---

[24] De acordo com informações disponíveis em: <http://www.indexmundi.com/pt/pre%E7os-de-mercado/?mercadoria=min%C3%A9rio-de-ferro&meses=60>; acesso em: 26 maio 2021.

[25] Luiz Jardim de Moraes Wanderley, "Do *boom* ao pós-*boom* das *commodities*: o comportamento do setor mineral no Brasil", *Versos – Textos para Discussão PoEMAS*, v. 1, n. 1, 2017, p. 1-7.

[26] Tádzio Peters Coelho, *Noventa por cento de ferro nas calçadas: mineração e (sub)desenvolvimentos em municípios minerados pela Vale S.A.* (tese de doutorado, Rio de Janeiro, Universidade do Estado do Rio de Janeiro, 2016), p. 99.

[27] Forma de remuneração variável atrelada ao cumprimento de metas anuais negociadas em comissão interna entre a gestão e os trabalhadores.

[28] O colapso da barragem do Fundão deixou dezenove mortos e 262 famílias desabrigadas. Boas análises do tema encontram-se em Marcio Zonta e Charles Trocate (orgs.), *Antes fosse mais leve a carga: reflexões sobre o desastre da Samarco/Vale/BHP Billiton* (Marabá, iGuana, 2016); e Judith Marshall, *Tailings Dam Spills at Mount Polley and Mariana: Chronicles of Disasters Foretold* (Vancouver, CMP, CCPA-BC Office, PoEMAS, Wilderness Committee, 2018). Anos depois, em janeiro de 2019, ocorreria a ruptura da barragem I da mina Córrego do Feijão da Vale, em Brumadinho (MG), que levou à morte de 270 pessoas por conta da inundação de cerca de doze milhões de metros cúbicos de rejeitos de mineração que engolfaram a região, tomando o rio Paraopeba e deslocando milhares de famílias de suas residências. A maioria dos mortos e desaparecidos era de trabalhadores da Vale, próprios ou terceirizados. Os eventos de Mariana e Brumadinho não são objeto deste livro, mas algumas de suas consequências para a estratégia corporativa da Vale serão analisadas, em particular, no capítulo 4.

[29] De acordo com dados do Instituto Brasileiro de Geografia e Estatística (IBGE) disponíveis em: <https://ftp.ibge.gov.br/Contas_Nacionais/Sistema_de_Contas_Nacionais/2018/tabelas_xls/sinoticas/tab02.xls>; acesso em: 26 maio 2021.

a promoção de eventos esportivos internacionais, a repressão policial e, finalmente, as respostas de governos, partidos e legisladores às reivindicações apresentadas. O governo de Dilma Rousseff – acossado pela profunda recessão, pelo aumento do desemprego e por acusações de corrupção em série que corroíam a popularidade dos principais partidos políticos do governo e da oposição – foi derrubado pelo *impeachment* em 2016, em um golpe parlamentar[30] promovido por uma aliança entre congressistas até então aliados e opositores, apoiado por frações importantes da classe dominante e por setores das camadas médias mobilizados em manifestações de rua. O governo de Michel Temer aprofundou a orientação neoliberal da política econômica do governo federal, com visíveis consequências para a mineração, por exemplo, as mudanças na legislação do setor[31] e a criação de um ambiente favorável às mudanças na "governança corporativa" da Vale[32].

Não é objetivo deste livro realizar uma análise detida da crise brasileira. No entanto, a Vale, desde sua criação como empresa estatal, tem importância decisiva para a economia do Brasil: pode-se mesmo dizer que a companhia, em conjunto com a Petrobras, teve papel fundamental na estruturação do capitalismo industrial no país, como se verá no próximo capítulo. Por isso, é necessário tratar das transformações políticas e econômicas ocorridas durante a investigação[33]. A seguir, então, são apresentadas algumas tentativas de interpretação do período presentes na literatura. Na próxima seção, por sua vez, será proposto o enquadramento teórico que conduzirá a exposição ao longo dos próximos capítulos.

A expansão da Vale, durante as primeiras décadas do século XXI, é um exemplo do período de crescimento econômico, de investimentos e de internacionalização de empresas brasileiras: trata-se, segundo André Singer, dos anos de "reformismo fraco"[34] de Lula e da tentativa de promover um "ensaio desenvolvimentista"[35] no governo Dilma Rousseff, posteriormente abandonado, especialmente após sua reeleição em 2014 e a virada neoliberal na política econômica do governo. Para Singer, o fracasso desse "ensaio desenvolvimentista" ocorreu por "falta de base

---

[30] Análises sobre a crise e a queda do governo Dilma Rousseff podem ser encontradas em André Singer, *O lulismo em crise: um quebra-cabeça do período Dilma (2011-2016)* (São Paulo, Companhia das Letras, 2018); Alfredo Saad Filho e Lecio Morais, *Brasil: neoliberalismo versus democracia* (São Paulo, Boitempo, 2018); Plínio de Arruda Sampaio Jr., *Crônica de uma crise anunciada: crítica à economia política de Lula e Dilma* (São Paulo, SG-Amarante Editorial, 2017).

[31] Bruno Milanez, Tádzio Peters Coelho e Luiz Jardim de Moraes Wanderley, "O projeto mineral no Governo Temer: menos Estado, mais mercado", *Versos – Textos para Discussão PoEMAS*, v. 1, n. 2, 2017, p. 1-15.

[32] Temas que serão analisados no capítulo 4.

[33] Que se estendeu, fundamentalmente, de 2015 a 2019.

[34] André Singer, *Os sentidos do lulismo*, cit.

[35] Idem, "A (falta de) base política para o ensaio desenvolvimentista", em André Singer e Cibele Rizek (orgs.), *As contradições do lulismo: a que ponto chegamos?* (São Paulo, Boitempo, 2016), p. 21-54.

política" para as supostas múltiplas frentes de batalha antiliberais abertas pelo governo, contrariando muitos interesses ao mesmo tempo e "cutucando onças com bases curtas" por uma combinação de fatores, que envolveu: 1) a mistura de interesses entre capital industrial e capital financeiro, que reduziu o interesse da burguesia industrial interna de apoiar o ataque ao rentismo por meio da queda das taxas de juros; 2) a formalização do trabalho e o aumento real do salário mínimo, que reduziram o exército de reserva e aumentaram os custos de produção, desagradando a burguesia; 3) a modificação da relação entre a burguesia interna e o capital estrangeiro; e 4) o efeito ideológico da cooptação dos empresários pelo pensamento rentista[36].

Ruy Braga[37], por sua vez, debruçando-se sobre as jornadas de junho de 2013, apresentou o que poderíamos chamar de hipótese da convergência espontânea "entre *a luta política do precariado urbano* manifestando-se nas ruas em defesa de seus direitos sociais e *a luta econômica da classe trabalhadora mobilizada sindicalmente* em defesa de melhores salários e condições de trabalho"[38]. Trata-se de um aspecto fundamental de seu raciocínio pela revelação, nessa convergência, dos "limites políticos do modo de regulação lulista", que combinou o *consentimento ativo* das direções dos movimentos sociais, em particular da "burocracia sindical financeirizada" (que passou a ocupar postos na administração do Estado e nos fundos de pensão) com o *consentimento passivo* das classes subalternas, beneficiadas por políticas públicas, pela elevação real do salário mínimo e pela formalização do trabalho (ainda que majoritariamente concentrada em empregos que pagavam até um salário mínimo e meio). No modelo de desenvolvimento lulista, esse modo de regulação combinou-se com um regime de acumulação pós-fordista periférico, marcado pela precarização do trabalho, por conta das terceirizações, dos baixos salários, da alta rotatividade e da resiliência da informalidade (contrapondo-se à tendência à formalização e à elevação do salário mínimo). Durante o ciclo expansivo, "a hegemonia lulista alcançou até 2014 notável êxito em reproduzir tanto o *consentimento passivo* das massas quanto o *consentimento ativo* das direções"[39]. Com a crise econômica, porém, as próprias contradições acumuladas do período anterior (expressas nas manifestações por moradia, melhores serviços públicos e qualidade de vida urbana, além do aumento no número de greves em 2013-2014) levaram ao

---

[36] Uma excelente análise do comportamento dos empresários industriais brasileiros durante os governos Lula e Dilma Rousseff encontra-se em Pedro Micussi, *Empresário industrial e governos do PT: o caso do IEDI (2003-2016)* (dissertação de mestrado, São Paulo, Faculdade de Filosofia, Letras e Ciências Humanas, Universidade de São Paulo, 2021).

[37] Ruy Braga, "Terra em transe: o fim do lulismo e o retorno da luta de classes", em André Singer e Cibele Rizek (orgs.), *As contradições do lulismo*, cit., p. 55-92.

[38] Ibidem, p. 71, grifos do autor.

[39] Ibidem, p. 88, grifos do autor.

"esgotamento do modelo de desenvolvimento lulista, apoiado, sobretudo, na exploração do trabalho assalariado barato"[40].

Ainda que aqui desenvolvido de forma apressada, o argumento de Ruy Braga é útil para enquadrar um aspecto fundamental para a compreensão dos limites do sindicalismo da Vale. Trata-se da confluência, encontrada na mineradora, entre as orientações das administrações lulistas (sua política econômica, o arranjo de suas relações exteriores, o estímulo ao investimento etc.); a busca pela maximização dos lucros pela direção da empresa, seus controladores e acionistas; a presença de fundos de pensão poderosos no controle do capital social da companhia; e as relações entre a cúpula dos fundos de pensão, o movimento sindical e os governos conduzidos pelo PT. No capítulo 4, essas questões serão esmiuçadas, ao mesmo tempo em que se abordarão as mudanças recentes na "governança corporativa" da Vale, visando à consolidação de sua transformação em uma CTN, após a assinatura, em 2017, de um novo acordo de acionistas que terminou com o bloco de controle acionário da empresa estabelecido após a privatização.

Em um balanço do modelo de desenvolvimento brasileiro, Bruno Milanez e Rodrigo Santos[41] compararam os discursos econômicos do "neodesenvolvimentismo" e do "neoextrativismo" – presentes nas primeiras décadas do século XXI, respectivamente, no Brasil e nos países da América de língua espanhola – e os contrastam com seus resultados. Para os autores, as políticas de orientação "neodesenvolvimentista" no Brasil não produziram os resultados esperados; pelo contrário, consolidaram no país uma trajetória de reprimarização da economia, fortalecendo seu perfil extrativista e trazendo, a longo prazo, tendência ao baixo crescimento. Ainda que não se possa definir o Brasil como um país neoextrativista, ambos os discursos seriam variedades da mesma rota econômica, com consequências socioambientais pelos impactos associados a atividades como a mineração. Teria havido no Brasil, então, uma espécie de "neodesenvolvimentismo ao contrário", cujas "perspectivas normativas [...] ignoram as limitações estruturais impostas pela economia global"[42]. A demanda chinesa sem precedentes por *commodities* levou a um estímulo à exportação de produtos primários e ao apoio à criação de CTNs de origem nacional, que, entretanto, consolidaram uma inserção subordinada da economia brasileira, tendo em vista a assimetria nas relações de troca de produtos minerais e agrícolas exportados por essas CTNs e a importação crescente de produtos industrializados.

---

[40] Ibidem, p. 91.
[41] Bruno Milanez e Rodrigo S. P. Santos, "Topsy-Turvy Neo-Developmentalism: An Analysis of the Current Brazilian Model of Development", *Revista de Estudios Sociales*, n. 53, jul./set. 2015, p. 12-28.
[42] Ibidem, p. 25. Tradução nossa.

Um diagnóstico semelhante foi proposto por Plínio de Arruda Sampaio Jr.[43], para quem a inserção subalterna da economia brasileira à globalização neoliberal foi acompanhada pela subordinação da política econômica do país aos interesses do capital internacional e pela modernização dos padrões de consumo, orientada à replicação do modo de vida dos países centrais. Como resultado, reproduziram-se padrões de subdesenvolvimento, desindustrialização e reprimarização da economia, transformada em uma espécie de "feitoria moderna" com a "regressão neocolonial" em curso.

Esse breve levantamento de diagnósticos serve como um apoio, uma primeira tentativa de localização das mudanças verificadas ao longo da pesquisa que baseou esta obra. Mover-se nessas condições é como caminhar em um solo movediço, em transformação, em que é preciso encontrar novos sentidos para as questões inicialmente propostas. Enquanto a realidade e a crise econômica terminaram resolvendo – ou, de algum modo, localizando no passado – as polêmicas teóricas sobre o modelo de desenvolvimento brasileiro durante as primeiras décadas do século XXI, parece ainda bastante vigente o esforço de descrição e enquadramento das relações de trabalho em empresas transnacionais.

No caso em foco, uma CTN de origem brasileira que opera, ao longo de sua história, "como um elemento de transferência e conexão entre processos internacionais e dinâmicas domésticas"[44], torna-se fundamental buscar, nos microprocessos em campo, as macroforças sociais, tal como proposto por Michael Burawoy[45]. Antes de tratar dos achados empíricos, no entanto, é necessário avançar em um enquadramento teórico inicial sobre tais macroforças sociais: o capitalismo global e suas relações de classe nas primeiras décadas do século XXI.

Capitalismo global, capital e trabalho transnacionais: uma aproximação

O que eu estou sentindo, que acredito que vai continuar, é o capital... Ele começa a deixar de ser de um país e começa a ser internacional. A TAM, por exemplo, é nacional? Mas tem participação no Chile, na LAN. [...] Acho que há uma tendência internacional de nós não termos mais uma empresa portuguesa, uma empresa espanhola, uma empresa italiana. [...] A sede já não começa a ser tão mais importante. [...] Acho que isso vai acontecer com as empresas no mundo inteiro. E, nas empresas de mineração, está acontecendo isso aí. Estão ocorrendo fusões e outras coisas mais. A Vale estava numa situação em que, ou ela ficava aqui e

---

[43] Plínio de Arruda Sampaio Jr., *Crônica de uma crise anunciada*, cit.

[44] Bruno Milanez et al., "A estratégia corporativa da Vale S.A.: um modelo analítico para redes globais extrativas", *Versos – Textos para Discussão PoEMAS*, v. 2, n. 2, 2018, p. 2.

[45] Michael Burawoy, *Marxismo sociológico*, cit.

corria o risco de ser comida, ou ela saía do Brasil. E nós éramos – e continuamos sendo –, basicamente, uma empresa de minério de ferro brasileira. De extração no Brasil. [...] Então, nós estávamos numa situação: ou nós ficávamos aqui correndo o risco de ser comidos ou nós partíamos para fazer uma internacionalização. E foi então quando nós começamos a ter operações fora do Brasil. E hoje a Vale é a maior produtora de níquel do mundo. [...] Nós tínhamos que entrar no negócio do níquel, sair de outros negócios. Surgiu a oportunidade da Inco e nós compramos. [...] E, quando você tem uma empresa que atua em vários países, ela é mais forte. [...] Assim, aquela preocupação de eu ser uma empresa 100% brasileira não existe. [...] Então, cada vez mais as coisas vão caminhar para isso aí. Eu estive em Turim: você tem lá o escritório do presidente da Fiat, mas o restante do prédio virou *shopping*. O prédio da Fiat virou *shopping*! Agora, a sede está lá, a sede internacional está lá. Isso é mais visual. Eu acredito que isso é uma tendência, e as empresas brasileiras têm que entrar nisso aí. Então, eu não vejo perda da nacionalidade: é que nós seremos mais fortes. Se nós ficarmos aqui dentro, nós seremos fracos. (André Teixeira, em entrevista)

André Teixeira é o gerente-executivo de relações trabalhistas da Vale e ocupa um cargo que, no organograma da empresa, já foi anteriormente uma diretoria. Há muitos anos participando das discussões estratégicas da companhia e da formulação das relações da empresa com trabalhadores e sindicatos, o executivo procura enquadrar o movimento de expansão internacional da Vale e de reorganização de seu capital social, após a assinatura do novo acordo de acionistas[46], como consequências de uma tendência inescapável do capitalismo global: a desnacionalização do controle das empresas – por meio de fusões, aquisições e criação de *joint ventures* – e a descentralização da produção, chegando ao paroxismo de que fábricas icônicas tenham se tornado mera representação simbólica dos tempos de outrora, como em sua descrição da sede da Fiat em Turim, transformada em *shopping center*. No início do século XXI, em um momento de concentração de capitais na mineração global[47], a Vale, cuja história é marcada pela origem estatal e pela dependência de suas atividades extrativas no Brasil[48], teria vivenciado uma disjuntiva: correr o risco de perder competitividade e ser incorporada ou buscar novos ativos e se expandir globalmente.

A descrição do executivo da Vale ilustra a tentativa de aproximação teórica a seguir. Após a crise capitalista dos anos 1970 e nas décadas seguintes, mudanças paradigmáticas na produção e no trabalho foram parte de uma série de profundas transformações econômicas, sociais e políticas no mundo a que se convencionou chamar de globalização.

---

[46] A entrevista foi realizada em julho de 2018.

[47] Roger Moody, *Rocks and Hard Places: The Globalization of Mining* (Londres, Zed Books, 2007).

[48] Questões que serão examinadas com maior atenção nos capítulos 1 e 2.

De acordo com William I. Robinson[49], a introdução das Tecnologias de Informação e Comunicação (TICs), a liberalização dos fluxos financeiros e a abertura comercial global, muitas vezes impostas a fórceps por políticas de "ajuste estrutural" de orientação neoliberal, deram ao capital mobilidade que lhe permitiu dissociar-se de certos constrangimentos do compromisso fordista vigente nos *Trente Glorieuses*. Para Robinson, tais transformações são de ordem qualitativa, uma verdadeira "mudança de época" na história do capitalismo. Criticando abordagens ancoradas nos Estados nacionais – e que, portanto, partilham de um enquadramento "internacional" do capitalismo –, ele propõe uma teoria sobre o capitalismo global, de inspiração marxista, em diálogo com autores da "escola do capitalismo global"[50].

Para Robinson, "a base da globalização econômica é o surgimento do capital transnacional"[51]. Este, por sua vez, tem origem na fragmentação global e na integração funcional da produção ocorridas ao longo das últimas décadas do século XX e no início do século XXI, constituindo um circuito globalizado de produção e acumulação. Há, aqui, um claro diálogo com os estudos sobre as cadeias de valor globais[52] e sobre as redes globais de produção[53] para mostrar como, para o capital transnacional, a acumulação torna-se global, isto é, ela não está mais circunscrita a uma região ou nação em particular. Essa é a natureza qualitativa da transformação para uma economia global, diferenciando-a do capitalismo internacional que a precedeu.

> Na nova fase transnacional do sistema capitalista, estamos passando de uma *economia mundial* a uma *economia global*. Em épocas anteriores, cada país desenvolveu uma economia nacional e as diferentes economias nacionais vincularam-se umas às outras mediante o comércio e as finanças num mercado internacional integrado. A este tipo de estrutura socioeconômica, refiro-me como economia mundial. Diferentes economias nacionais e modos de produção foram "articulados" dentro de uma formação social mais ampla, ou sistema mundial. Os Estados-nação mediaram as fronteiras entre um mundo de diferentes economias nacionais e modos de produção articulados. [...] Cada país desenvolveu circuitos nacionais de acumulação que foram vinculados externamente a outros circuitos nacionais semelhantes mediante o intercâmbio de mercadorias e fluxos de capital. Mas o que vemos hoje é uma *globalização crescente*

---

[49] William I. Robinson, *Una teoría sobre el capitalismo global: producción, clase y Estado en un mundo transnacional* (trad. Víctor Acuña e Myrna Alonzo, Cidade do México, Siglo XXI Editores, 2013).

[50] Ver, entre outros, Leslie Sklair, *Globalization: Capitalism and Its Alternatives* (Nova York, Oxford University Press, 2002); Peter Dicken, *Global Shift* (7. ed., Londres e Nova York, The Guilford Press, 2015); William Carroll, *The Making of a Transnational Capitalist Class* (Londres, Zed Books, 2010).

[51] William I. Robinson, *Una teoría sobre el capitalismo global*, cit., p. 30.

[52] Gary Gereffi et al., "The Governance of Global Value Chains", *Review of International Political Economy*, v. 12, n. 1, 2005.

[53] Jeffrey Henderson et al., "Redes de produção globais e a análise do desenvolvimento econômico", *Revista Pós Ciências Sociais*, v. 8, n. 15, 2011.

do próprio processo de produção. A mobilidade do capital global permitiu ao capital reorganizar a produção em todo o mundo de acordo com uma série de considerações que permitem maximizar as oportunidades de lucro. Nesse processo, os sistemas de produção nacional foram fragmentados e integrados externamente dentro de novos circuitos globalizados de acumulação.[54]

A abordagem teórica de Robinson busca apontar uma tendência do capitalismo global: o desenvolvimento de circuitos globais de produção e acumulação hegemonizados pelo capital transnacional. A formação de uma classe capitalista transnacional (CCT), para o autor, não ocorre de forma linear e homogênea, já que há uma luta entre frações da burguesia orientadas à acumulação transnacional, nacional e local – as duas últimas não deixam de existir, ainda que, pouco a pouco, sejam levadas pela própria lógica capitalista a "globalizar-se ou perder".

O papel das corporações transnacionais é fundamental, uma vez que elas são a vanguarda da fragmentação/integração da produção global[55] por meio de mecanismos como a subcontratação e as *joint ventures*. O aumento dos fluxos de investimento estrangeiro direto (IED) é uma das indicações mais importantes da transnacionalização da economia global. As CTNs, por sua vez, pouco a pouco perdem a identificação nacional que outrora relacionava claramente determinadas empresas a seus países-sede. Em seu controle acionário, ganham importância fundos de investimento para os quais, muitas vezes, é difícil atribuir origem nacional, com seus investidores pulverizados pelo mundo, inclusive em países do antigo "Terceiro Mundo", de onde surgem membros da CCT com participações relevantes ou controlando empresas de presença global[56].

Tal situação torna mais complexas as relações entre centro e periferia, Norte e Sul globais, desafiando os diagnósticos consagrados da sociologia do desenvolvimento. Para Robinson[57], análises centradas no Estado-nação deveriam dar lugar, portanto, a uma concepção social do desenvolvimento, levando em consideração as classes sociais e as frações no interior de cada Estado-nação, bem como suas relações transnacionais. A globalização separou a riqueza de cada grupo social e a das nações, ampliando a desigualdade também no interior de cada país. Ainda que

---

[54] William I. Robinson, *Una teoría sobre el capitalismo global*, cit., p. 30-1.

[55] Um exemplo desse processo pode ser encontrado na fascinante pesquisa etnográfica de Caroline Knowles sobre a produção, o consumo e o descarte globais de uma mercadoria prosaica: o chinelo de borracha. Ver Caroline Knowles, *Nas trilhas de um chinelo: uma jornada pelas vias secundárias da globalização* (São Paulo, Annablume, 2017).

[56] William I. Robinson, *Una teoría sobre el capitalismo global*, cit., menciona, a esse respeito, o grupo Tata, de origem indiana, que chegou a ser o maior empregador individual do Reino Unido, curiosamente a antiga metrópole da Índia.

[57] Idem, "Transnational Processes, Development Studies and Changing Social Hierarchies in the World System: A Central American Case Study", *Third World Quarterly*, v. 22, n. 4, 2001, p. 529-63.

Apresentação – Caminhando no solo movediço   33

persista a desigualdade entre Norte e Sul, o desenvolvimento desigual aprofunda-se entre classes e frações no interior de cada Estado, no centro ou na periferia, como efeito da divisão global do trabalho. Como se verá, essas transformações trouxeram desafios importantes para a classe trabalhadora e para o sindicalismo.

Para a teoria do capitalismo global, o capital financeiro transnacional é a fração hegemônica da CCT, que controla ativos das principais CTNs[58]. Com o crescimento dos mercados acionários, facilitado pela revolução nas comunicações, as mudanças na composição acionária das CTNs podem ocorrer diariamente. É útil, neste ponto da exposição, descrever os mecanismos pelos quais se forma a classe capitalista transnacional:

> Há agora um corpo considerável e rapidamente crescente de evidência empírica de que, na última parte do século XX, os gigantescos conglomerados corporativos que dirigem a economia global deixaram de ser corporações de um país em particular e crescentemente vieram a representar o capital transnacional. Alguns dos mecanismos de formação da CCT são: a dispersão de filiais de CTNs; o crescimento fenomenal das fusões e aquisições transfronteiriças; a crescente interligação transnacional de conselhos administrativos; investimento crescentemente cruzado e mútuo entre companhias de dois ou mais países e a propriedade transnacional de participações de capital; a difusão de alianças estratégicas transfronteiriças de todo tipo; vastas redes de terceirização e subcontratação; e a crescente importância de altas associações transnacionais de negócios. [...] Há outros mecanismos menos estudados que estimulam a formação da CCT, como a existência de bolsas de valores na maioria dos países do mundo ligadas ao sistema financeiro global. A difusão desses mercados acionários, dos principais centros da economia mundial para a maioria das capitais ao redor do mundo, combinada às negociações vinte e quatro horas por dia, facilita ainda mais as negociações globais e, consequentemente, a propriedade transnacional de ações.[59]

Pelo exposto, é evidente que a transnacionalização da economia modifica as relações capital-trabalho não apenas no aspecto da fragmentação/integração global da produção. Enquanto a CCT ganhou mobilidade global, a classe trabalhadora encontra-se mais submetida aos limites do Estado-nação, por meio do controle de fluxos migratórios e circulação de pessoas, mas também pela limitação de sua organização em escala global. Se a classe trabalhadora, por um lado, encontra-se crescentemente vendendo sua força de trabalho a CTNs e participando de processos de produção dispersos geograficamente, por outro, enfrenta a CCT como classe trabalhadora

---

[58] Análises da tradição francesa sobre a financeirização da economia capitalista no contexto da globalização/mundialização podem ser encontradas em François Chesnais, *A mundialização do capital* (São Paulo, Xamã, 1996); e Thomas Coutrot, *L'Entreprise néo-libérale, nouvelle utopie capitaliste?* (Paris, La Découverte, 1998).

[59] William I. Robinson, *Global Capitalism and the Crisis of Humanity* (Nova York, Cambridge University Press, 2014), p. 21-2, grifos do autor. Tradução nossa.

34 O solo movediço da globalização

nacional ou mesmo local, com poucos instrumentos de organização extranacional. A classe trabalhadora tem uma existência transnacional objetiva, do ponto de vista de seu local na produção global[60]. No entanto, esse "proletariado global" emergente, submetido à reestruturação pós-fordista e às novas relações capital-trabalho, encontra-se fragmentado: não tem consciência de si mesmo como classe transnacional nem se organiza enquanto tal. Essa é a raiz das dificuldades da classe trabalhadora para lidar com os desafios da globalização[61]. É preciso enfrentar barreiras legais, políticas, ideológicas, culturais, econômicas, de comunicação, entre tantas outras, que a burguesia transnacional tem mais facilidade para transcender.

Isso não significa que a CCT não tenha diferenças e disputas. Se estas tendem a manifestar-se cada vez menos como rivalidade nacional, como na época do capitalismo mundial, há uma cruenta concorrência global entre CTNs e frações da CCT. A questão fundamental é a capacidade da CCT de reconhecer seus interesses comuns – como a crescente abertura comercial, a liberalização dos fluxos financeiros, a defesa de políticas de ajuste estrutural etc. – e se organizar supranacionalmente, por exemplo, em espaços como o Fórum Econômico Mundial[62]. Ao mesmo tempo, a CCT pode fazer representar-se por um exército de administradores, economistas, jornalistas, acadêmicos, técnicos de alto nível, burocratas e operadores políticos a serviço de seus interesses, recompensados materialmente e comprometidos de um ponto de vista ideológico com os interesses da CCT. Sem serem propriamente membros da CCT, eles compõem uma "elite transnacional", muitas vezes formada nas mesmas universidades e escolas de ponta, que ocupa cargos de administração nas empresas e nos Estados.

Tal elite é fundamental para o que Robinson define como a criação de "aparatos de Estado transnacional" (ETN)[63]. Em poucas palavras, o conceito não exprime a existência de um Estado com capacidade de regulação global, mas, na realidade, a paulatina captura e inter-relação entre agências e instituições supranacionais e internacionais – como a Organização das Nações Unidas (ONU), a Organização Mundial do Comércio (OMC), o Fundo Monetário Internacional (FMI), o Banco Mundial, a União Europeia, o G7, o G20, a Organização do Tratado do Atlântico Norte (Otan) etc. –, Estados-nação e suas instituições em uma rede que opera de modo a garantir as condições para a acumulação global[64]. Com efeito, por sua origem no antigo sistema

---

[60] Idem, *Una teoría sobre el capitalismo global*, cit., p. 69.

[61] Tal questão será analisada no capítulo 3, quando estará em foco a presença da Vale no Canadá.

[62] Robinson nomeou o membro da classe capitalista transnacional consciente de seus interesses de classe e organizado politicamente nos espaços da burguesia global de homem de Davos (*Davos Man*), em referência à cidade suíça onde tradicionalmente ocorrem as reuniões anuais do Fórum Econômico Mundial.

[63] William I. Robinson, *Global Capitalism and the Crisis of Humanity*, cit.

[64] Por outro lado, para Robinson, em *Global Capitalism and the Crisis of Humanity*, a CCT encontrou dificuldade para fortalecer tais aparatos de ETN e garantir maior poder de coordenação global,

internacional, hegemonizado por países do Norte global, os aparatos de ETN mais importantes têm presença marcante de instituições e Estados dos países centrais. Desse modo, pode-se afirmar que o *Federal Reserve*, por exemplo, é um dos principais aparatos de ETN. A discussão sobre a validade do conceito de aparatos de ETN não será objeto de maior atenção neste livro, mas, nos capítulos 3 e 4, será possível retornar a algumas questões a ele relacionadas.

O que nos interessa aqui, sobretudo, é apontar o aspecto tendencial da teoria sobre o capitalismo global: a tendência à transnacionalização da economia e das classes sociais como sinônimo de globalização ou de capitalismo global. Trata-se de um processo em curso, cujo resultado será determinado pela luta de classes em escala global, com idas e vindas, mas no qual a CCT pôde tornar-se a fração hegemônica da burguesia em escala global.

> A CCT, portanto, pode ser localizada na estrutura de classe global por sua propriedade e/ou controle do capital transnacional. A CCT distingue-se dos capitalistas nacionais e locais porque se envolve na produção globalizada e maneja circuitos de acumulação globalizados, os quais lhe dão, espacial e politicamente, existência objetiva de classe e identidade no sistema global, acima de quaisquer territórios e política locais. O capital transnacional constitui os "altos mandos" da economia global [...] [e se tornou] *a fração hegemônica do capital em escala mundial*. [...] Em nível subjetivo, [...] seus representantes mais destacados e seus elementos politizados têm consciência de classe. Adquiriram consciência de sua transnacionalidade. [...] A CCT é cada vez mais uma *classe em si* e uma *classe para si*.[65]

Para a CCT, a crise global de 2008 foi um evento marcante, que revelou as crescentes dificuldades de articulação e de imposição de sua agenda. O caráter histórico e estrutural da crise – uma verdadeira "crise da humanidade"[66] – revelou a incapacidade de a CCT construir um bloco histórico por ela hegemonizado, capaz de oferecer uma direção global. Como resultado, as feições mais claramente repressivas e autoritárias da globalização vão-se mostrando e o capitalismo busca encontrar valorização para a sobreacumulação de capitais por meio da intensificação de mecanismos de acumulação primitiva[67], aprofundamento da especulação e desenvolvimento de formas de acumulação militarizada, que tornam lucrativa

---

um elemento fundamental para a compreensão da crise do capitalismo global. Ao mesmo tempo, a legitimidade interna dos Estados-nação tem sido corroída, trazendo sérias dificuldades para a dominação da burguesia transnacional e de seus agentes políticos. Essa instabilidade tem aumentado a disputa entre frações da CCT.

[65] William I. Robinson, *Una teoría sobre el capitalismo global*, cit., p. 73-4, grifos do autor. Tradução nossa.

[66] Idem, *Global Capitalism and the Crisis of Humanity*, cit.

[67] Aspecto fundamental para o enquadramento das atividades de CTNs da mineração. Partindo de premissas teóricas distintas, a noção de "acumulação por espoliação" aponta para a mesma direção.

36   *O solo movediço da globalização*

a repressão e a segmentação espaciais, controlando populações excedentes[68]. Não é nosso objetivo aprofundar a análise da crise de 2008, apenas marcar elementos que serão retomados na conclusão deste livro.

Se se escolheu, aqui, uma apresentação mais detida da teoria sobre o capitalismo global, isso se deu pela necessidade de indicar os contornos da globalização capitalista como um processo de transnacionalização da economia e das classes sociais. Trata--se de uma definição fundamental, ainda que alvo de críticas e parte de uma longa e antiga polêmica[69] a respeito da própria noção de globalização e de sua definição.

Por último, para iluminar um aspecto teórico adicional, é útil apresentar com mais precisão os contornos da noção de transnacionalização (da produção, das corporações, das classes) e suas diferenças com a internacionalização. Em diálogo com Dicken[70] e Sklair[71], Robinson associa a transnacionalização à "globalização do próprio processo de produção", diferentemente da internacionalização, uma mera "extensão dos fluxos comerciais e financeiros através das fronteiras nacionais". A primeira, portanto, é qualitativamente diferente da segunda.

Ver David Harvey, *O novo imperialismo* (8. ed., trad. Adail Sobral e Maria Stela Gonçalves, São Paulo, Loyola, 2014).

[68] Ver William I. Robinson, *The Global Police State* (Londres, Pluto Press, 2020).

[69] O livro de Paul Hirst e Grahame Thompson, *Globalização em questão* (trad. Wanda Brandt, Petrópolis, Vozes, 1998), por exemplo, questiona o caráter qualitativo da mudança representada pela globalização e considera que as empresas internacionais seriam predominantemente multinacionais e não transnacionais. Em William I. Robinson, *Una teoría sobre el capitalismo global*, cit., critica-se tal diagnóstico, vinculando-o ao nacionalismo metodológico desses autores, que organizaram os dados empíricos nacionalmente, em vez de verificar, por exemplo, os enormes fluxos de comércio intrafirma. Já em Sebastián Madrid, "Elites in Their Real Lives: A Chilean Comment on Robinson", *Critical Sociology*, v. 38, n. 3, 2012, buscam-se elementos empíricos para avaliar a pertinência de aspectos da tese sobre o capitalismo global: para o autor em questão, analisando o caso chileno, há uma antecipação temporal ao conflito entre quadros técnicos "modernizantes" que adotaram a ideologia neoliberal e a classe dominante nacional; além disso, haveria uma confluência contemporânea entre a classe capitalista orientada transnacionalmente e a classe dominante mais tradicional no Chile. Entretanto, não seria esse justamente um sinal de que a transnacionalização foi bem-sucedida? William Carroll, "Global, Transnational, Regional, National: The Need for Nuance in Theorizing Global Capitalism", *Critical Sociology*, v. 38, n. 3, 2012; Andrew Schrank, "Conquering, Comprador, or Competitive: The National Bourgeoisie in the Developing World", *New Directions in the Sociology of Global Development*, v. 11, 2005; Michael Hartmann, "Transnationalisation et spécificités nationales des élites économiques", *Actes de la Recherche en Sciences Sociales*, v. 190, n. 5, 2011, p. 10-23; e Anne-Catherine Wagner, "La bourgeoisie face à la mondialisation", *Mouvements*, n. 26, 2003, p. 33-9; como a maioria dos críticos à tese do capitalismo global, enfatizam, partindo de diferentes premissas teóricas, a relevância ainda atual do caráter nacional da classe capitalista. Há um extenso levantamento sobre outros autores críticos à tese da formação de classe transnacional e uma tentativa de responder a eles em William I. Robinson, "Debate on the New Global Capitalism: Transnational Capitalist Class, Transnational State Apparatuses and Global Crises", *International Critical Thought*, v. 7, n. 2, 2017, p. 171-89.

[70] Peter Dicken, *Global Shift*, cit.

[71] Leslie Sklair, *Globalization*, cit.

Apresentação – Caminhando no solo movediço 37

A internacionalização implica a simples extensão das atividades econômicas através das fronteiras nacionais e é, em essência, um processo *quantitativo* que conduz a um padrão geográfico mais extenso da atividade econômica, enquanto a transnacionalização difere *qualitativamente* dos processos de internacionalização, implicando não apenas a extensão geográfica da atividade econômica através das fronteiras nacionais senão também a *integração funcional* de tais atividades internacionalmente dispersas.[72]

É possível associar, assim, a internacionalização às multinacionais, como um fenômeno típico da época do capitalismo internacional, com empresas nacionalmente baseadas que expandem suas atividades a outras economias nacionais. Os processos de internacionalização de empresas, que se tornam multinacionais, seguem existindo, uma vez que, na classe capitalista, há frações regional e nacionalmente orientadas, que podem buscar expansão internacional de seus negócios. Uma empresa baseada nacionalmente pode estender suas atividades além de suas fronteiras nacionais sem, com isso, tornar-se uma CTN. Ainda que os critérios de definição das fronteiras entre as burguesias nacional e transnacional sejam objeto de debate, a partir do qual poderão ser estabelecidos critérios de verificação empírica mais consensuais, é possível definir o processo de transnacionalização como a fusão e a interpenetração de capitais nacionais – por exemplo, por meio de investimento estrangeiro direto, fusões e aquisições através das fronteiras, interpenetração de conselhos de administração e subcontratação –, dando origem a processos de produção e acumulação globais.

São transnacionais os capitalistas apenas no sentido de que abarcam o globo com seu poder econômico ou o são conforme começam a unir-se como burguesia global mediante fusões corporativas, interesses bancários e demais? Creio que a primeira situação é indicativa de uma burguesia internacional enquanto a última é de uma burguesia transnacional. A internacionalização ocorre quando os capitais nacionais expandem o seu alcance para além de suas fronteiras nacionais; a transnacionalização, quando os capitais nacionais fundem-se com outros capitais nacionais internacionalizantes em um processo de interpenetração através das fronteiras, que os desincorpora de suas nações e os coloca em um novo espaço supranacional que se abre sob a economia global.[73]

Seria possível, então, combinar ambos os processos em uma compreensão ampla da transnacionalização. Ora, se esta última pode ser compreendida como a fusão e a interpenetração de capitais nacionais, cuja acumulação passa a basear-se globalmente, a internacionalização não lhe é contraditória. Pelo contrário,

---

[72] William I. Robinson, *Una teoría sobre el capitalismo global*, cit., p. 32-3, grifos do autor. Tradução nossa.
[73] Ibidem, p. 80. Tradução nossa.

38 *O solo movediço da globalização*

pode-se identificar a internacionalização como um momento da globalização/transnacionalização. É por meio de processos de internacionalização que capitais nacionais expandem-se internacionalmente e podem, a seguir, fundir-se em uma rede transnacional que os torna menos dependentes de suas origens nacionais e menos identificáveis com elas.

A incorporação das categorias conceituais da escola do capitalismo global permite enquadrar o processo de transnacionalização da Vale descrito neste livro por meio de uma pesquisa com inspiração etnográfica conduzida em dois países. Trata-se de um caso privilegiado para a compreensão de aspectos da globalização e de suas relações com a dinâmica interna brasileira. Dessa maneira, o objetivo desta obra consiste em analisar o processo de transnacionalização da Vale e seus efeitos para as relações de trabalho. Ao fazê-lo, espera-se vislumbrar as formas de incorporação da economia brasileira ao capitalismo global, nas primeiras décadas do século XXI, e suas consequências.

O esforço será dedicado, portanto, à descrição desse longo movimento de transnacionalização da empresa: a preparação para a privatização[74] ainda durante o controle estatal; a privatização, em 1997, com controle acionário majoritariamente nacional por fundos de pensão de empresas estatais; o estímulo crescente à internacionalização da empresa durante a gestão de Roger Agnelli e o "superciclo das *commodities*"[75], com a aquisição da Inco no Canadá e a abertura de novas operações, por exemplo, em Moçambique; as mudanças recentes em seu arranjo societário com a assinatura do novo acordo de acionistas; a consolidação da transformação da empresa em uma CTN[76] e suas consequências para o futuro da Vale. O foco incidirá sobre as relações de trabalho e sindicais da empresa em anos recentes, durante o pós-*boom* das *commodities*, no Brasil e no Canadá, por meio de uma abordagem etnográfica.

Entre "as nuvens da teoria e o pântano do empirismo"[77], contudo, é preciso encontrar um caminho para a análise de temas complexos como os já esboçados. Como operacionalizar noções como "transnacionalização" e "globalização" sem permanecer nas "nuvens"? Como valorizar os dados de campo e a abordagem etnográfica sem afundar no "pântano"? São necessárias "muletas" teóricas que permitam caminhar em terreno tão escorregadio: é o que se apresenta a seguir.

---

[74] Maria Cecília Minayo, *De ferro e flexíveis: marcas do Estado empresário e da privatização na subjetividade operária* (Rio de Janeiro, Garamond, 2004).

[75] Judith Marshall, "Behind the Image of South-South Solidarity at Brazil's Vale", cit.

[76] Rodrigo S. P. Santos, "A construção social de uma corporação transnacional: notas sobre a 'nova privatização' da Vale S.A.", *Revista de Estudos e Pesquisas sobre as Américas*, Brasília, v. 13, n. 2, 2019.

[77] Michael Burawoy, *Marxismo sociológico*, cit.

ENQUADRANDO FENÔMENOS SOCIAIS MULTISSITUADOS: REDES GLOBAIS DE PRODUÇÃO (RGPs), ESTRATÉGIAS CORPORATIVAS E REDES SINDICAIS INTERNACIONAIS

O entendimento da globalização como processo de transnacionalização da economia internacional não significa desconhecer que as diferentes realidades nacionais condicionam a forma como se realiza o processo de integração à economia global. A abordagem de "variedades do capitalismo"[78] pode iluminar alguns aspectos interessantes dessa questão: voltada à análise de países centrais, ela sugere que diferenças nacionais em termos de políticas de inovação, fontes de financiamento empresarial, políticas de qualificação dos trabalhadores e relações com os sindicatos, entre outras, devem-se ao papel de instituições específicas constituídas ao longo do tempo. A história, a cultura, as regras informais desenvolvidas por agentes econômicos e suas organizações representativas criam determinadas "infraestruturas institucionais" que condicionam a especialização econômica de regiões e países.

Essa abordagem institucionalista procura mostrar que atividades econômicas específicas – desenvolvidas em regiões como o "Vale do Silício" na Califórnia ou o vale do rio Ruhr na Alemanha – beneficiam-se de tais "infraestruturas institucionais", que permitem às empresas obter "vantagens comparativas institucionais" e elaborar estratégias corporativas condizentes com a variedade de capitalismo nacional na qual estejam enraizadas. De modo geral, esses são os marcos com os quais essa literatura divide as economias dos países centrais em *Liberal Market Economies* (LMEs) – das quais os Estados Unidos são um exemplo típico – e *Coordinated Market Economies* (CMEs) – das quais a Alemanha é um exemplo típico –, cujas características não serão detalhadas aqui[79]. Peter Hall e David Soskice[80], no entanto, afirmam que as "infraestruturas institucionais" típicas de cada um desses grupos de economias têm passado por transformações por conta da globalização. Podem-se mencionar, por exemplo, a mudança nas fontes de financiamento em CMEs, cujas empresas passam a depender crescentemente do mercado de capitais – e a se submeter a pressões de curto prazo – com a retração da proximidade com bancos oriundos de seus países; ou mesmo as mudanças nas taxas de sindicalização, que

---

[78] Peter Hall e David Soskice, "An Introduction to Varieties of Capitalism", em *Varieties of Capitalism: The Institutional Foundations of Comparative Advantage* (Oxford, Oxford University Press, 2001), p. 1-68.

[79] Há tentativas de utilizar as noções de "variedades de capitalismo" para a análise de países latino-americanos. É o que fez Ben Ross Schneider, "Hierarchical Market Economies and Varieties of Capitalism in Latin America", *Journal of Latin American Studies*, v. 41, n. 3, ago. 2009, p. 553-75, ao propor classificá-las como *Hierarchical Market Economies* (HMEs), cuja descrição foge do escopo de nossas preocupações no momento. No capítulo 3, serão apontadas algumas características das LMEs, sobretudo no que se refere à relação entre empresas e sindicatos, que facilitaram a reestruturação promovida pela Vale em suas operações no Canadá, levando à greve de 2009-2010.

[80] Peter Hall e David Soskice, "An Introduction to Varieties of Capitalism", cit.

40 *O solo movediço da globalização*

caem mais rapidamente em LMEs, partindo de patamares históricos já reduzidos se comparados aos das CMEs.

Para o que se pretende chamar a atenção ao tratar das "variedades de capitalismo" é que, mesmo se estas produzam apenas "variedades de integração ao capitalismo global"[81], as *variedades seguem existindo e contam*. Portanto, não apenas as tendências à homogeneização estimuladas pela globalização devem ser sublinhadas, mas também a forma como as diferenças são articuladas em benefício da acumulação capitalista global. Essa constatação terá consequências na análise, realizada no capítulo 3, da estratégia de relações de trabalho e sindicais da Vale no Brasil e no Canadá, verificando o que a empresa pretende tornar comum e como ela lida com as diferenças locais em suas operações. Ao mesmo tempo, tais observações aparecem como pano de fundo, no capítulo 4, para o tratamento das relações entre fundos de pensão de empresas estatais, movimento sindical, administração da Vale e os governos do PT (2003-2016). Ao analisar a entrevista realizada com Sérgio Rosa, ex-presidente da Previ[82] e do Conselho de Administração da Vale (2003-2010), por exemplo, pôde-se lançar luz para a orientação de um importante grupo de dirigentes políticos e sindicais favorável à internacionalização/transnacionalização de empresas brasileiras, possibilitando, ao mesmo tempo, recolher elementos para um balanço desse período.

Ao tratar do processo de transnacionalização, tampouco se pretende ignorar o patrimônio teórico da sociologia do desenvolvimento brasileira – que segue debruçando-se sobre temas como os propostos anteriormente, relacionando-os à dinâmica de classes no país – ainda que sua apropriação mais detida não seja o objetivo deste livro. Rodrigo Santos, por exemplo, resgatou a tradição "esquecida" da sociologia do desenvolvimento ao localizar historicamente os projetos de mineração na Amazônia Oriental para propor um enquadramento da metamorfose da Vale de antiga empresa estatal, cujas raízes remontam ao período do nacional-desenvolvimentismo, a uma CTN, em um processo condicionado pelo "acesso privilegiado à maior reserva de minério de ferro do mundo, a Província Mineral de Carajás"[83].

Esse tipo de enquadramento demonstra a importância da articulação de múltiplas escalas e níveis de análise ao tratar da produção mineral da Vale. Em particular, projetos de investimento como o Ferro Carajás e o S11D[84] devem ser analisados como "nós" de redes globais de produção (RGPs) minerossiderúrgicas. As redes globais de produção permitem "a supressão de escalas privilegiadas na discussão do desenvolvimento em favor de abordagens multiescalares"[85].

---

[81] William I. Robinson, "The Transnational State and the BRICS", cit., p. 16.

[82] Caixa de Previdência dos Funcionários do Banco do Brasil, o maior fundo de pensão do Brasil e da América Latina.

[83] Rodrigo S. P. Santos, "Desenvolvimento econômico e mudança social: a Vale e a mineração na Amazônia Oriental", *Caderno CRH*, Salvador, v. 29, n. 77, maio/ago. 2016, p. 302.

[84] Analisados nos capítulos 1 e 2.

[85] Rodrigo S. P. Santos, "Desenvolvimento econômico e mudança social", cit., p. 306.

Apresentação – Caminhando no solo movediço   41

É preciso evitar, por um lado, o nacionalismo metodológico e, por outro, uma apressada dicotomia global-nacional na análise de fenômenos sociais multissituados. Fica claro, portanto, que um enfoque analítico que busque as "macroforças sociais" nos "microprocessos no campo"[86], como aqui se propõe, pode beneficiar-se de uma compreensão multiagente e multiescala, como a proposta pela literatura das RGPs apresentada a seguir.

> A globalização [...] solapou a validade das formas de ciência social tradicionais, centradas no Estado e, com isso, as agendas que até agora têm orientado a vasta maioria das pesquisas sobre desenvolvimento econômico e social. A investigação apropriada ao estudo da globalização e de suas consequências demanda dos cientistas sociais a elaboração de quadros analíticos e de programas de pesquisa que, simultaneamente, ponham em primeiro plano a dinâmica do desenvolvimento desigual em níveis transnacional, nacional e subnacional. Tais investigações nos obrigam a focalizar os fluxos *e* lugares *e* suas conexões dialéticas à medida que essas surgem e são percebidas, igualmente nos países desenvolvidos e em desenvolvimento. Além disso, [...] *precisamos estudar o que as firmas fazem, onde o fazem, por que são autorizadas a fazê-lo, e como organizam este fazer através de diferentes escalas geográficas.* [...] O modelo que propomos é o da "rede de produção global" [RGP].[87]

Abordagens como as apresentadas até aqui permitem afirmar que o nacionalismo metodológico nas ciências sociais dificulta, ou mesmo impede, a percepção de novos processos oriundos da globalização capitalista. Em uma síntese curta, pode-se dizer que o enquadramento de RGPs parte das noções de cadeias de mercadorias/valores[88], mas assume uma visão crítica de alguns de seus aspectos – como uma concepção "linear e vertical" de processos de produção e distribuição – para propor uma compreensão dos sistemas de produção como estruturas em rede, colocando ênfase nos "*processos sociais* envolvidos na produção de bens e serviços e na reprodução de conhecimento, capital e força de trabalho"[89], permitindo transcender a fixidez da metáfora de "cadeia" e da centralização da análise na estrutura da "firma", facilitando a percepção da relação entre agentes econômicos e sociais, e de fenômenos multiescalares mais afins à complexidade da produção global. Nos parágrafos a seguir, são apresentadas três categorias conceituais do modelo de RGPs (*valor, poder* e *enraizamento*), que foram mobilizadas na pesquisa que baseou esta obra, como forma de localizar os leitores ao longo da exposição:

---

[86] Michael Burawoy, *Marxismo sociológico*, cit.

[87] Jeffrey Henderson et al., "Redes de produção globais e a análise do desenvolvimento econômico", cit., p. 145-6, grifos nossos.

[88] Gary Gereffi e Miguel Korzeniewicz (orgs.), *Commodity Chains and Global Capitalism*, cit.; Gary Gereffi et al., "The Governance of Global Value Chains", cit.

[89] Jeffrey Henderson et al., "Redes de produção globais e a análise do desenvolvimento econômico", cit., p. 152.

42   O solo movediço da globalização

1) *valor* – a) sua *criação* por meio do processo de trabalho e da geração de rendas (tecnológicas, organizacionais, relacionais e "da marca"); b) sua *ampliação*, por exemplo, por meio de transferências e de sofisticação da tecnologia, criação de rendas e influências institucionais; e c) sua *captura*, que envolve políticas governamentais, questões da propriedade da firma, natureza da "governança corporativa" e dos direitos de propriedade e repartição dos lucros etc.;

2) *poder* – as fontes de poder na RGP e as formas de seu exercício, divididas em a) *poder corporativo*, relacionado à extensão "na qual a firma líder [na RGP] possui capacidade de influenciar decisões e alocações de recursos – *vis-à-vis* outras firmas na rede – decisiva e consistentemente em seus próprios interesses"[90]; b) *poder institucional*, relativo ao exercício do poder pelos Estados nacionais e locais, agências internacionais, instituições supranacionais e agências de *rating* (as últimas como forma de poder institucional privado); e c) *poder coletivo*, exercido por agentes coletivos, como sindicatos e ONGs, que buscam influenciar empresas, governos e agências, organizando-se local, nacional ou internacionalmente;

3) *enraizamento* – as firmas estão enraizadas, conectando arranjos sociais e espaciais, carregando uma história pregressa, uma origem[91], que influencia suas estratégias e o relacionamento com trabalhadores, comunidades, Estado, agentes institucionais etc. Divide-se em a) *enraizamento territorial*, pelo qual RGPs podem absorver ou ser constrangidas por atividades econômicas e dinâmicas sociais existentes nos locais em que se instalam; e b) *enraizamento de rede*, que trata das conexões dos membros da RGP, da durabilidade e da estabilidade de suas relações[92].

Exemplos do potencial da abordagem de RGPs podem ser encontrados na investigação de Rodrigo Santos e Bruno Milanez[93], que descrevem a rede global de produção de minério de ferro da Vale no Brasil e mostram como esse modelo permite lançar luz não apenas à extração do minério como atividade produtiva, mas à "rede de contestação" que se organiza na Vale, envolvendo diversos agentes,

---

[90]   Ibidem, p. 157.

[91]   Jeffrey Henderson et al., "Redes de produção globais e a análise do desenvolvimento econômico", cit., p. 159, chamam a atenção para o fato de que "algumas firmas líderes, ao investir no exterior, podem levar a 'bagagem' institucional de suas bases domésticas com elas". Esse aspecto é fundamental para a análise 1) da reestruturação das operações canadenses promovidas pela Vale em 2009; e 2) da estratégia de relações trabalhistas e sindicais da empresa, motivando forte reação dos sindicatos naquele país.

[92]   Bruno Milanez et al., "A estratégia corporativa da Vale S.A.", cit., p. 6, propõem outras duas dimensões de enraizamento: o *enraizamento social*, "que se relaciona com o plano de origem das firmas, podendo, inclusive, ser associado à noção de variedades de capitalismo"; e o *enraizamento material*, "baseado em aspectos físico-materiais dos territórios, relevantes para o estudo de setores intensivos em recursos naturais".

[93]   Rodrigo S. P. Santos e Bruno Milanez, "The Global Production Network for Iron Ore: Materiality, Corporate Strategies, and Social Contestation in Brazil", *The Extractive Industries and Society*, n. 2, 2015, p. 756-65.

Apresentação – Caminhando no solo movediço   43

como sindicatos, movimentos sociais ambientais, em defesa das terras indígenas, organizações não governamentais (ONGs), além de instituições políticas e legislativas locais e nacionais. Ao longo dos capítulos 1 e 2, análises sobre a RGP do minério de ferro da Vale serão mobilizadas para apoiar as observações realizadas em campo.

Talvez seja possível associar o surgimento de redes sindicais internacionais ao desenvolvimento das RGPs, como um esforço do movimento sindical para transcender seus limites locais e nacionais e para buscar formas de articulação com sindicatos e trabalhadores que participam de outros nós das RGPs. Como mostra Leonardo Mello e Silva[94], as redes sindicais parecem ser uma resposta do movimento de trabalhadores para contrapor-se, ou ao menos para marcar sua posição, às iniciativas do capital globalizado. As redes sindicais consistem em uma articulação regional, nacional ou internacional entre sindicatos e centrais sindicais como forma de coordenar interesses e posições de trabalhadores de empresas que atuam agora em uma escala global.

No capítulo 3, será discutida a tentativa de organização de uma rede sindical internacional da Vale, a partir de iniciativa da Central Única dos Trabalhadores (CUT) e do sindicato internacional United Steelworkers (USW). Como se verá, a rede sindical, que chegou a organizar algumas reuniões e atividades de solidariedade à greve no Canadá, encerrou-se antes mesmo de consolidar-se. O interessante a respeito é que a resposta do movimento sindical brasileiro da Vale à internacionalização da empresa foi insuficiente e parece haver razões mais profundas para isso, relacionadas à forma como se organiza o controle acionário da companhia e à interação, desenvolvida durante os governos do PT, entre controladores, governo federal e cúpula do movimento sindical cutista, como se verá no capítulo 4.

Por último, nessa exposição, é necessário explicitar a definição de "estratégias corporativas" à luz da apropriação das categorias conceituais de RGPs expostas anteriormente. Rodrigo Santos e José Ricardo Ramalho, em um estudo comparativo de quatro grupos multinacionais que atuam no Brasil, descreveram as estratégias corporativas como o "processo de definição racional e execução contínua de fins específicos, voltados à obtenção de valor" pelas empresas. Os autores realizaram a análise das estratégias corporativas a partir das seguintes dimensões:

> 1. Financeira, envolvendo as formas de obtenção de recursos em escala global; 2. De investimento, definida por meio das formas de "entrada" e expansão no mercado brasileiro; 3. De mercado, vendas e serviços, por meio dos principais bens e/ou serviços ofertados e posições ocupadas em mercados-chave; 4. Tecnológica, relacionando-se

---

[94] Leonardo Mello e Silva, "Inovações do sindicalismo brasileiro em tempos de globalização e o trabalho sob tensão", em André Singer e Cibele Rizek (orgs.), *As contradições do lulismo*, cit., p. 93-122.

44 O solo movediço da globalização

à integração técnica e organizacional das [RGPs]; e 5. De relações de trabalho e sindicais, tematizando as formas de gestão e impactos sobre a força de trabalho.[95]

Um estudo coletivo sobre a Vale[96] propôs um modelo para a análise específica da estratégia corporativa da empresa, levando em conta cinco estratégias: 1) de mercado; 2) financeiras; 3) institucionais; 4) de relações de trabalho; e 5) sociais. Essa última leva em consideração a importância de agentes como ONGs, movimentos sociais e comunidades locais que sofrem os impactos da mineração e se relacionam com a empresa. A descrição dessas cinco dimensões da estratégia corporativa da Vale será objeto de atenção ao longo deste livro. O que se pode afirmar, neste momento, é que uma abordagem etnográfica tem muito a contribuir para a compreensão das estratégias mobilizadas pelas CTNs para exercer seu poder corporativo, ampliar a captura de valor e se enraizar.

A exposição desses conceitos visa tão somente permitir uma definição mais precisa de nossos objetivos em campo. Esta obra pretende descrever, por meio de um estudo de caso, sobretudo as estratégias de relações de trabalho e sindicais da Vale no Brasil e no Canadá. Certamente, ao fazê-lo, aspectos fundamentais de outras dimensões da estratégia corporativa (financeira, de mercado e institucional) da Vale serão também revelados, por meio das informações obtidas em entrevistas com sindicalistas locais, nacionais e internacionais, membros e ex-membros da administração da Vale e da Previ.

A pesquisa investigou as seguintes hipóteses: 1) está em curso a transnacionalização da Vale, com consequências para as relações de trabalho e sindicais na empresa, por um lado, e revelando aspectos da dinâmica de inserção da economia brasileira ao capitalismo global, por outro lado; 2) a estratégia de relações de trabalho e sindicais da empresa busca o enfraquecimento e a pulverização das organizações representativas dos trabalhadores, como forma de mitigar as ameaças ao exercício do poder corporativo na produção e rebaixar os custos do trabalho; e 3) no Canadá, a Vale buscou reestruturar as operações da antiga Inco e enquadrar as relações com o sindicato USW Local 6500 e com sua força de trabalho local aos marcos da estratégia de relações de trabalho desenvolvida historicamente, desde o período estatal, no Brasil, o que seria, a nosso ver, a razão de fundo da greve de 2009-2010 naquele país.

A investigação de tais hipóteses foi realizada nos limites do registro etnográfico de um período específico. Este livro apresenta uma espécie de fotografia de um

---

[95] Rodrigo S. P. Santos e José Ricardo Ramalho, "Estratégias corporativas e de relações de trabalho no Brasil: uma análise preliminar de 4 grupos multinacionais", *Anais do XIV Encontro Nacional da ABET*, Campinas, 2015, p. 3.

[96] Conduzido pelo grupo de pesquisa e extensão multidisciplinar e interinstitucional "Política, Economia, Mineração, Ambiente e Sociedade" (PoEMAS). Ver Bruno Milanez et al., "A estratégia corporativa da Vale S.A.", cit.

momento de transição e crise. Nas páginas e capítulos a seguir, encontra-se um conjunto de registros: 1) da reação dos trabalhadores à degradação de suas condições de trabalho e remuneração; 2) do enfraquecimento e, muitas vezes, da incapacidade dos sindicatos de oferecer um contraponto aos efeitos da transnacionalização da empresa, como ocorre com organizações de trabalhadores de todo o mundo diante dos dilemas da globalização; 3) da organização da produção, das terceirizações e da bem-sucedida (apesar dos conflitos) estratégia de relações de trabalho e sindicais; 4) de um projeto político, que entrou em crise, pela voz de alguns de seus protagonistas menos expostos aos holofotes; 5) da contradição entre os diagnósticos da cúpula do sindicalismo e suas respostas práticas; e, por fim, 6) do discurso empresarial que reveste e pretende justificar a estratégia corporativa da Vale.

Com efeito, esta obra é uma tentativa de oferecer um sentido ao caos e às mudanças intensas: uma busca de "muletas" e de uma bússola, por meio dos recursos da etnografia, ao solo movediço da globalização. Para encerrar esta apresentação, serão descritos alguns aspectos adicionais da metodologia do "estudo de caso ampliado"[97]. Por último, há uma breve descrição dos quatro capítulos que compõem este livro.

ALGUNS APONTAMENTOS METODOLÓGICOS: A INSPIRAÇÃO ETNOGRÁFICA E O MÉTODO DO "ESTUDO DE CASO AMPLIADO"

A pesquisa privilegiou as informações obtidas em entrevistas e as observações em campo, além de coleta de materiais secundários, como documentos e relatórios corporativos da Vale direcionados ao público e a seus acionistas, publicações sindicais e da imprensa brasileira e canadense. Foram realizadas entrevistas com trabalhadores, dirigentes sindicais locais, nacionais e internacionais de sindicatos da Vale no Brasil – Metabase Carajás[98], Sindicato dos Trabalhadores em Empresas Ferroviárias dos Estados do Maranhão, Pará e Tocantins (Stefem)[99], Confederação Nacional dos Químicos (CNQ) e CUT – e no Canadá – USW, Canadian Labour Congress (CLC) e USW Local 6500 (sindicato local que representa os trabalhadores em Sudbury, Canadá). Também foram entrevistados André Teixeira, gerente-executivo de relações trabalhistas da Vale, e Sérgio Rosa, ex-presidente da Previ e do Conselho de Administração da Vale.

Adicionalmente, foram visitados locais de produção, lidando com as restrições ao acesso impostas pela empresa. No Brasil, foram visitadas instalações da Vale em São Luís (MA), em maio de 2016, e em Parauapebas (PA), em julho de 2016. No

---

[97] Michael Burawoy, *Marxismo sociológico*, cit.

[98] Sindicato dos Trabalhadores na Indústria da Extração do Ferro, Metais Básicos, do Ouro, Metais Preciosos e de Minerais não Metálicos de Marabá, Parauapebas, Curionópolis e Eldorado dos Carajás (PA).

[99] Cuja sede localiza-se em São Luís (MA).

Canadá, em novembro de 2016, foram visitadas instalações da Vale e realizadas entrevistas com trabalhadores e dirigentes sindicais em Sudbury (Ontário). Além das localidades já mencionadas, foram realizadas diversas entrevistas no Brasil, em Belo Horizonte (MG), Rio de Janeiro (RJ), São Bernardo do Campo e São Paulo (SP), e, no Canadá, em Toronto (Ontário).

Este livro é o resultado de um estudo de caso de inspiração etnográfica, que buscou orientar-se pela metodologia do "estudo de caso ampliado" proposta por Michael Burawoy[100], o que significa tratar os "efeitos de contexto" presentes em qualquer etnografia como parte fundamental da produção do conhecimento. A interação estabelecida com o outro e a valorização da entrevista nortearam os contatos realizados. O objetivo foi ampliar o caso estudado para além dos limites das localidades visitadas e do tempo, com vistas a estabelecer comparações entre realidades nacionais diversas e geograficamente distantes, que, entretanto, estão ligadas pela valorização capitalista e pela organização da produção pela empresa transnacional. Tais relações de força apresentaram-se em muitas situações descritas ao longo da obra. Para lidar com elas, adotaram-se alguns pressupostos metodológicos, apresentados a seguir.

O "núcleo duro" da metodologia de Burawoy[101] é o método do "estudo de caso ampliado", que leva em conta os limites e as questões relacionadas aos "efeitos de poder" na investigação sociológica e mobiliza, como virtude, os próprios embaraços criados pelo método. Para Burawoy, as ciências sociais surgiram sob a sombra do velho positivismo. Os postulados da ciência positiva afirmam o isolamento do observador, sua separação e seu distanciamento em relação ao objeto. O observador é um "estrangeiro", que deve realizar um mapeamento o mais preciso do mundo, por meio da objetividade procedimental. A pesquisa quantitativa, então, é o método por excelência das ciências sociais concebidas como ciência positiva.

O método do "estudo de caso ampliado" rejeita tais pressupostos, uma vez que a ciência positiva tem muitas dificuldades de realizar seus próprios dogmas, como: 1) a não reatividade (impossível de alcançar na medida em que o entrevistador sempre afeta de algum modo o entrevistado); 2) a regularidade da seleção dos dados (afetada pelas múltiplas formas como um respondente pode interpretar a mesma questão); 3) a replicabilidade da pesquisa (afetada pelos efeitos de contexto econômico, político e social nos quais acontece a entrevista); e 4) a representatividade (passível de questionamento ao se refletir se o produto de uma entrevista é uma amostra de uma população de indivíduos ou, na verdade, uma amostra de uma situação social).

---

[100] Michael Burawoy, *Marxismo sociológico*, cit.

[101] Além da obra já mencionada, reflexões metodológicas desse autor encontram-se em Michael Burawoy et al., *Ethnography Unbound* (Berkeley, University of California Press, 1991); idem, *Global Ethnography* (Berkeley, University of California Press, 2000).

Por isso, o "estudo de caso ampliado" desrespeita os preceitos da ciência positiva de modo intencional, em favor da aceitação da "condição etnográfica", de suas virtudes e desafios. As ciências sociais deveriam lidar com o "dualismo científico", já que é possível fazer ciência também por meio de um modelo reflexivo, que utiliza "não o afastamento, mas sim o engajamento como via para o conhecimento sociológico", por meio de "múltiplos diálogos": entre o observador e os participantes, entre processos locais e forças extralocais, e da teoria consigo mesma. Dessa forma, a objetividade é garantida não por "um cuidadoso mapeamento do mundo, mas pela ampliação do conhecimento, quer dizer, pela imaginativa e parcimoniosa reconstrução da teoria para acomodar as anomalias"[102]. Os dois modelos de ciência, positivo e reflexivo, portanto, são coexistentes.

Os pesquisadores quantitativos reconhecem os "efeitos de contexto" e buscam sistematicamente minimizá-los. Burawoy, entretanto, sugere que os cientistas sociais assumam que o contexto é a própria realidade na qual vivem. A ciência reflexiva, como modelo alternativo, tem então o papel de tomar "o contexto como ponto de partida, não como ponto de chegada". A convivência entre ciência positiva e reflexiva seria possível porque "não é o problema que determina o método, mas sim o método que conforma o problema"[103], ou seja, a ciência reflexiva lida com problemas para os quais a ciência positiva não tem resposta. Os princípios da ciência reflexiva são, desse modo, retirados dos próprios "efeitos de contexto", ao utilizar o diálogo e a intersubjetividade como ferramentas, unindo participante e observador, conhecimento e contexto, situação, teoria popular e acadêmica. A essa dualidade científica corresponde, assim, uma dualidade metodológica, na qual o método do "estudo de caso ampliado" pode ocupar seu lugar.

As vicissitudes no campo levam os cientistas sociais a tematizar os "efeitos de contexto" sempre presentes no campo e, posteriormente, os "efeitos de poder" que podem colocar em risco o "estudo de caso ampliado". O contexto traz ao pesquisador elementos como: 1) a "intervenção", que deve ser considerada uma virtude a ser explorada, já que o etnógrafo atua em um ambiente que não é o seu e onde há participantes com os quais se relacionará e que a ele reagirão o tempo todo; 2) o "processo" pelo qual se acompanham os participantes no tempo e no espaço, permitindo conhecer a 3) "estruturação", já que o mundo cotidiano é estruturado por relações externas ao campo e, ao mesmo tempo, estruturador destas; e, finalmente, a possibilidade de 4) "reconstrução" da teoria, para avaliar se seus postulados se mantêm, se ela dá conta das anomalias trazidas pelo campo e se ela se amplia ou se restringe. Eis os quatro princípios do método do "estudo de caso ampliado" de Burawoy, unificados pelo "diálogo" presente em cada um deles e entre eles.

---

[102] Michael Burawoy, *Marxismo sociológico*, cit., p. 42.
[103] Ibidem, p. 95-6.

48 *O solo movediço da globalização*

Tais princípios realizam-se por meio de quatro "ampliações": 1) ampliar o observador até o participante, já que as "intervenções" trazem lições valiosas ao etnógrafo e não é possível portar-se como puro "estrangeiro", fugindo das questões e dos perigos relacionados à entrada e à saída do campo, além de um eventual retorno para devolver as descobertas aos participantes; 2) ampliar as observações no espaço e no tempo, levando em conta os processos que produzem e reproduzem as relações sociais; 3) ampliar a partir do processo em direção às forças sociais, partindo das diferenças do campo até as forças externas, cujas questões só podem ser respondidas por meio da teoria; e 4) ampliar a teoria, tomando-a como ponto de partida e de chegada, avaliando sua possibilidade de absorver "anomalias" ou de ter seus postulados centrais colocados em xeque[104].

A etnografia dialoga permanentemente com a história e com a teoria, já que o presente "constitui a lente por meio da qual podemos enxergar o passado [...]. Ele fornece o vocabulário, os conceitos e as teorias por meio das quais traduzimos o passado em história"[105]. Por isso, o método do "estudo de caso ampliado" valoriza a "revisita" como prática etnográfica que permite identificar mudanças e permanências[106] por meio da comparação entre uma observação participante em um campo de pesquisa com outro estudo no mesmo campo, realizado em algum ponto do passado, pelo mesmo etnógrafo ou por outro.

Burawoy entende o próprio trabalho de campo, em um "mundo historicizado", como uma "etnografia como revisita": uma sucessão de períodos de observação que se acumulam no tempo e nos quais há momentos "construtivistas", quando o pesquisador confronta as mudanças da própria localização em campo, e momentos "realistas", que permitem vislumbrar as mudanças ocasionadas por forças internas e externas. Em campo, portanto, está em curso uma "revisita permanente", que possibilita a ampliação do estudo de caso em questão.

A teoria, desse modo, é uma condensação do conhecimento que une uma comunidade científica, movendo-se mais por seus erros do que por seus acertos. Por isso, precisa ser revisada, ampliada e reconstruída como forma de revelar sua capacidade de absorver as anomalias, progredindo, ou não, quando degenera. A

---

[104] É possível identificar muitas convergências com esse tipo de abordagem metodológica nos trabalhos de Stéphane Beaud e Michel Pialoux, sociólogos do trabalho franceses com larga trajetória de investigação etnográfica inspirada na sociologia reflexiva bourdieusiana. Beaud e Pialoux rechaçam a transposição mecânica de categorias teóricas, mas mostram como a teoria é um pressuposto inescapável. A partir dela, em campo, é possível fazer emergir categorias dos dados recolhidos para melhor desenvolvê-la. Além disso, eles abordam a impossibilidade de "replicação" de uma etnografia, tendo em vista as relações únicas do pesquisador com o ambiente e com os indivíduos. Ver Stéphane Beaud e Michel Pialoux, "Partir para o trabalho de campo em Sochaux com 'Bourdieu na cabeça'", *Cadernos CERU/Centro de Estudos Rurais e Urbanos*, São Paulo, v. 24, n. 2, dez. 2013.

[105] Michael Burawoy, *Marxismo sociológico*, cit., p. 202.

[106] Ibidem, p. 100.

metodologia do "estudo de caso ampliado" permite, desse modo, o tratamento de questões que extrapolam os limites do caso, do campo e de fronteiras nacionais em direção a processos macrossociais globais, como uma "etnografia multicaso". Neste livro, a abordagem dos dados recolhidos por meio de observação e entrevistas nos dois países inspirou-se nessa tradição metodológica[107].

Os capítulos a seguir apresentam informações recolhidas em campo, entrevistas, documentos e análise teórica desse material. O capítulo 1 trata da dimensão econômica e produtiva da Vale, além da reconstrução de sua história como empresa estatal, do período de privatização, da posterior reestruturação de suas operações brasileiras e das consequências desse processo para seus trabalhadores e sindicatos.

O capítulo 2 segue as trilhas da estratégia de relações de trabalho e sindicais da empresa no Brasil, privilegiando a descrição de campo, os relatos de trabalhadores e as entrevistas realizadas em São Luís (MA) e Parauapebas (PA). O foco direcionou-se aos dirigentes de dois importantes sindicatos da Vale: o Stefem e o Metabase Carajás. Foram analisadas e contrastadas as posições de dois personagens que, há décadas, conduzem as entidades e já ocuparam o assento de representação dos trabalhadores no Conselho de Administração da Vale. No capítulo, também é descrita a forma como a empresa organiza as negociações com seus sindicatos e como a divisão desses últimos fragiliza a organização dos trabalhadores diante do poder corporativo.

As observações em campo no Canadá, as entrevistas realizadas em Sudbury, a descrição da entrada da Vale no país após a compra da Inco em 2006, a greve de 2009-2010 e seus desdobramentos são expostos no capítulo 3. Nele, também se realiza uma reflexão sobre as tentativas de organização de uma rede sindical internacional da Vale e as razões de seu fracasso, promovendo um balanço da literatura sobre o internacionalismo sindical e suas possibilidades.

O capítulo 4, como conclusão, promove a análise da estrutura de propriedade da Vale após a privatização, na qual fundos de pensão de empresas estatais tinham um papel central. Além disso, são apresentadas as mudanças promovidas pelo novo acordo de acionistas, assinado em 2017, após anos de mudanças no mercado global das *commodities* minerais e de mudanças políticas na gestão da empresa e no Brasil. A análise da entrevista com Sérgio Rosa lança luz sobre as escolhas de uma geração de sindicalistas que apostou na participação dos fundos de pensão de empresas estatais no controle de grandes empresas de origem brasileira e sobre seu papel em um futuro nebuloso. O epílogo, por fim, traz as últimas considerações da obra.

Nas páginas a seguir, são apresentadas as observações realizadas em diferentes locais nos quais atua a gigante global da mineração de origem brasileira. O

---

[107] Afirmar que a investigação *inspirou-se* no método do "estudo de caso ampliado" significa reconhecer as limitações de tempo, de orçamento e de permanência em campo nos marcos de uma pesquisa de doutorado, como a que deu origem a esta obra.

pesquisador buscou encontrar um sentido para as transformações do campo e do mundo. Se a mudança é a própria condição da etnografia, pode-se dizer que ela é, também, a condição comum vivida – sob o calor amazônico de Carajás ou sob o frio congelante de Ontário – pelos trabalhadores que movem o solo e o subsolo, criando a riqueza e o poder de uma empresa outrora vista como símbolo do desenvolvimento do Brasil e hoje parte fundamental da mineração transnacional.

1

De Companhia Vale do Rio Doce
a Vale S.A.

A Companhia Vale do Rio Doce (CVRD) foi criada em 1942 na região de Itabira, Minas Gerais. Suas enormes reservas de minério de ferro eram conhecidas desde o início do século XX, quando foram compradas, junto com o controle da Estrada de Ferro Vitória-Minas (que liga a região mineira ao porto de Tubarão, no Espírito Santo), pelo grupo British Itabira Limited, criando a Itabira Iron Ore Company em 1911[1].

A empresa controlada por capital britânico, no entanto, não conseguiu efetivamente explorar as reservas compradas. Podem-se apontar muitas razões para isso, entre as quais certas restrições à atividade do capital estrangeiro, à época, pelo governo local de Minas Gerais, as dificuldades para levantar capital por conta da conjuntura da Primeira Guerra Mundial e mesmo, talvez, uma estratégia do grupo britânico de não explorar as reservas e apenas assegurar o monopólio dos recursos contra a concorrência[2].

Décadas depois, especialmente após a crise de 1929, iniciou-se no Brasil a industrialização por substituição de importações, estimulada pela nova conjuntura internacional e pela queda dos preços do café (então o principal produto de exportação brasileiro) no mercado mundial. Durante o governo nacionalista de Getúlio Vargas, o país manteve por algum tempo uma postura ambígua e conversações tanto com os países do Eixo como com os Estados Unidos, em busca das melhores condições para localizar o Brasil diante da situação de tensão entre as potências pré-guerra. A pressão estadunidense e as ofertas de empréstimos e

---

[1] Maria Cecília Minayo, *De ferro e flexíveis: marcas do Estado empresário e da privatização na subjetividade operária* (Rio de Janeiro, Garamond, 2004). O trabalho de Minayo, como se verá, foi uma referência importante para a pesquisa que deu origem a este livro.

[2] Ibidem, p. 49-50.

52 *O solo movediço da globalização*

parcerias econômicas fizeram Vargas decidir-se pela cessão da base de Natal aos Estados Unidos e pela entrada do Brasil na guerra contra o Eixo[3].

Em troca da participação brasileira no conflito, foram assinados os "Acordos de Washington" entre Brasil, Estados Unidos e Inglaterra em março de 1942. Os últimos interessavam-se em obter do Brasil fornecimento de matérias-primas para a indústria bélica[4]. O acordo estabeleceu a devolução, pela Inglaterra, das jazidas de minério de ferro da British Itabira Company e financiamentos do governo estadunidense, por meio do Eximbank, para que o governo brasileiro criasse uma empresa para a exploração das minas de ferro e reformasse a Estrada de Ferro Vitória-Minas. Essa empresa seria a estatal Companhia Vale do Rio Doce, que se comprometeu a vender, em seus primeiros três anos, 1,5 milhão de toneladas de minério de ferro aos Estados Unidos e à Inglaterra. Os "Acordos de Washington" também possibilitaram a obtenção de financiamento para a construção da estatal siderúrgica – a Companhia Siderúrgica Nacional (CSN) – para a qual a CVRD passou a vender parte de sua produção de ferro. A CVRD foi criada para fornecer minério de ferro ao mercado internacional. Entre 1942 e 1961, a empresa exportou 98% de todo o minério que extraiu; já entre 1967 e 1997, "em média, ao menos 80% do minério de ferro extraído pela Vale foi destinado aos mercados internacionais"[5].

Pode-se dizer que a criação da CVRD (e da CSN) foi um exemplo bem-sucedido da estratégia de "aproveitar a oportunidade", descrita por Immanuel Wallerstein[6], que criticou modelos bipolares para o desenvolvimento – como a visão centro-periferia proposta pelos estruturalistas – por considerar tais abordagens insuficientes para analisar a economia mundial como um sistema único: centro e periferia não seriam dois tipos de economias distintos, mas partes de um mesmo sistema-mundo há séculos. Wallerstein argumentou em favor da mobilidade no sistema-mundo: um sistema trimodal centro-semiperiferia-periferia, baseado em trocas desiguais por conta das diferenças de tecnologia, padrões salariais e margens de lucro. Os países da semiperiferia teriam desenvolvido então, em meados do século XX, três estratégias para conquistar partes do mercado mundial para seus produtos ou mesmo para garantir seu mercado interno para os produtos nacionais: 1) aproveitar as oportunidades ("*seizing the chance*"); 2) desenvolvimento por convite ("*invitation*"); e 3) autonomia ("*self-reliance*").

---

[3] Ver Lira Neto, *Getúlio (1930-1945): do governo provisório à ditadura do Estado Novo* (São Paulo, Companhia das Letras, 2013).

[4] Maria Cecília Minayo, *De ferro e flexíveis*, cit, p. 57-8.

[5] Bruno Milanez et al., "A estratégia corporativa da Vale S.A.: um modelo analítico para redes globais extrativas", *Versos – Textos para Discussão PoEMAS*, v. 2, n. 2, 2018, p. 3.

[6] Immanuel Wallerstein, "Dependence in an Interdependent World: The Limited Possibilities of Transformation within the Capitalist World Economy", *African Studies Review*, v. 17, n. 1, abr. 1974, p. 1-26.

A criação da CVRD e da CSN foi fundamental para que, nos anos seguintes, se desenvolvesse no Brasil um parque industrial relativamente diversificado, também com grande presença de multinacionais (combinando a "oportunidade" com a estratégia de "convite"). Se, por um lado, criou-se um novo tipo de dependência, já que as novas empresas demandavam importação de máquinas e tecnologia do centro, por outro lado, a combinação de estratégias ("*seizing the chance*" e "*invitation*") permitiu a presença, no Brasil, de uma "indústria pesada de tipo intermediário"[7].

A CVRD, desde sua criação, foi uma empresa voltada à exportação. Após a guerra, na década de 1960, a Alemanha Ocidental e o Japão foram os principais compradores do minério de ferro brasileiro. Durante a ditadura militar, a CVRD acelerou a exportação de minério de ferro, estimulando seus trabalhadores a aumentar a produção por meio de uma ideologia que associava o trabalho dos mineiros a uma missão patriótica de produzir divisas para pagar a dívida externa do país[8].

Com esse objetivo, foi criado, na Floresta Amazônica, o Projeto Ferro Carajás (PFC), onde se encontra a maior mina de ferro a céu aberto do mundo. Os recursos da Província Mineral de Carajás, fundamentais para que a Vale pudesse tornar-se uma CTN, foram "descobertos em 1967 pela Companhia Meridional de Mineração S.A. (CMM), subsidiária da então líder do mercado siderúrgico mundial, a United States Steel Co. (US Steel)"[9]. A concessão para a exploração das reservas ocorreria após dois anos, quando se criou "uma *joint venture* entre a CMM (49%) e a CVRD (51%), a Amazônia Mineração S.A. (AMZA), em 1970"[10]. Posteriormente, em 1977, a CVRD compraria a parte da CMM, constituindo o PFC, "um 'megaprojeto' de exploração mineral, beneficiamento primário e exportação". Como um marco de sua construção, em 1981 ocorreu a primeira detonação para a abertura da N4E, uma das minas do "sistema norte", um dos sistemas de extração de minério de ferro da Vale no Brasil. Para escoar a produção, em 1985 iniciou-se a operação da Estrada de Ferro Carajás (EFC), que tem cerca de 900 quilômetros de extensão e liga a região produtora, no coração da Amazônia, ao porto de Ponta da Madeira em São Luís (MA). A EFC atravessa 23 municípios (19 no Maranhão e 4 no Pará) e tem estações de embarque em Parauapebas e Marabá, no Pará, e em Açailândia, Santa Inês e São Luís, no Maranhão.

A abertura do Projeto Ferro Carajás consolidou a posição da CVRD, já nos anos 1980, como a maior produtora de minério de ferro do mundo. Nesse período, o mercado asiático tornou-se o principal destino do minério de ferro da CVRD, correspondendo a quase 48% de suas exportações. O Japão era, então, o

---

[7] Ibidem, p. 14.

[8] Maria Cecília Minayo, *De ferro e flexíveis*, cit.

[9] Rodrigo S. P. Santos, "Desenvolvimento econômico e mudança social: a Vale e a mineração na Amazônia Oriental", *Caderno CRH*, Salvador, v. 29, n. 77, maio/ago. 2016, p. 302.

[10] Idem.

54 *O solo movediço da globalização*

principal país comprador[11]. A Ásia continua sendo o maior mercado da Vale, com a diferença de que a China passou a ser, especialmente a partir dos anos 2000, o maior consumidor do minério de ferro produzido pela empresa.

O PFC foi viabilizado "a partir do estabelecimento de uma coalizão de interesses estatais e de capitais siderúrgicos multinacionais [...] adensando a rede global de produção [...] da Vale" como "um nó de [RGPs] minerossiderúrgicas"[12]. O financiamento do projeto ressaltava tal característica, já que, do capital total de US$ 3,642 bilhões do projeto, 51,4%, ou US$ 1,872 bilhão, foram oriundos de fontes nacionais, especialmente de recursos da própria CVRD (US$ 852 milhões) e do BNDES (US$ 1,02 bilhão), e os 48,6% restantes vieram de recursos externos, como financiamentos da European Coal and Steel Community (ECSC) (US$ 600 milhões), da Nippon Carajás Iron Ore Co. Ltda. (US$ 500 milhões), o Banco Internacional para Reconstrução e Desenvolvimento (Bird) (US$ 304,5 milhões) e do banco de desenvolvimento alemão KfW (US$ 122,5 milhões)[13].

Tais números ajudam a ilustrar um aspecto fundamental que se pretende sublinhar neste breve histórico da empresa: a CVRD, desde sua fundação, uniu interesses e capitais estatais e multinacionais para construir as infraestruturas de extração, beneficiamento e transporte necessárias à exportação de minério de ferro ao mercado internacional. Nos anos 1980, com a inauguração das operações do PFC, "entrava em cena uma estratégia de crescimento via recursos naturais, acoplando a Amazônia Oriental ao processo de internacionalização econômica centrado no Sudeste e a reconstituindo como uma economia regional extrativa"[14].

A PRIVATIZAÇÃO DA CVRD E O SALTO NA INTERNACIONALIZAÇÃO

A relação entre industrialização, transformações econômicas, presença de empresas estatais e fortalecimento do Estado em alguns países latino-americanos durante os anos 1970 foi analisada por Fernando Henrique Cardoso e Enzo Faletto[15], que consideraram a CVRD e a Petrobras, já naquele período, as únicas empresas brasileiras multinacionais. O fortalecimento das estatais no país durante o regime autoritário foi explicado da seguinte forma:

> Um problema básico existente, apresentado pelo momento presente e pela situação latino-americana de dependência: a própria penetração de multinacionais requer um

---

[11] Tádzio Peters Coelho, *Projeto Grande Carajás: trinta anos de desenvolvimento frustrado* (Rio de Janeiro, Ibase, 2014).

[12] Rodrigo S. P. Santos, "Desenvolvimento econômico e mudança social", cit., p. 302-3.

[13] Ibidem, p. 303.

[14] Idem.

[15] Fernando Henrique Cardoso e Enzo Faletto, *Dependency and Development in Latin America* (Berkeley, University of California Press, 1979).

De Companhia Vale do Rio Doce a Vale S.A.   55

Estado que seja capaz de fornecer-lhes recursos para a acumulação. Então, riqueza nacional é necessária para a acumulação privada estrangeira. Mas este processo é contraditório: para este trabalho, o Estado precisa fortalecer-se e expandir suas funções nos níveis administrativo e econômico [...]. Confrontado com os desafios políticos das classes dominadas para reordenar radicalmente a sociedade, este Estado empreendedor-regulador militariza-se, tornando-se ainda mais forte e mais autocrático.[16]

A relação entre companhias multinacionais, seus aliados na classe dominante nacional e a burocracia estatal sustentou o regime autocrático. Pela natureza autoritária do regime, no entanto, tal relação muitas vezes não tinha canais institucionalizados e dependia de "anéis burocráticos", que uniriam empresários e multinacionais às figuras do regime. O "desenvolvimentismo" era a ideologia básica do Estado[17].

A criação bem-sucedida da CVRD, a expansão de sua produção e de sua lucratividade durante o período estatal ilustram a importância da ação do Estado na transformação econômica e na industrialização do Brasil. A intervenção do Estado necessita do desenvolvimento de um aparato burocrático estatal coeso e, ao mesmo tempo, descentralizado. As empresas estatais, por isso, cumpriram o papel de assegurar a intervenção estatal coerente[18].

Peter Evans[19] analisou as relações entre Estados, transformações industriais e desenvolvimento nos países do então "Terceiro Mundo" por meio de uma tipologia dos aparatos estatais. Os "Estados predatórios" seriam aqueles nos quais tradições patrimonialistas e tradicionalistas, em vez de criar uma burocracia profissional, teriam levado à criação de um círculo personalista ao redor do poder, interessado em extrair rendas "predatórias" do Estado. No caso oposto, os "Estados de desenvolvimento" ("*developmental states*") – como os países de industrialização tardia do Leste asiático (seguindo padrão anteriormente trilhado pelo Japão) – teriam estabelecido uma burocracia profissional e meritocrática, estável e com carreira de longo prazo.

Nessa classificação, o Brasil seria um "caso intermediário" entre o padrão "predatório" e o "de desenvolvimento", já que, apesar de haver certa burocracia profissional meritocrática, ainda haveria muita dependência de nomeações do Poder Executivo e relações clientelistas no aparato governamental profissional, cujas origens remontam à presença histórica de elites tradicionais rurais com poder político. Tal situação dificultaria a criação de relações estáveis com o setor privado, estimulando o

---

[16] Ibidem, p. 212. Tradução nossa.

[17] Idem.

[18] Ver Dietrich Rueschemeyer e Peter Evans, "The State and Economic Transformation: Toward an Analysis of the Conditions Underlying Effective Intervention", em Peter Evans, Dietrich Rueschemeyer e Theda Skocpol (orgs.), *Bringing the State Back In* (Cambridge, Cambridge University Press, 1985), p. 44-77.

[19] Peter Evans, "Predatory, Developmental and Other Apparatuses: A Comparative Political Economy Perspective on the Third World State", *Sociological Forum*, v. 4, n. 4, dez. 1989, p. 561-89.

56 *O solo movediço da globalização*

aparecimento de "canais individuais", os "anéis burocráticos" de Cardoso e Faletto[20]. No entanto, no Brasil, desenvolveram-se certos "bolsões de eficiência" no Estado, em agências e instituições como o BNDES, com seu corpo de profissionais estável e qualificado, cuja missão é financiar o investimento. As empresas estatais também cumpriram tal papel, criando certa autonomia das pressões e canais "individuais" tradicionalmente desenvolvidos no interior do aparato burocrático brasileiro[21].

Maria Cecília Minayo[22] aponta nessa mesma direção ao mostrar como a CVRD mantinha postura de afastamento diante de demandas do governo local de Itabira (cidade onde iniciou suas operações) e, em alguns momentos, mesmo de setores do governo federal. Na essência, porém, a administração da empresa voltava-se totalmente às necessidades de ampliação das exportações e do lucro como forma de obter divisas para o país. A "ideologia nacional-desenvolvimentista" integrava o Estado empresário, os gerentes e os operários durante o período de propriedade estatal da CVRD. As relações de trabalho na empresa respondiam a esse princípio por meio de práticas paternalistas e autoritárias, especialmente com os operários desqualificados. A resistência operária e o conflito eram tidos como faltas graves e insubordinação, aos quais a empresa reagia com punições econômicas ou mesmo intimidação e demissões, em particular no caso de ativistas sindicais.

A relação da empresa com os sindicatos é um exemplo dessas práticas. Os trabalhadores da Vale são representados por uma miríade de sindicatos locais. Historicamente, muitos desses sindicatos foram criados pela própria direção da empresa[23], que colocou nas posições de direção das entidades gerentes e homens de confiança. Como se argumentará mais adiante, a pulverização da representação dos trabalhadores permite à Vale "dividir e conquistar", quase sempre impondo suas determinações nas negociações coletivas anuais. Por ora, pode-se afirmar, a partir das indicações de Minayo[24] sobre as relações da Vale com o sindicato em Itabira durante o período estatal, que a empresa conservou certas práticas do período autoritário em sua estratégia de relações de trabalho e sindicais sob a nova gestão privada. As observações de campo e entrevistas realizadas em São Luís e Parauapebas, no Brasil, bem como os relatos de trabalhadores e sindicalistas sobre a greve em Sudbury (Canadá) corroboram essa constatação. Rodrigo Santos e Bruno Milanez apontam nessa direção ao associar práticas autoritárias a CTNs previamente estatais:

> A forma *social* do enraizamento diz respeito à origem dos agentes e a seus processos constitutivos. Com relação às empresas em especial, contextos sociais e culturais (em

---

[20] Fernando Henrique Cardoso e Enzo Faletto, *Dependency and Development in Latin America*, cit.

[21] Peter Evans, "Predatory, Developmental and Other Apparatuses", cit.

[22] Maria Cecília Minayo, *De ferro e flexíveis*, cit.

[23] É o caso dos dois sindicatos brasileiros da Vale pesquisados: Metabase Carajás e Stefem.

[24] Maria Cecília Minayo, *De ferro e flexíveis*, cit.

De Companhia Vale do Rio Doce a Vale S.A. 57

grande medida, nacionais) tendem a moldar padrões comportamentais específicos [...], embora sejam relevantes também as trajetórias setoriais e os padrões históricos de interação com o Estado, trabalhadores e consumidores. Exemplarmente, CTNs previamente monopólicas e estatais tendem a preservar aspectos organizacionais inadequados a condições competitivas, tais como a manutenção de ativos imobiliários em desuso, práticas autoritárias de gestão das relações de trabalho e sindicais, comportamentos reativos de negação em face da contestação social etc.[25]

É útil destacar tais reminiscências autoritárias do período estatal na conformação da estratégia de relações de trabalho e sindicais da Vale. Será possível retomar essa discussão ao analisar as tensas negociações do acordo coletivo em 2015 e de PLR em 2016 com os sindicatos brasileiros e, sobretudo, a greve de 2009-2010 no Canadá.

André Teixeira, gerente-executivo de relações trabalhistas da Vale, começou a trabalhar na CVRD em 1984, no fim da ditadura militar, em uma área técnica. Sem ter lidado diretamente com a área de relações trabalhistas naquele período, a partir de sua experiência com gerentes e diretores da área que lhe antecederam, Teixeira descreve as negociações entre CVRD e sindicatos durante o período estatal e, em particular, durante a ditadura militar:

> Olha, no período estatal eu não trabalhava com esse assunto. [...] Era muito limitada a nossa negociação. [...] A decisão sobre a nossa proposta que ia ser apresentada era discutida com o Ministério das Minas e Energia, secretaria disso, secretaria daquilo. Então, a ingerência externa era muito maior. A sua autonomia para resolver coisas era muito menor.
> [...] A relação com o sindicato era colônia de férias, clube, farmácia, todo o assistencialismo sindical que existe em muitos até hoje. [...] As pessoas não se tornavam sócias do sindicato por uma questão de acreditar que ele representava aquilo ali. [...] Era tudo com incentivo do governo. Na ditadura, o governo incentivava que os sindicatos fossem assistencialistas. (André Teixeira, em entrevista)

Será possível, nas páginas e capítulos posteriores, analisar o modo como a Vale negocia com seus sindicatos e sua estratégia de relações trabalhistas, em cuja formulação Teixeira tem papel decisivo.

É possível considerar as dificuldades para a auto-organização dos trabalhadores da empresa também como um legado do período autoritário. Na história da Vale, registram-se apenas duas greves: em 1945, ainda em seus primeiros anos de funcionamento, e em 1989[26]. Nesse último caso, a greve significou a "liberação da tutela" dos

---

[25] Rodrigo S. P. Santos e Bruno Milanez, "Redes globais de produção (RGPs) e conflito socioambiental: a Vale S.A. e o complexo minerário de Itabira", em *Anais do VII Singa* (PPGEO, Laboter, Iesa, UFG), Goiânia, 2015, p. 2.098.

[26] Em Carajás, conforme informações do sindicato Metabase Carajás, na sequência dos acontecimentos em Minas Gerais em 1989, houve uma greve local em 1990. A Vale, em seu

O solo movediço da globalização

trabalhadores em face da empresa estatal, muitas vezes apontada no discurso operário como uma "mãe"[27]. Curiosamente, como se mostrará no capítulo 3, os mineiros canadenses também chamavam a Inco, empresa comprada pela Vale, de "mãe Inco". Ao contrário, no Brasil, "os trabalhadores remanescentes da época estatal [...] hoje apelidam a empresa de 'Vale-madrasta' em contraposição à expressão 'Vale-mãe'" anterior[28].

O fato de os trabalhadores chamarem a Vale estatal e a antiga Inco de "mãe" é significativo e torna necessário abrir um parêntesis nessa reconstrução para relacionar esse sentimento de pertencimento e proximidade (que chega mesmo à afetividade) à "morfologia de *company town*", pela qual há "um conjunto de limitações estruturais [...] típico de cidades monoindustriais onde predomina o poder da grande empresa sobre a política local e a ação dos sindicatos". Nas circunstâncias de *company town*, a empresa tem uma "visão extremamente hierárquica e autoritária do seu papel [...] [,] exercendo uma combinação de repressão e paternalismo sobre [...] o sindicato local"[29].

Tais características – descritas a partir de uma pesquisa sobre a relação entre a CSN e o município de Volta Redonda (RJ) – guardam semelhanças com o que se passa em Itabira, Parauapebas e Sudbury, entre outras localidades onde a Vale tem operações extrativas. É certo que há, igualmente, especificidades e diferenças. Podem-se apontar contrastes entre as práticas da CSN em Volta Redonda e da CVRD em Itabira, mostrando que a segunda empresa se instalou em uma cidade já constituída, em cujo território a CVRD

> induziu uma ação disruptiva [...], formulando uma estrutura social mais afinada com suas especificidades de mineradora estatal; [assistindo a] um processo de "ruptura da dominação"[30], nos anos 1980, momento em que viu se constituir uma sociedade civil atuante e contrária à ação predatória da mineração; e testemunhou o surgimento de uma aliança entre poder público e empresariado, insatisfeitos com a dominação histórica da Companhia e com a baixa diversidade produtiva da cidade.[31]

A própria existência do município de Parauapebas, por sua vez, deve-se, em grande medida, ao PFC. O município iniciou-se no núcleo construído pela empresa –

---

relatório anual de 2017, destaca a ausência de greves no Brasil desde 1989 como um sinal da "estabilidade das operações". Ver Vale S.A., *Relatório de sustentabilidade Vale 2017*, p. 40, nota 6; disponível em: <http://www.vale.com/PT/aboutvale/relatorio-de-sustentabilidade-2017/Documents/v_VALE_RelatorioSustentabilidade_2017_v.pdf>; acesso em: 26 maio 2021.

[27] Maria Cecília Minayo, *De ferro e flexíveis*, cit.

[28] Laura Nazaré de Carvalho, "Análise da ação dos sindicatos dos trabalhadores da mineradora Vale S.A. na região Sudeste brasileira", *Textos & Debates*, Boa Vista, n. 23, jan./jul. 2013, p. 92, nota 1.

[29] Raphael Jonathas da Costa Lima, "CSN e Volta Redonda: uma relação histórica de dependência e controle", *Política & Sociedade*, v. 12, n. 25, 2013, p. 48.

[30] Maria Cecília Minayo, *De ferro e flexíveis*, cit.

[31] Raphael Jonathas da Costa Lima, "CSN e Volta Redonda", cit., p. 58.

que será descrito no capítulo 2 – e experimentou, posteriormente, grande crescimento populacional e urbano. A proximidade permanente entre trabalhador e empresa, o acesso a serviços e o elemento paternalista de sua concessão são fundamentais para compreender o tratamento da empresa como "mãe". Guilherme Zagallo[32] ilustrou a relação entre a "morfologia de *company town*" e as dificuldades para a ação sindical:

> Carajás, especificamente, é um lugar difícil de fazer movimento sindical. Não é que eu seja condescendente. É que é muito difícil você controlar, você mobilizar num local... Embora, hoje, a maioria viva em Parauapebas, mas, originariamente, a maioria vivia no conjunto, lá em cima, um lugar em que o clube é controlado pela empresa, a escola, o hospital, ou seja, você não sai do ambiente de trabalho em nenhum momento. Em todos os momentos, no futebol... Você está de alguma maneira, no chope da sexta-feira... Então, de um modo geral, [a] atividade sindical nesse tipo de atuação, em cidade-enclave, [...] normalmente costuma ser mais difícil. [...] Em Parauapebas, a maioria das pessoas foi para lá pela mineração, pela Vale e pela atividade que ela gera. Não é um lugar fácil de você construir um movimento sindical mais autônomo. (Guilherme Zagallo, em entrevista)

Sudbury, por sua vez, é uma cidade centenária marcada profundamente pela criação da Inco[33], ainda que, em décadas recentes, mudanças tecnológicas e de organização das atividades de extração, como se verá no capítulo 3, tenham levado ao aumento da produtividade do trabalho e à expressiva diminuição dos empregos na mineração local do níquel. Seja como for, as características de "cidade monoindustrial" servem para descrever as três localidades mencionadas.

A greve na CVRD em 1989 ocorreu em um período conturbado de crise econômica e altos índices de inflação no Brasil. A principal exigência dos trabalhadores era a reposição salarial. O florescimento do movimento sindical na empresa nos anos seguintes foi, entretanto, abortado pelos planos de reestruturação produtiva que a CVRD já desenvolvia e cuja realização foi também estimulada pela greve, em uma espécie de momento de virada[34].

O início dos anos 1990 marcou a "preparação para a privatização"[35]. A vitória de Fernando Collor na primeira eleição presidencial direta após a ditadura

---

[32] Advogado e assessor sindical, cuja trajetória será apresentada nos parágrafos a seguir. Zagallo autorizou a reprodução de seu nome e de suas declarações, dadas em reuniões e assembleia acompanhadas pelo pesquisador, além de entrevistas realizadas em São Luís, em maio de 2016, e em São Paulo, em julho de 2018.

[33] Jamie Swift, *The Big Nickel: Inco at Home and Abroad* (Kitchener, Between the Lines, 1977).

[34] O capítulo 3 mostrará que a greve de 2009-2010, no Canadá, também foi uma espécie de momento de virada, durante e a partir do qual a Vale introduziu sua estratégia de relações trabalhistas e sindicais – desenvolvida, sobretudo, a partir da experiência da empresa em suas operações brasileiras –, diferenciando-se da estratégia anteriormente adotada pela Inco.

[35] Maria Cecília Minayo, *De ferro e flexíveis*, cit.

60   O solo movediço da globalização

militar acelerou tais planos. A CVRD organizou um amplo programa de demissão voluntária[36], que colocou os sindicatos novamente na defensiva. Sob o argumento da necessidade de reduzir custos, diminuir hierarquias e ampliar a produtividade, também ocorreram mudanças no processo produtivo, com a introdução de trabalho em grupo e princípios de polivalência.

Nos governos de Fernando Henrique Cardoso (1995-2002), houve um impulso nas privatizações. Em 1997, a CVRD foi privatizada em um processo do qual saiu vitorioso um grupo de empresas liderado por Benjamin Steinbruch (que, pouco tempo antes, havia comprado a siderúrgica estatal CSN), bancos e fundos de pensão. Os argumentos para a privatização apresentados pelo governo à época seguiram o padrão ideológico – naquele momento muito em evidência no mundo e na América Latina em particular – do "Consenso de Washington". Segundo seu formulador, a principal razão para as privatizações

> é a crença de que a indústria privada é administrada mais eficientemente do que empresas estatais devido aos incentivos mais diretos com os quais lida um administrador que ou tem uma participação direta nos lucros de uma empresa ou é responsável perante aqueles que a tenham.[37]

A CVRD, no entanto, foi historicamente uma empresa muito lucrativa. Nos três anos anteriores à privatização, os lucros da CVRD foram de US$ 304 milhões (1994), US$ 721 milhões (1995) e US$ 558 milhões (1996)[38]. No entanto, as políticas de ajuste estrutural, como privatizações, estabilização de preços, liberalização dos mercados, desregulamentação e austeridade fiscal, foram uma agenda formulada e implantada de forma antidemocrática, desenhada em Washington e imposta sem debate, por meio da tutelagem de instituições como o FMI e o Banco Mundial, cujo objetivo era assegurar a capacidade de pagamento dos países devedores[39].

Robinson[40], por sua vez, associa as políticas neoliberais de ajuste estrutural e o abandono do desenvolvimentismo em países periféricos e semiperiféricos à vitória de frações das burguesias nacionais cuja acumulação passou a orientar-se transnacionalmente (sobretudo, mas não apenas, bancos e novos fundos de

---

[36] As demissões na CVRD foram parte de um plano de demissão de 108 mil funcionários públicos federais durante o governo Collor. Ver Maria Cecília Minayo, *De ferro e flexíveis*, cit., p. 283.

[37] John Williamson, "What Washington Means by Policy Reform", em *Latin American Adjustment: How Much Has Happened* (Washington, D.C., Institute for International Economics, 1990), p. 16. Tradução nossa.

[38] Tádzio Peters Coelho, *Projeto Grande Carajás*, cit., p. 17.

[39] Henry Veltmeyer, James Petras e Steve Vieux, *Neoliberalism and Class Conflict in Latin America: A Comparative Perspective on the Political Economy of Structural Adjustment* (Nova York, St. Martin's Press, 1979).

[40] William I. Robinson, *Una teoría sobre el capitalismo global: producción, clase y Estado en un mundo transnacional* (trad. Víctor Acuña e Myrna Alonzo, Cidade do México, Siglo XXI Editores, 2013).

investimento), que, de modo paulatino, passaram a compor as fileiras da CCT. Tais frações foram auxiliadas por quadros das elites transnacionais (na maior parte das vezes, formados em universidades de prestígio internacional frequentadas por seus homólogos estrangeiros), instalados em instituições-chave dos Estados-nação, como os bancos centrais e ministérios responsáveis pela política econômica, além de igualmente ocuparem posições importantes na academia e na imprensa locais, contribuindo para a disputa ideológica em favor de abertura comercial, liberalização financeira e privatizações. O desmantelamento da estratégia de industrialização por substituição de importações e do nacional-desenvolvimentismo – fundamentais para a criação da CVRD –, em um contexto de crise econômica nos anos 1980 e 1990, ampliou a presença do capital transnacional e acelerou a integração das economias semiperiféricas e periféricas ao capitalismo global. Também por essa razão, Robinson[41] considera superadas, na época do capitalismo global, teorias como as do sistema-mundo e da dependência, uma vez que elas tomaram o Estado-nação como unidade de análise e produziram explicações válidas para a época da economia internacional.

Pouco tempo após a privatização da CVRD, Benjamin Steinbruch entrou em conflito com outros controladores e deixou a empresa[42]. Em seu lugar, em 2001, assumiu a presidência executiva da Vale, indicado pelo Bradesco, Roger Agnelli, ex-economista do banco e à época presidente da Bradespar[43], que havia atuado anteriormente no controverso processo de avaliação da CVRD para a privatização. A presença do Bradesco no bloco de controle da empresa sofreu questionamentos, já que isso seria proibido pela Lei de Licitação para a venda da CVRD[44], justamente pela participação do banco no processo de avaliação. De acordo com Judith Marshall:

> A venda da Vale é considerada o episódio mais escandaloso de privatização da história brasileira. A companhia foi vendida por apenas R$ 3,4 bilhões num período de paridade entre o real e o dólar estadunidense. Uma ação no Tribunal Regional Federal (TRF) de Brasília em 2004 explicitou uma série de irregularidades que provam que a Vale foi subavaliada. Algumas minas foram ignoradas nos cálculos e outras subavaliadas. Todo o setor florestal também foi subavaliado. Ativos intangíveis de enorme valor (tecnologias, patentes e conhecimento técnico relacionado à geologia e à engenharia de minas) não foram considerados. As ações de propriedade da Vale na Açominas, CSN, Usiminas e CST foram ignoradas. A lista de irregularidades é

---

[41] Idem.

[42] Com apoio do governo Fernando Henrique Cardoso, que receava a concentração de poder nas mãos de Steinbruch, de acordo com André Guilherme Delgado Vieira, *O mapa da mina* (Curitiba, Kotter Editorial, 2020).

[43] Braço de participações do banco.

[44] Nazareno Godeiro (org.), *Vale do Rio Doce: nem tudo que reluz é ouro – da privatização à luta pela reestatização* (São Paulo, Sundermann, 2007), p. 95.

62 *O solo movediço da globalização*

enorme. O Bradesco, banco responsável pela avaliação, assumiu o controle da Vale um ano depois.[45]

Na mesma direção, argumenta Nazareno Godeiro:

O preço de venda da CVRD, US$ 3,338 bilhões, foi subestimado propositalmente [...]. Neste valor, não se incorporou o conjunto das empresas do grupo e as participações societárias em dezenas de empresas, não se incorporou o valor das reservas minerais da CVRD [...]. Ficou de fora do preço mínimo [...] um conglomerado com cerca de 60 empresas, incluindo a infraestrutura ferroviária, com 9 mil quilômetros [...] e vários terminais portuários.[46]
[...] Para determinação dos preços mínimos na privatização, foi informado que a CVRD possuía 2,8 bilhões de toneladas de minério de ferro. Porém, a empresa já havia informado à Bolsa de Nova York que o total das reservas de minério da CVRD em todo o Brasil era de 7,981 bilhões de toneladas. Informou-se em 1997 que a CVRD possuía reservas de 197 milhões de toneladas de bauxita, quando o número correto era 392 milhões de toneladas. De manganês se informou [...] total de 30,4 milhões de toneladas, quando o número total era de 63 milhões [...]. De potássio, 4,4 milhões [...] enquanto o número correto era de 19,2 milhões de toneladas.[47]

Guilherme Zagallo é um advogado que trabalhou por dez anos na CVRD, em São Luís, como técnico eletrônico. Estudou direito enquanto trabalhava na companhia e, posteriormente, desde que saiu da empresa, tem assessorado o Stefem há mais de vinte anos. Atualmente, além do trabalho como advogado de prestígio na capital maranhense[48], é um dos articuladores da rede Justiça nos Trilhos[49]. Essa iniciativa pode ser associada a outros movimentos de contestação de atividades de mineração no Brasil[50].

---

[45] Judith Marshall, "Behind the Image of South-South Solidarity at Brazil's Vale", em Patrick Bond e Ana Garcia (orgs.), *Brics: An Anti-Capitalist Critique* (Chicago, Haymarket Books, 2015), p. 170. Tradução nossa.

[46] Nazareno Godeiro (org.), *Vale do Rio Doce*, cit., p. 86-7.

[47] Ibidem, p. 94.

[48] Zagallo foi presidente da seção estadual e conselheiro nacional da Ordem dos Advogados do Brasil (OAB).

[49] Articulação de movimentos sociais, associações e indivíduos, organizada em 2007, com o objetivo de "cobrar da Vale do Rio Doce uma justa compensação pelos danos causados ao meio ambiente e à população que vive nas áreas atravessadas pela sua ferrovia", de acordo com descrição disponível em: <http://justicanostrilhos.org/quem-somos/>; acesso em: 26 maio 2021.

[50] "Ao adotar o enquadramento das RGPs, assume-se que a estrutura de atores econômicos influencia a organização dos atores sociais, cuja estratégia de contestação, por sua vez, afeta o processo de decisão de atores econômicos". Ver Rodrigo S. P. Santos e Bruno Milanez, "The Global Production Network for Iron Ore: Materiality, Corporate Strategies, and Social Contestation in Brazil. *The Extractive Industries and Society*, v. 2, 2015, p. 763. Pode-se apontar uma interdependência entre redes de produção globais e a emergência de redes de contestação, como Justiça nos Trilhos.

Por seu profundo conhecimento sobre a Vale, acumulado em décadas trabalhando na empresa e participando de negociações sindicais, Zagallo foi convidado pelo sindicato United Steelworkers Local 6500 (Sudbury, Canadá) para realizar assessoria durante a greve e as tensas negociações do contrato coletivo de 2009--2010. A respeito do processo de privatização e da possível subavaliação das reservas da CVRD, ele afirma que

> o Bradesco foi uma das empresas contratadas para fazer a avaliação da venda da Vale. Tem ações judiciais até hoje. Já tem demonstração cabal de que a Vale foi subavaliada. [...] Carajás, só para dar um exemplo objetivo, foi descoberto em 1967 com capacidade de 19 bilhões de toneladas. Quando você fala, em geologia, em reservas provadas, prováveis, estimadas e inferidas, cada uma com um nível de certeza. O que foi feito na época da privatização? A Vale tinha esses 19 bilhões distribuídos [entre os tipos de reservas]. Eles reavaliaram para baixo nos documentos contábeis, nos documentos da SEC, da CVM[51], para quê? Para baixar o valor daquele ativo. Se tem só 2 bilhões de toneladas provadas, é diferente de ter 3 bilhões ou 4 bilhões de toneladas. Tem um valor, vai ter que tirar, vai custar dinheiro tirar, mas é um valor estimável. E, pós-privatização, esses valores retornaram ao que todo mundo sabia desde 1967, de qual era o tamanho, qual era a cubagem das reservas minerais daquela província. [...] Não sei como o Poder Judiciário vai enfrentar isto. Há um forte *lobby*, participação de ministros do Supremo, que concederam decisões, retardaram durante anos o julgamento dos processos. Eu não sei qual vai ser a posição final da Justiça em relação a isso. Há um risco considerável de que os acionistas sejam chamados a complementar os valores pagos, mas uma coisa interessante é que o Bradesco, que foi avaliador, três ou quatro anos depois da venda, ele aparece no bloco de controle, compra uma participação de um banco norte-americano que tinha participado do bloco que venceu a licitação. E não só compra como passa a liderar o consórcio, indicar um executivo seu. Foi o período em que sai o Benjamin Steinbruch, que até então liderava o consórcio numa relação muito instável – o Conselho não confiava nessa liderança dele, os níveis de gestão, os níveis de decisão do Conselho de

---

Santos e Milanez mencionam a Rede Brasileira de Justiça Ambiental (RBJA), o Grupo de Trabalho Articulação Mineração-Siderurgia (GTAMS), a Articulação Internacional dos Atingidos pela Vale (Aiav) e o Comitê Nacional em Defesa dos Territórios Frente à Mineração (CNDTM) como exemplos de redes (nacionais ou internacionais) de contestação, que respondem aos efeitos da ação das companhias de mineração em seus territórios, e sublinham que a "Vale é a única empresa com uma rede de contestação exclusiva que também é alvo de campanhas globais" (ibidem, p. 763). Tais campanhas podem voltar-se à exposição da empresa por meio de manifestações em assembleias de acionistas, bolsas de valores ou agências de *rating*. Esses agentes também podem buscar o poder institucional (por meio de ações na Justiça e pressão sobre governos locais e nacional) para enfrentar o poder corporativo da empresa ou mesmo realizar ações diretas, como atrapalhar as atividades de operação e transporte.

[51] Securities and Exchange Comission (SEC) e Comissão de Valores Mobiliários (CVM) são, respectivamente, a agência federal dos Estados Unidos e a autarquia federal brasileira responsáveis pela regulação dos mercados de ações e valores em seus países.

64 *O solo movediço da globalização*

Administração eram muito baixos, o que significa que o limite de alçada da diretoria era um limite baixinho, a direção da empresa tinha um certo nível de engessamento por conta dessa ausência de um maior nível de confiança, de delegação. E aí aparece o Bradesco como liderança, indicando um executivo seu. Mas, mesmo no período Roger Agnelli/Bradesco, quando surge aí o governo Lula, você tinha uma aproximação muito grande entre governo e Vale. (Guilherme Zagallo, em entrevista)

A saída de Benjamin Steinbruch da Valepar[52] também é apontada por Sérgio Rosa[53] como um momento decisivo para a conformação da estratégia corporativa que guiou a internacionalização da Vale após a privatização, em um período de crescimento acelerado dos lucros e do valor de mercado da empresa durante o *boom* das *commodities*. Sérgio Rosa foi um nome importante nos governos do PT. Como membro do Sindicato dos Bancários de São Paulo, foi um dos entusiastas da disputa por cargos nos fundos de pensão de empresas estatais nos anos 1990. Eleito Diretor de Participações da Previ no ano 2000, com a vitória eleitoral de Lula, assumiu a presidência do fundo de pensão em 2003, ocupando-a até 2010, o que o levou, pelo mesmo período, a ocupar a presidência do Conselho de Administração da Vale[54].

É útil acompanhar a longa exposição de Rosa sobre a saída de Steinbruch, a posse de Roger Agnelli como presidente executivo e a formulação estratégica para os anos futuros, debatida naquele momento pela Vale:

Quando eu cheguei na Previ, já tinha havido então a privatização da Vale do Rio Doce, a Previ já era acionista e estava praticamente concluído um processo que foi chamado de "descruzamento das ações da Vale", porque, na privatização, o principal acionista era o Benjamin Steinbruch da CSN e havia um conflito, [que] se entendeu, naquele período – quer dizer, a Vale e a CSN eram mais competidoras do que complementares. Então, a presença do Benjamin na Vale acabava, vamos dizer assim, dificultando um planejamento com maior independência. [...] Então, no ano 2000, houve um acordo geral de compra e venda de ações, e troca de ações, que se chamou "descruzamento". O Benjamin saiu da Vale do Rio Doce, e os acionistas ficaram sendo os fundos de pensão – a Previ com a maior parte das ações –, o Bradesco, o BNDES e a Mistui: os quatro grandes acionistas. A Previ, junto com a Petros e a Funcef, mas

---

[52] Grupo controlador da Vale após a privatização, com presença de fundos de pensão de empresas estatais (Previ, Petros, Funcef, Funcesp), Bradesco, BNDES e Mitsui, estabelecido por acordo de acionistas que vigorou até 2017, quando a Valepar se dissolveu. A descrição do acordo de acionistas de 1997 e do novo acordo assinado em 2017, bem como da "governança corporativa" da Vale, será objeto de atenção no capítulo 4.

[53] Que autorizou o uso de seu nome e de suas declarações em entrevista realizada em janeiro de 2018, no Rio de Janeiro. Sua trajetória e relação com os governos do PT, além do papel dos fundos de pensão na Vale, estarão em foco no capítulo 4.

[54] Pelo acordo de acionistas então vigente na Vale, a presidência do Conselho de Administração da empresa cabia à Previ, por ter a maior participação acionária na Valepar.

De Companhia Vale do Rio Doce a Vale S.A. 65

[as duas últimas] com uma proporção bem menor de ações. [...] Foi feito um acordo de acionistas nessa época, que eram os acionistas da Valepar, que era a controladora da Vale, e esse acordo de acionistas regia a Vale do Rio Doce.

[...] Então, nesse processo, foi escolhido um novo presidente. Na época, foi indicado o Roger Agnelli e iniciou-se um ciclo de planejamento estratégico na Vale. Justamente, com a saída do Benjamin, entendeu-se que a Vale estava livre para poder pensar o que ela queria ser no mundo. [...] E, dentre os elementos do planejamento da Vale, existiu a ideia também de crescer para fora do Brasil. Por qual razão? [...] Primeiro, porque de fato já se verificava que começava naquele ciclo de 2000 um processo de concentração da economia – poderíamos dizer em um setor, mas infelizmente em quase todos – porque as mineradoras maiores (BHP Billiton, Anglo American, Rio Tinto) estavam sempre procurando ativos relevantes e, [se] pintava uma mineradora com boas minas, bons ativos, virava um alvo de aquisição imediata. Então, a concorrência, para você se manter com participação relevante no mercado de minério, era permanente, uma forma de você estar sempre adquirindo ou um minério com maior teor ou mais próximo dos consumidores – naquele momento, a China já aparecia como sendo o grande mercado consumidor do minério de ferro no período. [...] E, para isso, você precisa ter tamanho também, senão você não tem capacidade de financiamento, não tem capacidade de trocar ações [...]. Um segundo motivo, que foi ficando até mais forte ao longo do tempo, era a ideia de a Vale não ficar só com minério de ferro como sua principal fonte de receita, que representava 80% ou mais naquele período.

[...] Como já se avaliava naquele período que o preço do minério de ferro e a demanda do minério de ferro é historicamente muito cíclica, [...] a gente imaginava que teria um ciclo de crescimento do consumo, o que de fato se verificou, mas também imaginou que isso teria uma vida curta, então interessava à Vale procurar algum tipo de diversificação, ingressar em setores de minérios em que ela não tinha participação até aquele momento. [...] A aposta não era tão fechada assim, mas era o setor de carvão, que se achava atrativo, interessante – o carvão é um insumo da própria produção do aço e também [...] ainda havia uso do carvão para energia numa escala razoável. [...] Primeiro, ela comprou na Austrália, como a Austrália tinha uma grande tradição de carvão, eram minas menores, não tão caras... A ideia foi comprar uma mina na Austrália e, com essa mina, procurar aprender a lidar com carvão, incorporar pessoas que pudessem trazer experiência da gestão do carvão para depois apostar dar passos maiores. Então, carvão foi uma área, níquel... Entendia-se que o níquel é um metal, também, de novo, com aplicação na produção do aço, mas em larga escala na produção de eletrônicos [...], que tá até ligado a um setor mais dinâmico da economia atualmente do que era o minério de ferro e do que era o carvão. [...] O terceiro setor era potássio, em que o Brasil é uma grande potência de produção agrícola, não tem potássio, importava potássio, então a ideia era de que a Vale pudesse se associar ao ciclo do agronegócio brasileiro, do crescimento da agricultura brasileira, como grande fornecedora de potássio. Então, esses desejos de crescer e de diversificar foram os dois grandes motivadores do planejamento da Vale.

[...] Quando houve o descruzamento, eu me lembro que a Vale tinha um valor de mercado de menos de US$ 10 bilhões. No final de 2010, a Vale valia US$ 180 bilhões.

O planejamento era que a gente multiplicasse por cinco o valor de mercado da Vale em dez anos. Foi muito superior. Então, a ideia dos planejadores já era ousada. Você pegar uma empresa e multiplicar por cinco seu valor de mercado não é uma coisa que você bota no papel e realiza facilmente. Então, era uma ambição dos acionistas e foi realizada até acima disso. Para a Previ, propriamente, foi um ganho extraordinário. (Sérgio Rosa, em entrevista)

A descrição de Sérgio Rosa é muito rica para relacionar diversos aspectos envolvidos na privatização da Vale. A saída de Steinbruch desvencilhou a empresa de conflitos de interesse com a CSN, permitindo-lhe lançar uma estratégia de mercado distinta da que até então caracterizava a CVRD. A estratégia de mercado relaciona-se aos "(i) padrões geográficos e/ou setoriais de alocação dos recursos; aos (ii) padrões tecnológicos; e (iii) ao portfólio de ativos e estrutura de comercialização de bens e serviços, vistos como relacionais". A partir deles, a empresa "estrutura suas opções de ingresso, estabilidade e saída de mercados e de seus segmentos específicos"[55].

Rosa foi uma figura-chave na elaboração da estratégia corporativa da Vale no início do século XXI. De acordo com ele, a ampliação dos investimentos no Brasil e a internacionalização da Vale, que tiveram impulso após a privatização e o "descruzamento" das ações, levaram em consideração a necessidade de: 1) lidar com a competição com CTNs da mineração, como BHP Billiton, Anglo American e Rio Tinto, entre outras, que naquele momento buscavam adquirir novas operações; 2) criar condições para atender à demanda crescente de minério de ferro pelo mercado chinês; e 3) diversificar as fontes de receitas, buscando novas operações, como a Inco, líder da extração de níquel, comprada em 2006. Esse último aspecto também influencia a estratégia financeira – que se relaciona com os meios de "mobilização, [...] gestão interna e, principalmente, [...] obtenção externa de recursos econômicos"[56] – da Vale. Ainda que, nesse período, a empresa tenha se apoiado fundamentalmente em fontes de financiamento nacionais (por exemplo, o BNDES e seus próprios lucros), a compra de operações no Canadá amplia e torna mais baratas fontes de financiamento internacionais, já que a Vale também passa a ser uma "empresa canadense" com a compra da Inco. Esse movimento de diversificação dos minérios explorados pela companhia recuou após a queda dos preços das *commodities* minerais em 2015-2016. Então, a Vale modificou suas estratégias de mercado e financeira, buscando realizar desinvestimentos, como na área de fertilizantes, e se concentrar novamente em seu *core business*, a extração de minério de ferro, como se discutirá com mais detalhes no capítulo 4. André Teixeira sintetiza, desta forma, as relações entre estratégia corporativa e internacionalização da Vale:

---

[55] Bruno Milanez et al., "A estratégia corporativa da Vale S.A.", cit., p. 10.

[56] Ibidem, p. 15.

Qual que era a visão na época? [...] Eu preciso diversificar. Agora, hoje, é o seguinte: eu tenho que fazer bons negócios. Nós fizemos péssimos negócios: carvão na Colômbia [...], cobre no Chile [...], uma mina de carvão na Austrália que não foi bom negócio... Nós fizemos negócios ruins. Agora, todas as empresas de mineração fizeram negócios ruins. O volume de negócios ruins que as empresas de mineração tiveram foi muito grande, e todas hoje estão com esta visão: tem que fazer bons negócios. Não é diversificar por diversificar: eu tenho que fazer bons negócios. Então, neste mundo, [...] eu acho que as empresas serão mais fortes na medida em que... Quando você é uma empresa canadense, nós temos acesso a muitos financiamentos que uma empresa brasileira não tem. A coisa começa até por aí. Como nós temos operação no Canadá, conseguimos alguns empréstimos que, como empresa do Brasil, não conseguiríamos. [...] Eu acredito nessa internacionalização [...]. Não é que a empresa é brasileira ou não. A Ambev é brasileira? Então, as empresas vão ter que ter essa visão. (André Teixeira, em entrevista)

A privatização foi um momento decisivo para a transnacionalização, ainda em curso, da Vale e da economia brasileira. A análise da privatização da CVRD evidencia algumas características desse processo: conduzida por elites orientadas transnacionalmente no governo Fernando Henrique Cardoso (FHC), a privatização levou a CVRD a orientar sua acumulação globalmente, buscando não apenas mercados de exportação internacionais – como já fazia com sucesso durante o período estatal –, mas adquirir ou abrir novas operações de extração fora das fronteiras brasileiras (internacionalização), além de diversificar suas fontes de financiamento e buscar valorização nos mercados de capitais internacionais, como descreveu Sérgio Rosa. Esse último aspecto, como se verá, passou a orientar de modo decisivo a estratégia corporativa. Se, em algum momento, a internacionalização da Vale teve a aparência de expansão de uma "campeã nacional", as mudanças na estratégia corporativa pós-2015 deixaram claro que os controladores da Vale, em busca de valorização de seu capital, pretendem torná-la mais pulverizada, mais "global", senão na origem da maior parte de suas receitas – ainda muito dependentes da extração do minério de ferro no Brasil –, certamente no controle e na orientação de suas decisões estratégicas. As origens desse processo, ainda sob o acordo de acionistas de 1997, e suas consequências serão analisadas no capítulo 4.

Por ora, é útil traçar os contornos do *boom* e pós-*boom* de *commodities*, já mencionados anteriormente, como pano de fundo das transformações que levaram a antiga CVRD a tornar-se Vale S.A. Na sequência, ainda será necessário abordar alguns aspectos adicionais da privatização relacionados aos sindicatos e às relações de trabalho na empresa.

68 *O solo movediço da globalização*

O *BOOM* E O PÓS-*BOOM* DAS *COMMODITIES* MINERAIS

A conclusão do "descruzamento" de ações da CVRD e a formulação de sua estratégia de internacionalização, levada a cabo durante a gestão de Roger Agnelli como presidente executivo (2001-2011), coincidem com o período do *boom* das *commodities*, no início do século XXI, particularmente a partir de 2002, "como um reflexo do aumento da demanda dos países emergentes, em particular da China, para abastecer o crescimento de suas economias internas e o ímpeto produtivo das indústrias crescentes"[57]. A importação global de minério de ferro no período ampliou-se de 500 milhões de toneladas em 2001 para 1,394 bilhão de toneladas em 2014, uma elevação de 178%. Parte expressiva do aumento do consumo veio da China, que passou a responder por 67% das importações globais de minério de ferro em 2014, tendo sido responsável, em 2001, por 18%. A oferta de minério de ferro global mais do que duplicou entre 2001 (1,06 bilhão de toneladas/ano) e 2014 (3,4 bilhões em 2014) e se manteve superior à demanda global[58]. Isso revela que a alta dos preços das *commodities* teve "um forte componente especulativo, que fez com que os preços subissem bem acima do crescimento da demanda ou [...] afastamento da relação oferta-demanda"[59].

O período do *boom* estendeu-se até 2011, em uma primeira parte do ciclo que

> corresponde à fase de constante e aguda valorização nos preços das *commodities* minerais no mercado internacional. O minério de ferro de 62% de teor que, em maio de 2002, custava US$ 12,60 a tonelada, chegou a US$ 187,10 em janeiro de 2011, uma valorização de quase 15 vezes em dez anos. Este fenômeno também afetou o preço de outros minérios, elevando: a tonelada de níquel em 1.072%; a tonelada de estanho em 897%; a tonelada de carvão sul-africano em 789%; a onça-troy de ouro em 665%; e a tonelada de alumínio em 239%.[60]

O crescimento do valor de mercado da Vale, celebrado por Sérgio Rosa, tem íntima relação com esses números, sobretudo com a valorização do minério de ferro. A impressionante valorização de 1.072% da tonelada de níquel no período 2001-2011 explica o interesse da Vale pela compra da Inco em 2006 por quase US$ 19 bilhões. Os efeitos no Brasil foram sensíveis. A exportação de minério de ferro representava, em 2000, 6,8% da pauta exportadora nacional, passando para 17,6% em 2011. Já a participação da indústria extrativa mineral na economia nacional subiu, entre 2001 e 2011, de 0,63% do PIB para 1,77%, aumentando também a arrecadação da Compensação Financeira pela Exploração de Recursos

---

[57] Luiz Jardim de Moraes Wanderley, "Do *boom* ao pós-*boom* das *commodities*: o comportamento do setor mineral no Brasil", *Versos – Textos para Discussão PoEMAS*, v. 1, n. 1, 2017, p. 1-2.

[58] Idem.

[59] Ibidem, p. 2.

[60] Ibidem, p. 1.

Minerais (CFEM) de R$ 160 milhões para R$ 2,38 bilhões entre 2001 e 2013[61]. Nesse contexto,

> tivemos a expansão por extensificação da produção em áreas já consolidadas, com a abertura de novos projetos em novas localidades (*greenfields*) e pela incorporação e retorno das áreas com jazidas anteriormente consideradas economicamente inviáveis [...]. Com o preço alto se tornou rentável investir em inovação tecnológica e em infraestrutura para explorar novas jazidas e expandir as escalas de produção. [...] Como reflexo sobre os territórios há um aumento da pressão do capital minerador e, com isso, a instalação e expansão de novas infraestruturas produtivas, logísticas e de descarte [...]. Difundem-se os conflitos sociais e agravam-se os impactos socioambientais rurais e urbanos.[62]

Tal situação começa a mudar com a crise econômica global, iniciada em 2008, e, sobretudo, a partir de 2012, quando seus efeitos são sentidos com mais profundidade na Europa e na retração do crescimento econômico chinês. O pós-*boom* das *commodities* inicia-se com o "declínio constante das *commodities* minerais [...] até encontrar um novo preço médio" para o qual contribuiu o "componente especulativo decorrente do mercado financeiro e expresso em negociações no mercado futuro", favorecendo uma "depreciação dos preços rápida e acentuada"[63]. O minério de ferro teve uma retração de 79% de seu preço até 2016, com a tonelada recuando para US$ 39,60; já o níquel, outro importante minério explorado pela Vale, teve recuo de 84% em seu preço de mercado até 2016[64]. As CTNs da mineração tiveram de ajustar-se aos novos preços e reelaborar suas estratégias corporativas.

> No pós-*boom*, as mineradoras perderam valor de mercado em suas ações, sofrendo, sobretudo, com o elevado endividamento adquirido na fase de expansão e com resultados operacionais e financeiros declinantes e por vezes negativos. Ou seja, lucros baixos ou mesmo prejuízo pressionam o repasse de dividendos aos seus acionistas, o que tem afastado os investidores. Entre 2011 e 2016, as ações da brasileira Vale S/A se desvalorizaram 87,2% e os papéis da BHP Billiton, maior mineradora do mundo, caíram 68,4% [...].
>
> [...] [A]s mineradoras mudaram suas estratégias corporativas: retraindo e revisando investimentos; promovendo desinvestimentos com a venda de ativos não estratégicos; buscando a redução de custos operacionais e o aumento da produtividade; e concentrando as atividades em negócios estratégicos e regiões prioritárias.[65]

---

[61] Idem.

[62] Ibidem, p. 2.

[63] Ibidem, p. 3.

[64] Idem.

[65] Idem.

70 *O solo movediço da globalização*

Esse enquadramento auxilia a análise das informações recolhidas em campo. A variação dos preços de minérios, como ferro e níquel, contribui para a compreensão da relação da empresa com seus trabalhadores e sindicatos. A busca pela redução de custos operacionais levou à dura imposição, em 2015 e 2016, de não conceder reajuste anual nem PLR a seus trabalhadores, como forma de reduzir os custos do trabalho, como se verá no próximo capítulo. Além disso, a redução brusca dos preços do níquel, ainda sob o impacto do primeiro choque da crise econômica global, em 2008 e 2009, é o pano de fundo, como se mostrará no capítulo 3, da decisão da Vale de reestruturar suas operações canadenses e aceitar um longo conflito com seus trabalhadores, já que os preços deprimidos do minério não compensavam sua extração diante da possibilidade de ampliar a produtividade das operações no período posterior.

Desinvestimentos também foram parte das mudanças na estratégia corporativa da Vale no período pós-*boom* das *commodities*: a empresa vendeu seu segmento de fertilizantes; vendeu uma mina de carvão na Austrália; saiu da sociedade com a ThyssenKrupp na Companhia Siderúrgica do Atlântico; reduziu sua participação em empresas e projetos menos rentáveis[66]; vendeu parte de sua frota naval; além de 15% de participação na mina de Moatize e 50% do Corredor Logístico de Nacala, ambos em Moçambique, para a japonesa Mitsui[67].

Será possível retornar à questão da concentração da Vale em seu *core business*, a extração de minério de ferro, no período pós-*boom*, no capítulo 4. Por ora, é útil ainda tratar de algumas consequências desse processo. Como resposta à queda nos preços, as grandes mineradoras ampliaram o volume extraído, em busca de ganhar mais mercado em face dos concorrentes fragilizados pela nova situação de mercado. Para a Vale, isso representou investimento prioritário na conclusão do Projeto S11D[68] em Carajás. Como consequência do pós-*boom*,

> [n]o médio prazo, o que se prevê é uma nova rodada de concentrações de capital na mineração, com o fortalecimento dos grandes grupos, que controlarão de maneira oligopolizada o mercado de cada minério. No caso do ferro, estima-se que mais de 80% da produção serão provenientes das quatro grandes mineradoras: Rio Tinto, BHP Billiton, Vale e Fortescue a partir de 2018.[69]

Os dois gráficos a seguir ilustram a trajetória dos preços do minério de ferro e do níquel no mercado internacional ao longo de quinze anos: de dezembro de 2003 a dezembro de 2018. Por cobrir um intervalo relativamente longo, o interesse na reprodução dos gráficos é, sobretudo, permitir acompanhar os períodos, muitas

---

[66] Ibidem, p. 4.
[67] Bruno Milanez et al., "A estratégia corporativa da Vale S.A.", cit., p. 18.
[68] Sobre o qual os capítulos 2 e, em particular, 4 tratarão.
[69] Luiz Jardim de Moraes Wanderley, "Do *boom* ao pós-*boom* das *commodities*", cit., p. 4.

vezes bruscos, de crescimento e de retração nos preços desses minérios, tal como a exposição anterior detalhou[70].

Gráfico 1: Preços mensais (em dólares americanos) do minério de ferro de teor 62% (dez. 2003-dez. 2018)[71]

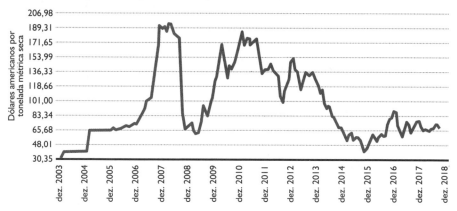

Fonte: IndexMundi, com informações da Thomson Reuters Datastream e Banco Mundial[72].

O gráfico 1 mostra a evolução dos preços mensais do minério de ferro de teor 62%. O preço partiu de cerca de US$ 32,00 em dezembro de 2003 para US$ 65,00 em fevereiro de 2005, a partir de quando houve um crescimento intenso e constante dos preços até superarem a barreira dos US$ 190,00 em abril de 2008. A seguir, ao longo desse ano, com os desdobramentos globais da crise iniciada no mercado imobiliário dos Estados Unidos, os preços caíram rapidamente para cerca de US$ 60,00 em abril de 2009, a partir de quando se tornam novamente ascendentes. Em 2008, a Vale demitiu cerca de 2 mil trabalhadores diretos e 12 mil terceirizados (a empresa tinha, naquele momento, 120 mil trabalhadores em todo o mundo), sob a justificativa da crise mundial e da intensa queda nos preços do minério de ferro[73], iniciando o atrito entre Roger Agnelli e o governo federal, contrário às demissões, que levaria, entre outras razões, a sua saída da presidência executiva da empresa em 2011[74].

---

[70] No capítulo 4, será analisado o aumento e posterior instabilidade dos preços das *commodities* minerais em 2020-2021 na esteira da crise da pandemia de covid-19.
[71] Gráfico baseado nos preços de importação da tonelada do minério de ferro no porto de Tianjin (China).
[72] Disponível em: <https://www.indexmundi.com/pt/pre%C3%A7os-de-mercado/?mercadoria=min%C3%A9rio-de-ferro&meses=180>; acesso em: 26 maio 2021. O IndexMundi oferece, no endereço mencionado, dados da variação mensal dos preços de diversos minérios.
[73] Laura Nazaré de Carvalho, "Análise da ação dos sindicatos dos trabalhadores da mineradora Vale S.A. na região Sudeste brasileira", cit., p. 93, nota 2.
[74] André Guilherme Delgado Vieira, *O mapa da mina*, cit., também aponta a crise com o governo da Guiné, a respeito das licenças de operação da mina de Simandou (uma *joint venture* entre

O preço da tonelada do minério de ferro alcançou novo pico, próximo a US$ 190,00, em janeiro de 2011, como já mencionado anteriormente. A partir de então, marcando o início do pós-*boom*, os preços recuaram para menos de US$ 100,00, em maio de 2014, e para menos de US$ 40,00 a partir de dezembro de 2015. Ao longo dos três anos seguintes, com variações, o preço esteve entre US$ 60,00 (a partir de novembro de 2016) e US$ 80,00, tendo chegado perto de US$ 90,00 em fevereiro de 2017, mas sem se sustentar nesse patamar. Em dezembro de 2018, o preço estava próximo de US$ 70,00.

É possível associar tais variações nos preços do minério de ferro, principal fonte de receitas da Vale, à busca da empresa por rebaixamento dos custos de operação e do trabalho, e pelo aumento da produtividade, como se verá na descrição das negociações do acordo coletivo em 2015 e de PLR em 2016. Igualmente, os novos patamares de preços do minério de ferro no pós-*boom* das *commodities* condicionaram a formulação da estratégia de desinvestimento da Vale e compõem o pano de fundo das discussões do novo acordo de acionistas da empresa em 2017.

GRÁFICO 2: PREÇOS MENSAIS (EM DÓLARES AMERICANOS) DA TONELADA MÉTRICA DO NÍQUEL (DEZ. 2003-DEZ. 2018)

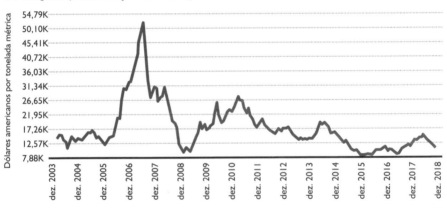

Fonte: IndexMundi, com informações da Platts Metals Week, Thomson Reuters Datastream e Banco Mundial[75].

O gráfico 2 mostra a evolução dos preços do níquel também ao longo de quinze anos. Há semelhanças com a evolução dos preços do minério de ferro analisada anteriormente. Os dados auxiliam a enquadrar o período de duro enfrentamento e greve nas operações canadenses da empresa, entre 2009 e 2010, e também, como se mostrará no capítulo 3, iluminam a escolha da Vale por estender o conflito,

---

Vale e BSG), como uma fonte de atritos entre Agnelli e o governo de Dilma Rousseff, que teria contribuído para sua saída da presidência da empresa.

[75] Disponível em: <https://www.indexmundi.com/pt/pre%C3%A7os-de-mercado/?mercadoria=n%C3%ADquel&meses=180>; acesso em: 26 maio 2021.

garantindo a reestruturação daquelas operações em vez de buscar um retorno imediato à extração de níquel em um contexto de preços deprimidos do metal.

Assim como ocorreu com os preços do minério de ferro, o gráfico 2 mostra o crescimento do preço da tonelada do níquel, partindo de pouco mais de US$ 14 mil em dezembro de 2003 e alcançando o pico de mais de US$ 52 mil em maio de 2007. O interesse da Vale na Inco e a concretização da compra deram-se exatamente nesse momento de alta intensa. Ao longo do ano de 2006, quando a aquisição foi realizada, os preços do níquel saltaram de cerca de US$ 15 mil em janeiro para quase US$ 35 mil em dezembro.

No entanto, ao longo de 2007 e 2008, como também ocorreu com o minério de ferro, os preços do níquel caíram bruscamente, como efeito da crise global. O preço da tonelada métrica esteve abaixo de US$ 10 mil em dezembro de 2008. A partir de então, houve uma recuperação dos preços – que, no entanto, diferentemente do que ocorreu com o minério de ferro, não se reaproximaram, nos anos seguintes, do pico anterior de 2007. Em julho de 2009, quando se iniciou a greve dos trabalhadores da Vale em Sudbury (Canadá), o preço da tonelada métrica do níquel estava em US$ 16 mil e, um ano depois, em julho de 2010, quando a greve se encerrou, o preço era de US$ 19,5 mil.

Destacamos os dois minérios na exposição porque neles concentram-se as atividades extrativas nos locais pesquisados (Carajás e Sudbury). A Vale é líder global na produção de minério de ferro, pelotas e níquel[76]. Em 2020, a empresa produziu 300,4 milhões de toneladas de minério de ferro[77] e 214,7 mil toneladas métricas de níquel[78], teve receita líquida recorde de US$ 40 bilhões, Ebitda de US$ 16,6 bilhões e lucro líquido de US$ 4,5 bilhões[79]. Das receitas da Vale, a maior parte proveio do minério de ferro (68,2%), pelotas de minério de ferro (10,6%) e do níquel (12,5%)[80].

---

[76] Em 2019 e 2020, a Vale perdeu temporariamente a posição de maior produtora global de minério de ferro, que manteve por anos, para a Rio Tinto, por conta das restrições em sua produção causadas pela ruptura da Barragem do Feijão em Brumadinho (MG), em 2019, e por conta do fechamento temporário de algumas minas em decorrência da pandemia de covid-19 e de razões climáticas em 2020. Notícias indicavam tendência à recuperação do posto de maior produtora global com a recuperação da produção de minério de ferro no final de 2020 e em 2021. Ver Marta Nogueira, "Vale perde posto de maior produtora global de minério de ferro para Rio Tinto", *UOL*, 11 fev. 2020; disponível em: <https://economia.uol.com.br/noticias/reuters/2020/02/11/vale-perde-posto-de-maior-produtora-global-de-minerio-de-ferro-para-rio-tinto.htm>; acesso em: 26 maio 2021.

[77] Vale S.A., *Formulário 20-F: relatório anual 2020*, p. 50; disponível em: <http://www.vale.com/PT/investors/information-market/annual-reports/20f/20FDocs/Vale%2020-F%20FY2020%20-%20Final%20Version_pt.pdf>; acesso em: 26 maio 2021.

[78] Ibidem, p. 64.

[79] Vale S.A., *Relatório Integrado 2020*, p. 40; disponível em: <http://www.vale.com/PT/investors/information-market/annual-reports/sustainability-reports/Sustentabilidade/Vale_Relato_Integrado_2020.pdf>; acesso em: 26 maio 2021.

[80] O resto das receitas é proveniente de cobre (5,4%), carvão (1,2%), manganês e ferroligas (0,6%) e outros (1,5%). De acordo com dados de Vale S.A., *Formulário 20-F: relatório anual 2020*, cit., p. 2.

Mudanças e continuidade na estratégia de relações trabalhistas e sindicais após a privatização

Como se afirmou anteriormente, do ponto de vista do processo produtivo e das relações de trabalho, muitas transformações consolidadas no período privado foram introduzidas ainda na época estatal, no período de "preparação" para a venda da CVRD[81]. Por exemplo, as terceirizações, os bônus de produtividade (PLR) e a individualização dos ganhos foram aprofundados.

> Chegou-se aos anos [19]90, uma crise desgraçada [...]. E aí o Collor, com a filosofia política que tinha que abrir para o projeto neoliberal, então tinha que enxugar a estatal e vender. E aí nós no PT fizemos de tudo para ele não ganhar. Ele ganhou. Mas a terceirização foi acelerada, a automação também foi acelerada e a demissão do mesmo jeito, né? A empresa também deixou seu sistema administrativo, que era fordismo, e nós tivemos que nos adaptar ao toyotismo. Ou seja, eu tinha estudado eletrotécnica, tinha que voltar e fazer outros cursos, né? [...] De forma que a gente inicia os anos [19]90 com 2.700 homens, com esse processo de enxugar para privatizar, automação, terceirização sendo acelerada... Nós chegamos ao ano 2000 com 900 homens em cima da mina. E a produção aumentou: nós alcançamos os 35 milhões [de toneladas de minério de ferro, meta inicial do PFC], passamos para 40 milhões, 40 e poucos milhões de toneladas, a produção correu solta. O país com uma dificuldade muito complicada, você lembra na época do Collor. É uma crise que praticamente nós estamos repetindo esse ciclo agora porque, na época, o minério chegou a US$ 40 a tonelada, [...] perdemos nossos companheiros aí demitidos, muitos voltaram pela terceirização e um pedido de *impeachment* do Collor, que ele renunciou. Então praticamente hoje nós estamos repetindo a dose, né? (Tonhão, em entrevista)

Com essas palavras, Tonhão[82], dirigente do sindicato Metabase, descreveu as transformações em Carajás durante o período de preparação para a privatização. Naquele período filiado ao PT, o sindicalista afirmou que era crítico da venda da empresa. Durante a entrevista, aliás, nos poucos momentos em que apresentou um discurso opositor à Vale ou ao governo, ele relembrou o período em que combateu o "projeto neoliberal" do qual, no entanto, passou a ser defensor entusiasmado na atualidade, como se verá no próximo capítulo.

Tonhão e Ronaldo Silva são dois dirigentes sindicais que ocupam posições de máxima hierarquia, respectivamente, no Metabase Carajás e no Stefem. Ronaldo, em eleição sindical em 2012, deixou o cargo máximo que ocupava havia muitos anos e passou a ocupar cargo inferior[83], apesar de ainda muito

---

[81] Maria Cecília Minayo, *De ferro e flexíveis*, cit.

[82] Conforme indicado na Apresentação, os nomes de trabalhadores e sindicalistas locais entrevistados serão modificados ao longo deste livro.

[83] Possivelmente, por conta de sua atuação em solidariedade à greve na Vale Canadá em 2009-2010, como se argumentará nos capítulos seguintes.

bem posicionado na diretoria de seu sindicato. Além da presença na diretoria de suas entidades há muitos anos, ambos também têm em comum o fato de terem ocupado assento no Conselho de Administração da Vale, representando os trabalhadores. Ronaldo foi membro efetivo do Conselho durante seis anos, por três mandatos, enquanto Tonhão foi membro suplente por dois mandatos. Os dirigentes, entretanto, apresentam visões contrastantes, não apenas sobre o processo de privatização da empresa, mas também sobre as relações entre a Vale e seus sindicatos. Apesar das diferenças, os sindicatos que representam são filiados à CUT.

Após um desgastante conflito interno, Ronaldo assumiu a direção do Stefem justamente durante o período de privatização da CVRD. Em sua opinião, os sindicatos estavam muito enfraquecidos, após a greve de 1989, no contexto de preparação para a privatização organizada pelo governo Collor e pela direção da estatal. A defensiva era causada pela retirada de benefícios em troca de abonos: Ronaldo mencionou o fim dos quinquênios, do 14º salário e do auxílio-educação para os filhos de trabalhadores[84]. No entanto, sobretudo, a defensiva relacionava-se ao enorme número de demitidos em uma empresa que adotava, no período estatal, práticas despóticas de administração e uma postura antissindical característica do período ditatorial. Tal herança, mesmo após a greve de 1989, teria sido decisiva para a falta de mobilização dos trabalhadores contra a privatização.

> Isso eu te asseguro: trabalhador nenhum participou das plenárias. Se participou, a gente não conseguiu reconhecer. [...] Era perfeitamente compreensível porque a pressão era muito grande. A Vale era, de certa forma, militarizada. Aquele regime... Eu entrei num setor que eu tinha que andar com a barba tirada, cabelo cortado, camisa para dentro, sapato engraxado, afivelada a calça. Eu era desse setor. Assim que funcionava. Principalmente porque alegavam que nosso setor de transporte era a imagem da empresa e tinha que estar assim. Que ia se fazer? Manda quem pode, obedece quem tem juízo. [...] Teve um processo de demissões muito forte, muito forte mesmo, na época dessa transição, e perdemos centenas de companheiros [...]. Foi na época do Collor. A empresa ficou bem enxuta, e os trabalhadores-alvo eram os mais diversos possíveis. Teve um plano de incentivo, mas ele atingiu aqueles que estavam em véspera de aposentadoria, os que estavam comprometidos de saúde e os que tinham salário, sempre no mapeamento que ela fez, acima de mercado. Então, essas pessoas foram alvos fáceis [...] para que fossem desligadas da empresa. Não era nada opcional, era compulsório. Você era escolhido e tinha aquele incentivo para ir embora, ao contrário do que se propaga. Não era voluntário, era compulsório. (Ronaldo Silva, em entrevista)

---

[84] Detalhes sobre esse processo, novamente, podem ser encontrados em Maria Cecília Minayo, *De ferro e flexíveis*, cit.

76   *O solo movediço da globalização*

A direção do sindicato, em disputa interna[85], foi cindida em dois grupos em uma comissão provisória criada pela Justiça do Trabalho até que novas eleições resolvessem o conflito. Ronaldo afirma que seu grupo organizou no Stefem a campanha "O Brasil Vale Muito", contrária à privatização, levando ao Maranhão lideranças sindicais nacionais, intelectuais e lideranças políticas. Os encontros e as reuniões eram cheios, porém, com público externo. "Não tivemos a participação de nenhum trabalhador da Vale, mas mobilizamos a sociedade". Aos sindicatos, diante do esvaziamento da mobilização dos trabalhadores, teria restado apenas o discurso em defesa da soberania nacional, que não convencia ou, ao menos, não era razão suficiente para colocar os trabalhadores em movimento – diante da ofensiva de demissões e, talvez, pela tentativa de convencimento organizada pela CVRD por meio do programa Investvale. Segundo Godeiro,

> às vésperas da privatização, executivos da Vale criaram o Investvale – Clube de In-vestimento dos Empregados da Vale. O objetivo do Clube foi possibilitar a aquisição de ações da CVRD pelos trabalhadores, subsidiadas pelo BNDES, através de um empréstimo de R$ 180 milhões ao Investvale. Cada trabalhador que aderiu [...] recebeu 626 ações que, a princípio, ficariam bloqueadas no Clube.[86]

A empresa teria adotado uma espécie de tática de cenoura e garrote, que facilitou o caminho para a privatização: uma combinação de pressão, por conta das demissões no período anterior, somada ao estímulo do Investvale – com perspectiva de algum ganho no futuro por conta das ações – e ao discurso de parceria com os trabalhadores "acionistas" da nova empresa privatizada.

> [Os trabalhadores] não se envolveram, acuados, já estavam sob a pressão de plano de incentivo, de desligamento. Ninguém se envolveu. [...] No Brasil todo. O que se viu no Brasil foram algumas lideranças, não foram todas dos sindicatos, viabilizando, por uma iniciativa própria, campanhas envolvendo a sociedade. Quando não faziam isso eram rebocados pela sociedade, pelo movimento organizado da sociedade, que puxavam as lideranças dos sindicatos para viabilizar essa campanha. Aqui não, aqui foi iniciativa nossa, coordenada por essa parte, por esse grupo. [...] A Vale usou de uma outra artimanha econômica, que foi a criação de um clube de investimentos chamado Investvale, [no qual] cada trabalhador, até o momento da privatização, tinha direito a... era de forma compulsória, seria descontado R$ 1 do contracheque dele para ele aderir

---

[85] Que será objeto de atenção no próximo capítulo.

[86] Nazareno Godeiro (org.), *Vale do Rio Doce*, cit., p. 82. Na sequência, Godeiro descreve uma série de suspeitas de irregularidades na compra e na venda de cotas, além da flutuação do valor das ações, que motivam ainda hoje disputas judiciais. Em entrevista, Ronaldo levantou suspeitas semelhantes, pelas quais trabalhadores sem informações adequadas ou mesmo vítimas de má-fé teriam vendido suas ações a outros cotistas por preços inferiores: "O cara aperreado vendia por R$ 4 mil as cotas e às vezes valia[m] um carro popular".

ao clube e receber uma participação de 626 cotas, algo assim, para ser um acionista da empresa. Isso gerou uma expectativa de dinheiro enorme para o trabalhador. [...] Os trabalhadores, na realidade, por conta da situação econômica deles, muitos se desfizeram quase que de imediato. Foi só o clube abrir a possibilidade de se desfazer das cotas e eles começaram a vender. Tinha gente que oferecia carro, carro popular, para poder ter acesso às cotas dos trabalhadores da Vale. (Ronaldo Silva, em entrevista)

Tonhão apresentou um balanço oposto do processo de privatização, baseando-se no desempenho da empresa após 1997 e no aumento das contratações ao longo da década seguinte, que teriam sido fruto da nova administração privada. Para ele, não apenas a privatização foi positiva: o Investvale teria sido uma boa oportunidade de ganhos para os trabalhadores, que dependeriam apenas de sua capacidade individual para gerir as cotas, tornando-se responsáveis por ganhos e perdas em eventual venda.

Naquela travessia, a gente deu sorte quando chegou o ano de 2000. [...] Veio o Fernando Henrique, que vendeu a Vale. A gente batia contra a venda da Vale em [19]97. Nos anos [19]90, a gente era contra. Como militante do PT, a gente fazia muito movimento aqui, sindicato filiado à CUT. Nós éramos radicalmente contra, mas o Fernando Henrique vendeu a Vale. [...] Hoje a gente percebe que foi um grande negócio. Porque tinha 12 mil e pouco para 13 mil homens e, depois que vendeu, que o setor privado passou a mão na empresa, aumentou o número de trabalhador. A gente viu que foi priorizada a primarização, reduziu a terceirização. E o resultado é que a empresa passou de 12 mil homens e chegou a 60 mil homens. Brasil e mundo todo. Nós alcançamos 5 continentes, 34 países[87] e 12 estados brasileiros. Ela expandiu demais na gestão do setor privado. Não dava [R$] 1 bilhão de lucro por ano. Nós passamos no outro ano a dar 2, 3, chegamos a [R$] 24 bilhões por ano. Então, do ponto de vista da empresa, foi excelente, né? E o resultado disso foi que, em 2014, nós ajudamos a contribuir com a balança comercial mais de [R$] 47 bilhões. [...] Então, a diferença que a Vale fez de lá para cá, vem fazendo, foi muito grande para esse país. A privatização foi excelente, foi um grande negócio para a Vale, para quem ficou dentro da Vale. Nós, trabalhadores, ficamos com 3% das ações, num total de 626 cotas para cada trabalhador. Essas cotas, a gente pegou elas a R$ 30 e poucos. Já chegou a valer R$ 900. Então, as pessoas ganharam dinheiro. Eu mesmo segurei a minha e ajeitei a casinha da minha família com esse dinheiro. Na hora que ela chegou a R$ 800 e pouco, R$ 900, eu vendi uma parte. Agora, muitos companheiros pegaram e entregaram essas ações por um carro, um carro usado, um carro novo, botaram fora. Então, foi um excelente negócio. Se, na época, o Fernando Henrique tivesse... Hoje a gente sabe que ele fez tudo certo. E a gente vê que quem realmente socializou o capital para o trabalhador foi o Fernando Henrique, o [Partido da Social Democracia Brasileira] PSDB. Eu, como ex-militante do PT, hoje eu percebo isso porque ele nos autorizou a comprar ações da Vale e da Petrobras. Eu investi na época metade do

---

[87] A Vale chegou a ter presença em 33 países no auge de sua expansão, de acordo com Judith Marshall, "Behind the Image of South-South Solidarity at Brazil's Vale", cit.

meu FGTS na Petrobras e deu mil por cento. Se caiu hoje, é outro problema, né? Já não foi na mão dele. E o nosso governo do PT, que a gente realmente achava que ia defender o capital do trabalhador, ele não deixou a gente investir nas ações nem da Petrobras e nem da Vale, mas abriu os cofres foi para o tal do PAC, fazendo obra lá fora, que eu morria de raiva com aquilo ali. Ele fazendo obra no Equador, barragem da Odebrecht lá, e o cara dizendo que não ia pagar e nós não entendíamos o porquê disso, né? Que foi um erro grave do PT, pecou com os trabalhadores nessa parte aí, que não deu condições para nós investirmos com as nossas açõezinhas, com nosso dinheirinho de FGTS, comprar ação das empresas também e ganhar dinheiro. Não! Eu acho que ele deixou cada um no seu lugar: empresário para ali, trabalhador para ali. (Tonhão, em entrevista)

Como se verá no próximo capítulo, Tonhão defende abertamente a privatização não apenas da Vale, mas de todas as estatais. Chega a dizer que deveriam ser "dadas", sem pagamento, ao capital privado, já que só este seria capaz de gerar empregos e impedir a corrupção. Será necessário esmiuçar as razões pelas quais um sindicalista neoliberal dirige o principal sindicato de trabalhadores da Vale no Brasil (diga-se, também, ainda filiado à CUT).

As transformações na CVRD não se restringiram, no entanto, ao período de preparação para a privatização. Logo após a venda da companhia, em 1999, o plano de pensão dos trabalhadores sofreu drástica modificação. Até então, a CVRD oferecia aos trabalhadores, por meio de seu fundo de pensão Valia[88], planos de benefício definido, pelos quais os aposentados recebiam da empresa complementação dos valores da aposentadoria estatal (do Instituto Nacional do Seguro Social – INSS), de modo a que mantivessem o salário da ativa. Esse plano deu lugar ao Vale Mais, um plano de contribuição definida e individualizada, pelo qual o trabalhador aposentado recebe complementação de acordo com o que investiu ao longo do tempo, sem a alta contrapartida até então paga pela empresa, que garantia a manutenção do salário da ativa.

O primeiro embate que nós tivemos [após a privatização] foi aquela porrada de tirar o modelo do plano de previdência, que saiu de um benefício definido para uma contribuição definida. [...] Porque o benefício definido te dá uma situação segura: você contribuía com um percentual x – era muito pequeno esse percentual por sinal – e a empresa te oferecia um benefício que no futuro você teria, no caso de aposentadoria, garantido o seu salário. Você teria uma estabilidade no futuro, no final da sua vida laboral. Hoje, com esse modelo de contribuição definida, que é o mesmo que tem no mercado, você tem uma paridade de contribuição de no máximo

---

[88] Trata-se do Fundo Vale do Rio Doce de Seguridade Social – Valia, o fundo de pensão da Vale. Fundado em 1973 com "10.934 participantes, atualmente possui mais de 120 mil participantes", de acordo com as informações disponíveis em: <https://www.valia.com.br/sobre-a-valia/nossa-historia/>; acesso em: 26 maio 2021.

9%. A Vale contribui com 9% e você pode também chegar a 9%. Mas dificilmente o trabalhador chega a 9%, porque não consegue. Do salário de referência, do salário nominal dele. Dificilmente você chega lá. E aí, contribuindo com esse modelo, você está sujeito às regras do mercado. Se o mercado quebrar, tudo o que você contribuiu lá foi embora. (Ronaldo Silva, em reunião com a diretoria do Stefem)

Ronaldo viveu tal transição nos planos de pensão da Vale já ocupando posição muito importante na diretoria do Stefem. Segundo ele, os gerentes exerceram enorme pressão sobre os trabalhadores, já que era necessária a aceitação individual da substituição do antigo plano Valia (plano de benefício definido) pelo Vale Mais (plano de contribuição definida), por meio da assinatura de documentos. Poucos – em particular dirigentes sindicais que, por lei, não podem ser demitidos – recusaram-se a fazê-lo.

Ronaldo Silva – Logo depois que ela foi privatizada, [...] [houve o] ataque da empresa ao nosso fundo de pensão, que era o Valia, e ela como um trator implantou o Vale Mais. O Valia era um modelo de benefício definido, e o Vale Mais, um modelo de contribuição definida, o mesmo modelo que ela foi levar para o Canadá. [...] No benefício definido, você pagava mensalmente uma contribuição, descontava em contracheque, um fundo de pensão que iria no futuro te garantir um certo conforto na sua aposentadoria. Se eu receber x na Vale, vou receber, dentro de critérios que estão estipulados lá no manual, esse x [na aposentadoria]. Eu não vou ter prejuízo. [...] Manteria o meu salário, tranquilo, o mesmo salário. Ou seja, você não teria esse prejuízo que a gente tem quem é aposentado pelo INSS. [...] O fundo complementa. Na contribuição definida [Vale Mais], você contribui para esse fundo, sujeito às regras do mercado, que de repente pode dar um lucro exorbitante como pode quebrar, aí você perde tudo. [...] Eles passaram o rolo compressor, e o grupo de sindicatos não teve a capacidade de mobilização, por n motivos, não vamos entrar no mérito, de se contrapor à empresa. Porque poderíamos fazer greves, fazer um monte de coisas. Ninguém fez. O nosso sindicato foi de novo uma das referências em nível nacional. Eu sou o exemplo porque eu não fui, mesmo "pressionado", entre aspas, porque eles não tiveram nem a coragem nem a audácia de chegar para mim e dizer que eu tinha que aderir ao novo modelo. Eu fui exemplo, até o final, e até hoje permaneço como benefício definido. Não assinei.

E eles forçaram a assinar?
Ronaldo Silva – Todo mundo. De gerente a peão, todo mundo assinou. Aqui, no sindicato, ficou o Geraldo [outro membro da diretoria] junto comigo e um outro que já saiu. No Brasil todo, nós só somos onze: eu, o Geraldo e mais nove da ativa [que não assinaram a adesão ao novo plano]. Fizemos várias reuniões, várias assembleias, trouxemos advogados que tinham pleno conhecimento técnico do golpe que estava por trás, alertamos os trabalhadores, fizemos faixa, campanha... Mas não teve jeito. Porque os trabalhadores foram obrigados a assinar. Ou assinava ou ia para a rua. Teve vários exemplos de gente lá. Coação. Eles chegam aqui e falam: "Ah, eu fui ameaçado". Mas como prova? É igual assédio moral. É difícil você provar.

80 *O solo movediço da globalização*

A ênfase no período de privatização reside no fato de que ali foram tomadas medidas fundamentais para a conformação do que seria a estratégia de relações de trabalho adotada pela empresa no período seguinte no Brasil e no exterior, já que se poderá ver, no caso canadense, a implantação, após a compra da Inco, de medidas semelhantes às que foram realizadas no Brasil no período de preparação para a privatização – especialmente, o plano de demissão incentivada para enxugar o quadro e as mudanças na organização da produção –, além das mudanças no plano de pensão, realizadas, no Brasil, pouco tempo após o capital privado assumir o controle da Vale.

Segundo Ronaldo, mantiveram-se poucos benefícios do período estatal – em particular, o plano de saúde e o vale-alimentação, cujo valor é hoje próximo a R$ 500 mensais. O enxugamento de pessoal, a modernização técnica e a redução de benefícios diminuíram os custos de produção da Vale, aumentando a produtividade dos trabalhadores ao mesmo tempo em que seus ganhos foram reduzidos.

> Se[,] no período estatal, a produtividade era incentivada pelo apelo ao sentimento cívico de gerar divisas ao país, hoje ela tem várias outras formas de ser requerida: recompensa econômica coletiva, grupal ou individualizada (através da participação nos resultados e/ou lucros); metas estabelecidas e controladas dia a dia, e, não menos importante, a ameaça velada de um mercado de trabalho excessivamente inflacionado, frente a uma demanda da empresa cada vez mais reduzida. Hoje, as admissões são parcimoniosas e não acontecem na proporção necessária nos momentos de crescimento da demanda, e para cobrir necessidades eventuais a empresa usa o mecanismo das terceirizações.[89]

Com o aumento da produção, dos lucros e com a demanda externa aquecida a partir da primeira década de 2000, a contratação de novos trabalhadores ocorreu em novos marcos, possibilitando, portanto, a substituição de parte significativa da mão de obra do período estatal por outra com salários e benefícios bastante reduzidos, além da ampliação do recurso às terceirizações[90]. Para Ronaldo, houve intensificação do trabalho e dos riscos à saúde dos trabalhadores como contrapartida do aumento de produtividade:

> O nível de produção que chegou a esses trabalhadores da Vale por conta desse novo modelo privado é uma coisa que merece estudo principalmente no campo da saúde. Porque o que eu vou te dizer aqui é o que ela disse para nós em mesa de negociação: os trabalhadores da Vale, a vida útil deles é de dez anos. São dez anos porque o nível

---

[89] Laura Nazaré de Carvalho, "Análise da ação dos sindicatos dos trabalhadores da mineradora Vale S.A. na região Sudeste brasileira", cit., p. 93.

[90] Idem. O aumento das terceirizações em Sudbury após a incorporação da Inco pela Vale também é descrito por Reuben Roth, Mercedes Steedman e Shelley Condratto, "The Casualization of Work and the Rise of Precariousness in Sudbury's Nickel Mining Industry", em *33th International Labour Process Conference (ILPC)*, Atenas, 2015.

de produtividade deles é muito alto. O nível de estresse deles é muito alto. Então, ele está comprometido ou da coluna, ou com LER, ou com problema psíquico. (Ronaldo Silva, em entrevista)

Como se buscou mostrar nas seções anteriores, o legado do período autoritário e as mudanças trazidas no período de "preparação" e as posteriores à privatização foram fundamentais na conformação das estratégias de relações de trabalho e sindicais da Vale, que serão descritas nos próximos dois capítulos, com a exposição das observações de campo e entrevistas realizadas no Brasil e no Canadá.

Judith Marshall, por meio de um *survey* aplicado a trabalhadores da empresa em três países diferentes – Brasil, Canadá e Moçambique – sintetiza algumas táticas empregadas pela companhia:

> (1) A Vale é conhecida por sua postura antissindical; (2) Um trabalhador da Vale tende a ganhar menos que trabalhadores em locais de trabalho semelhantes; (3) Os gerentes da Vale envolvem-se em constante intimidação dos trabalhadores; (4) A Vale impõe, de forma irrealista, altas metas de produção; (5) Os trabalhadores da Vale vivem sob a constante ameaça de serem demitidos sem justa causa; (6) Os supervisores da Vale impõem, com grande frequência, medidas disciplinares arbitrárias; (7) Trabalhar na Vale significa trabalhar em condições perigosas[,] porque a Vale coloca a produção acima de tudo e frequentemente encobre incidentes de saúde e segurança; (8) A Vale regularmente tenta comprar líderes sindicais e governamentais[,] oferecendo-lhes veículos, viagens, cartões de crédito etc.[91]

Dez anos após a privatização, em 2007, a antiga Companhia Vale do Rio Doce (CVRD), cujo nome homenageia a região onde foi criada pelo governo Vargas em 1942, passou a chamar-se Vale S.A. A empresa adotou o verde e o amarelo da bandeira brasileira em sua marca global modernizada[92]. Os trabalhadores, que antes vestiam uniforme cor bege, mais bem adaptada ao pó do minério de ferro que toma todas as instalações da empresa, agora vestem o verde-claro, que pode significar tanto a preocupação com a "sustentabilidade"[93] como a "marca" do Brasil de que a transnacional utiliza-se em sua expansão pelo mundo.

> O verde nos uniformes. Esse tem um fator: a cor anterior era cáqui, era cáqui, bege, que é mais apropriado para quem lida com minério, suja menos, é mais adequado do ponto de vista funcional. Mas ela faz uma opção pelo verde na sua marca, quando ela

---

[91] Judith Marshall, "Behind the Image of South-South Solidarity at Brazil's Vale", cit., p. 172. Tradução nossa.

[92] Ibidem, p. 180.

[93] Nas palavras de Guilherme Zagallo, em entrevista: "Agora, nos últimos anos, dez anos, ela não usa essa expressão, mas ela já tentou ser uma 'mineradora verde' em seu discurso publicitário, o que é uma contradição em termos. Não existe mineração sustentável".

muda a sua marca, ela adota o verde e [o] amarelo. Tem muito a ver com isso [uma tentativa de identificar-se com as cores do Brasil]. Com o tempo, ela viu que esse discurso de "empresa verde" não ia prosperar, ela acaba abandonando essa estratégia, embora continue com forte discurso pela, supostamente, sustentabilidade, mas aí, enfim, os fatos mostram que este é um discurso insustentável. (Guilherme Zagallo, em entrevista)

Além de manter por décadas a condição de maior produtora de minério de ferro do mundo, a Vale passou a ser a maior produtora de níquel após a compra da empresa canadense Inco em 2006. A Vale chegou, nesse momento, a ocupar a segunda posição entre as maiores mineradoras globais em valor de mercado e, atualmente, ocupa a terceira posição[94].

Durante a gestão de Roger Agnelli (2001-2011), as ações da companhia valorizaram 834%, estimuladas pelo enorme crescimento do valor do minério de ferro durante o *boom* das *commodities*[95]. Durante esse período, houve grande concentração de capitais na mineração global[96]. Ainda que a Vale siga, do ponto de vista de suas receitas, bastante dependente da extração de minério de ferro no Brasil e que, no exterior, tenha em muitos países apenas escritórios comerciais, sem atividades produtivas, é inegável reconhecer a adoção pela empresa, após a privatização, de uma postura agressiva de expansão, por meio da qual passou a atuar em 25 países nos cinco continentes[97]. André Teixeira e Sérgio Rosa falaram a respeito dessa expansão:

Em quantos países hoje a Vale atua?
André Teixeira – Operação funcionando nós temos no Brasil, [no] Canadá, na Inglaterra uma refinaria pequena, mas nós temos no Reino Unido, em Moçambique, no Malaui a questão ferroviária. Nós temos na Nova Caledônia, que é na Oceania, faz parte da França, na Indonésia, na China tem uma refinaria também de níquel. Temos um projeto parado na Argentina, que é o projeto Rio Colorado, que nós compramos e, por conta da Cristina Kirchner, [...] suspendemos, era um governo confuso. [...] E temos exploração em alguns outros países, no Chile, no Peru. [...] Ah, e temos nos EUA que é a California Steel.

Em todos esses lugares são operações da Vale?
André Teixeira – Operação, você tem produção. Agora, temos escritório comercial em Cingapura, por exemplo. Em Saint-Prex, próximo a Genebra, nós temos escritório...

Sérgio Rosa – Nós chegamos a investir 20 bilhões ao ano! Reduzimos pagamento de dividendo para poder investir. Não sei se eram 20 [bilhões], mas investimentos

---

[94] PwC, "Mine 2020: Resilient and Resourceful", 2020, p. 26; disponível em: <https://www.pwc.com/gx/en/energy-utilities-mining/publications/pdf/pwc-mine-2020.pdf>; acesso em: 26 maio 2021.

[95] Tádzio Peters Coelho, *Projeto Grande Carajás*, cit.

[96] Roger Moody, *Rocks and Hard Places: The Globalization of Mining* (Londres, Zed Books, 2007).

[97] Vale S.A., *Relatório Integrado 2020*, cit., p. 35.

volumosos para poder garantir isso. Isso é uma decisão estratégica de conselho. Então, houve uma decisão de investimento da empresa. Então, se a empresa cresceu é porque a empresa decidiu investir e investiu dinheiro, sobretudo, dela, que deixou de virar dividendo e virou investimento. [...] A Inco tinha ativos importantes que representavam uma diversificação no portfólio de mineração que a Vale tinha. Então, tinha o níquel, tinha lá umas coisas de carvão... Tinha umas coisas muito complicadas na Indonésia, muito complicadas... Mas era um pacote, um pacote, né? Era uma empresa de um país, [...] de um mercado desenvolvido. Ou seja, essa combinação de negócio às vezes ajuda você a melhorar a percepção da marca, a combinação de negócios. Você tem ativos de um país de economia mais instável, você tem um ativo relevante em uma economia mais estável, você tem uma melhoria, um pouco de *rating* do negócio como um todo. Então, você tem alguns ganhos que vêm só pela composição do negócio, mas, sobretudo, o foco era o níquel. [...] Se a gente pudesse ter comprado só o níquel da Inco, teria comprado só o níquel da Inco. Durante as negociações, houve tentativas de selecionar, de fracionar a Inco e comprar só o que nos interessava, mas aí os caras não queriam vender só o níquel, queriam vender o pacote todo. [...] Foi a maior aquisição que a Vale fez no período, uma aquisição alta pelo padrão do que a Vale tinha feito até então. A aposta é isso: a gente tinha tamanho, tinha capacidade de deglutir isso e trazia uma mudança de *status* da Vale porque a gente estava incorporando uma empresa com ativos diversificados, com um metal novo e importante para a gente.

A maior parte dos trabalhadores da Vale concentra-se no Brasil, mas há contingentes significativos em outras operações. Dos 186,2 mil trabalhadores da Vale no mundo (74,3 mil próprios e 111,9 mil terceirizados), 80% estão no Brasil; 6,6% na Ásia; 6,2% na África; 5,7% na América do Norte (mas 8,2% entre os trabalhadores próprios); e o restante entre Europa, Oceania e outros países da América do Sul[98]. Por sua vez, das receitas da Vale em 2020, 57,8% vieram da China; 13,7% dos demais países asiáticos; 13,3% de países europeus; 7,3% do Brasil; 4,1% de outros países das Américas do Norte, Central e do Sul; e 3,8% do resto do mundo[99].

ALGUMAS CARACTERÍSTICAS DA RGP DE MINÉRIO DE FERRO DA VALE NO BRASIL

A Vale, como já afirmado, é a maior empresa produtora de minério de ferro do mundo. O Brasil tinha a segunda maior reserva estimada e a terceira maior produção de minério de ferro do mundo em 2011[100]. Os depósitos minerais pertencem à União, que regula a atividade mineradora. As empresas necessitam de licenças de exploração e ambientais. No capítulo 4, são descritas algumas mudanças recentes

---

[98] Ibidem, p. 124.
[99] De acordo com dados de Vale S.A., *Formulário 20-F: relatório anual 2020*, cit., p. 106-7.
[100] Rodrigo S. P. Santos e Bruno Milanez, "The Global Production Network for Iron Ore", cit., p. 759.

84   *O solo movediço da globalização*

no Código Mineral, como a criação de uma agência reguladora, a Agência Nacional de Mineração (ANM), em substituição ao antigo Departamento Nacional de Produção Mineral (DNPM), até então responsável pela concessão de licenças de exploração e pela fiscalização dessa atividade[101].

Como forma de enquadrar as observações de campo apresentadas no próximo capítulo, é útil descrever alguns elementos da dimensão econômica do nó brasileiro da RGP de minério de ferro. A mineração é uma atividade econômica de grande relevância no Brasil, base da maior parte dos setores industriais, além de envolver o consumo intenso de recursos naturais com impactos ambientais. Destacam-se, nos parágrafos a seguir, cinco aspectos da rede de produção de minério de ferro: 1) exploração; 2) extração; 3) processamento; 4) logística; e 5) consumo, acompanhando a descrição de Rodrigo Santos e Bruno Milanez[102].

A exploração é marcada pela incerteza. Trata-se de uma atividade que requer pesquisa geológica e trabalho de mapeamento para identificar e caracterizar os depósitos minerais, o que envolve altos custos. No país, o Serviço Geológico do Brasil (CPRM) é o agente público responsável pela pesquisa mineral, ainda que, dado o subfinanciamento do órgão, empresas privadas menores, de investigação, estejam crescentemente ocupando-se de atividades de pesquisa geológica, associadas às grandes mineradoras[103].

A extração, por sua vez, realiza-se, majoritariamente, em minas a céu aberto e compreende atividades de perfuração, detonação, carregamento e transporte. A Vale concentra 80% de sua produção de minério de ferro no Brasil, consequência de seu enraizamento no país e de sua origem estatal. A extração ocorre principalmente em megaminas, pela necessidade de reduzir custos fixos.

> Como resultado, as mineradoras são geralmente as mais importantes empregadoras nas cidades mineiras, particularmente nas áreas rurais da região amazônica. Esta condição é um elemento-chave para entender o alto nível de poder corporativo das mineradoras em nível local.[104]

---

[101] Nos debates legislativos sobre as mudanças na legislação mineral, houve participação destacada de deputados cujas campanhas foram financiadas por mineradoras. Ibidem, p. 760. Haverá oportunidade, ao longo do livro, de retomar esse aspecto, analisando, na estratégia institucional da Vale, práticas de *lobby* e de financiamento de campanhas eleitorais pela empresa no Brasil e no exterior.

[102] Ibidem, p. 760-1.

[103] Bruno Milanez, Tádzio Peters Coelho e Luiz Jardim de Moraes Wanderley, "O projeto mineral no Governo Temer: menos Estado, mais mercado", *Versos – Textos para Discussão PoEMAS*, v. 1, n. 2, 2017, p. 3, ao tratar das mudanças na política mineral brasileira durante o governo de Michel Temer, mostraram a disposição deste de reduzir a participação do Estado, por meio do CPRM, na pesquisa mineral, abrindo espaço para *junior companies*, "mineradoras pequenas, primordialmente de pesquisa ou com poucas operações, listadas em bolsas de valores e que apresentam intrínseca relação com o mercado financeiro e elevado grau de risco de investimento".

[104] Rodrigo S. P. Santos e Bruno Milanez, "The Global Production Network for Iron Ore", cit., p. 760. Tradução nossa.

O processamento do minério de ferro envolve atividades de moagem, separação, concentração e pelotização, gerando múltiplas categorias de minérios. Com exceção da última, na Vale, em geral tais atividades são realizadas em áreas próximas às minas. Apenas 17% do minério extraído pela empresa passam por pelotização no Brasil. O restante ocorre principalmente pela Vale "em parceria com siderúrgicas internacionais da Austrália, da Itália, do Japão, da Coreia do Sul e da Espanha, em um processo de enraizamento de rede"[105].

A logística envolve a infraestrutura de transporte necessária ao envio do minério de ferro para os consumidores ou para plantas de pelotização a partir das quais seguem para os consumidores. O consumo pelas siderúrgicas nacionais é principalmente suprido por ferrovias – como a EFC e a Estrada de Ferro Vitória-Minas – e minerodutos. Já o consumo global é atendido pelo mar. Os custos de transporte representam a maior parte do preço do minério de ferro, o que revela a importância de economias de escala e explica o uso de terminais privativos e o fato de que portos de exportação de minério sejam operados pelas mineradoras, como o porto de Ponta da Madeira, no Maranhão. A Vale projetava torná-lo o maior porto do mundo em capacidade de embarque ao final dos investimentos no projeto S11D:

> Líder no *ranking* de movimentação de carga no Brasil, Ponta da Madeira passa por obras de ampliação de sua capacidade para atender ao aumento de produção decorrente do S11D, o que fará dele o maior porto do mundo. Sua capacidade atual de embarque é 150 milhões de toneladas/ano, mas, em 2018, chegará a 230 milhões de toneladas/ano – patamar de movimentação que será atingido em etapas que contemplarão a equiparação das capacidades da mina, da ferrovia e do porto.[106]

Por fim, com relação ao consumo: a indústria siderúrgica é o consumidor primário e, de todo o minério de ferro produzido no Brasil, apenas 30% foram consumidos no mercado doméstico, concentrado em cinco grupos principais: ArcelorMittal, Gerdau, Usiminas/Nippon Steel Corporation, CSN e ThyssenKrupp. Os consumidores internacionais, portanto, são fundamentais na rede global de produção de minério de ferro[107].

A extração de minério de ferro pela Vale está concentrada no Brasil, regionalizada pela companhia em quatro sistemas (norte, sudeste, sul e centro-oeste). A pesquisa empírica no Brasil concentrou-se em duas áreas estratégicas do "sistema

---

[105] Idem.

[106] Vale S.A., *Relatório de sustentabilidade Vale 2015*, p. 39; disponível em: <http://www.vale.com/PT/investors/information-market/annual-reports/sustainability-reports/Sustentabilidade/relatorio-de-sustentabilidade-2015.pdf>; acesso em: 26 maio 2021.

[107] De acordo com dados de Rodrigo S. P. Santos e Bruno Milanez, "The Global Production Network for Iron Ore", cit., p. 761.

86   *O solo movediço da globalização*

norte" – as minas de Carajás (PA) e o porto de Ponta da Madeira (MA), por onde sua produção é escoada.

> [O sistema norte] (serras Norte, Leste e Sul) se localiza no Pará, sendo integrado ao Terminal Portuário de Ponta da Madeira (MA) pela Estrada de Ferro Carajás, e estando voltado aos mercados asiático e europeu. A importância desse sistema na estratégia corporativa vem aumentando progressivamente, em particular desde o início das operações do S11D, a maior mina de ferro do mundo, que respondeu por 46,2% (169,2 Mt.) da oferta da companhia em 2017.[108]
> Os sistemas sudeste (complexos de Itabira, Minas Centrais e Mariana) e sul (complexos Minas Itabirito, Vargem Grande e Paraopeba) abrangem o Quadrilátero Ferrífero (MG), respondendo, respectivamente, por 29,6% (108,5 Mt.) e 23,6% (86,4 Mt.) do minério extraído. O sistema sudeste é também integrado pela Estrada de Ferro Vitória-Minas (EFVM) ao Porto de Tubarão (ES), que atende também algumas minas do sistema sul. As demais são atendidas pela operadora MRS até os terminais portuários privativos da Ilha de Guaíba e Itaguaí (RJ). O quarto sistema, centro-oeste, está localizado no Mato Grosso do Sul, permitindo o escoamento de minério em menor escala – 0,7% (2,4 Mt.) da oferta – pelo Rio Paraguai e portos argentinos.[109]

No próximo capítulo, são apresentadas as observações de campo e entrevistas realizadas em São Luís (MA) e Parauapebas (PA), o que possibilitará o aprofundamento da análise teórica e, sobretudo, empírica das estratégias de relações de trabalho e sindicais da empresa.

---

[108] Da produção total de 366,5 milhões de toneladas de minério de ferro pela Vale em 2017, o percentual mencionado refere-se à produção do sistema norte como um todo (169,2 milhões de toneladas de minério de ferro), dos quais 22 milhões de toneladas vieram do S11D. Nele, a Vale espera produzir, em 2018, "de 50 a 55 milhões de toneladas e, em 2019, de 70 a 80 milhões de toneladas, atingindo a capacidade de 90 milhões de toneladas em 2020", de acordo com Vale S.A., *Relatório de sustentabilidade 2017*, cit., p. 112.

[109] Bruno Milanez et al., "A estratégia corporativa da Vale S.A.", cit., p. 12.

2

Poder corporativo e fragmentação dos sindicatos: a estratégia de relações trabalhistas e sindicais da Vale no Brasil

Os primeiros contatos com os sindicatos Stefem e Metabase Carajás ocorreram em um momento de tensas negociações com a Vale. Os preços do minério de ferro no mercado mundial, em queda após terem alcançado o pico de quase US$ 190 em 2011, reduziram-se intensamente ao longo de 2014 e 2015, alcançando, ao final daquele ano, um preço abaixo de US$ 40, o menor em mais de uma década.

Como resultado, em 2015, as receitas líquidas da Vale, muito dependentes da extração e da exportação de minério de ferro, reduziram-se 31,8% em um ano[1]. A queda no preço das *commodities* minerais e o início da recessão brasileira, por sua vez, levaram a perdas cambiais e à reavaliação de ativos da empresa, o que gerou um prejuízo de US$ 12,129 bilhões[2] naquele ano[3]. Ainda que o enorme prejuízo tenha sido ocasionado, sobretudo, por fatores cambiais e contábeis, a empresa anunciou que suas despesas operacionais foram "reduzidas em US$ 1,6 bilhão, resultado do empenho para a manutenção da competitividade na indústria de mineração, da eficiência e da austeridade"[4].

Como já analisado no capítulo anterior, o pós-*boom* das *commodities* levou a mudanças na estratégia corporativa das CTNs da mineração, que passaram a desinvestir, priorizar investimentos lucrativos e de grande escala. A Vale realizou

---

[1] Vale S.A., *Formulário 20-F: relatório anual 2015*, p. 91; disponível em: <http://www.vale.com/PT/investors/information-market/annual-reports/20f/20FDocs/Vale%2020-F%202015_p.pdf>; acesso em: 26 maio 2021.

[2] Ibidem, p. 86.

[3] O prejuízo de R$ 44,2 bilhões da Vale em 2015 foi o maior em empresas brasileiras de capital aberto desde 1986, de acordo com informação disponível em: <https://www.valor.com.br/empresas/4454094/prejuizo-da-vale-em-2015-e-o-maior-entre-companhias-abertas-em-29-anos>; acesso em: 26 maio 2021.

[4] Vale S.A., *Relatório de sustentabilidade 2015*, p. 36; disponível em: <http://www.vale.com/PT/investors/information-market/annual-reports/sustainability-reports/Sustentabilidade/relatorio-de-sustentabilidade-2015.pdf>; acesso em: 26 maio 2021.

88 *O solo movediço da globalização*

o mesmo movimento ao longo dos anos seguintes, reorientando sua estratégia corporativa, o que levou a mudanças em seu arranjo acionário e em suas táticas de investimento, financiamento, mercado, entre outras[5]. Com essas medidas, somadas à relativa recuperação dos preços das *commodities* minerais nos anos seguintes, a empresa voltou a registrar lucros. Em 2016, a Vale destacava nova rodada de corte de custos operacionais de US$ 1,841 bilhão, além de redução dos investimentos. O lucro líquido foi recuperado, alcançando US$ 4 bilhões[6]; no ano seguinte, aumentou em 38%, alcançando US$ 5,5 bilhões[7].

Os primeiros a sentirem os efeitos das mudanças na estratégia corporativa da Vale, entretanto, foram os trabalhadores da empresa e seus sindicatos. Ainda antes da divulgação dos resultados anuais de 2015, nas negociações do acordo coletivo anual realizadas ao final daquele ano, a empresa levou à mesa a disposição de arrancar duras concessões, como não conceder qualquer reajuste, em um ano de alta inflacionária, e retirar benefícios: encerrou-se, por exemplo, o pagamento de 14º e 15º salários a que os trabalhadores de Carajás tinham direito por acordo regional. Em 2016, a empresa anunciou que não haveria pagamento de PLR relativa ao ano anterior, gerando grande insatisfação em seus trabalhadores, para quem os ganhos variáveis são fundamentais.

Neste capítulo, serão apresentadas as observações de campo em São Luís (MA) e Parauapebas (PA), além das entrevistas com trabalhadores, sindicalistas e membros da administração da Vale. Estarão em foco as estratégias de relações trabalhista e sindical da empresa, bem como as formas de organização e resistência dos trabalhadores diante do poder corporativo. A Vale tem sido historicamente capaz de contornar conflitos trabalhistas, impondo sobre sua força de trabalho a flexibilidade – em termos de condições de trabalho e remuneração, por exemplo – de que necessita para reduzir custos operacionais e recuperar as margens de lucro e a remuneração de seus acionistas.

A estratégia de relações de trabalho e sindicais é decisiva para a criação, ampliação e captura do valor. Nos marcos das RGPs, múltiplos agentes (empresas, Estado, trabalhadores e sindicatos) relacionam-se, buscando influenciar os processos decisórios ao longo das redes ou formular resistências. É possível dividir as estratégias em diferentes táticas[8], como: 1) qualificação e treinamento profissional;

---

[5]   Como se verá mais detalhadamente no capítulo 4.

[6]   Vale S.A., *Relatório de sustentabilidade 2016*, p. 34; disponível em: <http://www.vale.com/PT/investors/information-market/annual-reports/sustainability-reports/Sustentabilidade/relatorio-de-sustentabilidade-2016.pdf>; acesso em: 26 maio 2021.

[7]   Idem, *Relatório de sustentabilidade 2017*, p. 109; disponível em: <http://www.vale.com/PT/aboutvale/relatorio-de-sustentabilidade-2017/Documents/v_VALE_RelatorioSustentabilidade_2017_v.pdf>; acesso em: 26 maio 2021.

[8]   Acompanhando os argumentos de Bruno Milanez et al., "A estratégia corporativa da Vale S.A.: um modelo analítico para redes globais extrativas", *Versos – Textos para Discussão PoEMAS*, v. 2, n. 2, 2018.

2) condições de trabalho; 3) relações de trabalho (contratação, remuneração, jornada de trabalho e demissões); e 4) relações sindicais.

Com relação à primeira tática, há uma "coexistência entre formas distintas de qualificação/treinamento dos trabalhadores que atuam em suas instalações" em "três propostas distintas de treinamento", pelas quais: a) nos postos de gerência, a qualificação visa à preparação para lidar com a crescente automação e mecanização da produção; b) os trabalhadores próprios da operação, por sua vez, recebem treinamento, por meio de palestras e cursos, cujo objetivo indireto, no entanto, é o "controle ideológico dos trabalhadores, afastando-os da organização sindical", para "gerir as condições de enraizamento da empresa em contextos de conflito trabalhista" e colaborar para a "cooptação dos sindicatos"; c) por fim, os trabalhadores terceirizados, "principalmente voltados à manutenção, à construção civil e à limpeza, não recebem treinamento ou são qualificados de forma precária"[9]. Nas páginas a seguir, será possível verificar empiricamente como opera a tática de cooptar sindicatos e estabelecer formas de controle direto da força de trabalho para evitar conflitos. Essa é uma preocupação constante da gerência de relações trabalhistas da empresa e é vista, talvez, como o principal obstáculo para a organização sindical pelos dirigentes entrevistados.

A segunda tática, relacionada ao "padrão de condições de trabalho na Vale", "especificamente no que diz respeito à saúde e à segurança, focaliza a redução de gastos, em particular nos setores de manutenção e limpeza"[10], além de registros de atrasos salariais, más condições de residência, saúde e alimentação de trabalhadores filipinos e sul-africanos subcontratados nas operações de Moçambique, assim como de condições de insalubridade e riscos à saúde em operações brasileiras[11]. Corroborando tal diagnóstico, a pesquisa em campo em Sudbury revelou as mudanças nas políticas de segurança e saúde após a compra da Inco, que levaram, segundo trabalhadores entrevistados e o sindicato USW Local 6500, ao aumento do número de acidentes, inclusive fatais. As mudanças incluíram, também, a implantação de uma nova política de álcool e drogas, que estabeleceu a possibilidade de a gerência submeter os trabalhadores a frequentes testes de urina, como se verá no capítulo 3. Segundo os entrevistados, essas medidas têm como objetivo a perseguição e a desmoralização de *stewards*[12], ativistas sindicais e trabalhadores críticos do papel das gerências.

No que se refere às táticas de relações trabalhistas, a Vale exerce seu poder corporativo buscando influenciar – por meio de sua "estratégia institucional", com *lobby* no Congresso Nacional e relações com as várias esferas de poder estatal –

---

[9] Ibidem, p. 23-4.
[10] Ibidem, p. 24.
[11] Idem.
[12] Representantes sindicais de base nas minas e instalações produtivas.

90 *O solo movediço da globalização*

aspectos do arcabouço legal e jurídico trabalhista[13]. O capítulo 4, por exemplo, mostrará como a Vale buscou uma mediação no Tribunal Superior do Trabalho com o Stefem, no primeiro caso nacional de reconhecimento pela Justiça de uma cobrança negocial, estabelecida em assembleia, como forma de compensar a extinção do imposto sindical pela reforma trabalhista de 2017. Então, se, por um lado, a empresa busca cooptar os sindicatos, por outro lado ela reconhece a importância dessas entidades para estabelecer relações estáveis com sua força de trabalho, em um arranjo previsível de relacionamento com seus sindicatos, no qual pode exercer seu poder corporativo com menos fricções. Ao mesmo tempo, a gerência de relações trabalhistas é amplamente favorável à reforma trabalhista e buscou adotar elementos da nova legislação em negociações recentes com os sindicatos, apesar da resistência desses últimos.

O recurso generalizado às terceirizações é o principal aspecto da tática de relações de trabalho da Vale[14]:

> Apesar de não ser uma exclusividade da Vale, a terceirização na empresa abrange boa parte das relações de trabalho e é central para a ampliação da criação de valor. Em 2015, do total de 166,3 mil trabalhadores, 92,2 mil eram terceirizados, ou 55,4% do total. Em 2017, o número caiu para 57 mil terceirizados num total de 130,6 mil, ou 43,6% do total [...]. Esta queda é explicada pela desmobilização gerada pela conclusão de projetos, em especial do S11D, em Carajás, uma vez que a utilização de terceirizados é mais intensa em obras de construção, ampliação e reforma de infraestrutura.
>
> A terceirização tende a ser acompanhada pela flexibilização e deterioração ampliada das condições de trabalho. Nesse sentido, a Vale não parece fiscalizar de forma efetiva as condições de trabalho e o cumprimento das normas trabalhistas pelas prestadoras de serviço. Sendo assim, o trabalhador é submetido a uma rotina intensa com exigências extenuantes de produtividade.[15]

Nos últimos anos, o aumento dos investimentos em bens de capital, automação na extração e transporte de minérios – dos quais o mais importante é o Projeto S11D – permitiu à Vale diminuir o contingente de trabalhadores e admitir mão de obra por meio de terceirizações e contratos de curto prazo[16].

---

[13] Bruno Milanez et al., "A estratégia corporativa da Vale S.A.", cit.

[14] Como também apontado por Laura Nazaré de Carvalho, "Análise da ação dos sindicatos dos trabalhadores da mineradora Vale S.A. na região Sudeste brasileira", *Textos & Debates*, Boa Vista, n. 23, jan./jul. 2013.

[15] Bruno Milanez et al., "A estratégia corporativa da Vale S.A.", cit.

[16] Idem. Apenas como ilustração, o *turnover* apontado pela Vale em 2017 (a informação não consta em relatórios mais recentes), considerando apenas empregados próprios, foi de 9% em geral (em 2016, a taxa geral era de 7,2%) e também de 9% se consideradas apenas as operações do Brasil. No Brasil e no Canadá, países em que há o maior contingente de trabalhadores da Vale no mundo,

A maioria das táticas da empresa visa a "fragmentar e fragilizar a agência dos trabalhadores"[17]. Para lográ-las, a Vale: a) busca aproximar as direções sindicais de seus interesses, subordinando-as; b) oferece apoio a determinadas chapas sindicais e promove a demissão de trabalhadores de chapas de oposição, inviabilizando-as (situação da qual o Metabase Carajás seria o principal exemplo); e c) ao encontrar obstáculos nas tentativas de cooptação das direções sindicais, busca diminuir a capacidade de resistência e negociação dos sindicatos, ampliando a terceirização, o que teria ocorrido no Canadá em seu enfrentamento com o USW[18]. Por ora, a apresentação desse enquadramento é suficiente para uma aproximação do problema.

André Teixeira, gerente-executivo de relações trabalhistas da Vale, começou a trabalhar na empresa nos anos 1980. Engenheiro mecânico, Teixeira, a princípio, atuou em áreas de manutenção e tecnologia de informação da CVRD, antes de iniciar seu trabalho na área de recursos humanos, em 1994, e assumir cargos de gerência na área a partir de 2000[19]. Segundo afirmou em entrevista, no início, ele mantinha restrições à ação dos sindicatos, mas, com o tempo, teria percebido a interdependência entre empresa e sindicatos e a importância dessa relação para "aliviar tensões" na produção.

Por isso, no comando da área de relações trabalhistas, seu foco seria estabelecer relações próximas com as entidades, quase como as relações de "um casal", evitando que negociações e conflitos extrapolem os limites dessa proximidade. Tal abordagem, segundo o gerente, seria a responsável pela ausência de greves na Vale, um motivo de "orgulho" para ele:

> André Teixeira – Hoje eu acredito que o sindicato é extremamente necessário a nossa sociedade. Se você pega a história do sindicalismo mundial, você vê que o sindicalismo surgiu na *Belle Époque*, foi inclusive quando o Karl Marx criou a Internacional Socialista. Foi o período de maior crescimento da Europa. [...] Mas eu tinha no início uma relação... Eu achava que o sindicalismo era um problema para as empresas. Mas, agora, onde o sindicalismo cresceu, o capitalismo cresceu. O sindicato funciona, a relação nossa com o sindicato funciona aliviando as tensões. Onde não se aliviam as tensões, como na Rússia, por exemplo, teve uma revolução. [...] Então, como eu estava falando, eu acreditava que o sindicato tinha um objetivo e que a empresa tinha outro objetivo, e que um queria destruir o outro. [...] E a minha grande descoberta foi – foi aos poucos, né? – que um necessita do outro.

---

houve aumento do *turnover* de 2016 para 2017: no Brasil, a taxa passou de 6,8% para 9%; no Canadá, de 4,3% para 6,9%. Ver Vale S.A., *Relatório de sustentabilidade Vale 2017*, cit., p. 39.

[17] Bruno Milanez et al., "A estratégia corporativa da Vale S.A.", cit.

[18] Ibidem, p. 25-6.

[19] Teixeira também dá aulas na Fundação Dom Cabral para, segundo ele, preparar-se para uma nova atividade quando se aposentar. Seu trabalho na instituição, como afirmou em entrevista, não é remunerado: "Eu nunca ganhei um tostão da Fundação Dom Cabral. [...] Eu negocio com eles, em troca dos cursos que eu dou lá, bolsas para empregados da Vale".

E que, por incrível que pareça, em boa parte das situações, os nossos objetivos não são diferentes. Às vezes, nós temos formas diferentes de atingir o mesmo objetivo, né? E eu me orgulho de que já vivi greve, mas não foi gerada pela gente. Empresas que nós assumimos e que vieram com a greve, aqui no Brasil e fora do Brasil. [...] Na Vale Mineração, você não deve ter conhecido, já tivemos greve, mas você não deve conhecer nenhuma greve.

A última foi em 89, não é isso?
André Teixeira – 89. Não, mas do grupo nós tivemos uma outra na Vale Fertilizantes, aqui no Brasil, dois dias de greve e, como eu não cedi um centavo do dia parado, é coisa que eu acho absurdo, mas depois da greve o meu relacionamento, o nosso relacionamento com o sindicato só melhorou. Até caminhando próximo de uma relação de amizade. Por quê? Porque nós saímos da greve sem querer destruir o sindicato, não pagamos um centavo do dia parado, mas nós negociamos. [...] Eu acho que a construção conjunta do capital e do trabalho é extremamente importante. Da mesma forma também acho que a negociação tem que ser direto com a gente, não aparecendo na imprensa. [...] Se você procurar na imprensa, vai ter muita dificuldade de achar relato de negociações nossas. [...] E, veja bem, pros nossos sindicalistas, eles irem na *Folha de S.Paulo, Globo*, até na televisão dar entrevistas, para eles seria muito bom, mas nós conseguimos mostrar pra eles que isso não é o bom para a categoria. Esse foi o grande aprendizado.

Mas isso porque vocês acham que exporia a Vale diante dos seus acionistas ou diante da sociedade? Por qual razão?
André Teixeira – Não tem nada de expor a Vale, com relação a isso aí, o conteúdo depois pode sair, porque a negociação é... Vamos dizer, um casal. Um casal não vai discutir pela imprensa, gente, nós temos problemas, né? A discussão é muito mais efetiva quando você está discutindo diretamente essas partes, né? [...] Quando a parte, quando o sindicato vai pra imprensa, pelo menos o que eu vejo com outras empresas, pelo menos a impressão que eu tenho, é que ele também está querendo se promover. O objetivo seu não é se promover; o objetivo é conseguir as coisas para o empregado. E, quando a gente consegue uma negociação mais direta, nós somos mais claros, mais assertivos naquilo que nós colocamos. Muitas vezes você pode até ver na imprensa o resultado da negociação. [...] Existem na negociação ameaças, né? Ah, eu vou entrar em greve, não sei o que mais... Quanto mais você tem exposição disso aí, mais as ameaças surgem. [...] Quando você não tem tanta exposição, a linguagem é muito mais direta, você consegue, mais assertiva, mais franca, mais transparente.

Neste e no próximo capítulo, serão avaliados alguns exemplos dessa forma "direta"[20] de conduzir as relações com os sindicatos e seus efeitos para o exercício do poder coletivo dos sindicatos e de seus trabalhadores.

---

[20] No capítulo 3, por exemplo, ficará claro o incômodo da empresa, durante a greve no Canadá, com protestos e ações que expuseram acionistas e o Conselho de Administração e com as tentativas de tornar públicos, no exterior, os acontecimentos nas operações naquele país.

A entrada em campo em um período de crise

A empresa está propondo um modelo de PLR para 2016 com o adiantamento de um salário: meio salário 10 dias após a assinatura do acordo e outro meio salário condicionado a um gatilho, novamente, de R$ 2,75 bilhões no Ebitda menos os investimentos correntes. Por que a gente tá aqui? Porque a empresa introduziu – não foi proposta do sindicato – no acordo passado cláusulas de risco. A empresa introduziu o fluxo de caixa operacional. Na época ninguém imaginava que não ia ser atingido, tanto que em 2014 foi pago, foi pago PLR acima de cinco salários. Mas, 2015, com a queda dos preços do minério – o minério rondando aí entre US$ 40 e US$ 50 – aquele indicador não foi alcançado e, como tinha essa cláusula de risco, o que estava previsto no contrato, no acordo coletivo assinado que a categoria aprovou, é que não tinha pagamento. O acordo de 2015, do ponto de vista jurídico, é legal. Ele é perfeitamente válido, embora o sindicato tenha recomendado a não assinatura do acordo em troca da possibilidade de que o teto seja elevado para sete salários. A categoria decidiu correr o risco. Pois bem. A categoria correu o risco e pagou o preço do risco. O preço foi que quase todos aqui estão endividados, quase todos aqui estão com dificuldades econômicas. Depois de 15 anos da categoria tendo PLR variando aí entre quatro e cinco salários médios, nós tivemos em 2015 PLR zero com essa proposta que a empresa está apresentando agora. (Guilherme Zagallo, em assembleia dos trabalhadores da Vale realizada no porto de Ponta da Madeira, em 4 de maio de 2016)

Eram sete horas da manhã em um terminal dos ônibus que realizam o transporte interno de trabalhadores para as instalações da Vale no porto de Ponta da Madeira, em São Luís. O Stefem organizava assembleia reunindo trabalhadores que chegavam para o turno da manhã e aqueles que acabavam de completar o expediente após uma longa noite de trabalho. Cerca de 350 pessoas ouviam Guilherme Zagallo, advogado do sindicato, esforçando-se para explicar aos trabalhadores, entre os meandros do acordo de PLR anteriormente vigente, os motivos pelos quais ninguém havia recebido a quantia anual tão esperada. Acompanhado por Geraldo Andrade e Ronaldo Silva, Zagallo mostrava como a queda profunda dos preços do minério de ferro no ano anterior, o prejuízo histórico que acabara de ser divulgado pela empresa e a geração de caixa abaixo das expectativas significaram, pelo acordo anteriormente votado pelos trabalhadores, zero de PLR[21]. Meses antes, em uma negociação de acordo coletivo frustrada no fim de 2015, os trabalhadores

---

[21] A crise enfrentada pela empresa foi agravada, como os sindicalistas também destacaram em suas intervenções na assembleia, pelo impacto causado pelo colapso da barragem do Fundão, da Samarco (*joint venture* entre BHP Billiton e Vale), localizada no município de Mariana (MG) em novembro de 2015. Guilherme Zagallo explicitamente tratou do caso Samarco ao abordar a imprevisibilidade das atividades de mineração e a necessidade de rejeitar a imposição de metas de geração de caixa para o pagamento de PLR.

da Vale igualmente amargaram aumento salarial nulo em um ano em que a inflação, de acordo com dados do INPC/IBGE[22], foi de 11,28%. A tensão no ambiente era identificada pela expressão no rosto dos trabalhadores.

A chegada a São Luís para entrevistas com membros do Stefem, da rede Justiça nos Trilhos e com trabalhadores da Vale não poderia ter ocorrido em momento mais ilustrativo das dificuldades de articulação dos sindicatos da Vale. Pressionado pelo descontentamento de sua base e pela decisão da direção da empresa de comprimir custos em um contexto de redução dos preços no mercado global do minério de ferro, o sindicato precisava reagir. Duas semanas antes de minha chegada, o Stefem tomara a iniciativa de fechar a portaria principal da empresa em protesto pelo anúncio de não pagamento da PLR. A expectativa dos sindicalistas era pressionar para que a Vale apresentasse uma proposta de acordo de PLR, para os próximos dois anos, sem condicionamento do pagamento ao fluxo de caixa, de modo a evitar que a situação vivida não se repetisse.

No dia anterior à assembleia, na nova sede do Stefem localizada em um moderno conjunto empresarial do centro novo de São Luís, Ronaldo Silva falou da reação do sindicato com o protesto:

> Recentemente, fizemos uma mobilização diferente de todo mundo a nível nacional. E isto foi um elemento motivador que fez a Vale recuar e apresentar uma proposta. Nós tivemos que ir para a porta da empresa, está com uns 15 dias mais ou menos. Tivemos que tocar fogo na porta da empresa, pneu, tudo, paramos a empresa por quatro horas. Não contamos com nenhum trabalhador, só nós. Os que ficaram lá, mais ou menos uns 300, 400, nos ouvindo. Mas a maioria estava no entorno. Não entrou ninguém. (Ronaldo Silva, em entrevista com a diretoria do Stefem)

Apesar da paralisação bem-sucedida por algumas horas, os sindicalistas lamentavam que a adesão ao protesto fora muito baixa. Os trabalhadores, segundo descreveram, teriam acompanhado um pouco desconfiados as intervenções dos sindicalistas diante da pilha ardente de pneus. Se essa foi, na opinião do Stefem, o protesto mais radicalizado realizado por sindicatos da Vale diante do endurecimento da empresa nas negociações, a consequência foi igualmente dura: a companhia conseguiu rapidamente na Justiça um interdito proibitório que impediu outra mobilização semelhante nas portarias da empresa, estabelecendo pesada multa em caso de descumprimento. A companhia também obteve o mesmo tipo de decisão da Justiça paraense após manifestação do sindicato Metabase Carajás, na mesma

---

[22] Informação retirada de planilha com a série histórica do indicador disponível em: <https://www.ibge.gov.br/estatisticas/economicas/precos-e-custos/9258-indice-nacional-de-precos-ao-consumidor.html?=&t=series-historicas>; acesso em: 26 maio 2021.

época, em protesto contra o não pagamento da PLR e os cortes em benefícios recebidos apenas pelos trabalhadores locais[23].

Circulando pela assembleia, foi possível conversar com vários trabalhadores. A maioria, a princípio, aparentava receio com a abordagem do pesquisador. Outros, passado algum tempo, convenceram-se de que o personagem estranho à paisagem não buscava informações para supervisores ou para o sindicato e decidiram expressar algumas opiniões sobre a falta de PLR naquele ano e sobre sua relação com o sindicato.

Nei, mecânico de manutenção na Vale há mais de vinte anos, é um deles. Suas respostas são mais evasivas enquanto o gravador está ligado. Para ele, a paralisação dos portões promovida pelo Stefem realmente não tinha unanimidade entre os trabalhadores, a maioria dos quais – se bem não seria contrária à iniciativa pela indignação que a falta de PLR causara – consideraria pouco efetiva qualquer mobilização sindical. Por outro lado, os gerentes e os supervisores teriam demonstrado seu incômodo com o protesto: "Ah, gerou. Eles não deixam transparecer, mas que eles ficam incomodados, isso aí... Eu conversei até com um gerente e ele falou que ele sabia que ia aparecer aquela paralisação". Com o gravador desligado, quando a conversa parecia estar terminada, Nei retoma o assunto e mostra mais inconformidade com os acontecimentos. Ele afirma que os trabalhadores certamente votariam contra a nova proposta de acordo de PLR da Vale para os dois próximos anos pela indignação com a falta de pagamento referente a 2015, apesar do medo que muitos estariam sentindo, já que os supervisores cotidianamente enfatizariam para os operários a situação ruim do mercado de trabalho na região. A Alumar, outra grande empresa instalada na cidade, vinha realizando muitas demissões, o que trazia preocupação e insegurança quanto ao futuro também para os trabalhadores da Vale. Nei valorizou o papel do sindicato ao mostrar os limites da proposta da empresa. Ele, no entanto, não acreditava haver disposição dos colegas para mobilização nem muito menos para greve. A maioria votaria a favor do "estado de greve" proposto pelo sindicato na assembleia apenas pelo desejo de pressionar a empresa em busca de alguma melhoria no novo acordo. Essa, aliás, era a mesma disposição da diretoria do sindicato. Outro trabalhador com mais de vinte anos na empresa, Anastácio, assim resumiu seu sentimento e o dos colegas:

---

[23] Ao tratar do aspecto social da estratégia corporativa da Vale, ou seja, da influência da corporação sobre a sociedade civil do ponto de vista emocional, cognitivo e de agência, Bruno Milanez et al., "A estratégia corporativa da Vale S.A.", cit, p. 26-8, mencionam ações de 1) responsabilidade social corporativa; 2) culturais; 3) científicas/educacionais; 4) judiciais; e 5) policiais. Se as três primeiras relacionam-se a projetos de enraizamento social e territorial da empresa e à busca de legitimidade para sua atuação, as duas últimas referem-se à coerção de agentes sociais (como sindicatos ou movimentos sociais e ambientais), para a qual, sobretudo, o uso do instrumento do interdito proibitório é recorrente, além de processos contra lideranças sociais e recurso à ação policial e de corpos de segurança privados da empresa.

96 *O solo movediço da globalização*

> A empresa teve prejuízo contábil e achou por bem não pagar PLR para a gente. [...] Todos os funcionários estão indignados, está todo mundo endividado, sem condição de pagar os débitos. Então, os funcionários estão querendo até fazer um estado de greve. Eu acho que a Vale devia se sensibilizar e dar um valor, nem que seja uma bonificação pelo trabalho realizado em 2015, as pessoas que fizeram um trabalho bom, uma bonificação para melhorar a vida dos trabalhadores. (Anastácio, em entrevista durante a assembleia)

Na intervenção, Guilherme Zagallo afirma que o sindicato havia alertado os trabalhadores, na votação do acordo de PLR em 2014, de que a proposta oferecida pela Vale trazia riscos por conta dos condicionantes presentes, entre os quais um "gatilho" que relacionava o pagamento da PLR à geração de caixa da mineradora. Ronaldo e Geraldo também enfatizam e repetem o argumento, buscando afastar o sindicato de qualquer responsabilidade pela situação vivida pelos trabalhadores. Provavelmente, os sindicalistas pretendiam evitar que, entre os trabalhadores, se espalhassem visões como a de Vanderlei, técnico mecânico há seis anos na Vale. Para ele, há uma relação de estranhamento, "duvidosa" em suas palavras, entre sindicato e o coletivo operário. A proposta de acordo de PLR apresentada pela empresa, novamente condicionada por critérios de geração de caixa, em sua opinião, levava em conta "as condições de mercado". Por outro lado, ele opina que o não pagamento relativo a 2015 era devido a negociações irrealistas ou malconduzidas pelo sindicato:

> O sentimento hoje é contra o sindicato porque [...] o sindicato deveria ser mais firme ou levar uma proposta mais real, porque às vezes a gente vê a proposta do sindicato, eles pedindo um reajuste que, a nosso ver, a gente sabe que a Vale não vai aceitar. Aí o sindicato apresenta essa proposta para a Vale, diminui-se um pouco e chega próximo do real que na verdade eles estavam querendo e que a Vale estava querendo aceitar. Mas aí, quando a gente vê uma proposta dessa, o pessoal sabe que isso aqui está fora de qualquer... A gente sabe que a Vale não vai aceitar. Então muita gente pensa que esse sindicato... que, no fim, não vai adiantar nada, que parece que já está tudo combinado. (Vanderlei, em entrevista durante assembleia)

Gustavo, 28 anos, trabalhando na companhia havia poucos meses, acompanhava com expressão apática a assembleia. Perguntado sobre as discussões realizadas, afirma que achava a situação "chata", que não entendia o que estava acontecendo e qual era a disputa entre sindicato e empresa. Para ele, o que importava era o fato de ter conseguido emprego com carteira assinada após dois anos desempregado.

Após cerca de 45 minutos de falas do advogado e dos dois sindicalistas, a votação em urna foi realizada e a proposta de acordo de PLR da Vale foi rejeitada. Segundo o Stefem, o principal problema da proposta era a continuidade do condicionamento pelo fluxo de caixa para pagamento de PLR, ainda que a empresa tenha sinalizado teto maior, de sete salários, caso todas as metas fossem alcançadas. Para os sindicalistas, tratava-se de um embuste, já que nunca seria possível alcançar o que se estabelecia e o risco de ficar sem PLR novamente seria real em um contexto de instabilidade nos preços do minério. A empresa sinalizou – tentando convencer os trabalhadores pressionados materialmente por não terem recebido a PLR relativa a 2015 – que, caso aceitassem o novo acordo de PLR, receberiam uma antecipação, do eventual pagamento referente a 2016, no valor de um salário, metade do qual paga dez dias após a assinatura do acordo e a outra cerca de dois meses depois. Essa era a proposta de cujos malefícios Guilherme Zagallo tentava esclarecer os trabalhadores. Em novas rodadas de negociação, o novo acordo foi fechado, ainda incluindo condicionantes, menores do que os inicialmente propostos pela Vale, já que o gatilho de geração de caixa para o pagamento mínimo de PLR foi retirado do acordo.

Como resultado do acordo assinado, em fevereiro de 2017, os trabalhadores receberam PLR com teto de 3,9 salários referentes aos resultados de 2016, valor menor do que o recebido antes da queda dos valores do minério de ferro, mas comemorado pelos sindicatos após a PLR zero relativa a 2015[24]. Após o reajuste zero nos salários de 2015, com alguma recuperação dos preços do minério de ferro ao longo de 2016, foi celebrado no fim daquele ano um novo acordo coletivo: houve reajuste de 8,5% nos salários, 13,6% no cartão-alimentação e R$ 1.000 de abono. Apesar do reajuste salarial ser ligeiramente superior à inflação de 2016 (6,58% de acordo com dados do INPC/IBGE[25]), o pequeno aumento nem de longe recuperava as perdas acumuladas no ano anterior.

Com a crise e a deterioração dos preços do minério no mercado mundial, os trabalhadores da Vale no Brasil viram seus salários achatados. Os sindicatos, no entanto, comemoraram o acordo celebrado[26], dadas as condições do mercado de trabalho e as dificuldades nas negociações com a empresa no período anterior. Os acordos coletivos e de PLR em 2016 e 2017, como afirma Guilherme Zagallo, em geral recompuseram a inflação do período, mas não permitiram a recuperação das perdas intensas de 2015, ainda que a PLR referente a 2017 tenha sido maior, com teto de sete salários-base:

---

[24] Como se pode ver igualmente nos informativos virtuais do Stefem e do Metabase Carajás disponíveis em: <http://www.stefem.org.br/noticias/noticia.php?id=22> e <http://metabasecarajas.com.br/noticias/noticia.php?id=133>; acesso em: 26 maio 2021.

[25] Informação retirada de planilha com a série histórica do indicador disponível em: <https://www.ibge.gov.br/estatisticas/economicas/precos-e-custos/9258-indice-nacional-de-precos-ao-consumidor.html?=&t=series-historicas>; acesso em: 26 maio 2021.

[26] Tal como se pode constatar nos informativos virtuais do Stefem e do Metabase Carajás disponíveis em: <http://www.stefem.org.br/noticias/noticia.php?id=19> e <http://metabasecarajas.com.br/noticias/noticia.php?id=130>; acesso em: 26 maio 2021.

98   *O solo movediço da globalização*

Isso gerou desgaste muito grande e levou para as negociações em 2016 e 2017, da Vale tentando um pouco, vamos dizer assim, recompor a sua relação com os trabalhadores e com os sindicatos, sobretudo com os trabalhadores, que tinha ficado com esse duplo... no mesmo ano, PLR e reajuste zero. Em 16 e 17, foram anos em que foi concedida a inflação, em que praticamente não teve... Não podemos dizer que teve retirada de direitos. Houve algumas mudanças no acordo coletivo que reduziram direitos: forma de aquisição, período de usufruto... Mas não dá para dizer que foi uma supressão pura e simples, como vinha acontecendo em anos anteriores. [...] [Em 2017,] foi um acordo coletivo de concessão da inflação, de renovação. A PLR, inclusive, foi a mais alta da história. [...] Foi, em média, de sete salários-base para cada trabalhador. [...] Um pouco acima da média. Mas isso, digamos, é uma forma de recomposição da empresa com os seus quadros depois do ocorrido em 2015. [...] Inflação baixa também facilita a reposição. (Guilherme Zagallo, em entrevista)

A PLR tem papel fundamental na remuneração dos trabalhadores da Vale. Com os salários médios bastante rebaixados, a PLR converteu-se, em conjunto com alguns benefícios como plano de saúde e vale-alimentação, no aspecto diferencial entre trabalhar na Vale ou em qualquer uma de suas terceirizadas, já que seus salários muitas vezes equiparam-se, como se verá por meio dos relatos de trabalhadores. Ao tratar de sua política de remuneração, a empresa afirma apenas que "respeita o salário mínimo local definido em legislação"[27].

André Teixeira esclarece que a Vale realiza três negociações diferentes com seus sindicatos anualmente (acordo coletivo com todos os sindicatos do Brasil, acordos regionais com sindicatos locais e acordo de PLR) e reforça a importância da remuneração variável para a empresa e para os trabalhadores:

E uma outra coisa também que eu acredito muito que eu não posso vincular porque a negociação coletiva é uma relação de barganha, certo? Agora, eu não posso barganhar metas e outras coisas mais. Então, Programa de Participação nos Lucros e Resultados é uma negociação à parte e que hoje é mais importante que a negociação geral para os sindicatos e para os empregados. Representa muito mais. A PLR, por exemplo, nós pagamos em média a PLR do ano passado de sete salários. Que outra empresa no Brasil pagou isso referente ao ano passado? Nenhuma. (André Teixeira, em entrevista)

A partir de uma pesquisa em sindicatos da Vale em Minas Gerais e no Rio de Janeiro[28], Laura Nazaré de Carvalho concluiu que a remuneração variável na Vale tem muita importância para os trabalhadores, cujos ganhos, entretanto, terminam atrelados a "seu desempenho individual, de sua equipe, do seu departamento e da

---

[27] Vale S.A., *Relatório de sustentabilidade Vale 2017*, cit., p. 41.
[28] Metabase Inconfidentes (MG), Metabase Itabira (MG) e Sindimina (RJ).

empresa, incluindo questões de sustentabilidade"[29]. O medo do desemprego e a fragilidade dos sindicatos fazem da PLR "a única opção num falso jogo de soma zero", pelo qual se obtém "elevação da produtividade dos trabalhadores e, consequentemente, doenças decorrentes do estresse"[30].

> Porque muita gente se ilude com o trabalhador da Vale. O Roger fez isso muito bem, divulgou muito bem isso para a sociedade. Internamente ele trabalhou muito essas questões, botou os trabalhadores da Vale [como] "os mochileiros" de referência no Brasil. Os caras de *laptop*, computador de primeira geração, era isso, era aquilo, mas se você olhar a essência do salário dele, não tinha... A carteira de benefícios que nós tínhamos, que nós construímos quando do modelo estatal, hoje, [no modelo] privado, [é] totalmente diferente. Nós estamos trabalhando, na carteira de benefícios, no limiar da lei, nada muito acima da lei. Não é mais uma empresa do ponto de vista de benefícios, de salário, interessante para apostar que vale a pena trabalhar na Vale [...]. Os trabalhadores da Vale sempre foram muito acuados principalmente pela questão econômica. Trabalhador da Vale não tem salário. Sempre foram acuados. O salário deles, a média deles, [...] ou por conta da PLR ou então por aquelas profissões inerentes, que envolve horas extras, envolve adicional noturno, diárias, periculosidade. Ou seja, aí eles ganham um pouco mais. [O salário-base] é sempre baixo. [...] Se não tiver Participação nos Lucros e Resultados, se ela continuar nessa política, ninguém fica na empresa. Aqueles bons profissionais não ficam porque a maioria são bons. Não ficam, vão procurar outro mercado. Com o mercado mais aquecido, houve muita movimentação nessa época do pico bom, sem começar a descer a crise, muita movimentação principalmente dentro da Vale. A Vale estava muito preocupada com isso. Fizeram até um acordo, aqui na nossa região, teve acordo para que a Alumar não levasse trabalhador da Vale, a Vale não levasse trabalhador da Alumar e as outras grandes empresas daqui. (Ronaldo Silva, em reunião com a diretoria do Stefem)

Por isso, depois de não terem recebido pagamento de PLR referente a 2015, foi grande a atenção dedicada às metas propostas pela Vale no acordo de PLR de 2016, que gerou uma paralisação dos portões em São Luís e ação semelhante em Carajás, cujo sindicato é conhecido mesmo pelos pares como pouco conflitivo. Lá, no entanto, além do não pagamento da PLR, como se verá a seguir, a Vale cortou o pagamento do 14º e 15º salários, estabelecidos por acordos coletivos regionais anteriores (apenas para aquela unidade produtiva).

---

[29] Laura Nazaré de Carvalho, "Análise da ação dos sindicatos dos trabalhadores da mineradora Vale S.A. na região Sudeste brasileira", cit., p. 99.

[30] Ibidem, p. 110-1. A identificação dos efeitos da PLR no aumento da produtividade, na individualização da remuneração, na fragilização da organização coletiva e, eventualmente, na disseminação de doenças ocupacionais não é propriamente uma novidade. Trata-se de uma situação generalizada mapeada pela literatura da sociologia do trabalho. Foram apontados efeitos semelhantes no setor de cosméticos em Thiago Aguiar, *Maquiando o trabalho: opacidade e transparência numa empresa de cosméticos global* (São Paulo, Annablume, 2017).

100   *O solo movediço da globalização*

João, que trabalha em uma célula de manutenção (especializada em lubrificação dos veículos de uma das minas de Carajás), atua como diretor de base no Metabase Carajás. Segundo seu relato, a perda do 14º e do 15º salários e a ausência de aumento salarial e de PLR em 2015 tornaram os empregos em prestadoras de serviço para a Vale mais interessantes e mais bem remunerados. Para ele, é motivo de grande descontentamento entre os trabalhadores o fato de que haja terceirizados realizando as mesmas funções de trabalhadores da Vale em atividades de mineração em Carajás, recebendo, eventualmente, salários maiores. João também afirmou que, em sua área, enquanto motoristas de tratores, caminhões de mineração e comboios de lubrificação da Vale ficaram sem reajuste em 2015, terceirizados de empresa que presta serviço de transportes à mineradora[31] receberam reajuste de 10% naquele ano. João falou sobre o descontentamento com a diferença salarial entre trabalhadores da companhia e terceirizados, mencionando episódio vivido em sua equipe:

> João – Nossa empresa é uma empresa muito boa. O que mata a nossa empresa hoje, pelo que a gente vê, é a má administração. Porque, tipo assim, a gente vê os amigos, nós, reclamando porque, digamos... Você vê o caminhão. Se você vê de perto, dá quase a altura desse prédio aqui. Aí o que acontece? Você vai se admirar. Um dia desses eu estava lá e chegou [um desses] carreteiros que puxam óleo diesel [caminhões transportadores de combustível para a Vale], esses carretões, não tem? Tem uns que trazem de Belém para lá, Marabá, e levam para lá o diesel. Nesse posto pesado onde a gente trabalha, tem uns tonéis, um reservatório muito grande onde as carretas vêm e distribuem lá. O cara enche os tambores lá, esse reservatório, que é para abastecer os caminhões, os maquinários. [...] E tem uns comboios que abastecem lá [na mina]. Aí dia desses chegou um pessoal vindo de Belém. Foi levar óleo diesel lá. Aí tem contato, fica numa sala lá todo mundo. Aí quando não tem nada para fazer, a gente fica conversando, batendo papo. Aí ele viu um caminhão desses [refere-se aos caminhões imensos de transporte de minério] e bateu umas fotos. [...] Aí ele me perguntou: "João, um caminhão desses, esse cara aí deve ganhar muito bem... 450 toneladas?". Eu digo: "É, 450 toneladas". Aí ele perguntou qual era o salário dele. Eu acho, a gente acha que é o que a empresa deixa a desejar, tem muita falha. [...] Salário mesmo não ajuda. Um caminhão desses aí tem operador que tira só R$ 1.400. Uma responsabilidade de quem está entrando! Agora para achar alguém que ganha R$ 2.000 dá trabalho. Só quem é muito antigo. [...] Aí foi a resposta que dei para o rapaz: não, não é esse tanto que você está pensando, não. "Quer dizer que ele ganha menos que eu?". E ele tira R$ 3.000 lá. Ganha R$ 3.000. Eu falei: "Você ganha por dois operadores desse aí". Então, quem está de fora acha que é uma coisa, mas a realidade é outra.
>
> **Em que aspectos você acha que a impressão de fora é diferente da realidade?**
> João – Por exemplo, salário, né? Salário, como eu lhe falei. Por exemplo, ela pega lá: "Valorizar quem faz a nossa empresa". "Vida em primeiro lugar"... Está entendendo?

---

[31] Especialmente o transporte dos trabalhadores de certos pontos da cidade de Parauapebas para as minas.

Poder corporativo e fragmentação dos sindicatos 101

Então, a hora que você prega uma coisa e você não faz, é como se você estivesse fraudando, como se você estivesse vendendo uma propaganda enganosa. E hoje a gente se sente, o trabalhador de modo geral, a gente se sente lesado. Por que, tipo assim, o que é você valorizar? "Crescer e evoluir junto", que é o que ela prega, né? Você acha o seguinte: crescer e evoluir junto, o bem que eu conseguir para mim eu desejo para você. Mas já lá agora é diferente. Por exemplo, agora, com esse projeto S11D, muita gente conseguiu vaga para trabalhar lá. Pediu transferência e tudo, mas já o supervisor, a mando da empresa, não libera, entendeu? Então está impedindo a pessoa de crescer e ser feliz, evoluir. Ela prega uma coisa e faz outra. Tem muito detalhezinho aí que atrapalha. Tem muita gente se desfiliando e colocando a culpa no sindicato, que acha que o sindicato é que é o culpado.

Localizado no município de Canaã dos Carajás, o S11D é um imenso complexo de minas de ferro, inaugurado em dezembro de 2016, do qual a Vale espera extrair 90 milhões de toneladas de minério de ferro por ano[32]. A criação do projeto S11D em Carajás, mencionada por João, também revelou outro descontentamento que, segundo ele, está muito presente no interior do coletivo operário: critérios opacos e muito dependentes de afinidades com supervisores para se obter mobilidade no mercado interno de trabalho. Vários trabalhadores que gostariam de sair de suas células nas minas de Carajás e ocupar funções abertas nas novas minas do S11D teriam sido impedidos pelas restrições impostas por supervisores e gerentes, ao mesmo tempo em que a empresa recrutava mão de obra de fora da companhia para as novas posições abertas.

Utilizando oportunidade oferecida pela empresa (que paga 75% de curso técnico ou superior ao trabalhador que estude), João formou-se técnico e almeja deixar a função de mecânico para trabalhar, com melhor remuneração, como técnico no S11D. Porém, o estímulo à escolarização da mão de obra gera frustração pela impermeabilidade da mobilidade interna e pela inacessibilidade de supervisores e gerentes. "Só que é o seguinte: você se forma e ela não te dá oportunidade. [...] Hoje, se você conversar com os trabalhadores da empresa, de qualquer área, todos tão descontentes", resume João.

Esse aspecto é condizente com as indicações de Maria Cecília Minayo[33] sobre a frustração dos trabalhadores de Itabira com o mercado interno de trabalho, altamente dependente do favorecimento pessoal na companhia então estatal ainda no período da ditadura militar.

---

[32] No capítulo 4, será possível abordar com mais detalhes a implantação do projeto, que foi o maior investimento da empresa nos últimos anos, e tratar de sua centralidade na atual estratégia corporativa da Vale.

[33] Maria Cecília Minayo, *De ferro e flexíveis: marcas do Estado empresário e da privatização na subjetividade operária* (Rio de Janeiro, Garamond, 2004).

102 O solo movediço da globalização

Metamorfoseando-se em verdadeiros homens de ferro, os operários dessa época como que se equiparam à resistência de aço dos equipamentos, deixando-se explorar até o limite extremo, compensando a alienação quanto ao produto, pelo domínio da parcela do processo de trabalho para o qual se tornam necessários. Por sua vez, essa boa vontade para servir à Companhia a qualquer hora e em qualquer circunstância, que lembra o regime de prontidão das casernas, será também capitalizada pelos trabalhadores. Sua atitude de dedicação total lhes permitirá reivindicar promoções, favores pessoais, colocando-se mais perto dos escalões decisórios ou como possíveis candidatos prováveis a encarregados.[34]

Eu acho que é má gestão, má administração, entendeu? Se formou uma espécie de monopólio, [...] por ter um cargo lá em cima, tu achas que tem que ser feito do jeito que tu queres. [...] É de cima para baixo. Isso aí dana a gente por causa disso. Porque, tipo assim, a gente vê uma coisa dessas que está errada. Aí a gente vai levar para o seu superior e reclama: olha, está acontecendo isso, isso e isso, eu acho que está errado, toma providência. E a pessoa nada, não toma providência, se acomoda, ou seja, concorda com o que tá acontecendo, você está entendendo? Então se torna uma coisa inviável. Hoje em dia, você vê uma coisa errada, você não pode nem falar nada, porque você sabe que a pessoa não vai resolver. Então, quer dizer, a pessoa que está lá ela não está nem aí. (João, em entrevista)

Os registros de Minayo sobre a arbitrariedade dos critérios de "fichamento" dos trabalhadores[35] na CVRD em Itabira repetem-se na fala de João sobre a situação em Carajás mais de quatro décadas depois. Entre as consequências, podem-se apontar a fragmentação dos trabalhadores, a competição e o conflito em uma "verdadeira disputa entre parceiros"[36]. Segundo João, apenas *trainees*, com salário-base de R$ 1.350 entram com salário definido na empresa. As outras funções são remuneradas a partir de acordo celebrado individualmente com o recrutador. Na célula de João, por exemplo, há trabalhadores "fichados" como Mecânico I e outros como Mecânico II, apesar de realizarem a mesma função, ganhando salários diferentes.

João – O que o pessoal acha ruim é, por exemplo, eu ter o mesmo tempo seu... Nós entramos juntos os dois. E você entra com [R$] 2.000 e eu com [R$] 1.500. Lá tem um monte de gente assim. [...] Dizem que o cara tem que "saber fichar", né? O cara que vai te dar o cargo, o gestor que vai te colocar na empresa, vai te avaliar e vai te fichar, depende dele. A palavra é dele. Se ele quiser te dar um salário de [R$] 2.000 ele te dá; se ele quiser te dar um de menos, ele te dá. Existe isso. A empresa não tem uma regra que ela possa... Da empresa, não. Lá, quem fala é o gestor, quando ele vai te chamar na sala fria pra te fichar. "Posso te pagar R$ 2.000 na carteira: dá pra

---

[34] Ibidem, p. 143.

[35] Processo pelo qual um novo trabalhador contratado é enquadrado em uma função e lhe é atribuída uma remuneração.

[36] Maria Cecília Minayo, *De ferro e flexíveis*, cit., p. 201.

ti?". Aí você fala: não, me dá [R$] 2.500 que aí eu fico contigo. "Pois está bom. Eu vou te fichar com [R$] 2.500". Ou se por acaso ele falar: "Você vai entrar com [R$] 1.500, aceita?". Aí você diz: "Aceito". Aí tu vais entrar com [R$] 1.500, o outro que veio e conversou primeiro vai ficar com [R$] 2.500.

E isso gera conflito entre os trabalhadores?
João – Com certeza! [...] Porque você se sente desvalorizado, no desânimo. Inclusive eu tenho vários amigos que já saíram por causa desse motivo. [...] Discussão. Eu sei que a culpa não é sua. Eu sei que é má gestão. Uma certa irritação com o povo lá de cima. Os caras deixam muito a desejar, entendeu?

Apesar de vivenciarem problemas comuns e terem o desafio de conduzir discussões pulverizadas, locais, com a Vale, a partir de propostas submetidas nacionalmente pela empresa (acordo coletivo anual ou acordo de PLR), os sindicatos de trabalhadores da Vale têm muitas dificuldades para coordenar ações unificadas. A empresa, obviamente, beneficia-se de tal situação e será possível mostrar mais adiante o modo como estimula a divisão entre seus sindicatos. Tais dificuldades são mencionadas abertamente pelos sindicalistas durante as entrevistas. Na própria assembleia no porto, em São Luís, Ronaldo Silva tratou do assunto em sua intervenção aos trabalhadores:

Não dá para aceitarmos passivamente essa imposição e aí vem aquilo que estamos acostumados a ouvir: "Sindicato lá do Pará já aprovou, por que o Maranhão está resistindo? Sindicatos em Minas Gerais já vão receber um mês de salário, por que o Maranhão está resistindo? Sindicato não sei lá onde já aprovou, por que o Maranhão está resistindo?". Unidade é fundamental em qualquer associação. Unidade é fundamental em qualquer partido, na família, nos amigos. Agora, uma unidade que coloca os trabalhadores numa condição humilhante nós não podemos aceitar. Nós temos que rejeitar. Problema de quem aceitou. (Ronaldo Silva, durante assembleia)

O PODER COLETIVO FRAGILIZADO

Como discutido na Apresentação, o poder coletivo refere-se às "ações de agentes coletivos que procuram influenciar companhias em localidades específicas das [RGPs], seus respectivos governos e, por vezes, agências internacionais". Como exemplos de agentes de poder coletivo, podem-se mencionar "sindicatos, associações patronais e organizações que promovem determinados interesses econômicos [...], ONGs preocupadas com os direitos humanos, questões ambientais etc."[37].

Neste livro, o foco de nossa atenção direcionou-se ao poder coletivo exercido pelos sindicatos da Vale. A imposição de um acordo coletivo que congelava os salários e a ausência da remuneração variável, fundamental para a reprodução dos

---

[37] Jeffrey Henderson et al., "Redes de produção globais e a análise do desenvolvimento econômico", *Revista Pós Ciências Sociais*, v. 8, n. 15, 2011, p. 158.

104   *O solo movediço da globalização*

trabalhadores e de suas famílias, em um contexto de alta inflacionária, mostraram a dificuldade dos sindicatos para oferecer oposição às investidas corporativas. A Vale, portanto, tem condições favoráveis para lidar com as flutuações de mercado por meio da flexibilidade (de contratação e remuneração) de sua força de trabalho, fazendo-a absorver parte dos ajustes operacionais em benefício dos lucros da empresa e da distribuição de dividendos para seus acionistas.

Em um estudo comparativo do poder corporativo em três contextos mineradores em Minas Gerais[38], Rodrigo Santos e Bruno Milanez[39] descrevem três dimensões do poder: 1) a primeira "enfoca a influência de um agente sobre outro(s) como 'poder sobre' [...] determinados agentes", uma concepção que "privilegia o exercício do poder, em detrimento de sua posse e dos recursos a ela associados"; 2) a segunda relaciona-se "à capacidade dos agentes de antepor obstáculos à emergência de questões como problemas públicos", tratando "não apenas a influência de um agente sobre outro(s), mas também a obstrução de sua capacidade para a ação"; por último, 3) a terceira refere-se a "situações de 'conflito latente', que se fundamentam [...] na possibilidade de um agente conceder legitimidade à ação de outro, a despeito de seus interesses objetivos", fazendo emergir "a possibilidade de consenso falso ou manipulado"[40].

Partindo dessa dimensão tridimensional do poder, Santos e Milanez[41] afirmam haver "ausência do desafio ao poder corporativo" da Vale em Itabira, que pode exercê-lo em suas três dimensões, "condicionando a (não) emergência de problemas públicos" e mobilizando "a adesão de agentes individuais e coletivos (terceira dimensão)" por meio de uma "combinação contraditória entre concessão de legitimidade a agentes poderosos e oposição aos interesses objetivos de uma coletividade". Tal se daria pelo contexto de *company town* de Itabira e pelo fim do ciclo mineral, dada a dependência econômica da atividade mineradora, que reduzem a propensão "à contestação por parte de agentes políticos e sociais de Itabira". Por isso, a Vale seria bem-sucedida em sustentar um "regime de consenso manipulado" no local.

A análise do poder corporativo da Vale em Itabira apresenta semelhanças e diferenças com o que se verificou nas observações de campo. Em Parauapebas, por exemplo, a Vale também é a grande empregadora local, ainda que, ao contrário de Itabira, Carajás esteja em plena expansão da extração mineral. Como se viu, em 2015, trabalhadores e sindicalistas, do Stefem e do Metabase Carajás, afirmavam que o desemprego exercia grande pressão sobre os trabalhadores, que temiam iniciativas de mobilização ainda que experimentassem grande insatisfação com as imposições da

---

[38]   Anglo American em Conceição do Mato Dentro, CSN em Congonhas e Vale em Itabira.

[39]   Rodrigo S. P. Santos e Bruno Milanez, "Poder corporativo e ação econômica: reflexões a partir da mineração de ferro", *Revista de Ciências Sociais*, n. 48, jan./jun. 2018, p. 98-9.

[40]   Steven Lukes, *Power: A Radical View* (Basingstoke, Palgrave Macmillan, 2005), p. 28, citado em Rodrigo S. P. Santos e Bruno Milanez, "Poder corporativo e ação econômica", cit., 99.

[41]   Rodrigo S. P. Santos e Bruno Milanez, "Poder corporativo e ação econômica", cit., 106-7.

empresa[42]. A despeito disso, ao fim e ao cabo, foram aceitos o acordo coletivo com reajuste zero e a proposta de novo acordo de PLR, apesar de cláusulas semelhantes às que geraram ausência de pagamento no acordo anterior. Ou seja, também aí se organizaram formas de "consenso manipulado" – pelo qual se confere legitimidade à ação do outro mesmo que contrariando os próprios interesses objetivos. A pulverização dos sindicatos locais da Vale em todo o Brasil e a estratégia sindical da empresa, que busca mantê-los fragmentados e submetê-los a seu poder corporativo, parecem estar na raiz do sucesso da empresa em frustrar a emergência do conflito latente.

As observações em campo em São Luís e Parauapebas lançam luz sobre as diversas táticas empregadas pela Vale para fragilizar o poder coletivo dos sindicatos. É útil, a esse respeito, reproduzir a longa reconstrução de André Teixeira das negociações do acordo coletivo de 2015 e a aceitação, pelos sindicatos e trabalhadores, da ausência de reajuste e de pagamento de PLR. O gerente de relações trabalhistas mostrou como obteve uma espécie de aceitação tácita de suas justificativas e propostas, para a qual contribuíram a proximidade com as direções sindicais e a atuação direta dos gerentes da empresa no convencimento dos trabalhadores, que votaram majoritariamente a favor do acordo em assembleias.

Esse último aspecto – a atuação dos gerentes no convencimento dos trabalhadores –, aliás, é sempre mencionado pelos sindicalistas como fonte de dificuldade para a mobilização dos trabalhadores. Em São Luís, trabalhadores entrevistados, sem relação com o Stefem, confirmaram ao pesquisador a presença maciça de gerentes na assembleia dos trabalhadores. Por sinal, a já mencionada segmentação da qualificação dos trabalhadores da empresa, pela qual os trabalhadores da operação recebem cursos e palestras, cujo objetivo indireto seria afastá-los da organização sindical, parece ter um papel importante nas dificuldades de mobilização na Vale.

André Teixeira – Em 2015, final de 2015, 2016, o preço do minério de ferro, que está hoje em torno de [US$] 65 – já chegou a quase [US$] 200 –, estava [US$] 36. O valor da nossa ação chegou a R$ 11. A nossa dívida era impagável. Naquele ano, nós... oferecemos reajuste zero, no acordo geral, zero, tá? E, no abono, em um ano difícil – e que outras empresas no Brasil estavam dando – porque nós fomos atingidos direto pela questão do mercado asiático, da Ásia. Nós tivemos uma aprovação, com voto secreto, voto secreto! Algumas foram voto aberto, outras foram voto secreto, mas, nas que foram voto secreto, nós tivemos 85% de aprovação da nossa proposta. Maior que os anos anteriores, [em que] nós tínhamos ganho real. Então, assim, aquilo ali me ajudou muito a mostrar internamente na empresa o seguinte:

---

[42] Para Guilherme Zagallo, esse aspecto foi determinante. Com pouco histórico de mobilização, em um período de recessão e com desemprego elevado, os sindicatos simplesmente não conseguiram resistir: "Na verdade, não é que houve um apoio. Na verdade, houve fraca capacidade de enfrentamento para aquele momento, proporcional, vamos dizer assim, à intensidade das medidas que foram adotadas pela empresa".

o trabalhador entendeu e ele aceitou. Agora, no ano seguinte, que nós estávamos ruins demais, é o que foi mais doído – esse foi mais doído! – a PLR foi zero. Por conta de um acordo que nós tínhamos fechado desde 2015, a PLR foi zero, tá? [...] Em 2017, nós fizemos uma pesquisa de clima, a pesquisa é sigilosa, não se identifica, nunca se identificou ninguém daquilo ali. [...] Engajamento, engajamento foi medido, inclusive pegaram pessoas externas, foi um dos mais altos. As pessoas perceberam que nós poderíamos ter tido desemprego maior e hoje, inclusive, as próprias pessoas quando a gente conversa – me refiro a supervisores – [dizem:] graças a Deus nós conseguimos passar por aquela fase e a redução de pessoal foi muito pequena.

Mas, no momento em que essas propostas apareceram, reajuste zero em 2015 e, no ano seguinte, PLR zero, não houve nenhuma contestação? Não houve dificuldades na relação com os sindicatos?

André Teixeira – Não é fácil, não, esse negócio de que é fácil, não existe isso, não, tá? Foi muito difícil. Foi um período que a gente teve uma negociação muito extensa. [...] Então, a nossa negociação é longa. Nós começamos a mostrar para os sindicatos o que estávamos vivendo. Ele falou assim: "Mas, André, eu não vou lá defender zero. Onde é que se viu, eu vou lá defender zero? Então não vou, não vou nunca". Então, eu tinha reunião com os supervisores, com os gerentes, para que eles mostrassem a empresa para eles. E, nesse ponto, a Vale tem uma coisa que já vem de muito tempo da história. As pessoas conhecem a empresa. Se você rodar hoje na Vale, se você perguntar a um mecânico, ele vai te dar com uma boa precisão quanto é que está o preço do minério de ferro. Então, a abertura de informações na Vale foi muito grande e isso é uma das coisas que nos ajudam muito na relação capital e trabalho. Então, as pessoas sabiam do momento difícil que nós estávamos vivendo. Agora, foi muito difícil. Nós tínhamos contestação. Surgiram movimentos internos contestando, querendo aquilo ali... Alguns movimentos surgiram querendo fazer greve e outras coisas mais, mas foram muito localizados. Tivemos muitos problemas, sim.

Então, vocês conseguiram contornar essa situação por meio de uma relação direta com os trabalhadores, informando, discutindo...

André Teixeira – Direta e indireta também, ou seja, direta, informando sobre a negociação e sobre a situação da empresa. E via sindicato também. Porque o sindicato... Ele tem vários caminhos, ele não precisa defender. Ele pode até bater, mas não precisa bater muito. A linguagem dos sindicatos – e isso eu custei a perceber, e a minha linguagem também tem que ser assim – o sindicato... ele é emocional e racional zero. Emocional ao extremo, né? Muito emocional. E eu sempre tive uma comunicação muito racional. Minha comunicação com o sindicato era extremamente... com os empregados, era extremamente racional. Hoje, eu tento contrabalancear um pouco. Por quê? Algumas pessoas gostam dessa comunicação emocional. Mas, o sindicato, então, ele não chega lá e ele: "Ô, gente, esse ano tem que ser zero". Agora, ele chega assim: "A situação da empresa é essa e nós temos essa opção, essa opção, essa opção. A decisão é de vocês". Isso é uma coisa. Agora: "Essa empresa está lucrando milhões e milhões" – o que não era verdade – "Está isso, aquilo e aquilo outro". Eles poderiam ter feito um discurso que complicaria muito a nossa ação. Não fizeram.

Você acredita que isso é um esforço de conversa com os sindicatos? Por que eles não fizeram isso se poderiam ter feito?

André Teixeira – Eu contei para você que no início achava que as posições eram antagônicas, certo? E eu construí minha visão sobre o sindicato muito em função dos boletins que eu via do sindicato, e os boletins atacavam a empresa. Pô, se está atacando a minha empresa eu vou atacar ele também, tá? Era assim a minha visão disso aí. Até que, em um dado momento, quando eu comecei a perceber – e fui ajudado também – [...] que nós podemos ter opiniões diferentes. E, quando o sindicalista percebe que a empresa não quer destruí-lo, ele começa também a não querer destruir a empresa. [...] Então, a grande mudança que teve nesse relacionamento, e que eu falo para as pessoas o seguinte: não sou parceiro, que parceiro também não é, mas não somos inimigos. Agora, como que a empresa vê o sindicato e como o sindicato vê a empresa? Você pode ver de parceiro, de oponente, ou de colaboração ou de parceiro, de entendimento. Parceiro não é, está entendendo? Mas não somos inimigos, não somos oponentes: estamos em posições divergentes, em muitos casos, mas muitas vezes nós chegamos a um entendimento. Então, essa descoberta [...] é que hoje a gente consegue esse bom relacionamento.

A "colaboração" dos sindicatos, descrita por Teixeira, certamente tem relação com a forma como se organizam as negociações sindicais na Vale. A pulverização da representação dos trabalhadores e a dificuldade para que os sindicatos atuem em unidade são características fundamentais da estratégia sindical da empresa. Segundo relatam os sindicalistas, nas negociações dos acordos coletivos anuais e do acordo de PLR, a empresa apresenta uma proposta única a todos os seus sindicatos. No entanto, as negociações são realizadas separadamente pela empresa em três grupos, reunindo catorze sindicatos de mineradores e ferroviários[43]:

1) Ferroviários de Belo Horizonte, Metabase Belo Horizonte, Metabase Brumadinho, Metabase Carajás, Metabase Mariana, Sindicato Extrativo de Corumbá e Ladário, Sindicato das Indústrias Extrativas dos Estados do Amapá e do Pará (STIEAPA);

2) Metabase Itabira, Metabase Rio, Sindifer ES, Stefem;

3) Metabase Inconfidentes[44].

---

[43] Há alguma divergência sobre a composição dos três grupos, já que são costumeiras as mudanças de sindicatos, que passam a negociar em outro grupo, por exemplo, após mudanças nas diretorias. Os catorze sindicatos dos setores de produção que negociam nos três grupos não são os únicos da empresa. Mencionando dados do Instituto Observatório Social, Carvalho contabiliza 52 sindicatos, "que representavam a diversidade de categorias profissionais verificadas na empresa: mineiros, ferroviários, engenheiros, administrativos, técnicos, dentre outros". Ver Laura Nazaré de Carvalho, "Análise da ação dos sindicatos dos trabalhadores da mineradora Vale S.A. na região Sudeste brasileira", cit., p. 93.

[44] O sindicato Metabase Mariana também pertenceu a esse grupo quando a antiga direção do sindicato era ligada à CSP-Conlutas. Há ainda outras duas entidades – Químicos da Baixada Santista (SP) e Sima (Fertilizantes Araxá-MG) – que os sindicalistas entrevistados não sabiam indicar a qual dos grupos de negociação pertencem.

108 *O solo movediço da globalização*

Apesar das negociações envolverem grupos, os resultados são os mesmos para todos os catorze sindicatos do Brasil, com exceção de eventuais acordos coletivos específicos firmados entre a empresa e algum dos sindicatos locais. Alguns benefícios (como o 14º e 15º salários retirados pela empresa em Carajás em 2015) eram resultantes de acordos desse tipo. Em reunião com a diretoria do Stefem, Ronaldo Silva afirmou que a negociação em grupos teria o efeito prático de consolidar uma espécie de jogo de "dividir e conquistar", que pudemos depreender das várias falas de sindicalistas a respeito:

> Isso é mais uma tática, mais um instrumento que ela usa de pressão, que se reúnem todos os sindicatos, que são distribuídos em três grupos. Mas esses grupos, na realidade, é só o nome mesmo. No final, a proposta é igual para todos. E esses grupos fazem o jogo da empresa, porque, na medida em que ela encontra mais fragilidade em um grupo, por lá primeiro que ela começa a colocar a proposta dela em votação. E isso reflete no Brasil todo. Principalmente, quando tem dinheiro no meio, porque, geralmente, tem ou um bônus, um abono, mas em troca de algum benefício que ela vai levar. E aí os que estão mais frágeis, já de um grupo bem fragilizado dos três, esses mais frágeis já servem como uma referência para o debate. [...] Ela negocia com os três grupos, mas, no momento da discussão do acordo, ela começa a extrair resultados por aqueles que começam a fazer as assembleias. (Ronaldo Silva, em reunião com a diretoria do Stefem)

A empresa, apesar da negociação em grupos, realizaria então uma pressão em duas pontas: por um lado, envolvendo sindicatos mais próximos, que aprovariam a proposta apresentada rapidamente, pressionando, dessa forma, os sindicatos dispostos a realizar mais assembleias ou a resistir à empresa; e isso porque, na medida em que alguns sindicatos começam a aprovar a proposta da Vale, na qual em geral consta algum tipo de bonificação ou abono, supervisores e gerentes das áreas eventualmente "rebeldes" entram em cena para convencer os trabalhadores a pressionar seu sindicato a aprovar o acordo e garantir o recebimento de abonos que, em outras partes do país, já estariam sendo pagos.

> Ronaldo Silva – Nós já tivemos vários casos dessa natureza. Na última, o que aconteceu? Só nós e o pessoal de Mariana rejeitamos. Todo mundo já tinha aprovado. É aquela pressão. [...] Ela começa lá com os menos politizados, mais fracos, menos interessados, aí essa pressão política vem para cima dos que estão resistindo. "Olha, todo mundo já recebeu, vocês não receberam". Aí o trabalhador, em contrapartida, vem para cima do sindicato. A gente rejeita... O máximo que nós já fizemos aqui, não em PLR, mas em acordo coletivo, com esse tipo de postura, rejeitando, contrariando outros sindicatos em nível nacional, é levar para o TST para tentar viabilizar um dissídio. Mas, mesmo assim, os trabalhadores não têm a paciência necessária, não têm a compreensão, talvez, aí você acaba desistindo no meio do caminho.

Poder corporativo e fragmentação dos sindicatos 109

Se, então, só vocês não aceitam, isto vira uma disputa jurídica...
Ronaldo Silva – Vira uma guerra jurídica. Agora, para isso, para ter sustentação, os trabalhadores precisariam nos apoiar. Aí vem a história do abaixo-assinado, ela joga abaixo-assinado aqui dentro, pressiona...

André Teixeira é explícito ao afirmar que a divisão dos sindicatos favorece a empresa, mas é evasivo quanto às razões para a fragmentação das entidades. Para ele, a divisão não ocorre por conta de diferentes afiliações a centrais sindicais ou por orientações políticas distintas, mas simplesmente por "brigas" e "divisões" entre os sindicatos. A criação da negociação em três grupos teria sido, segundo Teixeira, um pedido dos sindicatos para tornar as negociações mais "evoluídas".

André Teixeira – Eu vou me referir à Vale S.A. só – não estou me referindo ao Grupo Vale – empresas que são 100% Vale. Nós temos catorze sindicatos. Esses sindicatos, por questões históricas, eles já negociaram em conjunto e já tiveram brigas entre eles. Nós tivemos uma negociação, por exemplo, estava marcada – eu não mexia nessa área, só conto a história – [...] para começar às 14 horas. Às 7 horas da manhã já tinha gente na sala para pegar o lugar central da mesa, eles brigavam muito entre si. Aí em um dado momento, para que a negociação fosse mais evoluída, atendendo ao pedido deles... Atendendo ao pedido deles! Muitas pessoas falam que foi armação da empresa. Atendendo ao pedido deles. Claro que a empresa se beneficia disso aí. Eles se dividiram em grupos. Hoje, nós temos três grupos de negociação, já tivemos quatro, hoje temos três grupos.

Os grupos se organizam por razões ideológicas ou políticas?
André Teixeira – Não, não. Na Vale, é por questões históricas. A divisão por central é mera figuração. Nós temos sindicatos da CUT que não sentam entre eles. É muito em função da linha que a direção do sindicato deu. Então, se, por exemplo, troca a direção, muda a organização deles, não incomoda. A influência das centrais sindicais na nossa negociação é zero. É zero! Não é zero porque a Conlutas tem uma influência, mas, tirando a Conlutas, é zero. O sindicato da Conlutas senta separado dos demais. [...] Um dos grupos é a Conlutas, mas esse é separado. O que leva a essa divisão são as brigas políticas que tem entre eles. [...] Então, essas composições é que levam muitas vezes à divisão. Existe uma concentração maior de um grupo que é CUT, mas tem sindicato da CUT que não é [do mesmo grupo]. E existe outro grupo que tem predominância, que já foi Força Sindical, hoje tem muita gente da [União Geral dos Trabalhadores] UGT, mas hoje tem gente da Nova Central também junto. Mas, assim, não são as centrais que determinam. São as disputas entre os sindicatos que tem aí. E tem também alguns casos até de disputa entre eles de base. Então são as disputas entre eles. Agora, na condução desse processo, eu procuro muito ter um respeito... Procuro não, nós temos um respeito absurdo por todos os sindicatos. [...] Alguns têm a postura de ser mais brigões com a gente, outros privilegiam mais a busca do diálogo. Não significa que um consegue mais e o outro consegue menos. E nós fazemos as mesas, fazemos mesas separadas e simultâneas. E é até gozado que, quando vamos apresentar as propostas que são as mesmas, nós marcamos horário: "às 11 horas vamos apresentar propostas". [...] E às vezes eles ficam mandando

110 *O solo movediço da globalização*

mensagens pra mim, para que a gente faça as composições. Aí, nós interrompemos, conversamos... Tem muita interrupção e conversa nossa, mas, quando nós formulamos nossa proposta, nós apresentamos simultaneamente em todas as mesas para que não haja... um se sinta mais privilegiado que o outro.

Ao tratar das divisões, o gerente de relações trabalhistas afirma seu "respeito" pelos sindicatos, mas o tom que utiliza, em alguns momentos, beira a infantilização dos dirigentes sindicais – como quando trata da ansiedade com o horário das reuniões e da existência de alguns sindicatos mais "brigões" –, o que ajuda a revelar a posição subalterna das organizações sindicais em negociações nas quais se encontram fragilizadas pela pulverização.

Sérgio Rosa, ex-presidente do Conselho de Administração da Vale, ao ser questionado sobre a fragmentação dos sindicatos, também reconhece, implicitamente, que ela beneficia a estratégia de relações trabalhistas da empresa:

Não dá para dizer, num jogo... Se a gente entende que capital e trabalho são duas coisas numa oposição, não dá para a gente responsabilizar o outro time pelos defeitos do meu time. [...] Não dá para você colocar a culpa. Não sou eu que vou dizer que a sua defesa é muito baixinha e meu atacante é alto: olha, faz alguma coisa... Então, o jogo é o jogo. Se os caras não conseguem se juntar... (Sérgio Rosa, em entrevista)

Os sindicalistas lamentam pelo retrocesso da unidade do fim do período estatal, quando se criou uma coordenação nacional de sindicatos no período de resistência à privatização. Chamava-se Associação de Sindicatos de Trabalhadores da Vale (Aval), tinha sede no Rio de Janeiro e era mantida por contribuições dos sindicatos da Vale. Após a privatização, a pulverização impôs-se até que, de 2002 a 2009, a CUT (com apoio da Conlutas e participação de outras centrais) tentou, algumas vezes, organizar uma rede sindical nacional (e, posteriormente, internacional) da Vale. Por motivos que se apresentarão no capítulo 3, a rede fracassou.

Para Artur Henrique[45], ex-presidente da CUT (2006-2012), os vínculos com diferentes centrais explicam a divisão: "No caso da Vale, tem um monte de sindicatos e um monte de sindicatos de centrais diferentes, com concepções diferentes. [...] Essa unidade que é muito difícil". Já Carlos Andrade[46], dirigente da CUT que participou das iniciativas malsucedidas de organização da rede sindical Vale, aponta a ação da empresa para estimular os conflitos entre os sindicatos:

Esses sindicatos, quando se dissolveu a unidade que existia na Vale, devido à interferência da Vale, que fez essa divisão, dando para um pessoal e não dando para outro.

---

[45] Que autorizou o uso de seu nome e de suas declarações em entrevista realizada em agosto de 2018, em São Paulo.

[46] Nome fictício.

Como, por exemplo, o pessoal do Pará tinha um 14º salário que ninguém tinha. Por que será que ela deu um 14º salário para todos os trabalhadores na base do Tonhão depois que o Tonhão tomou o sindicato? Porque ele já era antigo lá, [...] tomou o sindicato dois ou três anos depois que o sindicato tinha sido formado. Quer dizer, teve a primeira diretoria e na segunda ele entrou. Deve estar lá até hoje. [...] Então, a Vale teve essa postura e isso provocou brigas, como, por exemplo, o cara do Espírito Santo [...] com a outra ferrovia, com os mineiros que jogam minério dentro do vagão, que era [representado pelo] sindicato de Minas. Eles chegaram a ter uma briga feia entre os dois, que foi parar na Justiça, e havia processo entre os dois. Aí o sindicato do Pará comprou a briga também e o daqui do Espírito Santo processou o presidente do sindicato do Pará. (Carlos Andrade, em entrevista)

Tonhão, dirigente do Metabase Carajás, concorda que a divisão dos sindicatos de trabalhadores da Vale traz dificuldades às negociações, mas aponta o "radicalismo" de determinadas correntes sindicais como responsável pela fragmentação, tornando a ação sindical ineficiente e incapaz de promover melhorias para os trabalhadores na produção.

Essa pulverização traz dificuldades no momento de negociar?
Tonhão – Traz, traz... Ih... Cada um não quer ver a cara do outro, que o outro é pelego, não sei o quê, blá, blá, blá. O outro é neoliberal, o outro quer ser socialista e aí vira o diabo. Um radicalismo da peste. [...] Quanto mais divide, para administrar, melhor. Quanto mais dividido, melhor. Qual a empresa que não vai gostar? Nós que somos egoístas e irresponsáveis, que não conseguimos nos organizar e ter a unidade. A gente briga por um pedaço de bolo, por um palito de fósforo queimado, o outro olhou torto um pro outro... A gente briga à toa. Aí se divide e isso é ótimo para a empresa. A culpa é nossa mesmo, né?

E houve tentativas de unificar os sindicatos? Há algum efeito na produção?
Tonhão – Ah, muitas. A CUT fez intervenção tentando ajudar, Nova Central, várias cabeças atuando e não consegue unificar não. Os caras são malucos. [...] Na produção? Não afeta nada. O pau quebra do mesmo jeito. O sindicato berra para aqui, berra para acolá e a produção continua do mesmo jeito, não interfere nada.

Por sua vez, Geraldo Andrade – que, na assembleia do porto, mostrava seu descontentamento com a proposta de PLR da Vale e buscava convencer os trabalhadores a votar por sua rejeição – não escondeu em entrevista a resignação com a situação. Pela costumeira pulverização e lógica impostas pela Vale nas negociações, como em diversas outras vezes, o Stefem não conseguiria resistir por muito tempo:

Geraldo Andrade – O certo seria neste momento se nós tivéssemos todo mundo junto. A grande desmotivação de alguns companheiros nossos e este que vos fala é por causa disso. Porque não consegue. Sozinho você não vai fazer nada. Não adianta pensar que um sindicato, como esse aqui, pode ser o sindicato que for...

Sozinho... "Ah, tem autonomia política, tem autonomia jurídica, a legislação"... Mas só ele aqui não vai valer nada porque a pressão dos outros, o comportamento dos outros... Nós temos como dizer que jamais vamos assinar esse acordo? Não temos. Nós somos um sindicato forte? Somos. Mas nós temos condição de garantir que não vamos assinar esse acordo? Ninguém pode bater o martelo, porque podemos ser levados pela categoria [...]. Então, em resumo, nós estamos vivendo um momento em que, vamos dizer assim, é o globo da morte. Qualquer falha... Por quê? Não adianta armar qualquer instrumento de resistência e garantir que vamos ter êxito. Porque o conjunto externo não é favorável economicamente falando, a condição política do país, está tudo conspirando contra... A necessidade emergente dos trabalhadores, especialmente da base da pirâmide. Porque você dizer para eles que daqui a dez dias após a assinatura você vai receber um mês do salário é melhor do que nada. [...] E por esse processo de você não ter uma ação coletiva dos sindicatos, e não ter um conjunto de ações, [...] juntos, todos os sindicatos na mesma linha: aí o que der para João dá para Manoel, né? Mas, não. Amanhã nós já devemos ter categoria aprovando e não é categoria pequena, não. Sabe qual é a categoria? É a maior, Carajás! [...] E de Carajás vêm as outras.

A negociação com Carajás é sempre mais tranquila?
Geraldo Andrade – [Após breve silêncio] Não sei, eu não sei.

O primeiro maquinista da Estrada de Ferro Carajás

O Stefem ocupa dois andares de um moderno conjunto empresarial no centro novo e rico de São Luís. No andar térreo, é feito o atendimento aos associados: há uma recepção espaçosa, com mobiliário novo e confortável, e salas de atendimento. Em um dos andares superiores, instalou-se a diretoria. O ambiente lembra muito um escritório corporativo bem equipado. A sala de reuniões da diretoria é ampla, com uma mesa enorme, onde fizemos a primeira conversa. Em uma das paredes laterais, há um painel com um mapa-múndi cinza, no qual se destacam o Brasil em laranja e todos os outros países em que a Vale tem atuação em tom grafite mais escuro. De frente para a sala, uma área de trabalho organiza oficinas das secretarias do sindicato e a sala da presidência. Um corredor leva à ampla e bem equipada sala na qual trabalha Ronaldo Silva.

O sindicalista mostrou bastante receptividade ao pesquisador e a suas perguntas. Com o gravador ligado, nas situações formais de entrevista, não se omitiu de responder a nenhum dos questionamentos, ainda que, nas situações informais[47], fosse mais explícito, especialmente sobre alguns temas em que há divergências no movimento sindical da Vale e na diretoria de seu próprio sindicato: entre tais questões polêmicas, está o apoio à greve no Canadá. Com relação à Vale – espe-

---

[47] Foi possível conviver com o sindicalista durante praticamente uma semana, acompanhando-o em reuniões, na assembleia realizada no porto naquela semana e em ocasiões sociais, como refeições compartilhadas com ele e com outros sindicalistas.

Poder corporativo e fragmentação dos sindicatos 113

cialmente no que se refere às relações de trabalho na empresa – Ronaldo manteve um discurso claramente opositor, ainda que reconheça e reivindique a história da companhia e de seu sucesso econômico[48].

A nova e moderna sede do Stefem substituiu o casarão no centro histórico de São Luís onde o sindicato funcionou por décadas. Ronaldo disse orgulhar-se de ambas, já que, segundo contou, por sua iniciativa, a entidade pôde organizar-se e acumular tal patrimônio. O sindicalista levou-me para conhecer a antiga sede em um dia chuvoso da capital maranhense. Ele quase sempre circulava pela cidade em uma grande picape, um dos veículos do sindicato – segundo explicou, a caminhonete é necessária para viagens às subsedes do interior, percorrendo o trajeto da ferrovia em péssimas estradas. Ao chegarmos ao casarão, ele mostrou os detalhes de uma reforma que pretendia concluir no espaço. Nele se criaria, segundo seus planos, um curso fornecido pelo sindicato em parceria com instituições governamentais por meio do Pronatec. As crises econômica e política – as entrevistas em São Luís ocorreram dias após a aceitação do pedido de *impeachment* de Dilma Rousseff pela Câmara dos Deputados – colocavam em dúvida a viabilidade dos planos, mas a reforma do casarão histórico prosseguia.

Após a visita à sede antiga, Ronaldo levou o pesquisador a um dos principais cartões-postais da cidade, o Palácio dos Leões, sede do governo estadual, e fez questão de telefonar a um amigo assessor do governador. Fomos chamados a entrar. Dentro do palácio, surpreso com a "programação" improvisada pelo sindicalista naquela tarde, assisti à conversa de Ronaldo com assessores sobre a crise no país e as incertezas do futuro. A prudência manteve-me em silêncio durante boa parte do tempo em que me dediquei a ouvir e conhecer as preocupações de alguns membros da equipe do governador local[49], que, havia pouco mais de um ano, retirara o grupo político de José Sarney do governo estadual. Um dos assessores – que recebeu o telefonema e convidou os visitantes a entrar – mostrou em seu celular um vídeo com o programa partidário local do PT, partido do qual é dirigente estadual. Esse assessor também brincou com a popularidade de Ronaldo no estado, que, em sua opinião, deveria fazê-lo ser candidato a deputado federal: "Eu sempre insisto com ele". Ronaldo, que gostou do elogio, sorriu. A visita não terminaria antes de sermos acompanhados, Ronaldo e o pesquisador, em um passeio pelos salões do imenso palácio, antigo forte colonial. Atualmente filiado ao PT, o sindicalista foi militante do Partido Comunista do Brasil (PCdoB) no começo da década de 1990, logo após o início de seu ativismo sindical forjado na greve da Vale em 1989.

---

[48] Essas informações são destacadas, aqui, por conta do perfil bastante diferente de Tonhão, dirigente do Metabase Carajás, conforme se mostrará na sequência.

[49] Flávio Dino (à época, filiado ao PCdoB).

114   *O solo movediço da globalização*

Em sua sala na nova sede do sindicato, Ronaldo contou como se tornou trabalhador da empresa. Nascido no interior do Maranhão, mudou-se para São Luís para realizar curso técnico no fim dos anos 1970. Em 1982, pouco após formar-se, foi recrutado por uma das empresas que atuavam na construção da Estrada de Ferro Carajás e, em 1983, entrou na CVRD. A mineradora, então, contratava jovens formados em escolas técnicas e cursos do Senai no Maranhão e em estados vizinhos, como Pará, Piauí, Ceará e Paraíba. De sua turma, com 180 estudantes, 100 teriam sido recrutados para o Projeto Ferro Carajás, boa parte dos quais contratados como guarda-freios, que trabalham na via férrea auxiliando as manobras dos trens. Como seus colegas, no entanto, Ronaldo não tinha nenhuma experiência anterior com trens: "Foi um impacto", afirma.

> Todos nós éramos técnicos e fomos de repente recrutados para uma atividade ferroviária, especificamente, de trem. Porque tem vários ferroviários que são administrativos, mecânicos e tal. Mas esse era para puxar trem. [...] Eu vim do interior, não tinha ainda noção do porte da Vale, mas já sabia que se tratava de uma grande empresa, uma empresa estatal, diante de uma região como a nossa. Então, era uma grande oportunidade, principalmente, me proporcionou, no meu caso específico, uma viagem para fora do estado. Eu fui para Vitória, Espírito Santo, para fazer recrutamento lá. [...] Eu tive uma carreira rápida dentro da empresa. A turma que nos formou foram os mineiros capixabas, que vieram para cá para tocar o projeto pelo *know-how* que eles possuíam lá na região Sudeste. E nossa carreira foi rápida, principalmente a minha, porque nós constituíamos um grupo de seis que se tornaram os primeiros maquinistas da ferrovia Carajás no Maranhão. Então, fomos os primeiros maquinistas da Vale. (Ronaldo Silva, em entrevista)

Ronaldo trabalhou na EFC desde o período de sua construção, no interior do Maranhão e no Pará. Depois de três meses como guarda-freios, função para a qual os jovens técnicos eram recrutados de início, foi por seis meses auxiliar de maquinista para, finalmente, um ano depois, assumir a função de maquinista. Por sua experiência na empresa, Ronaldo costuma apresentar sua trajetória como a de um pioneiro, seja na Vale, seja no sindicato: ele descreve-se como um dos "primeiros maquinistas da Vale na EFC" ou "o primeiro maquinista", como quando narrou o episódio de inauguração da ponte sobre o rio Tocantins:

> Eu estava na inauguração da ponte do Tocantins, que é a princesa da empresa, da Vale, porque se aquela ponte desmoronar, meu irmão, bota ano para poder recuperar aquele troço. Vai ser um prejuízo incalculável. [...] E, na inauguração, eu tive esse privilégio de estar conduzindo o primeiro trem de passageiros, acompanhado por um inspetor, porque eu vi de perto e tinha dois ministros acompanhando, na época, do governo militar: o César Cals [1926-1991, ministro de Minas e Energia] e o Jarbas Passarinho [1920-2016, ministro da Previdência Social], além do diretor da empresa que estava aqui. Era um trem superluxuoso, cheio de gerente, cheio de

Poder corporativo e fragmentação dos sindicatos   115

político. Era um negócio, muita festa. Eu tive esse privilégio: além de ser o primeiro maquinista, ser o maquinista do primeiro trem de passageiros para inaugurar a ponte do rio Tocantins. (Ronaldo Silva, em entrevista)

Membro da primeira geração de trabalhadores da EFC, Ronaldo aproximou-se do movimento sindical por conta da greve de 1989, da qual, segundo conta, os maquinistas foram parte ativa. A entrada na diretoria do sindicato, porém, viria posteriormente por meio de convite do antigo presidente do sindicato, de quem se afastaria algum tempo depois.

O Stefem, cuja criação é bastante semelhante à de outros sindicatos da Vale – como o Metabase Itabira[50] e o Metabase Carajás –, surgiu a partir de associação organizada pela própria empresa, originalmente comandada por gerentes da companhia. Após a transformação da associação em sindicato, organizou-se um grupo dirigente com ativistas, que posteriormente participaram da greve de 1989, e no qual havia militantes de partidos como o PT e o PCdoB.

Esse sindicato aqui, a construção dele – e não é diferente de todo mundo – começou com uma associação. Só que um detalhe: a associação foi constituída pelos diretores da Vale. Os próprios gerentes, diretores da Vale, que fizeram a associação na época e entregaram – o que nós só viemos a descobrir ao longo do tempo – para um trabalhador que se constituiu como uma referência do movimento sindical de 89 até 97, quando ele perdeu a eleição para nós, entendeu? (Ronaldo Silva, em reunião com a diretoria do Stefem)

E aí um colega nosso aqui, meu antecessor, maranhense, ele se tornou o primeiro presidente do sindicato. [...] E nós apoiamos todos esses movimentos dele. A minha primeira filiação partidária, aliás, no bojo da minha empolgação, foi no Partido Comunista, no PCdoB, em 90, 91. [O presidente] não era do PCdoB, mas a gente tinha muita gente na área em que eu trabalhava que tinha influência, que depois veio a se constituir como diretores do sindicato, muito antes do que eu. E eles eram do PCdoB. Então, a gente formou esse grupo e estávamos apoiando as ações do sindicato. (Ronaldo Silva, em entrevista)

Segundo Ronaldo, a reação da CVRD logo após a greve, com demissões de trabalhadores ativos durante o conflito, criou descontentamentos no coletivo operário e suspeitas sobre o comportamento do então presidente da entidade com relação à gerência da empresa.

Só que o [presidente], ali, a gente percebeu a verdadeira intenção dele. Percebemos que ele tinha outros interesses, além da defesa dos nossos interesses enquanto trabalhadores, e ali se constituiu uma oposição. A Vale demitiu muita gente da oposição.

---

[50] Maria Cecília Minayo, *De ferro e flexíveis*, cit.

116   *O solo movediço da globalização*

[...] E ele ficou de uma certa forma muito fragilizado porque a oposição, aquela massa de pessoas que foram demitidas, a responsabilidade foi atribuída a ele. E ele, de uma forma muito inteligente, buscou a recomposição da área com outros nomes novos para poder preencher aquela necessidade política dele. [...] E eu não sei quem foi que disse para ele que eu poderia ser uma opção, uma referência para substituir os colegas dele lá, os que até então eram colegas dele, que foram perseguidos e demitidos. O meu primeiro gesto, eu me coloquei... Nós participamos da greve, o setor que mais apoiou a greve foi o meu. O setor de maquinistas não queria sair em hipótese nenhuma da greve. [...] Aí eu fui lá e vi que, como não tinha reversão no caso da demissão dos colegas, eu fui e me coloquei à disposição da empresa para me colocar na rua porque eu não queria mais trabalhar na Vale. (Ronaldo Silva, em entrevista)

Ele teve seu papel, o seu momento importante. Ele fundou o sindicato, ajudou a construir a história dos trabalhadores. Mas, com o tempo, foi se tornando um pelego. [...] Foi o fator que fez ele perder o sindicato para nós. E, na época, ele já tinha assim... Nós começamos a sentir isso na pele, os trabalhadores mais antigos, quando todos os acordos coletivos... A gente sentia que ia uma grande conquista e a Vale sempre apostou nisso, fazendo com que o trabalhador ficasse extremamente numa necessidade econômica e vinha por trás, com dinheiro extra, e levava por trás uma outra conquista nossa. E assim foi: todo ano ela vinha com dinheiro extra, mas levando uma conquista em troca. E, praticamente, quando chegou na época da privatização, a gente estava saneado daquele 14°, 15°, não tinha mais assistência de farmácia... Tudo isso que eu te relatei foi embora. Acabou a maior parte [antes da privatização]. (Ronaldo Silva, em reunião com a diretoria do Stefem)

Por pressão de gerentes, que lhe ofereceram uma posição mais vantajosa do ponto de vista salarial e procuraram sua irmã mais velha[51], Ronaldo recuou da decisão de sair da CVRD. Tinha então cerca de 25 anos de idade. Por ser jovem e inexperiente, afirmou não ter conseguido lidar com a situação. Não se adaptando ao cargo que lhe foi oferecido pela gerência, retomou o trabalho como maquinista e passou a ser procurado pelo presidente do sindicato, que o indicou, em uma assembleia, para compor a diretoria do Stefem. O antigo presidente buscava reorganizar a diretoria com ativistas mais jovens, participantes da greve, para contornar o descontentamento causado por sua condução da greve.

A Vale, tira-se o chapéu para a empresa, porque ela é muito eficiente nesse ponto: ela fiscaliza todas as atividades das pessoas, tem todo esse controle interno e externo, da sua vida pessoal. Então, eu não sei que cargas d'água tinha um gerente que simpati-

---

[51]   A pressão de gerentes sobre familiares de trabalhadores que se envolviam em atividades sindicais ou que, por algum motivo, criavam descontentamento em seus supervisores era um procedimento comum da CVRD também em Itabira, de acordo com Maria Cecília Minayo, *De ferro e flexíveis*, cit. No capítulo seguinte, será possível mostrar como a Vale no Canadá utilizou-se de pressão, ameaças e processos judiciais sobre familiares para fragilizar a greve em Sudbury em 2009-2010.

zava comigo, gostava muito pelo fato de eu ter uma postura responsável, não tinha problema com assiduidade nem com pontualidade, compromissado com a minha atividade exercida na empresa, era uma referência. Eu fui o primeiro maquinista da empresa, aí eu tinha formado várias pessoas. [Ele] achava que eu estava sendo precipitado, que eu estava sendo solidário com um movimento que não tinha nada a ver comigo. [...] Aí eles fizeram um trabalho dentro da minha família. Numa das viagens que eu fiz – eu viajava muito por conta da minha rotina da atividade como maquinista –, quando eu voltei, a minha irmã, que foi o baluarte da minha vida, foi a minha segunda mãe, que foi quem sustentou a gente, família pobre, tudo isso, foi e disse o seguinte: "Que loucura é essa? Por que que você está pedindo conta? Volta pro teu emprego, esquece sindicato! Esse gesto aí, os caras tão pedindo para você ficar". Aí eu disse: "Poxa, já tinha pedido conta pro cara, fui na sala dele, vou ter que voltar?". "Encontra teu jeito!". Eles tinham feito toda a armação para eu não ser demitido. Aí ele me falou: "Eu só quero te fazer um pedido. Sei que você é militante, mas não se envolva com sindicato. Esquece sindicato. Estamos te dando uma oportunidade no CCO". Era o Centro de Comando Operacional, realmente era um grupo elitizado, tinha um salário melhor, tinha uma vida social melhor, diferente de maquinista. Ainda fiz um teste lá com eles um ano: fui aprovado no teste, queriam que eu ficasse, mas não tive identidade com o negócio. Não tive. Aí eu disse: não, tudo bem, não vou querer me envolver com o sindicato. Realmente, eu não tinha nenhum espírito, a não ser de estar lá... Eu era jovem, destemido, mas não tinha... E aí o [presidente] do Sindicato dos Ferroviários, com a briga interna lá que patrocinou a demissão de todo mundo, ele foi e começou a escolher aquelas lideranças ao longo da ferrovia. E chegou até o meu setor, alguém indicou para ele que eu seria um nome bom. [...] E começou a me assediar: ia na minha casa, começou a me oferecer viagens para conhecer o sindicato, que até então eu não conhecia nada disso. E eu fui assim, com muita resistência, porque eu não confiava nele. (Ronaldo Silva, em entrevista)

Assim, em 1993, Ronaldo passou a ser parte da diretoria do Stefem. Desde então, deixou as atividades na ferrovia e tem sido liberado para suas funções sindicais. Segundo contou, a militância sindical mudou sua vida: ele teve a oportunidade de circular o país, nos anos 1990, durante a campanha contra as privatizações, conheceu lideranças nacionais da CUT e do PT[52], graduou-se em Direito e, por seis anos, foi conselheiro da Vale, representando os trabalhadores.

A princípio, Ronaldo ocupava posição menos importante em uma direção hegemonizada pelo antigo presidente, que conseguiu restabelecer seu controle após os questionamentos ocorridos durante a greve. Anos depois, porém, um novo grupo de oposição surgiu no Stefem, dessa vez internamente. O antigo presidente, motivado por ambições políticas, teria, segundo Ronaldo, gerido as finanças do

---

[52] Segundo Ronaldo, esse foi um período de grande debate político no movimento sindical da Vale, estimulado pela CUT e pelo PT: "Tinha esse debate político, que hoje não se tem mais. E eu vivenciei tudo isso. Essa fase boa, que eu considero, porque me deu muito conhecimento político".

118 *O solo movediço da globalização*

sindicato em benefício próprio, mobilizando recursos para campanhas eleitorais de seus aliados políticos na cidade. Tal situação teria, inclusive, chamado a atenção da imprensa e da sociedade locais, trazendo discordâncias na categoria e na direção do sindicato, que se dividiu. Ronaldo passou a liderar o grupo opositor, assumindo com este a direção do Stefem em 1997.

> Fui fiel com o [presidente], dentro das atividades que nós exercíamos aqui dentro, até o momento que não deu mais, quando tivemos um rompimento, em 95 para 96. Porque ele tinha um projeto pessoal. Ele queria ser vereador, deputado, prefeito de São Luís, governador. Tinha um projeto ambicioso. [...] Mas não conseguiu nada disso. E, como ele tinha muita influência junto à Vale, tinha um acesso muito fácil. Lá no Rio, ele entrava no gabinete do presidente da Vale com facilidade, era muito conhecido, muito articulado. [...] Foi ele quem filiou o sindicato à CUT. [...] Ele se arriscou mais quando ele mobilizou um dinheiro do sindicato para fazer campanha partidária e aí foi o rompimento, porque a gente não conhecia até então, e eu disse para ele que não dava para dividir essa responsabilidade. [...] Foi público. Só eu fiquei contra ele. Eu, o presidente do Conselho Fiscal e uma outra diretora mais antiga no sindicato. [...] Mas da diretoria executiva só eu fiquei contra eles, todos os outros ficaram com ele. Qual era a minha vantagem perante ele? Ele, por conta dessas responsabilidades, não viajava mais pelo corredor ferroviário e foi perdendo a representatividade dele. [...] Foi difícil construir um grupo de oposição porque ele tinha muita força política junto à Vale, junto ao município. No caso, o prefeito que ele tinha mobilizado um dinheiro foi eleito[53]. Ele já estava sendo cotado para ser secretário e foi secretário desse prefeito. Partimos para a briga com ele, sem nenhum centavo, apenas com essa referência na base e com esse gancho, com essa possibilidade de explorar que ele tinha sido desonesto, que tinha desviado os interesses do sindicato. (Ronaldo Silva, em entrevista)

A longevidade de dirigentes sindicais nos sindicatos de trabalhadores da Vale é um aspecto que aproxima, apesar das nítidas diferenças de orientação política, os dois sindicatos pesquisados: em ambos, dirigentes sindicais estabelecidos há décadas controlam o sindicato e estão afastados, há muitos anos, do cotidiano da produção e dos trabalhadores. Nas diretorias há membros mais jovens e diversos diretores de base que seguem na produção. No entanto, as posições mais importantes das entidades são ocupadas por antigos dirigentes, podendo-se constatar, portanto, um nítido processo de burocratização das entidades.

---

[53] O antigo presidente, segundo informaram membros do Stefem, havia sido filiado ao Partido Democrático Trabalhista (PDT) e apoiava a campanha de Jackson Lago, eleito prefeito de São Luís em 1996. Não se sabe – nem se trata de objeto de nossa atenção neste livro – em que medida os interesses do grupo dirigente do sindicato e os da empresa confluiriam ou se afastariam em relação à política local. No capítulo seguinte, porém, será abordada a eleição de uma ex-gerente da Vale, sem experiência política pregressa, prefeita da cidade canadense de Sudbury.

Poder corporativo e fragmentação dos sindicatos   119

Questionados sobre o tema, os sindicalistas quase sempre afirmam que a Vale recorrentemente demite sindicalistas que perdem eleições e, portanto, a estabilidade no emprego, o que estimula os dirigentes a buscar perpetuar-se no comando das entidades. A intervenção em processos eleitorais sindicais, como já mencionado, é parte importante da estratégia sindical da Vale[54].

Sérgio Rosa, ex-presidente do Conselho de Administração da Vale, afirmou ter atuado em algumas oportunidades, no Conselho, para reverter casos de demissões de lideranças sindicais, quando estas eram denunciadas por sindicatos ou conselheiros representantes dos trabalhadores:

Sérgio Rosa – A gente nunca apoiou demitir dirigente sindical. A gente intervinha. Jogar sujo, nesse sentido de ultrapassar os limites de uma negociação dura, usar práticas que a gente poderia claramente dizer: são ilegais, são sujas. Isso a gente sempre tentou bloquear tanto que a gente nunca aceitou.

Havia casos assim?
Sérgio Rosa – Ao menos, houve tentativas nesse sentido e a gente sempre tentou corrigir isso. Agora, dizer que um negociador da empresa não pode ser duro numa negociação... Eu enfrentei isso a minha vida inteira. [...] Sempre que a gente tinha denúncia desses casos, a gente levava para o Conselho e coibia esse tipo de coisa. [...] Chegaram a ter denúncias, uma ou duas vezes, disso, e a gente sempre interveio no sentido de deixar claro que a gente não aceitaria esse tipo de coisa, não.

Desse modo, aqui se apresenta mais um exemplo de um tópico relativamente comum na caracterização da estrutura corporativa sindical brasileira[55]: o modo como os recursos sindicais e a unicidade da representação, entre outros aspectos, estimula a burocratização e o controle do movimento operário. Tal tendência é reforçada, no caso da Vale, pela pressão da empresa sobre os grupos opositores e por sua postura antissindical. A consequência é a cristalização de posições nas diretorias das entidades que pode, com o tempo, facilitar a criação de relações menos conflitivas entre sindicatos e empresa. Para os sindicalistas, nesse cenário, conservar suas posições nas diretorias das entidades torna-se uma necessidade premente de sobrevivência, para manter seus empregos ou mesmo para conservar recursos materiais (além de benefícios e pensões[56]) e simbólicos (a importância do cargo e as relações sociais e políticas dele decorrentes) não disponíveis para os trabalhadores da base.

---

[54]   Bruno Milanez et al., "A estratégia corporativa da Vale S.A.", cit.
[55]   A respeito, ver Armando Boito Jr., *O sindicalismo de Estado no Brasil* (São Paulo, Hucitec/Editora da Unicamp, 1991).
[56]   Ronaldo, como visto no capítulo 1, pôde apoiar-se na estabilidade sindical para manter o antigo plano de previdência Valia.

A representação dos trabalhadores no Conselho de Administração da Vale

O fato, além disso, de que alguns sindicalistas entrevistados tenham ocupado assento no Conselho de Administração da Vale – Ronaldo e Geraldo (do Stefem, em períodos diferentes), e Tonhão (do Metabase Carajás, como membro suplente de Ronaldo) – traz pressões materiais e ideológicas adicionais. Ronaldo, como conselheiro, manteve-se atuante no movimento sindical a ponto de criar conflitos com a direção da empresa. Porém, o sindicalista, em uma conversa informal, afirmou que o rendimento extraordinário trazido pela posição no Conselho elevou seu padrão de vida. Tonhão, por sua vez, como se verá, ao falar do período no Conselho, assume abertamente as metas dos acionistas da Vale, a defesa dos lucros da empresa e de seus projetos, mesmo quando estes afetam os trabalhadores da companhia, já que seu principal objetivo como sindicalista e conselheiro, conforme afirmou, teria sido a defesa da geração de empregos.

O contato com Ronaldo foi estabelecido a partir de sugestões do escritório do Solidarity Center[57] em São Paulo e por dirigentes nacionais da CUT. Todos fizeram referência explícita a Ronaldo como um dos sindicalistas brasileiros mais engajados nas ações de solidariedade à greve dos trabalhadores da Vale no Canadá. Essa informação, aliás, foi confirmada pelos próprios sindicalistas canadenses e ativistas da greve de 2009-2010 entrevistados em Sudbury. Ronaldo mostrou, orgulhoso, fotos de sua participação nos atos da greve no Canadá, vestindo a jaqueta do sindicato USW Local 6500. No momento do conflito, ele ocupava assento no Conselho de Administração da Vale, além de sua posição de alta responsabilidade no Stefem.

Ronaldo descreveu as contradições de sua posição durante o período, já que, ao mesmo tempo, era dirigente sindical, responsável pela defesa dos interesses dos trabalhadores de sua base, e conselheiro da empresa, responsável pela administração da companhia e por sua lucratividade, ainda que ocupando assento reservado aos trabalhadores no organismo.

Por ter acesso a informações sigilosas – comprometendo-se a preservá-las como requisito da posição – e por assinar documentos como membro do Conselho, Ronaldo teve de optar, em alguns momentos, por não se expor, solicitando a outros membros do Stefem que realizassem enfrentamentos públicos com a empresa em assembleias e manifestações. Ao mesmo tempo, afirmou ter usado o cargo no Conselho para levar demandas de trabalhadores não apenas de São Luís, mas de toda a companhia.

> Foi muito difícil para mim, porque a primeira experiência foi a minha. No início, eu via que de fato naquela instância eu tinha essa figura, não de gerente, mas eu estava ali

---

[57] Centro de solidariedade e de organização de relações internacionais mantido pela American Federation of Labor and Congress of Industrial Organizations (AFL-CIO, federação sindical estadunidense descrita no capítulo 3).

Poder corporativo e fragmentação dos sindicatos 121

no meio não é de gerentes, é de diretores da empresa, acionistas e tal, o dono da empresa. Não era nem como diretores, como donos da empresa. [...] Aí os trabalhadores, sem entender muito bem, começaram a me rotular que eu era gerente da empresa. O que que eu fiz? Eu não perdi o contato, mas até pelo nível de responsabilidade que eu tinha – porque eu tinha muita informação, informações privilegiadas, que eu não posso divulgar, eu assino lá os compromissos, termos de responsabilidade civil, essas coisas, sob pena de responder por isso –, eu atribuí diversas vezes responsabilidades políticas do sindicato para outros colegas aqui dentro. No caso foi para o Geraldo, para fazer esse papel meu de embate direto junto com os trabalhadores. Mas sempre junto, na medida do possível sempre junto, mas com muita preocupação de me policiar sempre com o que eu falava. (Ronaldo Silva, em entrevista)

Antes da eleição de Ronaldo, o assento dos trabalhadores da Vale era indicado pela própria direção da empresa e representava os trabalhadores cotistas do Investvale. Após pressão dos sindicatos, o cargo passou a ser objeto de eleição (organizada pela empresa)[58] durante a gestão de Sérgio Rosa como presidente do Conselho de Administração da Vale:

Quando a gente criou a condição deles elegerem um membro para o Conselho... Isso eu me senti na condição de fazer: eu estava dentro do Conselho, era uma questão de mudança do estatuto, a gente... Agora, a capacidade de se organizar, de ter uma plataforma para estar dentro do Conselho, de saber o que faz com aquela função, é deles. Não sou eu que vou dizer para os caras, por mais que a gente possa ter uma identidade histórica, cada um está em um papel diferente. No momento, não sou eu quem vai ensinar para o cara: faz isso ou faz aquilo. (Sérgio Rosa, em entrevista)

Ronaldo afirmou que, na primeira vez em que foi eleito, a Vale apoiava outro candidato, mas que, diante de uma disputa entre a chapa representada por ele, da CUT, contra uma chapa da Conlutas, a empresa teria preferido que os cutistas vencessem.

Nós tivemos, na primeira eleição minha, um embate com a empresa e vencemos a eleição. Mas a Vale também tinha interesse na minha eleição porque estava bem claro que era uma disputa da CUT com a central lá do [Partido Socialista dos Trabalhadores Unificado] PSTU. Estava bem nítido isso. [...] A Vale, de uma certa forma, tinha mais interesse que essa chapa da CUT ganhasse, mesmo sendo uma pessoa que oferecia resistência para ela. Mas aqui tinha outro tipo de resistência. Talvez uma resistência mais ideológica, que queria mexer com os interesses dela internacionais. (Ronaldo Silva, em entrevista)

---

[58] No entanto, Laura Nazaré de Carvalho, em "Análise da ação dos sindicatos dos trabalhadores da mineradora Vale S.A. na região Sudeste brasileira", cit., p. 99, mencionando as declarações de um dirigente do sindicato Metabase Inconfidentes (MG), relacionou a eleição do representante dos trabalhadores no Conselho de Administração às iniciativas da empresa para cooptar o movimento sindical, aproximando-o de seus interesses.

122 *O solo movediço da globalização*

Após um início, de certo modo, tranquilo, Ronaldo relatou ter vivido embates mais intensos justamente por ter levado ao Conselho, a pedido dos sindicalistas canadenses, as reivindicações da greve da Vale no Canadá, o que teria incomodado Roger Agnelli, então presidente da empresa, e trazido represálias contra Ronaldo e outros sindicalistas envolvidos nas atividades de solidariedade à greve[59].

> Eu tive a oportunidade também de me contrapor com o Roger por conta da greve do Canadá. [...] [A relação foi] boa até a greve do Canadá. Aí veio o meu confronto com o Roger. Ali, o Roger percebeu que eu não estava a serviço dele. Se ele confundiu aquilo, problema dele. Eu não estava a serviço dele. E nem acho que o nosso sindicato esteve em algum momento a serviço dele. [...] E aqui ele começou uma campanha voltada, vamos dizer assim, a causar um desgaste da imagem do sindicato internamente, junto com os companheiros da base, para ver se desestruturava. Mas também não conseguiu. (Ronaldo Silva, em entrevista)

Pode-se notar o incômodo que a atuação de sindicalistas brasileiros em apoio à greve no Canadá trouxe à empresa por meio das declarações de André Teixeira, nas quais desqualifica um sindicalista, a quem não identificou, que teria sido valorizado – "subiu no pé de alface" – nas discussões sobre a organização de uma rede sindical internacional da Vale:

> Teve um sindicalista brasileiro – que eu não vou citar o nome – que subiu no pé de alface, está entendendo? O Steelworkers: "Você vai ser o presidente da rede internacional de sindicatos da Vale!". Daí, ele falou: "Pô, eu que comecei lá embaixo vou ser presidente!". Ficou todo interessado! Ele foi no Canadá, fez manifestação na frente do prédio da Vale... Foi um, mas o resto não fez. O resto não se encantou. (André Teixeira, em entrevista)

Pode ser que realmente a empresa não tenha conseguido desestruturar o Stefem após o sindicato ter-se notabilizado pela solidariedade à greve no Canadá, por Ronaldo ter vocalizado as demandas dos canadenses no Conselho de Administração da companhia, por sua presença em Sudbury em atividades de greve e pelo envio, por parte do sindicato, do advogado Guilherme Zagallo ao Canadá para assessorar o USW Local 6500 nas negociações com a Vale. Porém, a pressão da empresa teve consequências. Pouco tempo depois do fim da greve, o sindicato retirou-se da articulação Justiça nos Trilhos, que, segundo Ronaldo Silva[60], incomodava particularmente Roger Agnelli: "Ele criticava também o movimento social organizado, o Justiça nos Trilhos, que [...] considerava um movimento 'ridículo'. Dizia. Chegou para mim e disse numa reunião lá do Conselho: 'Não é, Ronaldo?

---

[59] Como se discutirá mais detalhadamente no capítulo 3.
[60] Em entrevista.

É um movimento ridículo!'. Mas ali ele já estava com muito ódio de mim porque eu tinha abraçado a greve do Canadá e ele estava tentando me atingir. Disse que eu era signatário, confirmando, eu era signatário do Justiça nos Trilhos".

Isso tudo mostra que a representação no Conselho tem um papel contraditório: se, por um lado, permite à Vale aproximar-se de determinadas lideranças sindicais e, eventualmente, comprometê-las com as metas empresariais, por outro lado, a posição pode, em circunstâncias excepcionais e de mobilização, ser utilizada para criar embaraços à direção da empresa.

Antes da eleição para a diretoria do Stefem em 2012, a primeira ocorrida após o conflito canadense, houve diferenças no grupo dirigente que quase levaram a sua ruptura. A unidade foi mantida com o deslocamento de Ronaldo para outra posição na diretoria. Ele não confirma que isso tenha ocorrido por exigência da Vale, apesar de ter dado indícios a respeito muitas vezes.

> Essa greve no Canadá, o único sindicato envolvido de fato e de direito foi o nosso, o Stefem, liderado por mim, e o de Mariana lá que era o pessoal do PSTU, da Conlutas. Mas de frente mesmo quem ficou foi o Stefem. E eu fiquei numa situação muito desconfortável, porque fiquei três vezes. Meu último mandato terminou agora em 2013, conselheiro da Vale. Eu fui também o primeiro conselheiro da Vale eleito pelos trabalhadores. Foi a primeira experiência. E, no meu segundo mandato, na segunda vez que eu fui eleito como conselheiro, explodiu a greve do Canadá. Aí imagina eu estar usando os dois bonés: como presidente do sindicato e como conselheiro da Vale. E você criar um meio-termo... Assim, meio-termo que eu digo porque, por conhecer a realidade da empresa, eu estava buscando esse meio-termo no sentido de abrir uma negociação no cerne da empresa para não aplicar aquele tipo de política que eles estavam levando para o Canadá, que era o nosso aqui, que nós combatemos ele. E, por outro lado, eu tinha que também me colocar, me portar como tal, como legítimo representante dos trabalhadores. Então, eu tinha que estar na frente de piquete, tinha que fazer greve, fazer discurso. E sem incorrer nas responsabilidades civis que eu estava, inerentes ao cargo, pelas informações que eu tinha, privilegiadas. Foi um negócio... meio maluco, não deu para se entender. Até aqui, internamente, nós tivemos confusão. Tivemos confusão aqui internamente. Mas eu não me arrependo de nada, pelo contrário. Eu acho que nós desempenhamos o nosso papel, talvez não à altura como alguém pensou ou gostaria que fosse. Mas, na medida do possível, o que eu acho que foi possível fazer eu fiz e não me arrependo. Eu tinha que fazer e fiz. (Ronaldo Silva, em reunião com a diretoria do Stefem)

Outros entrevistados – entre os quais um membro da AFL-CIO que atuou, na época da greve no Canadá, no escritório do Solidarity Center em São Paulo[61], um dirigente nacional da CUT, hoje aposentado, e sindicalistas canadenses que

---

[61] Esse entrevistado falou sobre o papel de Ronaldo no Conselho e sobre a retaliação da Vale a seu sindicato de origem em uma entrevista realizada em São Paulo, em fevereiro de 2016: "O dirigente

124   *O solo movediço da globalização*

tiveram contato próximo com Ronaldo, além de Guilherme Zagallo – confirmam que a mudança de posição de Ronaldo na diretoria do sindicato deveu-se à pressão exercida pela empresa sobre a direção da entidade e sobre a base, desgastando-o[62]. Para Guilherme Zagallo, advogado do Stefem que assessorou os canadenses,

> havia uma pressão interna no próprio sindicato. Havia uma divisão dentro da própria diretoria. Alguns diretores não viam com bons olhos, acabavam incorporando o discurso empresarial contrário a essas ações de solidariedade. Então, eu não cheguei a sofrer, mas havia uma tensão. Havia subjacente uma ameaça indireta de que, em uma eventual mudança de direção, em um racha do sindicato, isso poderia ter uma consequência. (Guilherme Zagallo, em entrevista)

As divisões no movimento sindical brasileiro da Vale a respeito do conflito canadense, o modo como a empresa instrumentalizou-as e as tentativas infrutíferas de construção de uma rede sindical internacional serão objeto de discussão no capítulo 4. Por ora, pode-se encerrar esta seção com um breve balanço feito por Ronaldo sobre tais dificuldades:

> Ronaldo Silva – Sozinho não se consegue nada. Mas, também, junto com quem não quer nada não se consegue nada. Então, eu tenho a minha consciência tranquila aqui que eu dei a minha contribuição que eu tinha que dar. E eu acho que ela foi importante porque o nosso sindicato construiu uma referência, mesmo com todas as dificuldades, a nível internacional, uma certa respeitabilidade. Nós temos muita facilidade e integração com alguns movimentos sociais que ainda nos apoiam, acreditam na nossa política.
> **Por que não houve maior unidade no apoio aos canadenses?**
> Ronaldo Silva – Interesses difusos, interesses desconhecidos, outros lá que a gente não... não permitiram que isso... porque as pessoas não queriam se comprometer. Não queriam se comprometer com isso por outras razões. [...] Porque... Eu não sei se eu cheguei a te explicar isso com clareza porque eu também não quero entrar nessas nuances. Interesses que a gente não conhece.

Um ex-dirigente nacional da CUT tem uma avaliação dura sobre a ausência de outro importante sindicato de trabalhadores da Vale, o Metabase Carajás, nas ações de solidariedade à greve do Canadá que se buscava organizar naquele período:

---

ficou nessa posição [no Conselho de Administração] e continuou ajudando. Mas acho que foi, depois, punido um pouco pela empresa e perdeu a posição [no seu sindicato]".

[62] Além de Ronaldo, entrevistados no Brasil e no Canadá também mencionaram o afastamento de um dirigente do Sindicato dos Trabalhadores nas Indústrias de Prospecção, Pesquisa e Extração de Minérios no Estado do Rio de Janeiro (Sindimina-RJ) como retaliação da empresa por sua participação em atividades de solidariedade à greve na Vale Canadá.

No Pará, nós temos o pior problema. Porque é um sindicato na mão de um cara que está desde a fundação do sindicato e que come na mão da empresa. A empresa construiu o prédio do sindicato, foi a empresa que fez. Era da empresa o sindicato. Quando fundou o sindicato, não era assim. Era um pessoal da CUT que fundou o sindicato e [a Vale] fez tudo que pôde para dar uma justa causa nesse pessoal. [...] Foi fundado pela CUT do Pará, que deu apoio a uma chapa, montaram o sindicato... Nem deu tempo de fazer, e a Vale já começou a ganhar o sindicato. Como é que chamava o cara? Tonhão! Nem sei se ele é ainda o presidente... "Se for o Tonhão, eu dou uma sede para o sindicato. Se for o Tonhão, eu assino o quinto turno. Se for o Tonhão, eu dou um 15º salário". Foi assim. Inclusive, ela dava mesmo, fez acordo, tirou os caras, pôs o Tonhão lá. É um bandido, um gângster. Manteve o sindicato filiado à CUT para não mudar de nome, mas é um cara que come na mão... Por exemplo, se recusou a fazer a solidariedade ao Canadá. Nem pagando a passagem ele quis ir. Era a maior dificuldade trazê-lo para uma reunião. E é o principal sindicato da Vale, a principal mina. (Entrevista com ex-dirigente da CUT)

Marcelo Sousa[63], ex-dirigente da Confederação Nacional dos Químicos (CNQ), acompanhou sindicatos da Vale pela entidade e hoje atua na direção nacional da CUT. Sua posição é igualmente dura sobre a relação entre o sindicato Metabase Carajás e a Vale:

No Pará, tem uma cooptação muito forte, cara! Muito forte! [...] Tem um processo de cooptação [...]. Eles trabalham muito com a desinformação do trabalhador. [...] Eles [a empresa] disputam as eleições [sindicais] para que não ganhe o grupo apoiado pela CUT. Não ganha. É bancado! Bancado! Lógico, eu não vou provar. Mas eu sei, quando estou fazendo uma disputa com você, que você está com um monte de dinheiro, que você tem uma disponibilidade de ficar oito horas [em campanha]. [...] Por que esse medo todo? Por que tem isso? Porque a Vale entende que o Pará está tão distante do centro pensante do movimento sindical que ela dificulta ao máximo essas informações chegarem. (Marcelo Sousa, em entrevista)

AS DIFICULDADES DE ENTRADA EM CARAJÁS

Sob o sol amazônico, caminhava pela avenida e buscava a saída de Parauapebas (PA). Rumo à rodovia PA-275, que leva às minas de ferro da Vale no Complexo de Carajás, não é possível seguir sem antes encontrar um enorme portão, visível muito à distância. O letreiro informa: "Floresta Nacional de Carajás", em letras grandes, entre a marca verde e amarela da Vale e a identificação do Instituto Chico Mendes de Conservação da Biodiversidade (ICMBio)[64].

---

[63] Nome fictício.

[64] Autarquia ligada ao Ministério do Meio Ambiente, responsável pela gestão das Unidades de Conservação do país.

126   *O solo movediço da globalização*

Era a segunda vez que encontrava o portão. Na primeira, de táxi, entrava na cidade após aterrissar no aeroporto de Carajás/Parauapebas[65], cuja área encontra-se no perímetro sob jurisdição do ICMBio, responsável pela Unidade de Conservação de uso sustentável da Floresta Nacional de Carajás (FNC)[66], como me informou algum tempo depois Larissa Sousa, bacharela em Gestão Ambiental, antiga trabalhadora terceirizada da Vale e hoje membro de uma cooperativa local de turismo ecológico. Pode-se dizer, baseado na tentativa de alcançar a área das minas de Carajás, que há ali, no entanto, uma dupla jurisdição, já que a Vale, na prática, controla os acessos à FNC.

Na saída do aeroporto, havia vans recolhendo trabalhadores, muitos dos quais embarcaram em Confins (MG) já com os uniformes verdes da mineradora. Sem ter alguém com um carro à espera no aeroporto local, a única saída possível é o táxi. Em cerca de meia hora descendo a serra de Carajás, alcança-se o portão controlado pela empresa na entrada do bairro União. João, taxista piauiense que vive há cerca de trinta anos em Parauapebas, perguntou se eu havia chegado com o Aerovale que havia pousado logo após meu voo comercial. Respondi negativamente e descobri que a Vale, além da parceria com empresas de aviação[67], mantém um Embraer-190 para transportar operários, técnicos e engenheiros de Minas Gerais a Carajás.

Fiquei surpreso ao pararmos em uma fila de veículos que se identificavam aos seguranças armados que fazem o controle dos bloqueios nas três faixas de rolamento. João me disse que a situação dos acessos à cidade "melhorou muito" após pressão do governo municipal, anos atrás, por maior liberdade de circulação. Rapidamente reconhecido, o taxista pôde passar e entrei na cidade pela primeira vez. A curiosidade de acessar as minas, entretanto, aumentava ainda mais com a sensação de que não seria fácil consegui-lo.

Confirmei essa impressão ao insistir pessoalmente com o pedido a alguns dirigentes do sindicato Metabase Carajás, feito antes por telefone, de que fornecessem indicações ou algum auxílio para realizar uma visita à área das minas. Todos sempre mudavam de feição e afirmavam ser "quase impossível", além de não saberem quais os procedimentos e para quem tal pedido deveria ser direcionado.

---

[65] Construído pela CVRD em 1981 e repassado à administração da Infraero a partir de 1985, "para atender à demanda das atividades da maior jazida de ferro do mundo, em exploração. Principal porta de entrada de investidores do mercado financeiro mundial em visitas ao complexo de Carajás, o aeroporto recebe um número cada vez maior de passageiros que pode duplicar com os novos investimentos da mineradora na região", como afirma histórico elaborado pela estatal aeroportuária disponível em: <https://www4.infraero.gov.br/aeroportos/aeroporto-de-parauapebas/sobre-o-aeroporto/historico/>; acesso em: 2 dez. 2021.

[66] Uma área de 391.263,04 hectares de acordo com dados do ICMBio, disponíveis em: <https://www.gov.br/icmbio/pt-br/assuntos/biodiversidade/unidade-de-conservacao/unidades-de-biomas/amazonia/lista-de-ucs/flona-de-carajas>; acesso em: 2 dez. 2021.

[67] Informação e detalhamento de voos disponíveis em: <http://www.vale.com/brasil/PT/aboutvale/news/Paginas/parceria-vale-gol-traz-novo-voo-carajas.aspx>; acesso em: 26 maio 2021.

"A empresa não deixa. Isso tem que ser feito com muita antecedência e mesmo assim é difícil liberarem passar pelo portão". Foi o que disse Carlinhos, diretor do sindicato há quase quinze anos, acrescentando que ele mesmo não se lembrava de ter entrado nas minas durante todo o período afastado da produção como membro da diretoria do sindicato. Compreendi que realmente havia restrições por parte da empresa, mas, do mesmo modo, comecei a desconfiar de que não poderia ser apenas isso. Há distanciamento entre o sindicato e sua base, questão que se retomará à frente, e, talvez, pouca vontade dos sindicalistas de que o pesquisador acessasse a área das minas para conversar com trabalhadores ou visitasse o núcleo, bairro onde vivem técnicos, engenheiros e pessoal administrativo, mas também local de passagem diário de centenas de trabalhadores no horário de almoço em busca de restaurantes, bancos e lojas.

Conforme recomendado pelo sindicato, busquei uma autorização e informações sobre como acessar a área das minas em um escritório de atendimento da Vale localizado no posto de controle. Antes, ao simplesmente tentar cruzá-lo a pé em um teste, fui parado por um segurança com expressão de curiosidade. Ele afirmava não ser possível passar sem autorização formal da empresa. Identifiquei-me como visitante e disse que queria conhecer a área à frente do portão. Fui informado de que, além da distância de mais de quarenta quilômetros até as minas, eu obrigatoriamente precisaria da autorização da empresa ou do ICMBio e de que deveria ir ao escritório de identificação ao lado, sob a mesma estrutura, onde Vale e instituto mantêm espaços para essa finalidade. O escritório da empresa é maior, mas encontro alguma fila em busca de atendimento. Ali, descobri moradores de Parauapebas que não trabalhavam para a companhia (e que, portanto, não tinham identificação para passar) querendo autorização para acessar o núcleo ou o aeroporto. Segundo disseram, para consegui-la, é preciso justificá-la (apresentando a passagem aérea em caso de ida ao aeroporto, por exemplo).

A funcionária no guichê informou-me que, para acessar a área sem vínculo com a Vale, seria necessário tratar do assunto com o ICMBio, em cujo escritório alguns metros adiante no mesmo posto de controle, porém, as atendentes disseram não haver quem pudesse tratar do assunto. Ali, sugeriram-me ir à sede central do instituto na cidade, distante do portão menos de dois quilômetros, que só pareceram muitos mais porque foram percorridos a pé sob o forte calor amazônico daquela tarde. Pouco tempo depois, ao chegar ao endereço indicado, encontrei um muro extenso e alto, protegendo o que parece ser uma casa grande, com um portão inteiriço que não permitia enxergar o que havia dentro. Ao bater no portão, vi por uma fresta um segurança aproximar-se com a mão encostada no revólver mantido em sua cintura. Sem abrir, ele perguntou por detrás do portão o que eu queria ali. Rapidamente, para que não houvesse dúvidas, expliquei que o escritório na portaria havia me recomendado ir à sede do ICMBio para obter uma autorização para visitar a FNC e a área das minas. "Não, não, aqui você não vai conseguir isso. Quem faz

128   *O solo movediço da globalização*

isso é a cooperativa de turismo. Eles têm uma sala emprestada pelo ICMBio aqui, mas agora não tem ninguém". Pela mesma fresta, gentilmente, recebi do guarda, que em nenhum momento tirou a mão do revólver, o número de telefone de um membro da cooperativa, com quem conversei na sequência sobre como acessar a área além do portão.

A Coopterture, Cooperativa de Ecoturismo de Carajás, é conduzida por guias locais com autorização do ICMBio para circular por áreas da FNC e oferecer serviços de ecoturismo. Com a cooperativa, o visitante obtém autorização do instituto para acessar a área, inclusive das minas, já que a estrada passa por elas e, sendo uma atividade a céu aberto, é possível ver diversas instalações de mineração. No dia seguinte, encontrei-me com Larissa, a guia, que me levou de carro novamente pelo portão da FNC. O plano era percorrer de carro a área das minas e fazer algumas paradas para que eu pudesse ver de perto as instalações e conversar com trabalhadores. Também decidimos passar pelo núcleo, bairro onde ela viveu durante o período em que foi casada com um trabalhador da Vale lá residente. Novamente, fui parado na portaria, agora acompanhado de Larissa, que se surpreendeu ao ter que discutir com o segurança sobre a autorização que portava. Ele não queria aceitar o crachá de identificação do ICMBio para a cooperativa de turismo, já que meu nome não aparecia no documento. Larissa surpreendeu-se e disse que era a primeira vez que aquilo acontecia, já que a cooperativa cruza os portões diversas vezes por semana, às vezes até em vans com dezenas de pessoas, nenhuma das quais com documento individual de autorização. Após falar com outro segurança, possivelmente um supervisor que logo se aproximou, fomos, por fim, liberados. Segundo ela,

> a função dessa portaria é isso: delimitar pessoas, até porque já houve roubos: o pessoal desce, traz algum tipo de material, equipamento, né? Pode ser roubado. Aí, eles restringem para fazer essa vistoria nas pessoas [...]. Nós sabemos onde nós estamos, nós temos autorização, então eles podem vir falar o que eles quiserem. Nós estamos no nosso direito. Então, vamos supor, uma vez chegou um e falou: "Ah, você tem autorização?". Geralmente são pessoas sem conhecimento, não sabem. "Como é que você entrou aqui? Como é que não sei o quê?". Não, a gente tem autorização do ICMBio. Então, a gente explica isso. Às vezes, são alguns novatos, não sabem. Porque as portarias passam por um treinamento para saber o tipo de carteirinha que a gente usa, qual o tipo de autorização que a gente dá, se a autorização dá pra quantas pessoas... Porque, no meu caso, uma autorização, um guia, dá para 15 pessoas. (Larissa, durante trajeto até as minas em Carajás)

Por fim, superada a passagem pelo (primeiro) portão, avançamos pela rodovia, subindo a serra, em meio à floresta densa e de verde intenso, em direção às minas. Antes de finalmente alcançar a área onde se localizam as instalações da Vale, paramos diante de um portão, menor que o anterior, igualmente interrompendo o fluxo de todas as faixas da rodovia nos dois sentidos. "Bem-vindo ao complexo

Poder corporativo e fragmentação dos sindicatos 129

industrial de Carajás", lia-se. A passagem por ali é mais rápida. Seguimos e ouvimos um grito do segurança. Dessa vez, era apenas um alerta para que Larissa acendesse a lanterna, seguindo as novas orientações de trânsito.

Pode-se dizer que o controle do espaço da FNC e as restrições a seu acesso são parte da "estratégia territorial" da Vale "para controlar superfícies, linhas e pontos por meio da gestão e do controle do espaço [...], no sentido de dar fluidez ou de criar restrições ao fluxo de pessoas e mercadorias no território corporativo", promovendo "reconfigurações espaciais", como a instalação de câmeras de vigilância, a construção de portões e muros em vias de acesso "para delimitar áreas sob o controle da mineradora, coibir a circulação de pessoas e criar mecanismos de controle de moradores que vivem no entorno dos empreendimentos"[68]. Guilherme Zagallo afirmou que os controles da Vale eram ainda maiores anos antes e que a pressão de movimentos sociais foi fundamental para que se ampliasse o acesso à FNC:

> Até oito ou nove anos atrás, [...] era uma floresta nacional, mas que funcionava como uma área de proteção às atividades da empresa porque não era floresta nacional visitável. Aí que os movimentos sociais começaram: "Se é uma floresta nacional, é de toda a população brasileira. Tem direito à visitação! Vocês não têm o direito de impedir que a gente visite! Isso não é um terreno de vocês! O terreno de vocês é uma coisa, a floresta nacional é outra". Então, o próprio acesso à Floresta Nacional de Carajás é relativamente recente, mais de duas décadas após a sua criação. (Guilherme Zagallo, em entrevista)

As pilhas de estéril tomam conta da passagem depois do portão. São pequenos morros feitos com o solo retirado das minas e cobertos com grama para evitar deslizamentos. Vegetação mais alta não cresce ali. Logo vimos o Centro de Materiais Descartados, local de triagem de resíduos produzidos em toda a mina, onde anteriormente trabalhara Larissa. A seguir, a estrada tornou-se mais vermelha, pela mistura de terra e do pó de minério de ferro, suspenso no ar e onipresente onde quer que se veja ou encoste. A paisagem, então, é que se tornou vermelha: solo recortado, esteiras transportando minério, caminhões em ritmo frenético, estruturas metálicas cruzando a estrada sobre nossas cabeças, construções onde se realiza moagem de minério, estruturas de distribuição... Pilhas de terra vermelha acumulam-se de margem a margem. A estrada também se estreita conforme entramos nas instalações da Vale. A seguir, viu-se também um reservatório de água vermelha, onde se realiza o processo de ciclonagem, pelo qual o minério é lavado e a água resultante é levada por meio de canos até as barragens localizadas a mais de cinquenta quilômetros dos núcleos urbanos. Pelo caminho, parei de tempo em tempo para tentar identificar alguma oportunidade para conversar com os trabalhadores que se encontravam

---

[68] Bruno Milanez et al., "A estratégia corporativa da Vale S.A.", cit., p. 30-1.

eventualmente fora de caminhões ou máquinas. Conversando com eles, comecei a entender o modo de funcionamento das instalações de Carajás.

Logo alcançamos uma espécie de terminal para onde conflui o emaranhado de esteiras e estruturas metálicas. Em três linhas, uma infinidade de vagões, cuja extensão perdia-se de vista, estava carregada de minério, praticamente pronta para a viagem em direção ao porto de Ponta da Madeira, em São Luís (MA). Lá, o minério é embarcado em imensos navios para os compradores internacionais da Vale. No porto para onde se destinam os trens e onde eu estivera um mês antes, também há estruturas metálicas imensas e esteiras similares, responsáveis pelo carregamento dos navios. Na outra ponta da EFC, no Maranhão, eu havia acompanhado a amarga assembleia dos trabalhadores da Vale nas instalações portuárias.

É impossível não mencionar o gigantismo das instalações observadas em Carajás, que absorveram totalmente minha atenção – o que talvez também tenha ocorrido por ser meu primeiro contato com aquela paisagem ou porque meu interesse pela mineração fora construído a partir de outros temas e preocupações. De início, eu estava menos interessado no minério e em seu processo produtivo, e mais interessado, na verdade, na globalização e em suas consequências para o desenvolvimento, para os trabalhadores e para os sindicatos. Então, entendi que, na mineração, se encontram todas essas questões. Ganhava vida e cores o que eu não vislumbrara anteriormente.

O espanto maior, de fato, ocorreu ao alcançar o mirante de onde se vê a mina de ferro N4. Antes mesmo de ir até a ponta para contemplar a mina em toda sua vastidão, vi correndo em minha direção um trabalhador falando em um rádio. Antes de entrar no carro e sair em velocidade, escutei parte rápida de sua conversa: "A ferrovia está fechada pelos índios hoje. Por isso, os vagões estão todos parados lá embaixo. Estou correndo aí a 120 por hora!".

A cratera no meio da floresta é imensa, a ponto de realmente não ser possível identificar claramente começo e fim. Em meio aos vários degraus, foi possível com algum esforço enxergar tratores, esteiras e caminhões. Aquelas máquinas imensas, cujos pneus – pude constatar de perto – tinham o dobro da minha altura, pareciam à distância, diante das dimensões da mina, apenas brinquedos de criança. Tive tempo suficiente, enquanto acompanhava as atividades, para refletir sobre a grandiosidade do que via e sobre as contradições do desenvolvimento brasileiro escancaradas na paisagem. Durante a ditadura militar, a engenharia nacional alcançou o coração da Amazônia, onde construiu centenas de quilômetros de ferrovia e o maior complexo de minas de ferro a céu aberto do mundo. Dele, em 2020, foram extraídos 192,3 milhões de toneladas de minério[69]. Desde o início, o mercado externo é o

---

[69] Vale S.A., *Formulário 20-F: relatório anual 2020*, p. 50. Disponível em: <http://www.vale.com/PT/investors/information-market/annual-reports/20f/20FDocs/Vale%2020-F%20FY2020%20-%20Final%20Version_pt.pdf>; acesso em: 26 maio 2021.

Poder corporativo e fragmentação dos sindicatos   131

destino da maior parte do que ali se produz: minério de ferro em estado quase bruto, com pouco beneficiamento. Diante dos olhos, a maravilha e a tragédia, a grandeza e a miséria brasileiras revelaram-se.

No retorno, descendo a serra, chegamos ao núcleo, bairro originalmente construído pela Vale para servir de moradia aos trabalhadores recrutados para o PFC. Atualmente, como contou Larissa, as residências do núcleo são ocupadas apenas por gerentes e suas famílias, já que os trabalhadores da operação vivem majoritariamente em Parauapebas. O núcleo, no entanto, é bastante movimentado. No início da tarde, centenas de trabalhadores circulam por suas ruas, restaurantes, bancos e comércio. Lá, foi possível realizar algumas entrevistas com trabalhadores que terminavam de almoçar e se dirigiam às agências bancárias. Há uma série de outros equipamentos públicos, como posto de saúde, escolas, ginásio, além de igrejas. Um zoológico, mantido pela Vale, funciona muito próximo ao bairro. O núcleo da Vale em Carajás é o que mais se aproxima das características de *company town* analisadas no capítulo 1.

"É sempre bom saber com quem a gente está falando"

Após a chegada a Parauapebas, instalei-me em um hotel simples no bairro União, próximo à portaria de acesso à FNC. O local é muito utilizado por trabalhadores da Vale de passagem pela cidade. Isso pude constatar assim que cheguei, pois, no corredor que dá acesso aos quartos, havia pares de botas com o barro vermelho do minério de ferro em frente a cada uma das portas. Foi fácil, por exclusão, saber qual quarto foi-me reservado. À parte essa primeira impressão, não pretendia demorar-me ali, apesar de ter acabado de chegar.

A viagem a Carajás foi organizada a partir de contatos fornecidos pelo Stefem. Desde as primeiras conversas por telefone, o diretor do Metabase Carajás com quem eu mantinha contato mostrava-se um pouco evasivo, ainda que em nenhum momento tenha apresentado contrariedade explícita ao pedido de entrevista com os dirigentes sindicais. Como que para tornar o trabalho um pouco mais difícil, esse dirigente, com quem eu havia articulado as entrevistas em Parauapebas, avisou-me, dias antes da viagem, que não me encontraria na cidade por conta de compromissos em Minas Gerais na mesma data. "Mas pode ficar tranquilo que o pessoal já está sabendo. O Tonhão vai te receber, mas não tem horário porque ele anda ocupado. Passa pela sede do sindicato quando você chegar e o pessoal vê o que faz", concluiu.

O hotel escolhido permitia ir ao sindicato caminhando, sempre acompanhado pelo sol intenso da cidade. Ao chegar à sede do Metabase Carajás, aguardei sentado para falar com uma recepcionista que ouvia um trabalhador reclamar da demora em oficializar seu pedido de desfiliação ao sindicato. Outros dois trabalhadores, atrás dele na fila, estimulavam o colega e diziam estar ali pelo

132 *O solo movediço da globalização*

mesmo motivo. Como soube por meio das entrevistas realizadas, o corte de benefícios e a ausência de aumento salarial no acordo coletivo de 2015, além do não pagamento de PLR no início de 2016, haviam motivado uma onda de desfiliações ao sindicato. Esse era um dos efeitos mais visíveis, pela entidade, da crise experimentada pela Vale.

Autorizado a subir ao andar superior após um telefonema, entrei em uma sala com três pessoas. Sentado atrás de uma mesa, Tonhão olhou-me com expressão de desconfiança e me perguntou quem eu era. Expliquei-lhe que era o pesquisador da universidade, que havia combinado, com o outro diretor do sindicato, a entrevista com membros do Metabase Carajás. "Isso eu já sei, mas eu quero um documento seu, se tiver com a sua cara, melhor ainda", respondeu friamente. Entreguei-lhe uma carteira de identificação da universidade em que havia uma foto minha estampada e a informação de que era estudante de pós-graduação. Tonhão colocou o documento sobre a mesa, pegou o celular e perguntou: "Posso tirar uma foto disso? É sempre bom saber com quem a gente está falando". .

Após um início de conversa que não parecia muito promissor, Tonhão logo pareceu estar mais à vontade e menos desconfiado das intenções do pesquisador. Tão à vontade que praticamente só ele respondia às perguntas formuladas. Um dos outros dois diretores do sindicato presentes retirou-se da sala em pouco tempo. O segundo, João, acompanhou a conversa inteira e em poucos momentos concordou, por meio de frases curtas, com algumas ideias apresentadas por Tonhão. A conversa fluiu longamente por boa parte da tarde.

Tonhão nasceu no Maranhão, mas se mudou ainda jovem para o sudeste do Pará para trabalhar na construção da usina de Tucuruí, como milhares de outros nordestinos que migraram para a região para construir o que seria, à época, a maior hidrelétrica brasileira (considerando-se que Itaipu é binacional), responsável por fornecer energia elétrica para o PFC, então em fase de implantação. Em 1982, Tonhão foi a Parauapebas, onde fez curso técnico no Senai, e, em 1985, foi contratado pela CVRD como eletrotécnico. Antes disso, da mesma forma que Ronaldo em São Luís, trabalhou para uma empreiteira que prestava serviços para a CVRD. Era o início do funcionamento das minas de Carajás.

O sindicato Metabase Carajás, tal como o Stefem e outros sindicatos de trabalhadores da Vale, surgiu como uma associação organizada pela empresa, com gerentes em seu comando. Em 1987, a entidade tornou-se sindicato e ganhou do Ministério do Trabalho a carta sindical, garantindo o direito de representar os trabalhadores da Vale na área do PFC, até então sob controle do Stieapa, antigo sindicato de mineiros do Amapá e Pará.

> Na época, aqui, tinha um sindicato interestadual. Você sabe que a mineração industrial na Amazônia começa em Macapá, né? Macapá era território do Pará. Então, sessenta anos atrás, quando começa a mineração industrial na Amazônia,

Poder corporativo e fragmentação dos sindicatos 133

ela começa lá em Macapá, Serra da Mesa, mina de manganês. [...] Então, naquela época, fundaram um sindicato que pegava o Pará e o Amapá todinho. Então, quando nós começamos aqui, esses camaradas já estavam quase falidos, porque fechou a mina de manganês, exauriu. Então, esse sindicato estava quase acabado lá, ficava em uma minazinha lá. E aí, quando inicia aqui, na região de Marabá, isso aqui tudo era município de Marabá, então nós começamos a fundar uma associaçãozinha [...]. Em 84, eu estava na Vale, mas era pela empreiteira, eu já operava mina, tinha feito Senai. Então, em 84, em novembro, faz uma reunião e começa uma associação. Aí começa eles [do sindicato do Amapá] a perturbar a gente, foi brigando, brigando, entramos na Justiça, vai, vai... Quando foi 15 de setembro de 87, a gente ganhou a carta sindical no município de Marabá. O município de Marabá, com as minas da região, ele começou a se fragmentar. Tinha umas minas grandes, era o maior garimpo do mundo, Serra Pelada, com mais de 50 mil homens dentro, então ali abriu e fundou a cidade de Eldorado. Aí vem Curionópolis, que é Serra Pelada. Aí vem município de Parauapebas, depois vem Canaã. Então, à medida que foi criando essas cidades, a gente foi estendendo, extensão de base, a gente segurou aqui. Mas até em certo momento era em conflito com o pessoal de Macapá. (Tonhão, em entrevista)

A área de atuação do sindicato Metabase Carajás congrega cinco municípios do sudeste do Pará: Canaã dos Carajás, Curionópolis, Eldorado do Carajás, Marabá e Parauapebas. São 13 mil trabalhadores da Vale na base do sindicato. De longe, trata-se da principal empresa em que atua o sindicato. Segundo Tonhão, outras cinco empresas menores também estão na área do Metabase Carajás[70]. O entrevistado, apesar de conhecer profundamente a história do sindicato, não era membro de sua diretoria no momento da fundação, em 1987. Tonhão mencionou diversas vezes sua participação na greve dos trabalhadores da CVRD em Carajás em 1990: "A gente reivindicava 84% de perda do Plano Collor, do Plano Verão, tudo quanto é plano. Nós fizemos dez dias de greve". Sua entrada no sindicato é um pouco posterior, no início dos anos 1990, quando o sindicato também se filiou à CUT. Desde então, Tonhão é diretor do Metabase Carajás e, a partir do final daquela década, há cerca de vinte anos, ocupa posição de destaque na hierarquia da entidade.

Nas paredes do andar superior da sede do sindicato, há referências à CUT e fotos de uma visita realizada por Lula ao Metabase em 1996, como parte das "Caravanas da Cidadania". Em uma delas, Tonhão apontou sua localização próxima ao líder petista. Nesse período, o sindicalista era filiado ao PT e combatia o "projeto neoliberal de Fernando Henrique", ao qual passou a atribuir depois o

---

[70] Uma das quais, a Colosso, encerrara sua tentativa de reabrir a mineração de ouro em Serra Pelada, após conflitos envolvendo investidores estrangeiros no projeto. Durante a entrevista, Tonhão mostrou a pilha de homologações de demissões e culpou "os políticos" por uma suposta intervenção na questão, que teria "espantado" o capital externo.

134   *O solo movediço da globalização*

sucesso da Vale, considerando-a um exemplo a ser adotado em todas as empresas estatais. Talvez, aliás, seja uma imprecisão dizer que Tonhão simplesmente defenda a privatização de estatais nos moldes do que se fez no governo FHC, já que o sindicalista foi ainda mais longe: afirmou abertamente que tais empresas deveriam ser entregues, "dadas" à iniciativa privada sem compensação:

> Mercado, minério de alta qualidade e, terceiro, a gestão privada. Nós demos sorte. O mercado da China comprando muito minério nosso; nós com uma logística boa; minério do alto teor aqui nessa região; e esse outro [fator] que eu te falei: gestão privada. [...] Então, o Roger cresceu muito a Vale. Foram essas três condições aí para fazer a gente estar ainda rodando. Porque, também, se tivesse deixado na mão do governo, estava aí igual à Petrobras, ajudando a bancar campanha de político, né? Aí tinha morrido, tinha se acabado. Ela só sobreviveu graças à privatização também. Isso aí, como militante, como representante do trabalhador, eu percebo hoje que a privatização foi a salvação para a Vale. Eu acho que a Petrobras... Eu acho não, eu tenho certeza de que se tivesse feito com a Petrobras aquilo também, ou até dado. Tinha que ter dado a Petrobras de graça para vários grupos. Não é só para um, não: "Opera". Como fez com a telefonia. Cadê ter escândalo aí da telefonia, né? Fernando Henrique vendeu. Nós ficávamos aqui dentro do mato para telefonar para as nossas cidades, na época, só de domingo. A gente enfrentava uma fila, pegava um quilômetro de fila. [...] Hoje, com a venda da telefonia, você com 10 conto compra um chipezinho, liga para onde quer. Menino aí anda com celular no bolso e tudo. Se tivesse dado a Petrobras na época junto – não é nem vendido: é dado para vários grupos operar – não estaria hoje o país na miséria que tá. [...] Então, a gente, como trabalhador, no meio do setor produtivo, e participando dessa política sindical e política partidária, a gente vai abrindo, vai ampliando a visão da gente de como se deve administrar o país. (Tonhão, em entrevista)

Trata-se de uma conversão bastante relevante de um militante que ainda hoje reivindica a greve da qual participou há mais de 25 anos e que mantém nas paredes do sindicato que comanda fotos antigas de Lula. A saída do PT, segundo contou, ocorreu devido às disputas internas do partido e a supostos conflitos com militantes que queriam retirar-lhe do comando da entidade.

> Eu saí, saí do PT. [...] Aqui, tinha umas tendências. Você sabe que o PT tem três linhas a nível nacional, tendências políticas, religiosas, igual o povo judeu. O povo judeu era tudo dividido na época de Jesus, né? [...] Inclusive, eu estive lá na época porque eu sou espírita, né? Segundo os meus "cobradores", eu estive lá. Então, a gente também é semelhante a nível nacional. Eles têm as correntes políticas, três a nível nacional, até 57 regional, e a gente fazia parte aqui da corrente da Articulação, e a gente era meio que sufocado pela outra corrente socialista, que é a da Ana Júlia[71], [que] foi

---

[71] Ana Júlia Carepa, governadora do Pará de 2006 a 2010.

eleita aqui pelo PT e tudo o mais. Eu vi que eu estava gastando muita energia nessa disputa interna e saí fora. Mantivemos o sindicato filiado na CUT, mas saímos fora. Até porque a gente viu o tipo de administração que estava, o tipo de envolvimento dentro do partido. Eu preferi ficar fora. [...] Então, a gente passou a observar o andar da carruagem meio torto e eu saí fora. E passamos a ser perseguidos por a gente estar em um sindicato desse tamanho aqui. Esse outro grupo, ele nos atacou muitas vezes. O PT ganhou aqui[72] e montou uma maquinaria para tomar o controle da entidade. Me afastaram na época. Nos afastaram por 45 dias, né? Botou a intervenção aqui dentro. Mesmo o papel do Estado, mesmo perseguindo, a gente foi para o Tribunal em Belém, cassamos e voltamos de novo, né? Porque o PT tem essa mania de querer controlar também o movimento social e acaba que não consegue aprender a gerir. O PT tinha um problema de gestão que a gente já observava que lá na frente ia se atrapalhar. Porque não tinha gestor, tinha agitador para invadir fazenda, ocupar fábrica, ocupar ferrovia, mas na hora de administrar tinha problema. Então, eu saí do PT. Agora, nós estamos na CUT aqui. (Tonhão, em entrevista)

Questionado a respeito da manutenção da filiação à CUT, porém, Tonhão deu respostas evasivas, dizendo que esta devia-se à possibilidade de maior articulação com outras entidades na central. Igualmente, quando perguntados sobre a presença do Metabase Carajás na CUT, as respostas dos dirigentes da central costumavam também ser evasivas e, muitas vezes, o questionamento deixava o entrevistado incomodado. Para Marcelo Sousa, ex-dirigente da CNQ e atualmente na direção nacional da CUT, o Metabase Carajás permanece na central porque seu estatuto dificulta a montagem de uma chapa opositora, também da CUT, a um sindicato filiado. Seguindo na CUT, então, Tonhão poderia bloquear iniciativas mais abertas de oposição. Essa explicação faz sentido, mas tampouco parece resolver a questão, já que o próprio Marcelo Sousa falou de suas tentativas de organizar grupos de oposição em Carajás. Na mesma direção, argumentou Artur Henrique, ex-presidente da CUT:

Tem muitos dirigentes sindicais que se dizem cutistas para não ter chapa de oposição cutista montada. [...] Para você fazer eleição com chapas da CUT, você tem que debater com a CUT estadual ou com o ramo. Você tem todo um processo. É diferente de outras centrais sindicais. (Artur Henrique, em entrevista)

Tonhão pareceu, em muitos momentos, simplesmente reproduzir o discurso empresarial. A todo tempo, ele falava como se ainda fosse membro do Conselho de Administração da Vale e o representasse na entrevista. Não falava como representante dos trabalhadores, mas como administrador da companhia. Com desenvoltura,

---

[72] Refere-se à administração de Darci José Lermen, prefeito de Parauapebas pelo PT de 2004 a 2012. Em março de 2016, em meio à crise política que tomava o governo Dilma, desfiliou-se do partido e retornou à prefeitura, filiado ao PMDB, após vencer a eleição municipal daquele ano.

136 *O solo movediço da globalização*

tratou das dificuldades que a Vale deveria superar para fornecer minério a regiões em conflito, dos desafios trazidos pela retração do crescimento da economia chinesa, das disputas com os competidores por mercado e da diminuição dos preços do minério de ferro. Nesses momentos, quase sempre falava em primeira pessoa sobre a empresa e suas metas:

> Em 2007, nós chegamos a ser a número um no minério de ferro. Nós perdemos para Anglo e Rio Tinto, que se juntaram e comeram parte da nossa fatia no mercado e passaram na nossa frente [...]. A gente está sobrevivendo, atrás da Rio Tinto e da Anglo, estamos na briga para continuar com as minas abertas, operando, mas não está tão fácil, viu? Nós estamos em uma crise aí de retração do consumo [...].
> A experiência [como conselheiro] foi boa. Foram dois mandatos, apesar de ter tirado como vice. Nós demos até sorte também, porque foi um período que o mercado estava consumindo minério na alta dentro da Vale, né? Foi a hora que se planejou o projeto S11D. Eu estava, fiz parte, ajudei, está nas atas lá. E foi um momento legal, muito bom, porque o mercado estava consumindo minério. (Tonhão, em entrevista)

O sindicalista também mencionou, de passagem, as conquistas obtidas no período de crescimento dos lucros da empresa e de expansão internacional, em particular o 14º e o 15º salários, estabelecidos em acordo regional para as minas de Carajás, retirados durante a crise em 2015.

> Bom, a salarial, ele veio a melhorar o seu ganhozinho através da Participação nos Lucros e Resultados. Teve uma parte dos trabalhadores que foi promovida, aqueles mais chegados. Nós, também, na luta coletiva. Eu lembro que teve acordo que nós tivemos ganho real acima de 3% no acordo, né? Acordo de 2010, por exemplo, nós tivemos um ganho real. Mercado estava aquecido, vendendo muito minério, o minério US$ 140 a tonelada. Então, nós tivemos Participação nos Lucros e Resultados [...]. E, nos anos 90, apesar da crise e tudo o mais, a gente começou a pegar o primeiro salário de Participação nos Lucros. E, quando chega em 2000, com a demanda maior, as vendas aumentaram, então começamos também a aumentar a Participação nos Lucros. Teve momento de trabalhador receber seis salários de Participação nos Lucros! (Tonhão, em entrevista)

Na maior parte do tempo, porém, sua atenção dedicou-se a avaliar as vantagens e as desvantagens dos negócios realizados pela empresa do ponto de vista da lucratividade do capital investido. Para ele, a compra da Bunge e o projeto Rio Colorado, na Argentina, teriam sido uma grande oportunidade ("um bom negócio para nós") por localizar a Vale como fornecedora para a agricultura, com demanda crescente por fertilizantes. Tonhão lamentou, por isso, a descontinuidade do projeto na Argentina, uma responsabilidade dos "políticos" daquele país, que não teriam permitido que o negócio avançasse. Questionado se haveria efeitos ou consequências da expansão internacional da empresa, em anos recentes, para os

Poder corporativo e fragmentação dos sindicatos   137

trabalhadores, Tonhão respondeu negativamente e avaliou a questão pelo ângulo da rentabilidade da companhia, já que a expansão internacional reduziria a dependência da Vale da exportação de minério de ferro:

> Não tem consequência para nós, não. Não tem. Eu não vejo consequência... A consequência é o seguinte: por exemplo, na Argentina, o projeto que não deu certo. Se vai mais a fundo, o prejuízo ia ser bem maior, né? Tem coisa no projeto que ele pode dar errado, né? Pode estar dentro do país, pode estar fora do país, pode dar errado, né? Esse projeto lá, das minas lá da África[73]. Eu achei que no início ia ter problema para rodar porque ali é uma outra legislação, né? As escalas de turno são todas diferentes da nossa. Mas a gente vê que a empresa botou para rodar o minério, o carvão, por exemplo, produzindo. Agora, eu não sei, sinceramente, detalhado, dessas outras minas, não. Mas eu entendo que foi essencial, não atrapalhou no crescimento da Vale, não. Até porque a gente exporta minério de ferro, né? Se a gente diminuir a nossa operação lá fora, complica, né? (Tonhão, em entrevista)

As posições simpáticas à administração da Vale expostas pelo sindicalista não impediram que a área de Carajás também fosse afetada pelo endurecimento da empresa nas negociações com os sindicatos após o prejuízo bilionário de 2015. Apesar de Tonhão afirmar que o sindicato tentou realizar uma manifestação e distribuir materiais a respeito, sua avaliação do problema está particularmente focada em um aspecto da questão: as finanças do Metabase Carajás estariam sendo abaladas pelas crescentes desfiliações do sindicato, causadas por trabalhadores que não podem mais pagar as taxas associativas por sua fragilidade material. A resolução desse problema – e não formas de mobilização para pressionar a empresa por conta das perdas salariais dos trabalhadores sem aumento e sem PLR – era o desafio, na visão de Tonhão, trazido pela crise econômica e pela queda dos preços do minério de ferro no mercado mundial. Aliás, a responsabilidade pelos "prejuízos" trazidos ao sindicato não seria da empresa – que decidiu demitir, arrochar salários e reduzir ganhos de seus trabalhadores como forma de mitigar as perdas com a queda de seu principal produto de exportação. O problema seria, na verdade, causado por opositores que estimulariam as desfiliações.

> Tonhão – Então, o trabalhador começou a aumentar o ganho e aí já quem vinha regulando isso era a questão da participação, que era remuneração variável, né? No ano passado, como foi prejuízo, aí nós já não pegamos nada, né?
> **Eu li o material do sindicato. Vocês estão críticos dessa situação?**
> Tonhão – Bem críticos. Então, uma coisa é você ter um salário alto, que é um perigo porque, quando chega uma época de crise, é o primeiro que a empresa descarta, como agora ela está descartando o do salário mais alto. Os baixos, eles sobrevivem.

---

[73] Refere-se às operações de extração de carvão da Vale em Moçambique.

138   *O solo movediço da globalização*

Quando tem Participação nos Lucros, ele também ganha uma participação maior. Mas, na época da crise, ele se lasca, porque a empresa teve prejuízo e ele também está pagando pela crise. Agora, é o que mais escapa na hora da crise. Na hora dos apertos aí, quem é que está descartando? Não quer nem saber: os salários mais altos.

A empresa tem demitido durante esse período?

Tonhão – Continua enxugando. [...] Este momento está muito difícil para nós. Esses aqui são os relatórios que a gente acabou de fechar. Nós perdemos muitos sócios nessas travessias aí. [...] De janeiro de 2015 para cá, nós já perdemos 1.400 sócios: 500 e poucos demitidos e o resto é desfiliado porque não aguenta pagar nem o sindicato. O salário do cara está tão fodido que ele não dá conta de pagar o sindicato. E outros que tomam dinheiro emprestado, se afastam pelo INSS, que deixaram de pagar o sindicato. [...] Nós temos tomado prejuízo, assim como a empresa, assim como os trabalhadores. Nós estamos com 288 inadimplentes afastados pelo INSS, devendo quase R$ 400 mil para o sindicato. E o total de perda, por demissão e desfiliação, de 2015 para cá, está em 1.349. Hoje deve estar inteirando 1.400. Total geral de perda de sócios.

E que estratégia o sindicato adota frente a essa situação?

Tonhão – Esta situação agora. Boa pergunta. Rezar para o mercado reagir. Muitos acham que deve fazer como Getúlio Vargas determinou: montar salão de cabeleireiro ou abrir restaurante de 1,99. Não tem outra saída. Nos anos 90, nós ficamos assim também. Nós começamos a mina com 2.700 trabalhadores. Nós tínhamos quase 2.000 sócios. Quando nós chegamos em 2000, com 587 filiados, quase que acaba também. Teve diretor que deu o sindicato por acabado. Foram embora. Então, quase que se acaba o sindicato. Então, agora, está caindo também, como sempre a empresa tomou prejuízo, o trabalhador tomou prejuízo também e o sindicato está tendo prejuízo também com a demissão, com desfiliação e vai chegar em um ponto que vai espremer mesmo e a gente vai ficar dependendo do imposto sindical. Nós conversamos isso aqui todo dia. A gente está vendo uma campanha lá dentro do Congresso para acabar com o imposto sindical. A gente está vendo um grande trator, um rolo compressor, sendo preparado para cima de nós, para cima da organização do sindicato brasileiro. Na empresa, os caras abriram uma campanha antissindical perversa no movimento sindical, do final do ano para cá agora, né?

A empresa?

Tonhão – Lá, dentro da empresa, os caras lá vestidos de uniforme, mas têm raiva do sindicato, lança campanha antissindical para desfiliar, que com R$ 40 dá para comprar não sei quantos quilos de feijão, tal, tal. E aí aqueles também fracos vão aderindo, né?

Mas isso é feito por trabalhadores ou pela empresa?

Tonhão – É gente que está concorrendo, irresponsável também, e faz isso. Aí o estrago tá aí, né? É toda a vez que tem crise, né? Porque aí o cara: "Ah, mas não está conseguindo mais Participação nos Lucros e Resultados, não sei o quê". Então vão desfiliar do sindicato, vão acabar com o sindicato. Acham que a culpa é do sindicato. Exatamente: caça um para crucificar. Então, é uma campanha pesada para acabar com o sindicato. [...] Aí você tem que baixar as guardas, desligar o motor e ir administrando só no remo para economizar o custo. A gente tá aqui, inclusive, fazendo um relatório para a CUT, para mandar, mostrando a perda e a boleta que a gente está contribuindo para ela, vamos ter que reduzir. Não tem como contribuir como a gente estava contribuindo. Estamos fazendo ajuste, aqui, né? Diminuindo os boletins, explorar mais os meios eletrônicos. Então, é um momento difícil. Estamos fazendo uma travessia muito difícil.

Na última eleição do Metabase Carajás, ocorrida em 2014, antes de nossa entrevista, o surgimento de uma chapa opositora levou a um conflito com os atuais dirigentes. Logo após se organizar, a chapa opositora teve alguns membros demitidos sem motivação pela Vale e foi impedida pela diretoria do sindicato de inscrever-se. O grupo opositor, entretanto, não conseguiu reverter sua impugnação da disputa na Justiça.

Marcelo Sousa, ex-dirigente da CNQ, afirma ter acompanhado outros casos de demissão de membros de chapas opositoras em Carajás:

A oposição não consegue. Não consegue. [...] Eu conheço dois trabalhadores lá que foram desligados porque estavam na chapa que eu mesmo conduzia lá [de oposição]. [...] E tem liberações [do trabalho]. A outra chapa conseguia reunir 24 [membros] e eu sabia – porque eu tinha informação lá, o meu X-9 [risos] – que os 24 estavam reunidos às 15 horas da quarta-feira e eu não conseguia reunir os meus no sábado! Como eu faço? Eu sei, mas não provo. A não ser que eu filmasse! Então, existe uma perseguição indireta. (Marcelo Sousa, em entrevista)

Ao tratar da estratégia de relações sindicais da Vale, Bruno Milanez et al.[74] afirmam que a empresa intervém em eleições sindicais, apoiando a formação de chapas que lhe sejam próximas e criando obstáculos a adversários, por meio da demissão de membros de grupos opositores aos sindicatos mais submetidos a seus interesses. O Metabase Carajás é um exemplo do uso de tais táticas pela Vale. O sindicato também buscaria, sistematicamente, o recurso à Justiça do Trabalho, alegando irregularidades na participação de grupos de oposição.

No Brasil, uma das principais táticas tem sido o apoio à formação de chapas que disputem a direção dos sindicatos, além da demissão de funcionários que se disponham a formar chapas de oposição à Vale e da inviabilização das mesmas. O Sindicato dos Trabalhadores na Indústria de Extração de Ferro e Metais Básicos (Metabase) Carajás é um exemplo dessa tática. Nesse caso, desde a privatização da empresa, a direção permanece a mesma.[75]

---

[74] Bruno Milanez et al., "A estratégia corporativa da Vale S.A.", cit.

[75] Ibidem, p. 25.

140 O solo movediço da globalização

Na entrevista, Tonhão afirmou que seu objetivo como dirigente sindical era defender a criação e a manutenção dos empregos[76]. Por isso, em sua opinião, a grande virtude da Vale, em anos recentes, seria um processo de "primarização", pelo qual foram ampliadas as contratações em substituição à atuação de prestadoras de serviço. No entanto, como já visto, no processo de preparação para a privatização e posteriormente, a Vale cortou benefícios e o salário de seus trabalhadores, que, sem a PLR, se tornou próximo ou mesmo inferior àquele pago pelas empresas prestadoras de serviço para a mineradora. Seja como for, os dados e as declarações em entrevistas apresentados parecem suficientes para mostrar que as terceirizações estão no centro da estratégia de relações de trabalho da Vale.

Pode-se deduzir, pelas declarações de Tonhão, que, para ele, não cabe à empresa qualquer responsabilidade maior pela preservação dos empregos de seus trabalhadores diante dos riscos e das vicissitudes de seu próprio negócio. Entretanto, os trabalhadores deveriam fazer concessões para compartilhar riscos e manter seus empregos, sob a chancela do sindicato, cujo papel não é ameaçar a lucratividade da empresa com "filosofia", especialmente em uma região notabilizada por conflitos duros e muitas vezes resolvidos com violência.

> Tonhão – O minério só tem valor quando tem investidor e tem máquina produzindo, senão... Não adianta filosofia. A filosofia nem sempre traz alimento para [a] boca da gente, para [a] mesa da gente. Se fosse assim, a Grécia estava empregando muita gente, que é o berço da filosofia, você sabe disso. [...] Dentro do nosso país, é cheio de intelectual assim. É o que eu falo para os meninos: se hoje eu viesse do Maranhão igual eu vim, eu não ia mais pegar em caixa de ferramenta, não. Eu ia pegar caixa de som e microfone e ia para o meio da rua falar mal do Temer e da Vale. É o que mais dá ibope aqui: é tu falar mal do investidor e do presidente da República. Pode meter a ripa que, daqui a pouco, tem um doido te ouvindo, dois, três, quatro. Aí, o investidor da tua campanha aparece. Agora, tu tens um preço depois para pagar para ele. O que a gente vê no movimento nosso é isso. A gente começou o movimento nosso aqui. A gente fazia vaquinha para o Partido dos Trabalhadores. É R$ 5 para poder fazer um almoço. E um monte de gente encostando perto do doido para o doido fazer zoada e nós batendo palma. Eu falo que eu não bato mais palma para doido dançar. Eu cansei. Eu bati muita palma para doido dançar. E aí, daqui a pouco, tu vais entrar na casa do doido, já têm três, quatro caboclos com uma arma na mão e não deixa mais tu entrar. Aí já passaram a mão no cara. Ele ganha a eleição e já era. [...] Então, a gente tem medo é dessas coisas aí. Perdi um filho no meio desses conflitos. Nós passamos uma eleição pesada em 2010 e eu tinha um casal de filhos. Meu filho, com vinte anos, fizeram uma emboscada. Os caras chegaram encapuzados: "Quem é o filho do

---

[76] Tonhão abordou longamente o caso de um acordo realizado sobre a mina de Serra Leste, pelo qual os salários dos trabalhadores foram reduzidos pela metade e eles permaneceram em licença por três meses. Segundo o sindicalista, a Vale havia apresentado uma disjuntiva: ou aceitavam as licenças ou os trabalhadores seriam demitidos.

Tonhão?". "Sou eu". "Deita aí". Pá, pá, pá, pá, pá, pá. E não deu em nada. Mataram meu rapaz bonito. Tenho a foto dele aqui.

Por conta de disputa eleitoral?
Tonhão – Disputa, movimento pesado, tudo. Então, eu não recuo. Se eu tiver que morrer no combate, eu morro, mas eu vou lutar pelo trabalhador. Tivemos momento de fechar mina, como a de Serra Leste: teve hora que o negócio pegou. [...] Então, nós no movimento aqui, é assim. A gente é aquele homem que enfrenta marimbondo, serpente, o inimigo. Já levei tiro, matam teu filho: é para tu correr, para tomar o controle. E vai ameaçando e nós enfrentamos a cobra. O importante é tu levar alimento para aqueles que tão dependendo de você.

E quem é o inimigo para se enfrentar então?
Tonhão – As correntes políticas, ideológicas, que têm dentro do movimento. Bandido inserido no meio da política, dos movimentos sociais, tem muito na região. Criminoso, todo tipo de coisa para tirar proveito. Muito bandido. Não é o patrão, não. Tem patrão bandido, mas tem muito bandido no meio de trabalhador. Um monte no meio da política partidária, do movimento social, muito. E a gente tem que rezar todo dia, pedir a deus para não te pegar. E avisar os meninos: não dá bobeira. Senão, pegam os meninos da gente para correr. E é assim. A região aqui é assim. Já teve vários colegas que foram enterrados, presidente de sindicato [...].

Para Tonhão, é preciso enfrentar o "inimigo" para defender os trabalhadores. Um "inimigo" que não se encontra do outro lado da relação de exploração do trabalho, mas na disputa pelos rumos do próprio movimento sindical. Talvez seja esse o motivo pelo qual o sindicalista recusou-se a participar de atividades em solidariedade à greve no Canadá e apresentou uma posição quase desdenhosa de uma paralisação da produção por um ano ao compará-la aos dez dias de greve em Carajás em 1990:

Nunca fui para o Canadá participar. Não conheci a mina lá. A Vale comprou uma mina de um produto que até, na época, ele estava até com um preço bom no mercado. Depois, esse produto caiu. [...] Ela estava se expandindo muito velozmente. E aquele negócio ali eu sinceramente não vi um bom negócio para a Vale, não porque o preço caiu. A forma de eles se relacionarem: eles têm a legislação deles que é totalmente diferente da nossa de organização sindical. [...] Nós também, em relação ao Canadá, temos um atraso muito grande. O Canadá está bem na frente. A Vale ali teve muita coragem. Os caras ali, os camaradas que estavam na frente, compraram aquilo ali, acharam que era um bom negócio. No momento era, depois a gente viu que não era, a dificuldade de operar. A legislação do país, lá, eles aproveitaram e enfrentaram a Vale. Eu não acompanhei ao pé da letra aquilo ali. Não estava no Conselho, não fui fazer nenhuma visita. Eu tenho pouca informação daquilo ali. A gente só vê falar isso aí de uma greve, que fizeram uma greve... Mas nós também fizemos uma greve em 90 aqui! E a gente começou, era praticamente 99% [que] estava aderindo à greve. E nós deflagramos a greve dez dias e a Vale segurou um grupo lá dentro e manteve

142 *O solo movediço da globalização*

a produção[77]. Quando nós terminamos a greve, estava só com 20% da mão de obra só presente. E a gente estourou um dissídio e lá no TST perdemos por um voto. Cinco votos para a Vale e quatro [para] nós. A Vale meteu um gráfico de produção, mostrou que não houve interrupção da produção, então nós também não ganhamos o que [a gente] estava reivindicando. Eles eu não sei se eles conseguiram o que eles estavam reivindicando, se a produção chegou a zerar mesmo lá. Eu não sei. Eu não tenho essa informação nem deles nem da Vale no tocante à produção, no tocante ao que a Justiça determinou diante do que eles reivindicaram. E eu não tenho essas informações, então não posso também... Só vejo falar que fizeram greve, que fizeram greve... E o que que conseguiram? Foi atingido o objetivo? Porque começar uma greve é fácil, como é que vai terminar ela... (Tonhão, em entrevista)

A julgar pelas posições de um dos dirigentes do sindicato que representa os trabalhadores das maiores minas da Vale, a empresa conseguiu, ao longo do tempo, por meio de seu poder corporativo, impor estabilidade e previsibilidade nas relações com seus sindicatos no Brasil, evitando a irrupção de conflitos e greves. As visitas a campo, os debates da assembleia em São Luís e as entrevistas com sindicalistas mostraram um quadro de entidades sindicais fragilizadas, com pouca capacidade de opor-se às iniciativas da empresa pela lógica de negociação imposta pela companhia. Os acordos coletivos (e de PLR) celebram-se por meio de uma polarização entre proposta nacional e negociações localizadas, o que estimula a fragmentação sindical e favorece amplamente a empresa a obter sucesso em sua estratégia.

Compreender o modo como a Vale se relaciona com seus sindicatos no Brasil ajuda a lançar luz sobre a forma como operou no Canadá, três anos após a compra da mineradora Inco, quando foi à mesa de negociação pela primeira vez com o sindicato USW Local 6500. O resultado é conhecido: a maior greve do setor privado canadense em trinta anos.

---

[77] Trata-se de uma interessante semelhança entre a greve de 1990 em Carajás e a greve de 2009-2010 em Sudbury (Canadá), como se verá no capítulo a seguir: em ambos os casos, a empresa buscou formas de fragilizar e desmoralizar a greve, mantendo trabalhadores na produção.

3

A Vale compra um orgulho canadense: reestruturação, greve e rede sindical internacional

Nós ouvimos histórias... Ouvimos histórias do Agnelli vindo para a cidade, alugando um helicóptero e sobrevoando para ver um pouco da Inco. Ele disse para alguém: "Oh, de quem são estes carros no estacionamento?". E responderam: "São dos trabalhadores. É onde eles estacionam". E ele: "Eles não deveriam estar ganhando tanto dinheiro para bancar carros como estes". Nós ouvimos rumores disso, fosse ou não verdade, mas certamente eles queriam tirar bastante de nós. (Michael, mineiro e assessor do Steelworkers, em entrevista)

Houve uma visita, alguns dos donos vieram do Brasil. Eles estavam em uma reunião conversando, olharam pela janela e perguntaram de quem eram as caminhonetes. Várias boas caminhonetes estacionadas, e eles perguntaram como os trabalhadores poderiam gastar tanto dinheiro no veículo. Eles estavam muito surpresos. (Sam, mecânico, em entrevista)

Não sei se foi o Murilo Ferreira ou outro, mas alguém levou o brasileiro para conhecer a comunidade. E viu muitas casas grandes, com espaço para dois carros grandes, casas bem sólidas. Ele perguntou: "Mas, afinal, quem vive em todas essas casas?". "Ah, os seus trabalhadores vivem nessas casas". Alguns até alegaram que a greve aconteceu porque a Vale ficou irritada com algumas pessoas porque quando chegou lá disseram: "Nós não queremos uma empresa do Terceiro Mundo chegando aqui e criando uma situação em que nós nos tornamos trabalhadores de tipo Terceiro Mundo". (Susan, assessora sindical, em entrevista)

Quando houve a compra, em 2006, houve uma comitiva do Brasil visitando as instalações, acompanhada [pelo então presidente do sindicato] e outros sindicalistas. E eles não podiam acreditar: "De quem são estes veículos?". "Dos trabalhadores. É como eles vêm para o trabalho. Não há ônibus". Eles não acreditavam que os trabalhadores ganhassem dinheiro suficiente para comprar todas aquelas caminhonetes. [Para eles,] os trabalhadores deveriam estar felizes por ter um emprego e ganhar o

144   *O solo movediço da globalização*

suficiente apenas para se alimentarem. (John, da quinta geração de uma família de mineiros da Inco/Vale, em entrevista)

Eles estavam andando pelo estacionamento quando eles compraram a empresa. Eles olharam para todos os veículos e falaram: "Não há muita gente da gerência aqui". Então, eles foram avisados de que eram veículos dos trabalhadores e eles disseram: "Não, não, isso vai mudar". (Gregory, mineiro demitido da Vale, em entrevista)

Eu ouvia histórias, não sei se eram verdade, de gente da alta administração da Vale vindo para cá e dizendo: "Ah, de quem são estes carros? Dos trabalhadores? Mas trabalhadores não têm carros". Mas aqui eles têm carros! É assim que é. Então, ouvíamos histórias como essa. Ficávamos nos perguntando onde tínhamos nos enfiado. Mas, no começo, não senti muitas mudanças para mim. [...] Os membros mais altos da administração sabiam o que estava acontecendo, a forma como os brasileiros administram companhias. (Leonard, mineiro, trabalhador da Inco desde 1991, em entrevista)[1]

Esses depoimentos foram repetidos por praticamente todos os trabalhadores e sindicalistas entrevistados no Canadá. Em diversas versões, a história dá conta da chegada de executivos brasileiros na cidade, sobrevoando, caminhando ou olhando para um estacionamento (ou para casas grandes) de seus novos trabalhadores. Uma CTN da mineração, oriunda do Sul global, havia acabado de comprar uma centenária empresa canadense, com operações em outros países, como a Indonésia[2]. Três anos depois, com a expiração do contrato coletivo anterior, as negociações de um novo contrato chegaram a um impasse e levaram à maior greve do setor privado canadense em trinta anos, envolvendo 3.300 trabalhadores, com o equivalente a 845 mil dias de trabalho perdidos[3]. A greve em Sudbury, histórica cidade mineira canadense, durou um ano: de 13 de julho de 2009 a 7 de julho de 2010.

Nos depoimentos, o suposto choque com o padrão de vida da comunidade teria sido um dos motivos pelos quais a empresa decidiu rebaixar bônus e pensões, enfraquecer o sindicato e impor maior disciplina no local de trabalho, em busca de ampliação da produtividade. O que se transformou em um boato ou espécie de lenda local ilustra uma série de conflitos relacionados à transformação da Vale em uma CTN, que, naquele momento, se convertia na segunda maior mineradora global, expandindo suas atividades para dezenas de países. Ao deparar-se com um coletivo operário muito vinculado a seu sindicato e à empresa, os novos gestores enfrentaram grande resistência ao adotar, nas novas

---

[1] Todos os nomes de trabalhadores e sindicalistas entrevistados neste capítulo, conforme já se indicou anteriormente, serão sempre substituídos por nomes fictícios. As entrevistas foram realizadas em língua inglesa e, posteriormente, traduzidas para o português pelo autor.

[2] Jamie Swift, *The Big Nickel: Inco at Home and Abroad* (Kitchener, Between the Lines, 1977).

[3] John Peters, "Down in the Vale: Corporate Globalization, Unions on the Defensive, and the USW Local 6500 Strike in Sudbury, 2009-2010", *Labour*, v. 66, outono 2010, p. 73-105.

operações, suas estratégias de relações de trabalho e sindicais, baseadas principalmente na experiência da companhia em suas minas e atividades no Brasil.

Diferentemente do que se costuma ver, portanto, um conflito como esse inverte a conhecida relação entre empresas multinacionais do Norte global, ou originárias dos países desenvolvidos, e seus trabalhadores nos países subdesenvolvidos[4], com muitas vezes escassa experiência sindical, alta rotatividade, baixos salários e benefícios. O caso em questão, portanto, permite lançar luz sobre os efeitos do processo de transnacionalização da Vale para seus trabalhadores e sindicatos.

"O GRANDE NÃO DESASTRE MINEIRO CANADENSE"

Essa era a manchete de capa do denso caderno de economia da edição de fim de semana do *The Globe and Mail*, um dos jornais mais lidos do Canadá, editado em Toronto e distribuído em todo o país. Encontrei a reportagem por acaso em uma manhã de outono muito fria e chuvosa enquanto me refugiava, lendo o jornal, em um café de Montreal, após dias de pesquisa em Toronto e, sobretudo, em Sudbury. Nas páginas internas, a reportagem[5] ocupava duas páginas do jornal e se propunha a realizar um balanço detalhado da desnacionalização do setor mineiro do país, ocorrida cerca de dez anos antes com a compra da Falconbridge pela Xstrata (atualmente Glencore) e, principalmente, da Inco pela Vale. Ambas as companhias têm forte presença e identificação com a cidade mineira de Sudbury, localizada no norte da província de Ontário.

Na visão do jornalista econômico, o "desastre" esperado à época em que as empresas foram compradas seria a perda de controle das receitas da mineração, que não mais ficariam no país, além das razões "afetivas", que trariam a oposição ao controle, por empresas estrangeiras, de companhias que eram uma espécie de orgulho canadense. No entanto, passada uma década, via-se um setor lucrativo, modernizado e, hoje, parte de transnacionais poderosas. Em vez de perda de receitas, a venda das mineradoras locais teria trazido ganhos de produtividade e tecnologia, introduzidos pelas controladoras externas, submetidas à legislação nacional e pagadoras de impostos. A Vale, além disso, teria transferido, como compromisso após a compra da Inco, sua diretoria global de metais básicos (não ferrosos) para Toronto, um escritório com trezentos empregados chefiado por uma

---

[4] Pode-se encontrar um exemplo desse tipo de abordagem, justamente tratando da presença de mineradoras canadenses na América Latina, em Todd Gordon e Jeffery Webber, *Blood of Extraction – Canadian Imperialism in Latin America* (Halifax e Winnipeg, Fernwood Publishing, 2016).

[5] Ian McGugan, "The Great Canadian Mining Non-Disaster", *The Globe and Mail*, Toronto, 5 nov. 2016; disponível em: <https://www.theglobeandmail.com/report-on-business/industry-news/energy-and-resources/sudbury-mining-foreign-acquisition/article32675450/>; acesso em: 26 maio 2021.

146   *O solo movediço da globalização*

diretora canadense[6]. A reportagem mencionou, também, a reversão de expectativas com os preços do níquel no mercado mundial, que em 2006 beiravam os US$ 20 mil a tonelada[7]. Porém, contrariando o aumento contínuo de preços que se esperava durante o *boom* das *commodities*, ocorreu uma forte redução de preços, em especial após o estouro da crise de 2008-2009. Segundo a reportagem, caso Inco e Falconbridge não fossem vendidas, teriam sofrido fortemente por sua alta dependência das exportações de níquel. A Vale teria vivido um "início rochoso", com a greve de 2009-2010, mas na atualidade teria construído um "relacionamento decente com o United Steelworkers", avaliação da qual discordou o presidente do poderoso sindicato internacional, Leo Gerard, entrevistado na ocasião. Para ele, com a chegada da Vale, um "padrão de relacionamento maduro" com o sindicato foi substituído por um "padrão baseado no confronto", fruto de uma tentativa de impor um "estilo autoritário brasileiro de relações de trabalho".

O tom celebratório sobre a presença da Vale na reportagem também contrasta frontalmente com o que eu ouvira durante os dias anteriores passados em Sudbury. Cheguei à cidade mineira de ônibus, saindo de Toronto. Antes da entrada da cidade, de longe, já era possível identificar uma das marcas da mineração que distinguem o local. No céu, era possível ver elevar-se o Superstack, famosa chaminé da fundição, a segunda maior do mundo, com 381 metros de altura, erguida pela Inco nos anos 1970 para mitigar o então grave problema com a poluição local. A altura elevada explica-se pela necessidade de dispersar os gases sulfúricos para fora da cidade[8]. Hans Brasch, imigrante alemão que trabalhou nas minas da Inco em Sudbury de 1952 a 1992[9], afirmou que a construção do Superstack transformou

---

[6]   À época, Jennifer Maki, canadense que iniciou sua carreira na Inco em 2003, era a diretora-executiva de metais básicos da Vale (onde permaneceu de novembro de 2014 a dezembro de 2017). Em 1º de janeiro de 2018, o executivo brasileiro Eduardo Bartolomeo assumiu a diretoria, na qual permaneceu até março de 2019, quando se tornou diretor-presidente (CEO) da empresa, após o afastamento de Fabio Schvartsman, na esteira da crise causada pela ruptura da barragem da mina Córrego do Feijão em Brumadinho (MG). Atualmente, o canadense Mark Travers ocupa a vice-presidência executiva de metais básicos da Vale, sediada em Toronto. De acordo com informações disponíveis em: <http://www.vale.com/pt/aboutvale/leadership/documents/perfilcompleto/jan-15/cv_%20jennifer_port_jan_2015.pdf>, <http://www.vale.com/brasil/PT/aboutvale/leadership/Documents/cv/pt/Eduardo_Bartolomeo_diretor_presidente_Vale.pdf> e <http://www.vale.com/brasil/PT/aboutvale/leadership/Documents/cv/pt/Mark_travers_diretor_executivo_vale.pdf>; acesso em: 3 dez. 2021.

[7]   E, em 2007, alcançaram o pico de mais de US$ 52 mil a tonelada, conforme descrito no capítulo 1.

[8]   Informações disponíveis em: <http://www.vale.com/canada/EN/aboutvale/communities/sudbury/Pages/Superstack%20History%20Fact%20Sheet_FINAL.pdf>; acesso em: 26 maio 2021.

[9]   E autor de diversos livros de fotografia, de história da mineração em Sudbury e do sindicato USW Local 6500. Foi um privilégio poder entrevistar Brasch em 2016, quando o mineiro aposentado tinha 86 anos de idade. Suas declarações e registros sobre o ativismo sindical da Inco foram uma fonte importante de informações para a pesquisa que baseou este livro, pelo que sou bastante grato. Seu nome foi mencionado com seu consentimento.

a vida na cidade e modificou profundamente a qualidade do ar. Apesar da afeição local pela chaminé recordista, a Vale anunciou[10], em janeiro de 2017, a decisão de desativar o Superstack até o primeiro trimestre de 2020 e demoli-lo ao longo dos anos seguintes. Em seu lugar, foram construídas duas chaminés menores[11], que certamente mudarão o horizonte local, mas não farão com que Sudbury perca as paisagens características que vi ao aproximar-me do pequeno terminal rodoviário em um fim de tarde congelante: a linha de trem que leva o níquel extraído para Port Colborne, onde o metal é refinado e enviado por navio pelos Grandes Lagos até mercados consumidores nos Estados Unidos e no mundo; a caixa d'água cinza com o nome de Sudbury no centro da cidade; e o aspecto tranquilo dos moradores que caminham pelas ruas pouco movimentadas.

UMA SOGRA BRASILEIRA PARA OS ÓRFÃOS DA "MÃE INCO"

Nós ainda chamamos de Inco. É difícil dizer Vale. E não porque é uma palavra ruim, mas porque é um nome forte em nossa comunidade. Eu sou da terceira geração de uma família de mineiros. A mineração tem uma história muito grande aqui na comunidade. [...] Naquele momento, eu lamentei pelo meu governo permitir que uma empresa estrangeira comprasse a Inco, que era uma empresa canadense icônica. Nós sempre nos referimos à Inco como "mãe Inco", achávamos que era uma empresa enorme em nossa ignorância diante do mundo da mineração. Mas, então, frente à Vale, não era nada. A Vale a comprou em dinheiro. [...] Eu digo para muitas pessoas que nós tínhamos a "mãe Inco" e agora nós temos a sogra feia [risos]. Não quero dizer que com a Inco tudo fossem nuvens fofas, mas certamente foi um estilo diferente de administração, ao qual nós ainda estamos tentando nos adaptar. (George, em entrevista)

A Inco foi a maior produtora de níquel do Canadá e a segunda maior do mundo, posição que a Vale herdou, após a compra da empresa em 2006, para tornar-se a maior produtora global em 2014[12]. Suas maiores instalações estão na região de Greater Sudbury (Ontário), além de unidades em Kronau (Saskatchewan), Port Colborne (Ontário), Thompson (Manitoba), Long Harbour, Saint John e Voisey's Bay (Terra Nova e Labrador), e dos já mencionados escritórios da diretoria de metais básicos em Toronto. A mineração de níquel em Sudbury remonta

---

[10] Informação disponível em: <http://www.vale.com/canada/EN/aboutvale/communities/sudbury/ Pages/Superstack%20Announcement_FAQ.pdf>; acesso em: 26 maio 2021.

[11] Com as quais a empresa pretende reduzir em 40% a emissão de partículas e em 85% as emissões de dióxido sulfúrico, segundo informações da *CBC News* disponíveis em: <http://www.cbc.ca/ news/canada/sudbury/vale-announces-superstack-done-1.3949500>; acesso em: 26 maio 2021.

[12] Tádzio Peters Coelho, *Noventa por cento de ferro nas calçadas: mineração e (sub)desenvolvimento em municípios minerados pela Vale S.A.* (tese de doutorado, Rio de Janeiro, Universidade do Estado do Rio de Janeiro, 2016), p. 241.

148 *O solo movediço da globalização*

a fins do século XIX, com a criação da Canadian Copper Company. Em 1901, iniciou-se a exploração da Creighton Mine, ainda hoje em operação, e em 1902 foi criada a International Nickel Company (a partir da incorporação da mineradora por capitais dos Estados Unidos), cuja sigla Inco passou a ser utilizada em 1919[13]. Anos depois, por conta de medidas antitruste estadunidenses, o conselho de diretores da empresa realizou uma troca de ações na companhia e a Inco "passava a ser considerada canadense, escapando da legislação norte-americana contrária aos monopólios de mercado"[14].

Em Sudbury também operava outra tradicional mineradora local, a Falconbridge. Com efeito, a cidade é historicamente dependente da mineração de níquel e nela habitam algumas famílias de mineiros estabelecidas na região há cinco gerações. Durante o período de concentração de capitais no setor, Inco e Falconbridge, as duas maiores mineradoras canadenses, ensaiaram uma fusão que não avançou pelas dificuldades apontadas por órgãos de concorrência – a operação praticamente criaria um monopólio da produção de níquel no país. Ainda que não seja dependente de apenas uma empresa, Sudbury tem características de cidade monoindustrial, semelhantes à descrição das *company towns* apresentada no capítulo 1.

Até os anos 1970, a cidade era definida por sua ligação com a mineração, já que a maioria da população de Sudbury, àquela altura, trabalhava na Inco ou na Falconbridge[15]. A comunidade, dessa forma, teria forjado um sentido coletivo comum em seus anos como *company town*, ainda que, nas últimas décadas, a reestruturação da indústria do níquel na cidade – um efeito da globalização, das mudanças tecnológicas e da pressão pela expansão dos lucros – tenha levado à redução do contingente de trabalhadores, sobretudo sindicalizados, nas minas e ao aumento no número de terceirizados. O número de trabalhadores filiados ao USW Local 6500 caiu de 20 mil no pico em 1971 para menos de 3 mil na atualidade. Em Sudbury, dois terços da força de trabalho empregavam-se na mineração em 1971 e, em 2006, dois terços da força de trabalho da cidade estavam empregados no setor de serviços[16]. A grande riqueza mineral de Sudbury, no entanto, não estaria refletida na vida da cidade atualmente:

> No nordeste de Ontário, a bacia de Sudbury, formada pelo impacto de um meteorito, contém uma concentração de minerais entre as dez maiores do mundo. Mais de

---

[13] Ver Jamie Swift, *The Big Nickel*, cit.; Tádzio Peters Coelho, *Noventa por cento de ferro nas calçadas*, cit., e histórico da Vale Canadá disponível em: <http://www.vale.com/canada/EN/aboutvale/history/Pages/default.aspx>; acesso em: 26 maio 2021.

[14] Tádzio Peters Coelho, *Noventa por cento de ferro nas calçadas*, cit. p. 233.

[15] Reuben Roth, Mercedes Steedman e Shelley Condratto, "The Casualization of Work and the Rise of Precariousness in Sudbury's Nickel Mining Industry", em *33th International Labour Process Conference (ILPC)*, Atenas, 2015, p. 7.

[16] Ibidem, p. 8.

A Vale compra um orgulho canadense 149

1,7 trilhão de toneladas de minérios foram extraídas ao longo de cem anos, e as reservas de níquel, cobre, ferro, ouro, prata e platina continuam grandes. Contudo, a cidade de 160 mil habitantes reflete pouco dessa riqueza. Os níveis de renda familiar eram 10% menores do que a taxa provincial em 2005; conforme os empregos bem pagos no setor da mineração desaparecem, o trabalho temporário de baixo salário torna-se a regra.[17]

O depoimento de George, reproduzido no início desta seção, é comum à maioria dos trabalhadores canadenses entrevistados, para os quais a Inco e o trabalho para a companhia eram parte da identidade local, de seus vínculos comunitários e mesmo de sua história familiar. A "mãe Inco" representa, como se verá, nas palavras de muitos trabalhadores, um passado construído por seus pais e avós. É com tristeza, portanto, que se fala do fracasso da fusão entre as duas grandes mineradoras da cidade, já que havia preferência, pelos trabalhadores, de que a empresa continuasse controlada por capitais nacionais. Em sua opinião, isso manteria os investimentos e os lucros no local, uma vez que ser a parte pequena de uma CTN pode fragilizar sua capacidade de pressão e intervenção nas decisões da administração.

Naquele momento, eu fiquei bem desapontado, porque havia uma empresa local que queria fundir-se com a Inco, a Falconbridge, e nossa esperança era de que isso ocorresse. Isso seria bom para os mineiros, para as pessoas que trabalhavam nessas duas empresas, e seria bom para a comunidade. [...] Porque é local, pessoas locais, administração e estratégias locais. Depois, com a Vale, nós ficamos muito preocupados com o estilo de gestão que chegaria de uma empresa baseada no Brasil. Nós estávamos preocupados com isso. (Sean, em entrevista)

"Mãe Inco" era a forma como chamavam a companhia. [...] Havia duas empresas de mineração aqui, a Inco e a Falconbridge, você deve ter ouvido falar disso. Elas tentaram uma fusão, o que teria sido a melhor coisa para Sudbury, obviamente, porque então você teria duas grandes mineradoras. Elas eram grandes. [...] Então você teria um *boom,* certo? Ambas as companhias estão instaladas aqui há quase cem anos. Ainda há toneladas de minério no solo. As duas companhias têm juntas... Eu não sei, mas houve um momento em que eram 30 mil pessoas. [...] Ainda hoje, as duas são as maiores empregadoras da cidade. Então, como isso não seria bom para Sudbury e para o Canadá? Agora, você vê os lucros indo para qualquer lugar. Tem que lutar para que o capital seja reinvestido em Sudbury. [...] Eu não sabia muito sobre a Vale, mas era um pouco triste saber que a Inco passaria a ter proprietários estrangeiros, operada do Brasil. Você vê o dinheiro saindo. [...] Não sei dizer qual era a sensação, talvez desapontamento. Eu realmente queria aquela fusão entre Inco e Falconbridge. (Leonard, em entrevista)

A Vale veio para cá e decidiu nos tratar do jeito que trata o seu pessoal lá no Brasil, pagando nada, tratando-nos como merda, demitindo quando tem vontade. [...] Eles

---

[17] Ibidem, p. 7. Tradução nossa.

150   *O solo movediço da globalização*

assumiram o controle de forma hostil, desculpe-me, mas no Canadá você não faz isso. Não é a forma como tratamos as pessoas e não é a forma como ninguém deveria ser tratado, sabe? Você assume uma empresa, deixe-a da forma como está funcionando. Você não comprou a empresa porque ela está falindo. Você comprou porque estava funcionando e era uma máquina bem azeitada. Nós sabemos o que fizemos por muito tempo antes da Vale vir para cá. Nós estamos na mineração desde quando? 1900, 1800 e qualquer coisa? Nós sabemos como se faz mineração. Nós não precisamos de eles virem aqui nos dizer o que fazer ou como fazer. Ou virem nos mandar calar a boca em reuniões. Ou dizer que estamos ganhando muito dinheiro, como aqueles que vieram aqui e queriam saber de quem eram os carros. "Dos trabalhadores? Está brincando". Quem diabo eles são? Nós não queríamos a Vale aqui, não pedimos que eles viessem e eles poderiam muito bem ir embora. A pior coisa que aconteceu aqui foi a Inco ter sido vendida. (Gregory, em entrevista)

Em 2006, a Inco foi comprada pela Vale por US$ 18,24 bilhões[18] e a Falconbridge foi comprada pela Xstrata, hoje Glencore, por US$ 17 bilhões[19]. A antiga região mineradora de Sudbury tornara-se parte do cenário globalizado da indústria da mineração. O desconforto com a perda da "mãe Inco" só aumentaria após os primeiros anos de nova gestão, quando o novo contrato começou a ser negociado. Então, em muitos momentos, passaria a manifestar-se um sentimento abertamente "contra o Brasil". Muitos trabalhadores, ao tratar do tema – e, imagino, especialmente por estarem diante de um brasileiro – afirmavam que, com o tempo, as pessoas passaram a diferenciar o país da empresa. De todo modo, é comum, nas entrevistas, os trabalhadores referirem-se à Vale como "o Brasil":

Nossos gestores continuam dizendo "o Brasil quer isso, o Brasil quer aquilo". O trabalhador aqui não sabe o que o Brasil quer porque o Brasil não fala conosco. Não há comunicação em duas mãos. Tudo o que sabemos é que todos os dias estão cortando benefícios, cortando isso, sempre perdendo dinheiro: "Nós precisamos de mais". Então, os trabalhadores estão desmoralizados. [...] Nós não conhecemos o Brasil, não estamos em contato. Assim como, no Brasil, geralmente, as pessoas não sabem nada sobre Sudbury. A não ser o que você sabe pelo noticiário. O seu país é distante do nosso. Nós somos as mesmas pessoas, todos pensamos do mesmo jeito, trabalhamos igualmente, mas temos todo um continente de distância. Então, nós não sabíamos. Eu esperava que fôssemos fazer parte de uma corporação gigante. Mas logo na sequência começou: "Se você não faz o que eu digo, você é apenas cinco por cento de nossa organização, então você não significa nada para nós". (John, em entrevista)

[Havia sentimentos contra o Brasil] originalmente, sim, absolutamente. Era o Brasil, Brasil, Brasil... Com o passar do tempo, acho que é essa coisa do Brasil, mas acho

---

[18]   Tádzio Peters Coelho, *Noventa por cento de ferro nas calçadas*, cit., p. 241.
[19]   John Peters, "Down in the Vale", cit.

também que o pessoal corporativo não está mais tão ligado a Sudbury então [...] ainda há trabalhadores que acham que é o Brasil, mas outros acham que é um problema corporativo. Eu pessoalmente acho que é parte o Brasil e parte é a nossa gestão local, alguns deles não têm conexão com Sudbury. (Julian, em entrevista)

Esse tipo de discurso parece ser uma consequência indesejada da adoção, pela Vale, em sua nova marca global, das cores verde e amarela da bandeira brasileira, como modo de associar sua imagem à do país. Entre os objetivos de tal associação, parece ter sentido a sugestão de Judith Marshall[20] de que a empresa utilizou-se de uma suposta orientação "Sul-Sul" da política externa do país, durante o governo Lula, como vitrine para facilitar sua entrada em Moçambique em detrimento de concorrentes chineses.

Também a respeito dessa questão, a assessora sindical Susan, em entrevista, re-lembrou um caso de que teve conhecimento enquanto organizava, no Steelworkers, atividades de solidariedade internacional durante a greve na Vale Canadá: um experiente sindicalista brasileiro, da Conlutas, viajou a uma unidade isolada (*fly-in fly-out*) da Vale em Voisey's Bay para participar de atividades de apoio ao conflito, mas "parece que chegou lá e encontrou pessoas com placas a dizer '*Brazilians, go home!*' [...]. Ele entrou em diálogo com elas para explicar que existem brasileiros e brasileiros...". Esse caso imediatamente veio a minha mente quando, em uma das salas do sindicato USW Local 6500, encontrei colada na parede uma foto de um dos piquetes da greve de 2009-2010 em que havia um grupo de trabalhadores em frente a uma portaria da empresa abaixo de uma placa, montada por eles, com duas setas em direções opostas: para a esquerda, Canadá; para a direita, Brasil. É preciso dizer, também, que há, nas várias salas do sindicato, bandeiras da CUT e de movimentos sociais brasileiros, recordando as tentativas de articulação com o sindicalismo da Vale no Brasil ocorridas durante o período da greve.

UM PODEROSO SINDICATO MULTINACIONAL COM PROFUNDAS RAÍZES LOCAIS

A Vale assumiu o controle da Inco enquanto estava em vigor o contrato coletivo assinado anteriormente pela empresa canadense e pelo sindicato USW Local 6500. O sindicato é uma seção local do poderoso United Steelworkers (USW), sindicato[21] binacional estadunidense e canadense (também com presença em países do Caribe), que informa ter 1,8 mil sindicatos locais, representando centenas de milhares de trabalhadores ativos e aposentados associados[22]. O Steelworkers é "o maior sindicato

---

[20] Judith Marshall, "Behind the Image of South-South Solidarity at Brazil's Vale", em Patrick Bond e Ana Garcia (orgs.), *BRICS: An Anti-Capitalist Critique* (Chicago, Haymarket Books, 2015), p. 163.

[21] Criado em 22 maio de 1942 como United Steelworkers of America, de acordo com informações disponíveis em: <http://www.usw.org/union/history>; acesso em: 26 maio 2021.

[22] Disponível em: <https://www.usw.org/union/one-member-one-vote>; acesso em: 26 maio 2021.

152 *O solo movediço da globalização*

do setor privado na América do Norte, aquele com as maiores alianças globais e [...] com tradição de militância e inovação"[23]. Também é considerado o maior do setor privado no mundo[24]. Por razões como essas, a greve de 2009-2010 é considerada uma "derrota amarga"[25] diante de uma poderosa transnacional.

O Steelworkers é o principal sindicato da AFL-CIO, a federação sindical dos Estados Unidos, que tem 56 sindicatos nacionais e internacionais filiados e 12,5 milhões de trabalhadores associados[26]. O USW também tem caráter federativo, já que representa trabalhadores de setores econômicos muito diversos, por meio de sindicatos locais afiliados. Segundo explica Mary, dirigente do USW internacional[27] que trabalhou no escritório em São Paulo do Solidarity Center anos atrás,

> realmente, na linguagem brasileira, o USW seria uma confederação, quase uma central. Porque, para falar a verdade, representamos trabalhadores em vários setores: papel, borracha, petróleo, aço, alumínio, todos os metais, saúde... Porto Rico, Ilhas Virgens, Barbuda. Então, não é somente a mineração. (Mary, em entrevista)

No Canadá, o Steelworkers é filiado à federação Canadian Labour Congress (CLC), que cumpre no país o mesmo papel da AFL-CIO nos Estados Unidos. O CLC representa mais de 3 milhões de trabalhadores canadenses[28] em um universo de cerca de 20 milhões de trabalhadores ativos no país[29].

Como mostraram Mark Thompson e Albert Blum[30], historicamente, no Canadá, há críticas ao sindicalismo internacional sediado nos Estados Unidos, relacionadas, entre outras razões: à distribuição dos recursos recolhidos, injusta com os sindicatos locais canadenses; às restrições ao estabelecimento de vínculos políticos e internacionais, submetidos aos interesses dos sindicatos baseados nos Estados Unidos; e à fragmentação do movimento operário canadense, pela disputa realizada por muitos sindicatos internacionais atuantes no país. As críticas levaram, ao longo do tempo, a movimentos de ruptura e a mudanças organizativas de sindicatos canadenses, que pressionavam as sedes internacionais conforme aumentavam suas taxas de filiação e sua importância política relativa.

---

[23] John Peters, "Down in the Vale", cit., p. 75. Tradução nossa.
[24] Ibidem, p. 76.
[25] Idem.
[26] Informações disponíveis em: <http://www.aflcio.org/About>; acesso em: 26 maio 2021.
[27] Cuja sede localiza-se em Pittsburgh, Estados Unidos.
[28] Segundo informações disponíveis em: <https://canadianlabour.ca/who-we-are/>; acesso em: 26 maio 2021.
[29] De acordo com dados do Statistics Canada disponíveis em: <https://www150.statcan.gc.ca/t1/tbl1/en/cv.action?pid=1410001801>; acesso em: 26 maio 2021.
[30] Mark Thompson e Albert Blum, "International Unionism in Canada: The Move to Local Control", *Industrial Relations*, Berkeley, v. 22, n. 1, inverno 1983, p. 71-85.

Desenvolveram-se, então, quatro modelos de integração de sindicatos canadenses aos sindicatos internacionais: 1) "assimilacionista", pelo qual sindicatos locais canadenses e estadunidenses são tratados da mesma forma, sem especificidades para temas nacionais; 2) "*status* especial", pelo qual os sindicatos canadenses têm direitos e funções diferentes de seus pares dos Estados Unidos; 3) "autogoverno", pelo qual sindicatos canadenses exercem formas de autonomia financeira e política; e 4) "associação soberana", na qual há vínculos formais com a sede nos Estados Unidos, mas esta não exerce qualquer autoridade sobre a seção canadense[31].

Ao longo dos anos 1980, iniciaram-se, nas seções canadenses do USW, pressões em favor do modelo de autogoverno, para que houvesse um distrito canadense no Steelworkers[32]. Atualmente, o USW internacional está dividido em treze distritos – dez nos Estados Unidos e três no Canadá – vinculados ao sindicato internacional, mas que constituem a estrutura imediata para a qual respondem os sindicatos locais[33]. Os sindicatos canadenses que passaram a adotar os modelos de autogoverno ou associação soberana tiveram mais sucesso na conservação ou ampliação de sua base. Por sua vez, aqueles que se separaram totalmente dos sindicatos internacionais enfraqueceram-se e ficaram mais isolados[34]. Além disso, haveria uma tendência "mais à esquerda" nos sindicatos canadenses, que seriam mais militantes, orientados à defesa de serviços públicos e da presença do Estado em setores básicos da economia, além de defenderem fusões de sindicatos e a constituição de fundos de greve[35].

O sindicalismo dos Estados Unidos e do Canadá tem raízes comuns, reforçadas pela presença dos sindicatos binacionais[36]. No entanto, ao longo do século XX, suas trajetórias começaram a separar-se, sobretudo, em termos de densidade sindical. Ambos os países mantiveram taxas de sindicalização semelhantes até 1960, quando eram pouco inferiores a 35%. Desde então, a taxa de sindicalização declinou fortemente nos Estados Unidos, alcançando, em 2011, 12,3% dos trabalhadores

---

[31] Ibidem, p. 73-4.

[32] Ibidem, p. 76.

[33] Informação disponível em: <https://www.usw.org/districts>; acesso em: 26 maio 2021. Os três distritos canadenses são: o distrito 3, com jurisdição sobre os sindicatos locais das províncias de Alberta, Colúmbia Britânica, Manitoba, Nunavut, Saskatchewan, Territórios do Noroeste e Yukon; o distrito 5, com jurisdição sobre Quebec; e o distrito 6, com jurisdição sobre New Brunswick, Nova Escócia, Ontário e Terra Nova e Labrador.

[34] Mark Thompson e Albert Blum, "International Unionism in Canada", cit.

[35] Ibidem, p. 83.

[36] Barry Eidlin, "Class vs. Special Interest: Labor, Power, and Politics in the United States and Canada in the Twentieth Century", *Politics* & *Society*, v. 43, n. 2, 2015, p. 181-211. Para uma reconstrução das origens do sindicalismo estadunidense e do modelo de *business unionism*, que orientou historicamente a prática sindical da AFL-CIO e do Steelworkers, ver Svétlana Askoldova, *Le Trade-unionisme américain – formation d'une idéologie (fin du XIXème siècle)* (Moscou, Éditions du Progrès, 1981).

154 *O solo movediço da globalização*

(sendo de apenas 7,4% no setor privado), enquanto no Canadá a taxa no mesmo ano era de 31,2%[37]. As mudanças podem ser explicadas pelas diferenças na "incorporação política" da classe operária nos dois países.

> Em ambos os países, o trabalho foi incorporado como resultado de lutas nos anos 1930 e 1940, em resposta às crises da Grande Depressão e da Segunda Guerra Mundial. Como resultado dessas lutas, o trabalho foi incorporado nos Estados Unidos como um *grupo de interesse*, enquanto o trabalho canadense foi incorporado como um *representante de classe*. Essas identidades diferentes refletiram diferentes lógicas de organização que permitiram ou constrangeram o escopo de ação do trabalho em cada país. O papel do trabalho canadense como representante de classe encaixa-se em uma *ideia de classe* que ampliou e legitimou seu escopo de ação, enquanto o papel do trabalho estadunidense como um grupo de interesse encaixou-se em uma *ideia pluralista* que reduziu e deslegitimou seu escopo de ação.[38]

Como resultado de tais diferenças, o trabalho no Canadá deu maior importância à mobilização independente para alcançar demandas amplas, o que ofereceu melhores condições aos sindicatos para manter sua base, enquanto a identidade do trabalho como um grupo de interesse, nos Estados Unidos, ligou suas questões a uma espécie de demanda particular a ser defendida pelos deputados do Partido Democrata, erodindo as reivindicações dos trabalhadores e as taxas de filiação sindical[39].

Essas características ajudam a enquadrar as particularidades do movimento sindical canadense, mesmo quando ele é parte de sindicatos binacionais, ou multinacionais, sediados nos Estados Unidos. O Steelworkers internacional tem a representação dos trabalhadores de todas as unidades da Vale no Canadá. Em Sudbury, a representação dos trabalhadores mineiros e das áreas de produção é realizada pelo sindicato USW Local 6500. De acordo com Michael, da diretoria do sindicato local, a filiação a

> um sindicato internacional, um sindicato norte-americano, é importante, mais importante do que nunca agora por causa da globalização e por causa da Vale, que veio e comprou a Inco. Antes, nós podíamos nos levantar por nós mesmos diante da Inco, podíamos fazer isso no Canadá e venceríamos. Foi assim que conseguimos

---

[37] Ao tratar das LMEs, Peter Hall e David Soskice mostram que as baixas taxas de sindicalização – um efeito da maior possibilidade de contratar e demitir nesses países – são uma das principais diferenças em relação às CMEs. Entretanto, ao expor as características das LMEs, sublinha-se a sindicalização superior no Canadá, quando comparada à dos Estados Unidos. Ver Peter Hall e David Soskice, "An Introduction to Varieties of Capitalism", em *Varieties of Capitalism: The Institutional Foundations of Comparative Advantage* (Oxford, Oxford University Press, 2001), p. 1-68.

[38] Barry Eidlin, "Class vs. Special Interest", cit., p. 183, grifos do autor. Tradução nossa.

[39] Ibidem, p. 184.

A Vale compra um orgulho canadense   155

nossos bons acordos coletivos e como chegamos aonde estamos hoje. Mas, quando a Vale veio, não é só uma empresa canadense com quem estamos lidando agora. Agora, estamos lidando com um conglomerado internacional e nós usamos nossas conexões não apenas na América do Norte, mas em todo o mundo, na nossa luta contra a Vale, e a Vale sabe que estivemos em uma greve por um ano. Afetou muitos de nós, não foi fácil, mas eles sabem que nós fizemos, que somos duros, e eu acho que eles perceberam que devem pensar duas vezes sobre nos atacar novamente. (Michael, em entrevista)

O USW Local 6500 participa do Sudbury Disctrict Labor Council, organismo que congrega todas as entidades sindicais filiadas ao CLC na cidade. Segundo explicou Joseph, dirigente do sindicato de professores de Sudbury e presidente do Sudbury Disctrict Labor Council durante os anos da greve, os sindicatos do CLC organizam-se localmente em conselhos municipais e se comprometem a não disputar com outros sindicatos afiliados à federação a representação sindical de uma empresa, caso ela já seja representada por outra entidade. Michael explicou de que modo é possível conquistar a representação em uma empresa, de acordo com o modelo conhecido como *closed shop*[40]:

A forma como a nossa lei opera em Ontário e na maior parte do Canadá é que, se há um lugar sem representação sindical, você vai a esse local de trabalho, fala com os trabalhadores. Nós não somos autorizados a entrar no local de trabalho, mas falamos com os trabalhadores dali e os organizamos. Assinamos cartões de filiação ao sindicato e, quando alcançamos mais de 40% dos trabalhadores, em Ontário, você pode inscrever-se no Ontario Labour Relations Board [o tribunal responsável por relações trabalhistas, ligado ao governo da província de Ontário] para ter a autorização para representar aqueles trabalhadores. Nós nunca nos inscreveríamos com 40%. Costumamos fazê-lo com muito mais. E, uma semana depois, sete dias depois, há uma votação, supervisionada pelo Ontario Labour Relations Board, no local de trabalho. Há uma votação: "Você gostaria de ser representado pelo sindicato, sim ou não?". E se 50% mais um dos trabalhadores votam a favor, eles estão sindicalizados. E, daquele ponto em diante, cada novo empregado contratado, quem quer que comece, automaticamente se torna parte do sindicato. (Michael, em entrevista)

Uma vez conquistada a representação, não é necessário renová-la, justamente devido ao acordo entre sindicatos do CLC, pelo qual os sindicatos "não podem competir com os outros. Então, não gastamos os nossos recursos lutando entre nós sobre controle de locais de trabalho. Nós nos focamos em locais que não estão sindicalizados", como explicou Michael. Em Sudbury, o Steelworkers ganhou a representação

---

[40] Para uma descrição concreta da forma de ativismo sindical nesse modelo, guardadas as diferenças de período histórico e setor estudado, ver Huw Beynon, *Trabalhando para Ford – trabalhadores e sindicalistas na indústria automobilística* (trad. Laura Motta, Rio de Janeiro, Paz e Terra, 1995).

156 *O solo movediço da globalização*

da Inco em 1965, razão pela qual o nome do sindicato local é 6500. No entanto, já havia um sindicato anteriormente representando aqueles trabalhadores: o Mine Mill[41], que perdeu a representação, nas palavras de Michael, porque "falhou em manter boas relações" com o CLC. Trata-se de uma história um pouco mais complexa, na realidade, que se cruza com a própria história pessoal de Leo Gerard, canadense, mineiro de Sudbury, atualmente presidente internacional do Steelworkers nos Estados Unidos, com profundas relações com a cidade por ter sido antigo líder do USW Local 6500. Seu pai atuou no sindicato local desde antes da filiação ao USW[42]. Para a assessora sindical Susan, o determinante para a perda da representação da Inco pelo Mine Mill teriam sido suas posições abertamente comunistas no período:

> Sudbury é o coração do Steelworkers, talvez você já deva ter ouvido isso, né? E o presidente internacional Leo Gerard vem dessa mina em Sudbury. [...] Curiosamente, o pai... É uma história fascinante. Uma cidade mineira com duas empresas grandes, historicamente Inco e Falconbridge. Os trabalhadores da Falconbridge foram representados pelo Mine Mill Smelter Workers, que foi um sindicato com poucos... Baseado nos Estados Unidos, mas um sindicato comunista, abertamente comunista. Porém, é interessante sua história em Sudbury, como sindicato comunista, realmente um sindicato social, uma beleza de sindicato. Eles promoveram acampamentos no verão para os filhos dos mineiros, atividades culturais. Houve um momento em que a companhia de dança da cidade de Winnipeg, no centro do país, foi contratada para fazer um espetáculo, tudo feito pelo sindicato. Isso nos anos 1950, no meio da Guerra Fria, e parece que essa companhia de dança foi informada de que, se eles aceitassem o convite desse sindicato comunista em Sudbury, nunca mais teriam a oportunidade de fazer uma apresentação nos Estados Unidos. [...] Nessa altura, o Steelworkers representou um papel feio, tentando destruir o sindicato comunista. E o pai do Leo foi membro daquela geração. Não conheço bem a história, mas parece que o pai do Leo era do outro sindicato e mudou para o Steelworkers. (Susan, em entrevista)

Hans Brasch, por sua vez, descreveu a história de modo um pouco diferente, especialmente no que se refere à relação do sindicato com comunistas, mas apontou para a mesma direção de Susan ao mostrar o papel do Steelworkers para tirar a representação da Inco do Mine Mill. Brasch trabalhou na Inco por quarenta anos:

---

[41] Atualmente Mine Mill Local 598, membro do sindicato internacional Unifor, que representa os trabalhadores das atuais instalações da Glencore na cidade. O sindicato perdeu a representação da Inco em 1965, mas conseguiu manter a representação da antiga Falconbridge.

[42] O que explica a visão de muitos entrevistados de que a greve terminou convertendo-se em um conflito quase pessoal, "uma batalha de titãs entre Roger Agnelli e Leo Gerard. Eles queriam provar quem era o mais forte", de acordo com a opinião de John. Em artigo crítico da atuação do USW Local 6500 na greve, John Peters discorda dessa visão. Para ele, aliás, um dos erros do sindicato local teria sido não se aproximar mais de Leo Gerard e utilizar sua figura de presidente internacional para pressionar a Vale, o que talvez tenha ocorrido por disputas internas na diretoria no período em que greve se desenvolveu. Ver John Peters, "Down in the Vale", cit.

A Vale compra um orgulho canadense   157

ele foi contratado pouco tempo depois de sua chegada ao Canadá – antes, havia trabalhado como garçom, faxineiro e lenhador –, buscando uma vida melhor do que a encontrada em seu país após a Segunda Guerra Mundial. De acordo com seu relato, em 1958, ele participou de sua primeira greve na Inco, que durou 91 dias, momento a partir do qual a pressão sobre o Mine Mill teria aumentado.

> Em 1958, havia esse McCarthy. Você já ouviu falar do macartismo nos Estados Unidos? Todo mundo era um comunista... E eles acusaram o Mine Mill Local 598 de ser comunista, o que eu questiono ainda hoje. Pode ser que houvesse algum membro comunista, eu não sei, mas essa é uma situação individual. Nós tínhamos alguns comunistas lá, mas o sindicato em si não era comunista. Bem, de todo modo, em 1962, o United Steelworkers veio e ganhou a representação por quinze votos. Há algo que eu preciso mencionar: naquela época, havia na Inco, eu diria, 18 mil pessoas [...]. Tudo era feito com as mãos, não havia muitas máquinas. Quando o Steelworkers veio... quando você faz campanha por votos, faz muitas promessas. A mesma coisa fez o United Steelworkers: "Nós temos mais dinheiro, vamos mostrar para a Inco!". [...] Então, em 1966, porque a empresa não sabia quem representava os trabalhadores, se o Mine Mill ou o Steelworkers, então eles disseram: "Escutem, vocês têm que resolver primeiro a qual sindicato pertencem". [...] Enquanto se negociava, houve uma disputa no subsolo e houve uma *wildcat strike*, isto é, sem a autorização do sindicato, uma greve de 24 dias, então o United Steelworkers se estabeleceu. (Hans Brasch, em entrevista)

Pode-se especular um provável motivo da pressão sobre o Mine Mill em Sudbury, inspirada pelo contexto do macartismo nos Estados Unidos: além da histórica presença de capitais estadunidenses na Inco, segundo Brasch, a empresa havia sido a principal fornecedora de níquel durante a Segunda Guerra Mundial e no período seguinte seguiria sendo uma das principais fornecedoras da indústria bélica estadunidense[43]. De todo modo, entre 1965 e 1966, o Steelworkers consolidou sua condição de representante dos trabalhadores da Inco. Nas décadas seguintes, manteve-se a tradição de realização de greves longas e enfrentamentos com a companhia, em especial durante a negociação de contratos coletivos, que, uma vez expirados, eram imediatamente considerados pelo sindicato uma razão para montar piquetes e entrar em greve. Hans Brasch descreveu várias greves longas das quais participou ou documentou após sua aposentadoria:

> Em 1969, houve outra disputa com a empresa e uma greve de 121 dias. Houve um acordo entre a empresa e o sindicato, as coisas se modernizaram e mecanizaram [no período, aboliu-se o uso de dinamite nas minas]. Em 1975, tivemos outra greve de 10 dias porque não podíamos chegar a um acordo, mas depois chegamos. Então, em 1978-1979, tivemos uma greve grande. O que você tem que entender

---

[43] Informações também apresentadas por Tádzio Peters Coelho, *Noventa por cento de ferro nas calçadas*, cit., p. 233.

158 *O solo movediço da globalização*

é que, naquele momento, o preço do níquel estava muito, muito baixo. Eu não sei por que nós não pudemos entrar em um acordo com a companhia em 1982-1983 e ficamos em greve 32 dias, seguidos de 275 dias de *shutdown* [encerramento da produção pela companhia]. O que foi bom é que o sindicato trabalhou com nossos representantes no Parlamento e conseguimos um seguro-desemprego. Em 1997, houve uma greve de 26 dias. Em 2003, outra de 89 dias e então tivemos a grande greve aqui de 2009 a 2010, por 361 dias. Um total de 1.290 dias no período em que vivo aqui. (Hans Brasch, em entrevista)

Enquanto falava, o mineiro aposentado alemão consultava em seu livro o levantamento de datas e duração das greves na Inco em Sudbury[44]. Do período coberto por sua pesquisa (1958 a 2010), a greve de 2009-2010, com 361 dias de duração, foi de longe a maior. Depois dela, pode-se mencionar a longa greve de 261 dias em 1978-1979, que ainda hoje é recordada por muitos trabalhadores, quando, em razão dos baixos preços do níquel no mercado mundial e da incapacidade da empresa de conceder aumento salarial maior, foi negociada com a Inco a criação do *nickel bonus*, um bônus pago anualmente de acordo com a variação dos preços do metal, como forma de complementar os salários. Além dessa, houve em 1982-1983 uma grande greve de 32 dias, seguidos de uma paralisação das minas realizada pela direção da empresa (*shutdown*), por mais 275 dias, como forma de evitar maiores prejuízos com os preços muito baixos do níquel no período. Naquele momento, a empresa demitiu 159 trabalhadores e promoveu dezenas de aposentadorias antecipadas. Nos anos 1980, a força de trabalho na Inco reduziu-se para 10 mil homens. Uma década antes, 18 mil mineiros trabalhavam na empresa. A redução foi causada pela crise nos preços, mas, sobretudo, por mudanças no processo de produção, com a introdução de novas máquinas.

Ao assumir as operações da Inco em 2006, a Vale passou a lidar com um grupo de trabalhadores fortemente vinculado ao sindicato, cujas famílias há décadas estão instaladas na região e trabalham na mineração do níquel. Como foi possível notar nas entrevistas, para eles, seu emprego é visto quase como um ofício herdado das gerações anteriores. O sindicato – cuja presença na cidade ainda hoje é significativa[45], apesar da diminuição já mencionada da força de trabalho nas minas (o USW Local 6500 tem atualmente cerca de 3 mil membros) – tem um histórico de organização dos trabalhadores e greves durante negociações de contrato mais duras. Seus *stewards*, representantes no local de trabalho, têm presença constante no cotidiano da produção, seja opinando nos procedimentos de segurança do trabalho ou apresentando queixas (*grievances*). Estas são muito importantes para

---

[44] Hans Brasch, *Winds of Change: The Local 6500 USW Strike of 2009 to 2010* (Sudbury, Hans and Teresa Brasch, 2010), p. 130.

[45] O principal salão de festas de Sudbury, por exemplo, localiza-se dentro da sede do USW Local 6500, cujo aluguel é uma das fontes de receita do sindicato.

A Vale compra um orgulho canadense 159

as relações entre mineiros e supervisores. Historicamente, construiu-se na Inco um padrão de queixas em três etapas, regulado em detalhe nos contratos coletivos.

A seguir, o quadro 1 sintetiza as greves (e *shutdown*) ocorridas na Inco/Vale em Sudbury de 1958 a 2010.

QUADRO 1: GREVES E *SHUTDOWN* NA PRODUÇÃO DA INCO/VALE (1958-2010)

1958	24 de setembro a 23 de dezembro	91 dias de greve
1966	14 de julho a 8 de agosto	24 dias de greve
1969	10 de julho a 15 de novembro	121 dias de greve
1975	10 de julho a 20 de julho	10 dias de greve
1978-1979	16 de setembro a 3 de junho	261 dias de greve
1982-1983	1º de junho a 3 de abril	307 dias – 32 dias de greve e 275 dias de *shutdown* na produção
1997	2 de junho a 27 de junho	26 dias de greve
2003	1º de junho a 28 de agosto	89 dias de greve
2009-2010	13 julho a 8 de julho	361 dias de greve
Total – 1.290 dias de greve e *shutdown* na produção		

Fonte: Hans Brasch, *Winds of Change*, cit., p. 130.

Como consequência, o coletivo operário obteve, ao longo do tempo, sucessivos aumentos salariais e de benefícios. Segundo informações obtidas em entrevistas com sindicalistas[46], a média salarial anual dos trabalhadores da Vale em Sudbury é de 100 mil dólares canadenses, podendo chegar a 150 mil em casos de trabalhadores que fazem muitas horas extras e cuja produtividade é superior. Na reportagem já mencionada do jornal *The Globe and Mail*[47], afirma-se que a média salarial da cidade é superior às de Toronto e de Montreal, dois grandes e ricos centros urbanos canadenses.

Em Sudbury, portanto, há um coletivo operário e um sindicato significativamente diferentes daqueles com que a Vale se relaciona em suas operações no Brasil, nas quais rotatividade da força de trabalho, baixos salários e terceirizações são características marcantes, além da pulverização dos sindicatos, de seu distanciamento do local de trabalho e da burocratização das cúpulas. Como se mostrou nos capítulos anteriores, essas características trazem, como consequências, baixo ativismo sindical e oposição restrita às iniciativas da direção da empresa. Tais elementos conformam as estratégias de relações de trabalho e sindicais da Vale, que os novos administradores brasileiros levariam ao Canadá. O contrato coletivo assinado pelo USW Local 6500 e pela Inco em 2006, pouco antes da venda da

---

[46] Corroborando dados também apresentados por John Peters, "Down in the Vale", cit.
[47] Ian McGugan, "The Great Canadian Mining Non-Disaster", cit.

160 *O solo movediço da globalização*

empresa, seguia vigente. Seriam necessários três anos para que os trabalhadores canadenses pudessem compreender a dimensão da reestruturação imposta pelos novos controladores e as concessões exigidas de seus trabalhadores.

Para Sérgio Rosa, então presidente do Conselho de Administração da Vale, a compra da Inco foi o principal passo dado em direção ao estabelecimento de uma "cultura de empresa transnacional". Por um lado, ele afirmou que, ao se estabelecer em um novo local, é preciso adaptar-se a suas condições. Na sequência, no entanto, questionado sobre a reestruturação promovida pela Vale no Canadá, Rosa respondeu considerá-la uma imposição pura e simples da lógica econômica sob a globalização, diante da qual não há nada a fazer senão lamentar, de um ponto de vista individual, e aproveitar as vantagens da situação, como dirigente empresarial, para ampliar a rentabilidade dos investimentos:

> Sérgio Rosa – A Vale estava se internacionalizando nessa época e ainda não conseguia ter uma política clara de internacionalização. [...] Ainda não tinha faturamento relevante lá fora nem tinha criado uma cultura de empresa transnacional consolidada. A Inco era, na verdade, o principal passo nessa direção. [...] Era uma vontade de reduzir custos. Óbvio, você vai procurar parâmetros internos na companhia, mas, no fundo, no fundo, é uma percepção de quanto você pode negociar a força de trabalho naquele momento. Você não pode impor um padrão. Você tem que respeitar os mercados locais. [...] Você vai ter que respeitar mercado local, legislação global, cultura local, força de trabalho existente ou não no local. Você pode ter algumas coisas que generaliza, mas não é tudo. A Vale estava em construção disso. A ideia de que a Vale iria se transformar em uma empresa transnacional ia demandar que ela construísse uma atitude nesse sentido, mas não estava consolidada essa cultura.

> **As relações de trabalho e sindicais na antiga Inco foram levadas em conta na aquisição?**
> Sérgio Rosa – Cara, sim e não. Vamos ser bastante claros com relação a isso. Eu, enquanto representante de um acionista, nunca neguei o que eu penso com relação ao mundo do trabalho, às relações de trabalho etc. etc. Por outro lado, eu não podia colocar essa minha visão ideológica do mundo na frente das decisões de investimento. De fato, quando fui para a Previ, eu sabia disso. Eu não posso ser diretor de um fundo de investimento, que os caras que me elegeram aqui querem que isso dê rentabilidade. [...] Mas relações de trabalho, infelizmente, não são determinadas por uma empresa e não são determinadas por um acionista. Nós estamos dentro de um contexto da dinâmica da economia local, do jogo de forças, tal. E, infelizmente, as empresas, quando podem levar vantagem nesse aspecto, levam vantagem nesse aspecto. Eu digo infelizmente porque acho que é uma visão sistemicamente ruim. Minha concepção de mundo e minha concepção de vida é que o patrão levar vantagem sistematicamente sobre os trabalhadores é, para o sistema como um todo, para o mundo como um todo, ruim. Mas é isso que acontece: o patrão está sempre procurando levar vantagem. Se pode reduzir salários, reduz. Se pode reduzir benefícios, reduz. Houve um ciclo na história em que isso foi diferente. Houve conquistas e melhorias contínuas, vamos

dizer assim, né? A própria previdência privada, tanto nos Estados Unidos como em outros lugares, foi obtida dentro de um ciclo de conquistas desse, outros benefícios também. E, infelizmente, a partir dos anos [19]80 e [19]90, começou a ser o ciclo reverso, de globalização, migração da produção para vários lugares e, onde podia, precarização das relações de trabalho forçada por essa flexibilidade que o capital teve.

Mas, do ponto de vista da gestão, esse aspecto foi discutido quando da compra da Inco?

Sérgio Rosa – Você tem uma preocupação e a diretriz do Conselho, nesse caso, era até formalmente clara: vamos respeitar os melhores padrões de relacionamento com o sindicato. A gente não quer conflito com o sindicato. Nós vamos respeitar o relacionamento e tentar manter as relações de trabalho em um patamar... Óbvio que isso é... É muito formal essa declaração e ela pode ser lida e implementada na prática de várias maneiras, mas é o que o Conselho podia fazer, né? O Conselho avaliou o que representava, a maneira como existia lá o relacionamento trabalhista e entendeu que era uma coisa [com] que a gente ia ter que lidar. [...] Ela é feita, até legalmente, pela diretoria executiva, né? Se você pegar o estatuto de uma empresa de capital [aberto], você tem o Conselho... O Conselho tem uma... Parece que o Conselho pode tudo. E na verdade ele pode, vai... Eu posso demitir o presidente da empresa se eu não gostar. Portanto, eu posso dizer que quero contratar um presidente que faça... Mas, na prática, na prática, não é assim que funciona. Você não vai demitir o presidente de uma empresa que está dando resultados positivos porque você acha que ele é um filho da puta. Se eu fosse o único acionista, eu poderia. Quando é uma empresa de capital pulverizado, isso que é uma possibilidade, na prática, não funciona. Então, como eu te falei, nunca tive dúvida de que a gente participava como acionista das grandes empresas, de um jogo, de relação capital-trabalho, que não era um jogo que a gente ia... Eu podia ter pequenas inflexões positivas, trazer pequenas orientações positivas, mas não ia ser a partir da orientação da Previ que a gente ia mudar o jogo da relação capital-trabalho nem aqui nem lá fora, né?

André Teixeira, por sua vez, afirmou que assumiu a gerência-executiva de relações trabalhistas logo após o fim da greve no Canadá, mas que, trabalhando havia alguns anos no setor, acompanhou as negociações com o Steelworkers após a compra da Inco e atuou como consultor no Canadá antes da greve. Segundo Teixeira, havia na Inco uma relação capital-trabalho de que ele não gostava. O conflito entre Vale e USW Local 6500 também se relacionava a um "choque de culturas" diferentes:

> E eu senti que não gostei muito da relação na época que tinha lá dentro, capital-trabalho. Dei uns palpites, mas a condução foi muito por conta deles lá naquele primeiro momento. E nós mais um papel de assessoria àquele processo. É... o Steelworkers, em determinado momento, inclusive, eu sei que ele conversou com algumas pessoas. O Leo Gerard, que era o presidente, é o presidente ainda se eu não me engano, ele teve inclusive conversas acho que com o Roger [Agnelli]. [...] Você não faz um negócio lá sem discutir muito com o sindicato antes. A questão política lá é muito forte. [...] E ficou muito tempo sem fazer investimentos lá dentro. Nos últimos anos, não se fez

grande investimento lá dentro. E, assim, em um primeiro momento, [...] houve um choque de culturas muito forte entre a nossa cultura e a cultura canadense. E havia também preconceito contra o brasileiro, né? Eu escutei isso lá: "Não venha ensinar o que você veio aprender!". [...] Eu acredito que a relação capital e trabalho tem duas colunas: a relação nossa com o sindicato e de supervisor com o empregado. E nós temos que trabalhar nas duas. O conflito nasce da relação supervisor com empregado. E a relação lá estava... Tinha um histórico de muita greve, histórico de greve todo ano, um histórico de muita confusão. [...] A Inco é uma empresa centenária e hoje, talvez, nós estamos batendo um recorde: dez anos ou quase dez anos, caminhando para dez anos, que não tem greve lá, depois da última greve. Desde a última greve até agora, nós nunca tivemos um período tão grande sem greve na Inco. (André Teixeira, em entrevista)

"Ter-me como patrão pode não ser fácil"

Essa foi a declaração de Roger Agnelli, então presidente da Vale, a uma reportagem do *Financial Times*[48], de março de 2010, que tratava da longa greve nas instalações canadenses da empresa. O conflito duraria ainda mais quatro meses. A publicação econômica inglesa apontou as mudanças na administração, após a saída de muitos gerentes canadenses, introduzidas pelos novos controladores brasileiros. Uma cultura mais participativa de decisões, adotada pela Inco, teria sido substituída pela centralização promovida pela Vale, desejosa de aumentar a produtividade dos trabalhadores de sua unidade canadense, que estariam muito acomodados ao padrão anterior. Ao abordar a greve em Sudbury, a reportagem também questionou se esses acontecimentos não poderiam repetir-se em outras partes do mundo, com a ampliação da presença de empresas brasileiras instalando unidades no exterior e comprando concorrentes em outros países[49].

Roger Agnelli ainda hoje deixa memórias amargas entre os trabalhadores de Sudbury. A maioria dos entrevistados mencionou como realmente "não foi fácil" tê-lo como patrão. Alguns, como Robin, expressaram posições bastante duras sobre o executivo brasileiro:

Eu sempre achei que a forma como ele se apresentava aqui na Vale era como um nazi, um nazi alemão da Segunda Guerra Mundial. [...] Sempre me sentia assim quando assistia a algum documentário sobre a guerra na televisão e comparava com a forma como eles agiram aqui. Sempre me lembrou o regime nazista. [...] Pela forma como eles tratam as pessoas, como as segregam. A forma como conduzem os negócios é: ou você aceita ou sai. Essa era a forma como os nazistas conduziam seus negócios. Então, eles são muito parecidos. É apenas um pensamento, sabe? (Robin, em entrevista)

---

[48] Bernard Simon e Jonathan Wheatley, "Heading in Opposite Directions", *Financial Times*, Londres, 11 mar. 2010; disponível em: <https://www.ft.com/content/6de1ac42-2c69-11df-be45-00144feabdc0>; acesso em: 26 maio 2021.

[49] Também foram mencionadas Gerdau e Marcopolo como exemplos semelhantes.

A Vale compra um orgulho canadense   163

Durante os primeiros três anos de operação da Vale após a compra da Inco, ainda sob vigência do contrato anterior, segundo sindicalistas e trabalhadores entrevistados, não houve grandes mudanças no processo produtivo e na administração local. George classificou o período como uma "lua de mel":

> No começo, é o que eu chamo de o tempo da lua de mel, de 2006 a 2009. Havia muito dos tempos antigos; na administração, as pessoas locais. Chamo isso de a face lua de mel. Em 2009, nós vimos as verdadeiras cores da empresa durante as negociações em particular. O exemplo clássico disso foi contratar *scabs* [trabalhadores temporários]. Isso nunca tinha acontecido antes. (George, em entrevista)

> Eles demoraram os três primeiros anos, até 2009, para montar sua estratégia e saber como poderiam tomar o controle, porque eles achavam que o sindicato era muito forte. [...] A razão pela qual sempre fomos lucrativos era porque empresa e sindicato trabalhavam em conjunto. Quando discordávamos, discutíamos e no outro dia esquecíamos isso. Eles queriam pulverizar o sindicato. [...] Eu acho que eles queriam uma greve longa para nos quebrar. Eles não se importavam com os trabalhadores, não se importavam com quanto dinheiro iam gastar [com a greve]. (John, em entrevista)

Outros entrevistados falaram em período de "estudo", no qual a Vale estaria preparando uma estratégia para impor mudanças (envolvendo pensões, pagamento de bônus e procedimentos de queixas/*grievances*) nas negociações de um novo contrato: um plano meticuloso, que envolveu 1) a obtenção da autorização do sindicato para parar as minas por pouco mais de um mês, estendendo o contrato que expirava, para realizar serviços de manutenção; 2) a contratação de um escritório de advocacia conhecido por suas atividades antissindicais; 3) a contratação de trabalhadores temporários (chamados pejorativamente de *scabs*) para pressionar os grevistas e manter parte das atividades das minas; 4) a vigilância dos piquetes e dos ativistas sindicais, ameaçando-os com demissões e os processando como responsáveis pelos prejuízos causados pela greve; e 5) a rejeição de queixas (*grievances*) e o acúmulo de milhares de casos de arbitragem de modo a desgastar politicamente (pela perda de capacidade de atuação no ambiente de trabalho) e pressionar economicamente (pelos custos dos processos de arbitragem) o sindicato. A seguir, serão abordados tais aspectos do plano organizado pela Vale para reestruturar sua unidade canadense.

Em 2009, quando tiveram início as negociações para um novo contrato coletivo, o sindicato logo percebeu o sentido das mudanças. Naquele momento, como mencionado no capítulo 1, sentiram-se os efeitos da crise econômica mundial, que diminuiu os preços dos minérios entre 2008 e 2009, após anos de robusta expansão. Pode-se apontar[50] um aspecto fundamental para que a Vale mantivesse posição dura e não demonstrasse preocupação em negociar o encerramento da

---

[50] Acompanhando argumentação de John Peters, "Down in the Vale", cit.

164　*O solo movediço da globalização*

greve: retomar o funcionamento pleno das minas com os preços baixos do níquel não seria tão lucrativo quanto os eventuais benefícios de longo prazo trazidos por uma imposição bem-sucedida das mudanças almejadas nas operações canadenses[51]. Bernard, um dos membros da mesa de negociação pelo sindicato, que ocupa importante posição na hierarquia do USW Local 6500, não concorda integralmente com essa avaliação. Para ele, além da flutuação de preços causada pelo choque da crise mundial de 2008-2009, havia uma estratégia planejada de debilitar o sindicato e quebrar os laços comunitários que o ligam aos mineiros. Essa seria a razão mais importante para o endurecimento das negociações:

> A economia estava ruim em 2009. No entanto, não estava ruim para a Vale. Estava bom para a Vale. A empresa fazia milhões e milhões de dólares com minério de ferro. De quando eles nos compraram, em 2006, até 2009, somente em Sudbury, eles fizeram mais de US$ 3 bilhões. É muito dinheiro. A empresa estava indo bem. A única coisa que eles queriam era mudar, mudar a cultura aqui em Sudbury. Era claro que eles queriam fazer isso porque nós dissemos que queríamos manter o *status quo* no contrato, que nada mudasse, ainda que entendêssemos que eram tempos difíceis. Mas não aconteceu. E assim começou a greve. [...] Eles estavam tentando mudar a cultura que nossos pais, avós e bisavós lutaram para que tivéssemos. Então, mantivemo-nos fortes. Foi duro, foi muito duro. Foi muito difícil para as famílias. Eles destruíram a comunidade? Sim, eles destruíram, mas eu coloco toda a culpa na Vale, porque eles queriam trazer *scabs* para fazer nosso trabalho. E isso nunca havia acontecido antes. Já tivemos greves longas no passado, como em 1979. Houve uma greve de nove meses contra a Inco. Eu não estava aqui nesse período. Mas essa foi a maior greve. [Em 2009,] foi uma greve suja, com a empresa contratando os próprios guardas. Havia mais seguranças aqui do que policiais na cidade e essa é a maneira como a Vale opera. [...] Eles nos seguiam, nos filmavam, nos processavam. Eu tenho processos contra mim e minha família: acho que três processos diferentes. Após a greve terminar e quando tudo foi resolvido, os processos foram encerrados. Mas isso foi feito para estressar e colocar pressão nas pessoas e em suas famílias. (Bernard, em entrevista)

---

[51] Como se afirmou no capítulo 1, durante o mesmo período, a Vale demitiu 2 mil trabalhadores diretos e 12 mil terceirizados no Brasil, afirmando realizar um ajuste necessário por conta da crise econômica. Ver Laura Nazaré de Carvalho, "Análise da ação dos sindicatos dos trabalhadores da mineradora Vale S.A. na região Sudeste brasileira", *Textos & Debates*, Boa Vista, n. 23, jan./jul. 2013, p. 93, nota 2. Nesse momento, Roger Agnelli chocou-se com a orientação do governo federal de preservar empregos, um episódio creditado como responsável por sua saída da presidência da empresa em 2011 e, na sequência, pela posse de Murilo Ferreira, que anteriormente comandara as operações da Vale no Canadá. Ver Judith Marshall, "Behind the Image of South-South Solidarity at Brazil's Vale", cit., p. 170-1. A crise fez a Vale vender, entre 2009 e 2010, US$ 110 milhões em ativos no Brasil e no mundo para diminuir o déficit em caixa causado pela redução do preço do minério de ferro e pela diminuição das encomendas no mercado internacional. Ver Tádzio Peters Coelho, *Projeto Grande Carajás: trinta anos de desenvolvimento frustrado* (Rio de Janeiro, Ibase, 2014), p. 23.

Para Artur Henrique, então presidente da CUT, que acompanhou a greve no Canadá, a Vale de fato pretendia diminuir a importância do sindicato na produção, mudando a "cultura" sindical local:

> A ida àquela greve mostrou algumas coisas. Primeiro, que você tem uma cidade que é basicamente constituída a partir do negócio da mineração. [...] A Vale simplesmente vai lá e compra. A nossa briga, ou a nossa disputa, era que a gente fazia uma tentativa de abrir espaço para negociação antes mesmo da greve. [...] A Vale dizia para nós: "Olha, aquilo ali é um negócio que vai mudar a cultura [...], porque nós não podemos permitir que os próprios mineiros tomem conta da produção, o poder que o sindicato tem". [...] Mas, ao mesmo tempo, uma relação muito diferente no Canadá, porque eram pessoas que o avô tinha trabalhado na mina, o pai tinha trabalhado na mina, e o cara estava trabalhando na mina. Eles esperavam que o filho fosse trabalhar na mina. Do jeito que a proposta estava se encaminhando, aquilo ia ser uma desgraça do ponto de vista de... sem uma preocupação com a realidade local, sem uma disposição de ouvir as pessoas. Então, a nossa briga com a Vale começou a ser, aqui no Brasil, além de abrir espaço [...] – fomos falar com o presidente da Vale, o Roger Agnelli [...] – e, ao mesmo tempo, eu achei que, dado o que a gente estava discutindo em termos de solidariedade internacional, de redes, de trabalhadores na indústria química [...], era preciso conhecer a coisa mais de perto. Quando começou a greve, [...] algumas coisas chamam a atenção porque a assembleia dos trabalhadores foi dentro de um ginásio de hóquei. E participar de uma assembleia dentro de um ginásio cheio de trabalhadores, mas também com mulheres, família, crianças, mostra o que era... [...] Um negócio surreal, outro tipo de organização. (Artur Henrique, em entrevista)

Nas negociações, pela primeira vez, a empresa não foi representada por gerentes locais e contratou a Hicks Morley, "o maior e mais pró-patronal escritório de advocacia de recursos humanos no Canadá"[52], para representá-la. Segundo os sindicalistas entrevistados, os advogados apenas reafirmavam as propostas feitas desde o início e não aceitavam estabelecer qualquer negociação. Michael, que também participou da equipe de negociação por parte do sindicato, assim descreveu a postura da empresa durante a greve:

> A primeira bandeira vermelha, o primeiro sinal – havia rumores de que eles queriam fazer grandes transformações, rumores de greve – foi que o responsável pelas negociações apontado pela empresa era um advogado. Seu nome é Harvey Beresford, um advogado muito, muito experiente de uma companhia chamada Hicks Morley, que é o escritório de advocacia mais antissindical do Canadá. O trabalho deles é esmagar sindicatos. Essa é a razão principal pela qual eles foram contratados: porque criam problemas para os sindicatos. A Hicks Morley sempre esteve envolvida em negociações coletivas com a Inco, mas sempre nos bastidores. Eles nunca haviam atuado cara a

---

[52] John Peters, "Down in the Vale", cit., p. 89. Tradução nossa.

166   *O solo movediço da globalização*

cara. Eles aconselhavam. Dessa vez, foram encarregados. Receberam todo o poder do Brasil para negociar mudanças, e essa era a maneira como seria. [...] Havia alguns gerentes locais nas negociações também, mas esta era a mensagem do Brasil: "É assim que vai ser. Seus bônus são muito altos, suas pensões são muito altas, comparadas ao que nossos trabalhadores no Brasil têm. Nós temos que diminuir". Eles queriam fazer mudanças no que nós levamos décadas para alcançar. Eu me lembro. Eu estava lá nas negociações. Eles nos deram o pacote e nós respondemos. Normalmente, recebemos, olhamos e devolvemos o nosso pacote; então, eles olham o nosso, mudam, devolvem, nós voltamos e recomeçamos. Mudamos o pacote deles, entregamos de volta. Após um breve período, eles voltaram exatamente com o mesmo pacote da primeira vez e disseram: "Não, vocês não entenderam. Aqui está: este é o novo contrato". Nós dissemos que não era dessa forma que negociávamos, que nós temos idas e vindas de discussões até chegar a um acordo, não que eles impusessem para nós. Então, na terceira vez, disseram: "Não, esta é a forma como será". [...] "Peguem ou saiam. Se vocês entrarem em greve, terão uma longa greve". Então, nossos membros disseram que nós teríamos uma longa greve. Não iríamos nos rebaixar tanto e desistir das nossas coisas. E esse foi o começo dos 361 dias. [...] [Depois,] houve algumas tentativas de negociação. Tudo saiu daqui e foi para Toronto. Nós fizemos muitas negociações, dias e dias, alguns meses ao todo. Foi horrível. Era: "Não, é assim que vai ser!". Eles moviam um pouquinho aqui, um pouquinho ali... Estavam demitindo pessoas. Havia trezentos guardas contratados, vivendo em hotéis na cidade, câmeras, microfones. Foi horrível. Eles queriam quebrar o sindicato. (Michael, em entrevista)

André Teixeira, ao falar da greve no Canadá em entrevista, sempre parecia, de algum modo, retirar a reponsabilidade pelo conflito da direção brasileira da empresa. Ele afirmou que as negociações, durante a greve, estavam a cargo de gestores canadenses, que recebiam orientações da diretoria executiva no Brasil, mas eram responsáveis pela condução do processo:

A negociação não era de gestor brasileiro, mas quem mandava, quem definia o mandato, era a diretoria executiva da Vale. Eram brasileiros que definiam o mandato. Agora, a condução não era de brasileiros, não. Nunca, no nosso modelo. Por exemplo, eu já orientei, oriento negociações em Moçambique: a última eu orientei, inclusive, este ano. Agora, a condução é deles. E, quando a gente vai definir o que vai fazer, eles escutam muito. É muito ruim você colocar na mesa um moçambicano com um brasileiro ou um canadense com um brasileiro. Nunca teve na mesa [...]. (André Teixeira, em entrevista)

Aproximava-se a data de expiração do contrato então vigente: 31 de maio de 2009. O impasse causado, ainda nas primeiras rodadas de negociação, pela intransigência da companhia para obter as mudanças nas pensões e nos bônus, começou a trazer apreensão aos trabalhadores. Muitos entrevistados afirmaram que havia expectativa de entrada em greve caso as negociações não se encerrassem no prazo, mas ninguém imaginava o conflito que se avizinhava[53]. Talvez por isso o sindicato tenha concordado com a proposta da Vale de estender o contrato de 4 de junho a 12 de julho de 2009, de modo a permitir a continuidade das negociações. No período, as operações das minas e da fundição foram paralisadas para realização de serviços de manutenção, aproveitando-se também das dificuldades do mercado com a crise econômica[54].

> Do ponto de vista do sindicato, era uma negociação de boa-fé. Então, se ainda havia alguma abertura e conversações em andamento... Porque, historicamente, o sindicato local 6500 é conhecido por não trabalhar sem contrato. Nós nunca fizemos isso antes. Então, se em 31 de maio não temos um contrato [data-limite de expiração do contrato vigente], em 1º de junho fazemos piquetes. Mas o comitê de negociação pensou, de boa-fé, em permitir esse desligamento e deixar algumas pessoas trabalhando. Foi muito controverso. Isso nunca havia sido feito antes. Muitos de nossos membros não concordaram com isso. No final, nós terminamos consertando os equipamentos para os substitutos entrarem, o que não sabíamos que ocorreria naquele momento. [...] Não há dúvida de que eles estavam se preparando para a greve muito melhor do que nós. (George, em entrevista)

> Nós passamos seis semanas fazendo manutenção nos equipamentos e não nos preparamos para a greve. (Ken, em entrevista)

O impasse nas negociações não foi solucionado durante o período de extensão contratual acertado. Em 13 de julho de 2009, os trabalhadores de Sudbury entraram em greve, após a rejeição em votação, em 10 de julho, da proposta de contrato apresentada pela Vale. Dos 3.062 então membros do USW Local 6500, 2.600 votaram: 387 (14,88%) favoravelmente ao contrato apresentado e 2.213 contrários (85,2%)[55]. Na sequência, as operações de Port Colborne e Voisey's Bay, representadas por outros sindicatos locais do USW, também entraram em greve. Greves são frequentes na história do Canadá e em Sudbury, mas a greve que ocorreu na unidade da Vale na cidade envolveu "3.300 trabalhadores por um ano, com perda de aproximadamente 845 mil dias de trabalho", e se tornou "a maior greve do setor privado canadense em mais de trinta anos"[56]. Em Sudbury, a greve só se encerrou em 7 de julho de 2010, 361 dias após seu início. Dias depois, em Port Colborne, um novo contrato foi assinado. Em Voisey's Bay, uma instalação menor, a greve ainda durou mais seis meses, alcançando, no total, dezoito meses de paralisação.

---

[53] A calculada preparação da Vale para a greve e o contraste com as dificuldades de previsão e organização do sindicato para o conflito são sublinhados por John Peters, em "Down in the Vale", cit., p. 90, por meio de uma metáfora retirada de uma das entrevistas que ele realizou em Sudbury. Segundo um sindicalista, durante a greve, eles estariam usando "lápis para enfrentar os raios laser" de que dispunha a empresa.

[54] Hans Brasch, *Winds of Change*, cit., p. 38.

[55] Ibidem, p. 40.

[56] John Peters, "Down in the Vale", cit., p. 73-4. Tradução nossa.

168   *O solo movediço da globalização*

Segundo narraram os trabalhadores entrevistados, manter-se em greve por tanto tempo trouxe muitas dificuldades. A primeira delas foi a própria manutenção dos piquetes. A maior tensão teria sido causada pela decisão da empresa de contratar uma equipe de segurança para vigiar os trabalhadores grevistas e forçar a passagem de insumos ou de ônibus com trabalhadores temporários contratados.

Durante o ano em greve, a Vale utilizou trabalhadores terceirizados temporários para manter parte da produção e, em particular, realizar manutenção e modificações nas minas. Isso talvez seja o que mais irritou os trabalhadores entrevistados. Muitos opinaram que a empresa pretendia desmoralizá-los, mostrando que outros ocupavam seus lugares. A presença dos cerca de 1.200 trabalhadores terceirizados temporários contratados pela Vale durante a greve foi um golpe duro na resistência dos trabalhadores, já que a empresa pôde manter parte de suas atividades, em particular completando serviços de manutenção pendentes e modernizando as minas para o período seguinte[57]. A empresa aproveitou-se da greve, em um período em que os preços do níquel estavam baixos, para reestruturar suas operações canadenses tal como desejava. Todos os trabalhadores entrevistados, sem exceção, mencionaram a questão da contratação de *scabs* com muito ressentimento. "*Scab*", que significa sarna, cicatriz ou casca de ferida, é o termo pejorativo que os trabalhadores utilizam para descrever os temporários.

Michael – Nós os chamamos de *scabs*. Quando alguém faz nosso trabalho enquanto estamos nos piquetes, nós os chamamos de *scabs*.

Qual é o significado de *scab*?
Michael – Ah, é horrível! Não há nada mais baixo na face da Terra do que um *scab*. Quando alguém está em um piquete defendendo suas condições de trabalho, suas famílias, suas comunidades, tudo aquilo pelo qual eles trabalham duro, e vem alguém e tira vantagem disso, dizendo: "Ah, vou ser um *scab* sobre você, fazendo o seu trabalho, você está aí e eu vou fazer". Isso é a pior coisa. As pessoas chamam-nos de trabalhadores substitutos [*replacement workers*], trabalhadores temporários [*temporary workers*], contratados [*contracted*]. Não! Eles são *scabs*! Estão roubando nossos trabalhos enquanto estamos em um piquete.

E como eles passavam pelos piquetes?
Michael – Com os seguranças contratados que eles tinham. Eles usavam um ônibus com películas nos vidros. Então, você não podia ver dentro. Havia um motorista no ônibus, eles embarcavam os *scabs* no ônibus, havia pessoas com câmeras no ônibus. Do outro lado do piquete, havia todo tipo de seguranças e eles tentavam forçar o piquete para fazer o ônibus entrar e eles fazerem nosso trabalho. Nós sabemos que eles não fizeram a maior parte do nosso trabalho. Era mais para chatear-nos, inflamar a situação e fazer parecer como se estivéssemos perdendo, para que as pessoas dissessem: "Ai, Jesus, eles estão roubando meu emprego. É melhor eu desistir e voltar para

---

[57]   Idem.

A Vale compra um orgulho canadense 169

o trabalho antes que eu fique sem emprego". Mas não funcionou. Houve violência aqui. Foi um tempo difícil na cidade.

Se alguém cruza um piquete para ir trabalhar, nós o chamamos de *scab*. Aliás, a empresa disse que nós não podemos mais chamá-los de *scabs*. Então, agora eles estão tentando nos dizer o que podemos falar e como agimos diante de pessoas que vão ganhar grana enquanto estamos passando fome. É nosso direito: se eles cruzam os piquetes, deveriam comer a merda que sai de dentro deles, porque foram tomar nossos empregos enquanto estávamos passando fome. Quem é a Vale para nos dizer que não podemos chamá-los de *scabs*? (Gregory, em entrevista)

A contratação de trabalhadores temporários para substituir os grevistas foi confirmada por André Teixeira. Em sua versão, no entanto, a Vale teria realizado as contratações após terem ocorrido situações de ameaças a trabalhadores e gerentes. A empresa, segundo o gerente de relações trabalhistas, escolheu trazer trabalhadores da província de Quebec, utilizando a rivalidade entre anglófonos e francófonos no Canadá. Esse tipo de expediente seria "parte do jogo" em uma greve, para Teixeira, bem como a necessidade de "operar" para enfrentar a resistência dos trabalhadores nos piquetes:

André Teixeira – Olha, eles começavam a ameaçar a família dos caras que estavam trabalhando e tudo mais. Aí, nós contratamos lá o que eles chamam de... esqueci o nome...

Scabs?
André Teixeira – Esse é o nome que eles dão. [...] Eles chamam de *scabs*, né? E foram os franceses. Nós pegamos em Quebec essas pessoas e lá tem uma rixa enorme entre ingleses e franceses. Tudo isso pegou. Agora, faz parte do jogo, né? Ou seja, algumas pessoas, inclusive o [menciona o nome de um gerente], por exemplo: ele teve que pegar a família dele porque era o representante da empresa. [...] Teve que sair de lá com a família e levar para Toronto. Foi muito sofrimento para as pessoas. Não foi fácil, não. Aí, quando entraram os *scabs* lá... *Scabs* não: *replacement workers*, que eles chamavam de *scabs*, aquilo mudou totalmente.

Então, a empresa precisou endurecer também desse ponto de vista físico, vamos dizer assim...
André Teixeira – Sim, nós precisamos em um determinado momento aí de operar. Se você pegar, foi um momento de endurecimento deles também: toda ação representa uma reação igual e contrária.

Julian, trabalhador que foi ativo durante a greve, contou que sofreu uma represália por sua participação nos piquetes: a entrega, por supervisores, dos armários que ele costumava utilizar para um trabalhador temporário durante a greve. Para ele, foi ofensivo que outra pessoa tenha tido acesso ao espaço em que estavam objetos pessoais e fotos de familiares. Outro armário, que ele utilizava

170 *O solo movediço da globalização*

para guardar itens para o almoço, foi aberto, e os utensílios armazenados foram descartados para abrir espaço para os temporários.

> O que me incomodou é que teve um cara, um trabalhador em uma posição ruim, um *scab* atravessando os piquetes, e eles nem sequer tiveram a decência de tirar as fotos da minha família. Eu achei isso não só desrespeitoso comigo, como também com o cara que estava nessa posição ruim. Isso mostra como eles se importam. Eles não se importam. (Julian, em entrevista)

Muitos trabalhadores também falaram da pressão causada pelos seguranças e vigias nos piquetes, que estimulariam confrontos para criar pretextos para demissões e perseguição. Alguns dirigentes sindicais também narraram episódios de intimidação às famílias de grevistas. Foram relatados casos de advogados da empresa que teriam ido às casas de trabalhadores "informar" às esposas sobre a abertura de processos contra ativistas e membros do sindicato:

> Eles diziam: "Seu marido estava em um piquete. Eles pararam um caminhão hoje". Alguém ia bater na porta da casa para falar com a esposa quando o marido estava no piquete com um bloco de papel dizendo: "Vocês estão sendo processados em milhões de dólares porque as ações de seu marido estão nos impedindo de produzir, então nós vamos processá-los". Então, a esposa entrava em pânico: "Nós vamos perder nossa casa, não vamos conseguir alimentar nossos filhos! Do que se trata isso?". Eles nunca viram algo assim antes. A Vale usou o escritório de advocacia Hicks Morley e mais truques sujos para intimidar nossas pessoas. Eles seguiam as pessoas com guardas, carros, gravando-os. Você saía para almoçar com a sua família em um café e os guardas vinham e se sentavam ao seu lado, tentando começar alguma situação. Eles usaram muitas táticas sujas e gastaram muito dinheiro fazendo isso. (Michael, em entrevista)

Durante a greve, John era um dos responsáveis pela organização dos piquetes. Ele contou que, à época, foi processado em 1 milhão de dólares canadenses por um conflito ocorrido em uma portaria da empresa:

> Eu não tinha nada a ver com aquilo. Não havia imagens comigo, e os próprios seguranças disseram que nunca haviam me visto. [...] [Eram] muitos processos, por questões diferentes, com os quais eles estavam tentando desmoralizar os trabalhadores, mas Sudbury tem um orgulho muito grande, e nós nos levantamos para defender nossos direitos. Não é fácil quebrar um sindicato aqui. Não sei se no Brasil é, mas no Canadá não é. (John, em entrevista)

Para André Teixeira, a greve terminou radicalizando-se, em uma dinâmica em que empresa e sindicato decidiram fazer o outro lado perder mais. Ao final, apesar das dificuldades e das perdas, o gerente reconheceu que a Vale conseguiu alcançar resultados próximos aos que esperava:

André Teixeira – E eu acompanhava, conversava com as pessoas. Em uma velocidade muito rápida, a coisa se radicalizou, radicalizou de um jeito que ficou difícil. E greve, à medida que você caminha para a radicalização, [...] os dois lados se radicalizam. Aí, começa o seguinte: um é muito derrotado... Todos perdem, mas quem vai perder mais? Aquela greve todo mundo perdeu: eles perderam e a Vale perdeu também. Todo mundo perdeu. Mas começa você a perder mais do que eu naquele processo. E a coisa foi descambando para radicalização – radicalização que, para mim, assim, com a minha experiência de greve, o que eu via na época foi totalmente descontrolada. [...] A coisa descambou [...] em uma radicalização que eu não imaginava, e as mediações não adiantavam. Era assim – meu sentimento –: ou vocês desistem disso ou acaba com isso aí. No final [...], depois da greve, os resultados foram muito mais próximos do que a gente queria. [...] Aí, quando estava quase chegando em um ano, o sindicato voltou atrás. Então, assim, foi um exemplo de radicalização que, eu confesso, me assustei como o caminho se radicalizou. A condução da negociação não era nossa, era dos próprios canadenses, mas nós atuamos como consultoria.

Dada a radicalização que você acaba de reconstruir, em sua opinião, a Vale também precisou radicalizar? O que seria radicalizar em um conflito desse tipo?
André Teixeira – O que é a radicalização na negociação? É você ter menos flexibilidade para negociar, reduzir sua margem de negociação. O sindicato colocava: ou é isso ou é isso. E a Vale: ou é isso ou é isso. Isso que é radicalizar. Você reduz a radicalização quando aumenta seu leque de itens para negociar.

Então, a Vale reduziu ao mínimo possível a flexibilização?
André Teixeira – Eu não diria que a Vale reduziu: a Vale não ampliou. O impasse surgiu a partir dessas duas posições e nenhuma das partes ampliou isso aí.

Os trabalhadores e sindicalistas entrevistados afirmaram que não planejavam manter-se em greve por tanto tempo e que não estavam preparados para esse tipo de conflito. Ainda que o Steelworkers seja um sindicato poderoso, com muitos recursos e um fundo de greve internacional, o apoio que os trabalhadores grevistas receberam do sindicato e da comunidade era insuficiente. Segundo informou Bernard, com o fundo de greve sustentado pelo sindicato internacional, não era possível manter o padrão de vida das famílias. De início, eram pagos duzentos dólares canadenses por semana aos trabalhadores em greve, quantia posteriormente aumentada para trezentos dólares.

A organização do fundo de greve pelo sindicato também foi alvo de críticas[58]. Os baixos valores dificultavam que os trabalhadores se mantivessem em greve e os pressionavam a retornar ao trabalho. Além disso, a decisão do sindicato de repassar os valores do fundo de greve à Vale – para que a empresa depositasse a quantia nas contas dos empregados – dificultava o contato permanente dos diretores do USW Local 6500 com os trabalhadores. Para Michael, a decisão de transferir os

---

[58] Idem.

172   *O solo movediço da globalização*

recursos para a Vale não trouxe maiores consequências e foi apenas uma opção do sindicato para facilitar a tarefa de realizar os pagamentos em um momento em que todos estavam focados nas negociações e na manutenção dos piquetes.

Michael – Nós temos um fundo de greve poderoso. Quando as pessoas pagam a contribuição sindical, uma parte disso vai para o fundo de greve e, quando entramos em greve, elas recebem um reembolso das contribuições sindicais. Isso volta para eles toda semana. Mas, mais importante – porque nós tínhamos 3.500 trabalhadores –, a maioria das pessoas só participava dos piquetes uma ou duas vezes por semana, o que deixava para elas cinco ou seis dias nos quais elas não tinham que estar nos piquetes. Então, durante esse período, muitas delas buscaram empregos. Eles pegaram empregos temporários: alguns saíram da cidade e buscaram empregos. [...] O reembolso do fundo de greve era uma ajuda, mas não era nem de perto próximo ao salário que estavam perdendo. Eles podiam comprar os itens básicos e pagar talvez a conta d'água, mas, se não tivessem as próprias economias ou se a esposa não estivesse trabalhando... Isso poderia durar dois, três, quatro anos, as pessoas não sabiam, então muitos disseram: "Não vou correr o risco, vou conseguir um emprego onde eu puder". [...] Nós poderíamos sobreviver por muitos e muitos anos. O fundo nunca sangra. Nós temos 800 mil membros na América do Norte trabalhando continuamente, e o dinheiro deles vai para esse fundo. É disso que se trata: ajudando uns aos outros quando é necessário. O sindicato internacional mantém o fundo, e todo membro do Steelworkers na América do Norte paga o fundo. É muito poderoso. E nós gastamos muito com advogados, negociações. Se não tivéssemos os recursos do Steelworkers, estaríamos com grandes problemas. Grandes problemas.

Eu soube que os pagamentos do fundo de greve foram realizados pela Vale. Por que isso ocorreu?
Michael – O que aconteceu foi que nós transferimos o dinheiro para a Vale e a Vale... Todo mundo aqui é pago através de depósito direto, então uma vez por semana você vai *on-line* e seu dinheiro está depositado na sua conta. Em vez de nós tentarmos preencher 3.500 cheques toda semana e todo mundo vindo pegar, a Vale fazia a transferência bancária. Nós fazíamos a transferência, e a empresa fazia a transação para todas as contas e continuamos fazendo assim.

Você não acha que isso poderia fortalecer a empresa durante a greve?
Michael – Não empoderou a empresa. A empresa teve que fazer. Foi mais fácil para nós porque, se as pessoas estavam trabalhando ou não estavam por perto, era fácil para eles serem pagos e estava feito. Por outro lado, se nós tivéssemos preenchido cheques e entregado, teríamos tido muito mais contato com as pessoas. Então, daqui para a frente, faremos isto, caso aconteça de novo: cheques individuais para termos melhor comunicação. Mas, para aquele momento, para o que tínhamos, funcionou bem. [...] Acho que para nossos membros seria melhor escrever cheques. É muito trabalho, mas seria melhor escrever cheques. [...] Eles, no começo da greve, disseram que fariam. Nós fizemos os arranjos e eles concordaram, então eles nunca pegaram qualquer dinheiro, deixaram de transferir, atrasaram ou fizeram qualquer jogo. Para muitos de nossos membros, eles gostaram de receber dessa forma porque era fácil.

A Vale compra um orgulho canadense   173

Muitos trabalhadores precisaram buscar empregos temporários na região durante o período de greve; outros simplesmente decidiram sair da empresa ou se mudar de cidade com a indefinição da greve. Vários relataram casos de divórcio e crises familiares:

> Você faz o que pode... Cartões de crédito, administra o que você tem guardado, sabendo que existe a possibilidade [de greve]. Porque nós trabalhamos na Inco por muito tempo e sabemos que, sempre que se negocia um contrato, há a possibilidade de haver uma greve. Então, a maioria das pessoas economiza pelo menos o suficiente para cobrir seis meses de salário. As circunstâncias de vida podem mudar, mas a maioria das pessoas tenta fazer isso. [...] As pessoas usaram todos os cartões de crédito que tinham na carteira, alguns acharam outro emprego, outros dependeram de doações, bancos de alimentos. Eles fizeram o que precisaram, administraram, tinham que alimentar suas crianças. [...] [O fundo de greve] não foi suficiente. É controlado pelo nosso sindicato internacional, e eles não viram a necessidade de aumentá-lo ao longo dos anos. Então é baixo, ainda é baixo. [...] Todo mundo manejou. Alguns conseguiram, outros não. Casamentos e casas perdidos, veículos, tudo o que tinham se foi. (Sam, em entrevista)

> A estratégia da empresa era colocar-nos para baixo como maus trabalhadores. Usaram a mídia, *blogs*, todo o tempo, para tentar quebrar a mente das pessoas e jogar. Muitas pessoas foram afetadas, houve vários suicídios, trezentos divórcios, muitos lares se perderam. Eles machucaram os trabalhadores. Depois, voltaram e aplicaram o que eu chamo de lei marcial, com um estrito código de ética que tornou as coisas piores e eles tiveram agora que fazer algumas mudanças porque não estavam mais conseguindo ter produção. [...] Nós estamos em um momento em que a produção poderia ser o dobro do que é hoje, mas para isso eles precisariam ter vontade de interromper essa pulverização do sindicato, parar de querer estar no controle. Nós sabemos que a Vale é o chefe, mas quando você tem um chefe para quem você quer trabalhar, você produz mais. [...] Eu tive sorte porque minha esposa trabalha, é enfermeira, e antes eu me preparei, juntei dinheiro porque imaginava que teríamos problemas. Nosso antigo presidente [do sindicato] alertou [para] que guardássemos o dinheiro do nosso último bom *nickel bonus* porque tempos difíceis estavam se aproximando. (John, em entrevista)

A reestruturação promovida pela Vale trouxe mudanças em aspectos sensíveis das relações de trabalho em comparação com os contratos anteriores. As concessões arrancadas pela empresa diziam respeito a três principais questões, sintetizadas a seguir:

1) Fim do bônus pago de acordo com as variações do níquel no mercado, obtido na longa greve de 1978-1979 como compensação pelo baixo aumento salarial daquele período. Em anos recentes, com a valorização do minério, esse bônus significava ganhos elevados para os mineiros. Em alguns casos, segundo os sindicalistas, o bônus poderia exceder US$ 50 mil ou 60 mil por ano[59]. A Vale

---

[59] Números semelhantes podem ser encontrados em John Peters, "Down in the Vale", cit., p. 88.

174 *O solo movediço da globalização*

pretendia reduzir o pagamento de bônus a um máximo de US$ 15 mil por ano e atrelá-lo às metas e à produtividade em linha com sua política de bônus global (especialmente com o modelo de PLR pago no Brasil), uma vez que, na visão da companhia, o bônus atrelado à variação dos preços do níquel não estimularia os trabalhadores a aumentar sua produtividade[60]. Segundo Bernard, o *nickel bonus* foi substituído pelo bônus comum da empresa (conhecido no Canadá como *Annual Incentive Program* – AIP): "Acho que é semelhante ao Brasil. [...] Eles veem o que fizeram em um ano, qual o lucro e depois disso cada trabalhador recebe uma quantia em dinheiro". A divisão de Ontário, nas negociações de fim de greve, manteve um bônus adicional, o *Earnings Based Compensation* (EBC), baseado nas receitas anuais da empresa. As mudanças no bônus foram um duro golpe para os trabalhadores, acostumados com os altos ganhos durante os anos anteriores:

> Com o *nickel bonus* havia quem podia comprar um carro novo. Quando a Vale chegou, ainda CVRD, eles disseram: "Não vamos manter o *nickel bônus*. Nós temos nosso próprio bônus". Uma postura não só arrogante, mas que também ignorou que nós temos nossa própria história e que, muitas vezes, abrimos mão de aumentos salariais em troca de ter o bônus. Então, se você quer tirar o bônus, queremos ter salários. (Julian, em entrevista)

> Eles nos tiraram isso e minimizaram para algo provavelmente de um terço ou um quarto do que era antes, no máximo, e nós nunca tivemos um bônus pago ao máximo desde então. Não costumávamos ter. Quando a Inco nos deu o bônus, eles nunca imaginavam que os preços do níquel chegariam tão alto. [...] Mas a empresa fez muito dinheiro. (Tom, em entrevista)

2) Alteração no plano de pensão, terminando com os planos de benefício definido, pelos quais os trabalhadores mantêm os salários da ativa quando aposentados, substituindo-os por planos de contribuição privada definida, pelos quais a pensão depende estritamente do investimento feito pelo trabalhador ao longo dos anos. A mudança é muito parecida à que a Vale, após a privatização, realizou no Brasil com o fim do plano Valia e a criação do plano Vale Mais[61]. De início, a companhia pretendia impor essa mudança para todos os trabalhadores canadenses, enquanto o sindicato dizia que esse era um aspecto inegociável. Com o passar dos meses, empresa e sindicato, ao final da greve, concordaram com a manutenção do plano de benefício definido para os trabalhadores então ativos da empresa, enquanto os novos contratados seriam incluídos em planos de contribuição definida. Michael, talvez se esforçando para mostrar que a concessão feita não foi tão grande, assim explicou as alterações no plano de pensão:

---

[60] Como afirmaram Roger Agnelli e os diretores da Vale entrevistados na reportagem do *Financial Times* já mencionada.

[61] Conforme analisado no capítulo 1.

Nossos membros, antes da greve, tinham uma pensão de benefício definido, quando após trinta anos você se aposenta e recebe aquilo que costumava cair na sua conta [quando na ativa]. Se o mercado caísse, a Inco tinha que completar e ter certeza de que tudo estava garantido. [...] Após a greve, os novos contratados estão em um plano de contribuição definida, pelo qual os trabalhadores contribuem com um percentual de seu salário e a companhia aporta o mesmo valor. Esse dinheiro vai para uma poupança e, quando é hora de se aposentar, eles retiram esse dinheiro da aposentadoria, pouco importa o que esteja lá. Se os mercados estiverem ruins, talvez eles tenham que trabalhar por mais tempo. Será menos do que quem está no plano de benefício definido. A Vale não tem qualquer responsabilidade pelas mudanças [no mercado]. Os novos contratados, que hoje são 25% dos nossos membros, estão nesse novo plano, que ainda é um bom plano de pensão, comparado a muitos lugares no Canadá. É um plano muito bom, mas não é o plano realmente muito bom que os trabalhadores antigos têm. (Michael, em entrevista)

Com relação à redução do bônus e às mudanças nos planos de pensão dos trabalhadores canadenses, Sérgio Rosa e André Teixeira são explícitos ao afirmar que a remuneração dos mineiros era alta e precisava ser revista. Os planos de benefício definido, por sua vez, não estariam alinhados aos oferecidos no Brasil, além de serem deficitários. O então presidente do Conselho de Administração da Vale e o gerente de relações trabalhistas associam, igualmente, as mudanças que rebaixaram os ganhos variáveis dos trabalhadores e as pensões de novos contratados à queda dos preços do níquel após a crise de 2008:

Algumas coisas foram descritas para nós como difíceis de sustentar dentro de uma dinâmica de relação positiva de trabalho. A questão do fundo de pensão – contrariamente à minha convicção, que vejo planos de benefício definido como positivos, mas essa é uma convicção que eu não consegui convencer nem o governo Lula dela, [...] e a contribuição definida virou um padrão internacional –, toda e qualquer empresa no mundo que teve a oportunidade de mudar seu padrão de previdência mudou para contribuição definida. Se eu fizesse uma posição dessa dentro da Vale [...], seria quase uma batalha ideológica que eu faria. Segundo, a política de bônus, segundo a descrição na época, era uma política que não incentivava corretamente o que a empresa queria. Não estava alinhada com as ideias que a empresa tinha de estimular a produtividade, de recompensar a produtividade do trabalho. Era uma política de bônus antiquada, que beneficiava as pessoas sem que correspondesse à capacidade da empresa de incentivar o que ela queria para os trabalhadores. Isso acontece. Mudanças de política de remuneração em uma empresa acontecem o tempo todo. Óbvio que crises são sempre fatores muito importantes, mas não é só por conta de crise. Você tem períodos de crescimento, incentiva as pessoas a determinadas coisas. Você tem períodos diferentes em que vai incentivar por outras coisas, por redução de perdas, por desenvolvimento, enfim, você vai alinhar. Então, a visão que eles deram para a gente era que a política de bônus era antiquada, que não correspondia ao período da empresa e que não era mais um instrumento correto para lidar com... Iam substituir

176 *O solo movediço da globalização*

pelas políticas de incentivo mais adequadas ao planejamento da empresa. Era essa a versão que a gente tinha. (Sérgio Rosa, em entrevista)

André Teixeira – Tinha um histórico de greve muito forte e começou então aquele movimento grevista. Começou em uma negociação em que nós estávamos mexendo... Nós mexemos no Brasil e lá tinha um plano de previdência privada muito deficitário. É a diferença entre contribuição definida e benefício definido.

Aqui no Brasil se resolveu logo depois da privatização?
André Teixeira – Foi: 2001 ou 2002. E o plano lá foi inclusive proposto para os novos empregados na época, mas houve uma resistência muito grande com relação a isso aí e não se conseguiu chegar a um consenso [...]. Esse foi o principal ponto. Teve o *nickel price bonus* também que influenciou, que era a remuneração variável deles.

Vocês também queriam padronizar com o que se faz no Brasil?
André Teixeira – Estava em um período em que o preço do níquel estava alto e estava se pagando muito, ou seja, você tinha um empregado lá recebendo por ano US$ 100 mil, empregado de mineração.

Só com o bônus?
André Teixeira – Não, a remuneração total deles. Foi o que me falaram. Estou contando o que eu escutei. Então, nesses dois pontos, foi chegando a um impasse. Eu acho – agora opinião minha, está entendendo? – [os canadenses pensaram:] "Esses brasileiros vão aprender aqui!" [...]. Embora eu estivesse participando como consultor, não conduzindo o processo, porque eu na época nem era responsável por isso na Vale.

De todo modo, a disposição de padronizar a política de bônus e de previdência com a que se tem no Brasil era uma decisão estratégica da companhia?
André Teixeira – Tinha. Tinha essa decisão porque a previdência lá é deficitária. O que você perde dinheiro lá com plano de previdência é horrível. É muita coisa. [...] E também aconteceu o seguinte: [...] o preço do níquel despencou e os estoques de níquel na London Metal Exchange de níquel lá estavam altíssimos, então...

A Vale podia ganhar tempo para negociar...
André Teixeira – Nós não perdemos venda, por assim dizer.

3) Redução do número de trabalhadores por meio de planos de demissão voluntária e estimulada por incentivos. A empresa pretendia reestruturar a produção e aumentar a produtividade das minas com menor número de trabalhadores[62]. Além disso, modificou o sistema de queixas interno (*grievances*), restringindo e centralizando os canais pelos quais os conflitos na produção poderiam ser resolvidos. Tratava-se

---

[62] Além de demissões promovidas pela Vale após a greve, muitos trabalhadores saíram da empresa e buscaram novos empregos em outras cidades, como narraram os sindicalistas do USW Local 6500, por não conseguirem suportar os vários meses sem salários. Os dados de *turnover* da Vale reunidos por Laura Nazaré de Carvalho, em "Análise da ação dos sindicatos dos trabalhadores da mineradora Vale S.A. na região Sudeste brasileira", cit., captaram esse movimento. A taxa, que era de 5% em 2008, saltou para 19,7% em 2009 e se manteve elevada, em 10,8%, em 2010.

de um ataque direto à atuação do sindicato no local de trabalho. Os procedimentos de *grievances* existem para canalizar e dar tratamento a questionamentos e conflitos cotidianos na produção, relativos a aspectos de segurança, procedimentos, relacionamento com colegas e supervisores etc. O papel dos *stewards*, representantes sindicais no local de trabalho, é muito importante no tratamento das queixas.

Até então, havia nas minas da Inco um sistema de *grievances* baseado em três etapas: na primeira, de nível local, *stewards* e supervisores locais buscavam dar tratamento à queixa; na segunda, de nível intermediário, caso a anterior não fosse bem-sucedida, um representante do sindicato e um membro de escalão médio da administração buscavam solução; na terceira, a hierarquia máxima do sindicato e a da empresa tratavam da queixa. Caso não fosse possível chegar a uma solução nas três etapas anteriores, o caso iria para arbitragem, processo conduzido por advogados preestabelecidos pelas duas partes no contrato. A arbitragem é um processo dispendioso, para o qual é preciso contar com apoio de advogados.

A Vale decidiu reduzir os procedimentos de queixas de três para duas etapas e passou a remeter todos os conflitos à arbitragem, de modo a reforçar sua autoridade no local de trabalho e pressionar o sindicato com os custos elevados desse processo. A redução dos canais internos de *grievances* e a explosão de casos enviados para arbitragem seriam, dessa forma, uma "tática para colocar pressão política sobre o sindicato, tentando oprimir, distrair e drenar recursos sindicais"[63].

Essa postura modificou-se apenas às vésperas da negociação do contrato de 2015 a 2020, quando a empresa aceitou retornar ao sistema de *grievances* em três etapas e passou a evitar remeter queixas para arbitragem. O retorno ao processo de *grievances* em três etapas no acordo de 2015 é sempre lembrado pelos membros do USW Local 6500 como uma demonstração de que eles teriam "revertido" muitas concessões feitas no acordo de 2010 pós-greve. De fato, o retorno ao procedimento de queixas anterior é uma vitória importante do sindicato, uma vez que essa era a forma mais direta pela qual a Vale buscava enfraquecer o poder coletivo, impondo um tipo de relacionamento direto com seus trabalhadores, de modo semelhante ao realizado por seus gerentes nas operações brasileiras. Como se afirmou no capítulo 2, esse é um aspecto central da estratégia de relações de trabalho e sindicais da empresa. O fato de que o USW Local 6500 tenha conseguido retomar os procedimentos de *grievances* mostra que a companhia precisou lidar com o enraizamento do sindicato, adaptando sua estratégia de relações sindicais.

Entretanto, como se verá a seguir, a empresa buscou outras formas de ampliar seu controle da produção, contornando (ou buscando limitar) o papel do sindicato e dos *stewards*, sobretudo por meio das mudanças na política de segurança e do código de álcool e drogas. Além disso, "reversão" talvez não seja a forma mais precisa

---

[63] Reuben Roth, Mercedes Steedman e Shelley Condratto, "The Casualization of Work and the Rise of Precariousness in Sudbury's Nickel Mining Industry", cit., p. 12. Tradução nossa.

178   *O solo movediço da globalização*

para definir o contrato assinado em 2015, uma vez que ele não trouxe qualquer recuo no que se refere a pensões e bônus, o coração das mudanças impostas pela Vale na reestruturação promovida em 2009-2010.

Segundo os sindicalistas entrevistados, além do descontentamento dos trabalhadores com queixas sem resolução, o recuo da Vale também teria motivação econômica: a empresa passou a considerar que seus custos com arbitragem estavam altos demais, como argumentou Michael:

> Nós tivemos mais de 5 mil queixas indo para a arbitragem. Na arbitragem, a cada dia que vamos para lá, sem contar gastos com advogados, apenas os custos da arbitragem para os dois lados são de US$ 3 mil por dia. [...] Eles tentaram enfraquecer o sindicato e o tornar ineficaz, tentando dizer: "Olha, pessoal, vocês não precisam de sindicato, podem estar bem sem um". A coisa mais antissindical que você pode ter. Mas, por causa disso, nossos trabalhadores ficaram muito indignados com toda essa situação em que as questões não eram resolvidas, porque eles sabiam que era por culpa da empresa e não do sindicato. [...] Eles tiveram tantos problemas com trabalhadores descontentes que eles pensaram: "Melhor consertarmos isso porque, se não o fizermos, as relações não ficarão boas". Então, foi por isso que conseguimos consertar dessa vez. (Michael, em entrevista)

Com quase 5 mil queixas acumuladas para arbitragem, após a negociação do contrato de 2015, a empresa teria concordado em acelerar seu processo de resolução. Segundo Tom, membro do comitê de *grievances* do sindicato, cerca de 4.800 queixas acumuladas desde o período da greve foram resolvidas em apenas seis meses:

> Nós tivemos muitas queixas. Eu provavelmente ouvi 4 mil queixas em quatro anos. [...] Nós gastamos três ou quatro anos só lidando com queixas após a greve. Não foi bom. Eles continuavam querendo nos colocar para baixo. Queriam colocar os chefes [*chief stewards*, responsáveis do sindicato por lidar com as queixas] também para baixo, mas não conseguiram. (Tom, em entrevista)

> Eu acho que eles estavam muito amargos com o sindicato após a greve e decidiram colocar mão pesada na disciplina, continuaram com as intimidações. Eles fizeram durante a greve e continuaram. Todos esses trabalhadores demitidos nós levamos para a arbitragem e nos custou milhares de dólares. Nosso sindicato tem recursos [...]. Não somos um sindicato pobre, podemos defender nossos membros. A empresa gastou milhões e milhões com advogados. Mas, como os preços dos minérios caíram agora, é mais importante para eles lidar com o sindicato e se relacionar conosco porque eles não têm o dinheiro extra para gastar em arbitragem e advogados em todos os problemas. Eles querem que as coisas transcorram suavemente para fazer os lucros de que precisam. Então, esperamos que continue. (Michael, em entrevista)

Derrota ou vitória?

Tem o *Sudbury Star*[64] no dia seguinte à greve. Ao fim da greve, eles botaram lá [na manchete]: "Um funeral". É o sentimento com que eles estavam. A greve mudou... Eu não acompanhei muitos anos depois, mas em um primeiro instante ela mudou a forma do supervisor atuar. Então, nós tivemos um ganho com aquela greve. Nós não ganhamos, mas uma coisa interessante daquela greve foi que a responsabilidade – [como] eu falei, são duas colunas, certo? –, o supervisor atuava muito pouco nessa relação com os empregados lá dentro. Depois dessa greve, a relação do supervisor com as equipes... Eles fizeram, quando estava caminhando para o final da greve, fizeram um *workshop* deles lá. Participamos, em termos de sugestões, [...] para discutir o que tinham que mudar a partir daquilo. E a relação do supervisor com a equipe foi um dos pontos e é uma coisa em que a gente atua no Brasil. Então, eles mudaram a relação do supervisor com as equipes: esse foi um ganho que a gente teve. Na época, inclusive, falaram: "Olha, no longo prazo isso vai ser bom para a gente". E nós também conseguimos operar a planta, uma unidade, com muito menos pessoas, ou seja, mostrou que tinha também um excesso de pessoas ali dentro. (André Teixeira, em entrevista)

Houve algum estresse com o sindicato por conta da duração da greve. Muitas pessoas culpam-nos também. Não foi fácil. Muitas pessoas precisavam voltar. Mas lutamos pelas boas coisas, pelas pensões, pelos benefícios, bônus, salários... Muitas pessoas perguntam: vocês perderam a greve? Eu não diria que perdemos. Mas nós tivemos que fazer concessões? Sim, tivemos. Naquele momento, por quanto tempo mais seguir? Havia muitas pessoas que não podiam mais aguentar e precisavam voltar. Então, que fizemos? Nós voltamos e lutamos novamente. É isso o que fizemos. Então, nós continuamos aquela batalha. (Bernard, em entrevista)

No final, as pessoas votaram por aceitar o acordo não porque elas aceitassem o acordo. Votaram porque queriam os empregos de volta. Elas precisavam voltar ao trabalho. Um ano é muito, muito tempo! Houve mudanças que nós não gostamos e que tivemos que aceitar, mas nem de perto elas eram como no começo da greve. Nós tivemos mudanças para os novos contratados, mudanças nos bônus, oito pessoas foram demitidas, algumas foram reintegradas, outras não. (Michael, em entrevista)

Após prolongar-se por meses a fio sem que a Vale demonstrasse qualquer disposição de recuar de suas imposições centrais, a resistência dos trabalhadores foi-se esgotando. Em 11 março de 2010, nove meses após o início da paralisação, realizou-se a votação de uma nova versão do contrato apresentado pela empresa. Mais uma vez, a rejeição foi categórica: dos 2.371 membros do USW Local 6500 que votaram, 2.105 (88,7%) não aceitaram o contrato apresentado e apenas 266 (11,3%) votaram favoravelmente[65]. Tratava-se, contudo, de uma última tentativa,

---

[64] Jornal local de Sudbury.
[65] Hans Brasch, *Winds of Change*, cit., p. 91.

180 *O solo movediço da globalização*

um último respiro. Muitos trabalhadores entrevistados disseram que a votação de março expressou a indignação com um contrato que era praticamente o mesmo apresentado antes de a greve iniciar-se. Entretanto, os três meses finais exauriram os recursos e a capacidade de resistência prolongada dos mineiros de Sudbury. Em 6 de julho, nova votação aprovou o contrato acordado nas negociações entre sindicato e Vale por 1.795 votos (75,5%) contra 581 (24,5%) que o rejeitaram, em um universo de 2.376 membros do USW Local 6500 que votaram na assembleia[66]. Apesar da decisão pela saída da greve, o número significativo de votos pela rejeição mostrou que ainda havia muita insatisfação com o contrato firmado. Ao final, impôs-se a constatação de que era inútil seguir. Talvez corroborando a impressão de Bernard de que houve certo descontentamento com o sindicato, Gregory afirmou:

> O acordo que foi feito na negociação... Sabe, eu não sou um dos mais entusiastas do sindicato naquela negociação, mas também preciso dizer que pouco importa quão bom seja o sindicato: simplesmente não é possível fazer nada contra uma empresa tão grande quanto a Vale. Na assembleia que decidiu o fim da greve, [o presidente do sindicato] disse: "Aceitem isso porque é o máximo que podemos conseguir. Não haverá nada além disso por um longo tempo". O que iam fazer os trabalhadores jovens que perderam tudo, casa, caminhonetes, carros, além de dizer sim? Desculpe-me, mas, então, o que aconteceu? Nós perdemos tudo. Eu vi o nosso sindicato nos vender. Quando era a Inco, nosso sindicato tinha poder. Havia igualdade. Nós negociávamos e havia ganhos. (Gregory, em entrevista)

Ao avaliar os resultados da greve, os sindicalistas do USW Local 6500 costumam, senão explicitamente, ao menos de forma indireta, apontar a capacidade de resistir por um ano à ofensiva da Vale como a maior vitória obtida pela greve. Demonstrar a capacidade de manter-se em greve apesar das dificuldades, portanto, seria a grande vitória dos trabalhadores. Segundo os dirigentes sindicais, a empresa precisará "pensar duas vezes" caso queira enfrentar novamente uma greve em Sudbury. Por isso, para eles, as negociações do contrato de 2015 ocorreram de modo bastante diferente: saíram de cena os advogados; os administradores brasileiros não estavam em posição de destaque nos escritórios centrais de Toronto ou em Sudbury; o acordo coletivo foi debatido e celebrado pelo sindicato local e pelos administradores de Sudbury, sem participação direta do Steelworkers internacional ou da alta hierarquia da Vale, como explicou Bernard, que ocupou posição destacada nessas negociações.

No entanto, se, por um lado, a celebração do acordo de 2015 um mês antes da expiração do contrato anterior demonstraria a mudança de postura no relacionamento da companhia com o sindicato, não se pode desconsiderar, por outro lado, que tal se deu sob os marcos impostos pela Vale no processo de reestruturação bem-sucedido realizado em suas operações canadenses em 2009-2010.

---

[66] Ibidem, p. 117.

A Vale compra um orgulho canadense   181

Considerando a questão desse ponto de vista e a partir do que a empresa buscava ganhar quando se iniciaram as negociações em 2009, é evidente que a Vale venceu. A companhia obteve o que buscava.

Para Susan, a mudança de postura nas negociações de 2015 talvez se deva justamente à vitória anterior da companhia, tão grande que teria sido capaz de modificar a própria postura do sindicato:

> Uma greve, para ser bem-sucedida, tem que ferir a empresa e o sindicato. Mas se uma parte não é atingida, a greve pode durar para sempre e eu acho que essa foi um pouco a dinâmica da greve em Sudbury. [...] Essas minas de níquel para a Vale, em um período de baixa dos preços, simplesmente não tinham importância. Outra coisa é que, historicamente, nessas cidades mineiras, mineiros e administradores vivem na mesma comunidade. Todos são afetados quando a greve começa. As famílias mineiras não compram mais na mercearia porque não têm mais dinheiro. [...] Eles vão todos às mesmas igrejas, os filhos vão às mesmas escolas. [...] Eu fiquei chocada ao ler no *Sudbury Star* um anúncio conjunto da Vale e do sindicato à comunidade, dizendo que a negociação do novo acordo começaria no dia tal e que ambos os lados estavam comprometidos a ter uma negociação eficiente e que a comunidade não precisaria se preocupar com uma repetição da situação anterior. Isso é muito incomum, algo assim nunca acontece: um sindicato e a companhia fazendo um anúncio conjunto antes de sentarem para negociar. Alguns podem dizer: este era o acordo, fazer o sindicato parar de desafiar a Vale e a Vale ir para a próxima negociação com uma postura menos agressiva. [...] Não foi uma greve com muita interlocução entre diferentes níveis de ação sindical. Não acho que foi uma greve em que o sindicato saiu mais forte. (Susan, em entrevista)

Pode-se dizer que tal avaliação é compartilhada, à sua maneira, por André Teixeira, para quem a greve foi um "aprendizado" para as duas partes, cujo resultado teria sido revelado nas negociações de 2015, em que se estabeleceu um contrato de cinco anos, que tem, entre suas cláusulas, a proibição da realização de greves. Ao seu final, em 2020, Teixeira celebra que se completará o maior período sem greves na história da Inco/Vale[67]:

---

[67] A informação não é exatamente precisa, já que houve quatorze anos sem greves na Inco, entre 1983 e 1997, de acordo com as informações de Hans Brasch, *Winds of Change*, cit. De todo modo, o intervalo de onze anos sem greves entre 2010 e 2021 foi o segundo maior desde 1958. Em 2020, foi negociada uma extensão contratual de um ano durante a pandemia da covid-19, quando o funcionamento das operações de Sudbury foi mantido. No entanto, em junho de 2021, houve um impasse nas negociações de um novo contrato de cinco anos. Apesar da recomendação de voto favorável do USW Local 6500, 70% dos trabalhadores membros votaram contra a proposta oferecida pela Vale, que incluía a retirada de benefícios de saúde e de cobertura de medicamentos para aposentados, e questionaram os baixos valores de reajuste e de bônus. Iniciou-se uma greve de dois meses, encerrada em agosto de 2021, quando uma nova proposta da empresa foi aceita pelos trabalhadores, não obstante as críticas às novas concessões obtidas pela companhia. Ver USW,

182   *O solo movediço da globalização*

E a própria relação com o sindicato também amadureceu a partir daquilo. O próprio sindicato também, em determinado momento, trocou as pessoas que [o] lideravam [...]. Houve uma troca, dos dois lados houve uma troca. As pessoas que estavam de um lado saíram e as pessoas que estavam do outro lado saíram. Se você for pegar quem era o líder do [...] Local 6500, eles mudaram a gestão daquilo ali. Então, eu diria que houve um amadurecimento dos dois lados. A greve ajudou os dois lados a amadurecer e foi fechado um acordo de cinco anos. Nós fechamos agora outro de cinco, ou seja, quando chegar nos dez significa que nunca tivemos um período de dez anos sem greve lá. E, no acordo, tem a proibição de greve. Então, vamos ter dez anos, o que nunca teve na história de Sudbury daquela operação. Então, assim, o próprio acordo que foi fechado [...] em 2015 ele foi também de cinco anos. E quando você fecha um acordo de cinco anos, gente, é muita maturidade! No Brasil, você só pode fechar de dois. A primeira grande empresa que fechou de dois anos sem fixar o reajuste foi a Vale no Brasil. [...] Se você perguntar, daqui a uns quinze anos, vamos falar que a greve foi boa para os dois lados. Eu acho que a greve permitiu amadurecimento por parte da empresa e também do sindicato. A relação mudou, né? Nós tivemos, depois, um gerente de RH que era natural de Sudbury, que viveu lá, [...] nasceu do lado, o pai trabalhava, que tinha raízes lá, e que conhecia muito o pessoal. Então, mudou muito aquilo ali. O que eu digo é o seguinte: os dois lados trocaram as pessoas, ou seja, os dois lados reconheceram que aquelas pessoas erraram. (André Teixeira, em entrevista)

Reuben Roth, Mercedes Steedman e Shelley Condratto, em um estudo de caso sobre a Inco/Vale em Sudbury[68], mostraram uma tendência à precarização do trabalho na indústria do níquel na cidade. Tradicionalmente, os trabalhadores canadenses da mineração eram considerados parte da "aristocracia operária", por seus altos salários, benefícios e pela sindicalização, que garantia bons contratos. Ao longo das últimas décadas, gradativamente, a introdução da terceirização passou a erodir a capacidade de barganha coletiva, reduzindo a base do USW Local 6500. Ao mapear cláusulas sobre terceirização em contratos entre Inco/Vale e USW desde 1969, os pesquisadores concluíram que o sindicato optou por trocar o controle do local de trabalho por ganhos monetários e outros benefícios, permitindo, pouco a pouco, que a empresa contratasse trabalho terceirizado, que não é coberto pelo contrato assinado entre empresa e sindicato, segmentando a força de trabalho na empresa.

A partir dos anos 2000, com efeito, esse processo acelerou-se com as demandas corporativas por flexibilidade do trabalho. Com a compra da Inco, em 2006,

---

"Steelworkers Reject Vale's Concessionary Offer, Call for Good-Faith in Negotiations as Strike Continues"; disponível em: <https://www.usw.ca/news/media-centre/releases/2021/steelworkers-reject-vales-concessionary-offer-call-for-good-faith-negotiations-as-the-strike-continues>; acesso em: 4 dez. 2021, e Martha Dillman, "Mine, Mill and Smelter Workers Vote 85% for Vale Contract, Ending 2-Month Strike", *CBC News*, 4 ago. 2021; disponível em: <https://www.cbc.ca/news/canada/sudbury/usw-vale-collective-agreement-1.6128851>; acesso em: 4 dez. 2021.

[68] Reuben Roth, Mercedes Steedman e Shelley Condratto, "The Casualization of Work and the Rise of Precariousness in Sudbury's Nickel Mining Industry", cit.

A Vale compra um orgulho canadense   183

"a Vale implantou sistemas de recursos humanos centralizados e introduziu uma abordagem gerencial contenciosa que levou à erosão adicional da força de trabalho sindicalizada"[69]. Além disso, houve perda de importância relativa das operações de Sudbury, que deixaram de representar 47% das receitas da Inco para apenas 4% das receitas globais da Vale. A greve de 2009-2010 não pôde reverter a reestruturação imposta pela empresa, e seus resultados aprofundaram a tendência de perda de controle do local de trabalho pelo sindicato, garantindo melhores condições para que a Vale obtivesse flexibilidade na gestão de suas minas, diante da volatilidade dos preços de *commodities* minerais.

Como visto nos capítulos anteriores, o controle do local de trabalho e o enfraquecimento do poder coletivo dos sindicatos são elementos fundamentais da estratégia de relações de trabalho e sindicais da Vale. A perda do poder de barganha leva à erosão da capacidade de resistência dos trabalhadores sindicalizados diante do poder das corporações transnacionais. Dessa forma, as CTNs da mineração podem lidar com uma contradição aparente: o fato de que não se pode mover uma mina, transferindo-a para operações *offshore*. Com a reestruturação, a Vale pôde "usar a terceirização para transferir suas responsabilidades *offshore*, permanecendo em Sudbury e espremendo todos os lucros possíveis de seus trabalhadores diretos e subcontratados"[70].

Vários entrevistados mencionaram um "clima amargo" e de enfrentamento velado no cotidiano pós-greve. Bernard afirmou que a pressão para diminuir a importância do sindicato prosseguiu após a assinatura do novo contrato:

> Eu posso dizer que o retorno ao trabalho em 2010 foi ainda mais difícil do que durante a greve porque eles continuaram a colocar trabalhadores contra trabalhadores. Eles realmente "dividiram para conquistar". Trabalharam duro nisso. Ignoraram o sindicato, ignoraram minha posição por longo tempo. Eu tive que lutar por muito tempo para ter conversas com eles, reuniões, e é triste dizer, mas nós precisamos trabalhar muito para reunir as pessoas, trazê-las para perto do sindicato novamente. Eles enfraqueceram o sindicato porque muitas pessoas perderam suas casas, suas economias, muitas coisas. Nós tivemos muitas pessoas que cometeram suicídio, pessoas que deixaram o trabalho e levaram suas famílias para outros lugares. Há muitas histórias diferentes sobre como tiveram um período difícil. E isso continuou por muito tempo. [...] As pessoas foram disciplinadas, demitidas por dizer algo. Após voltarmos, em 2010, tivemos sessenta pessoas demitidas. (Bernard, em entrevista)

---

[69] Ibidem, p. 8. Tradução nossa.

[70] Ibidem, p. 20. Tradução nossa. Adicionalmente, pode-se afirmar que esse diagnóstico está em linha com a descrição das características das LMEs apresentadas em Peter Hall e David Soskice, "An Introduction to Varieties of Capitalism", cit. Talvez, seja possível concluir que a reestruturação promovida pela Vale beneficiou-se de uma estrutura institucional que concentra responsabilidades na alta gestão corporativa e lhe permite maior facilidade para contratar e demitir, tomando decisões ágeis em contextos de flutuação de mercado, como ocorreu na queda acentuada dos preços do níquel após a crise de 2008-2009.

184 *O solo movediço da globalização*

As entrevistas mostraram, também, um esforço grande da empresa para reduzir a porosidade do trabalho e aumentar a produtividade. Os supervisores intensificaram a busca por disciplina. As tentativas de reduzir o poder de intervenção dos *stewards* devem ser vistas tendo esse pano de fundo em mente. Duas mudanças ilustram o comportamento adotado por gerentes e supervisores após a greve: 1) a introdução de uma nova política de segurança nas minas[71], orientada a evitar interrupções da produção; e 2) a criação de uma política de "álcool e drogas", que, segundo vários entrevistados, justificaria a generalização de testes de urina em trabalhadores. Por meio dessa política, supervisores e gerentes poderiam constranger ativistas sindicais ou trabalhadores indóceis diante de seus colegas.

Sean, que atuou por anos como uma espécie de "cipeiro" nas minas, descreveu as modificações nos procedimentos de segurança da seguinte forma:

> Com a Inco, tínhamos um estilo baseado no perigo [*hazard-based style*], no qual, se tivéssemos algum perigo de que nos déssemos conta no local de trabalho, nós o consertávamos. Fomos de um modelo baseado no perigo com a Inco para um baseado no risco [*risk-based*] com a Vale. E isso essencialmente é um modelo que nos permite de uma maneira ou de outra fazer o trabalho mesmo que o risco esteja ali presente. Com a Inco, nós nos livrávamos do risco e então continuávamos. [...] O modelo baseado no perigo era bom, muito melhor do que o que a Vale nos trouxe depois. [...] O modelo de segurança na Vale é baseado no comportamento [*behavior-based safety*]. A primeira coisa para qual eles olham é para os atos, ou o comportamento, ou o pensamento do trabalhador. Eles se esquecem de tudo e olham para o trabalhador. Nós sabemos que, quando você olha profundamente para algo, você consegue retirar o que quer daquela situação. A empresa retornou da greve sendo ainda o chefe: "Eu sou o chefe e você é o trabalhador". E eles foram muito claros de que eram os chefes, não iriam parar nem iriam discutir. [...] As pessoas perceberam que não valia a pena pressionar a empresa. Então, o trabalhador médio pensou: eu vou fazer meu trabalho, vou tentar não me ferir, vou evitar qualquer conversa, não vou trazer nenhum assunto, vou fazer por mim mesmo e vou chegar no final da porra do dia com menos encheção. Essa cultura está viva hoje. Está lentamente mudando, com as pessoas trazendo coisas, mas ficou uma linha muito demarcada entre nós e eles, trabalhadores e gerência. [...] Mas essa não é a cultura de segurança que queremos. Nós queremos que as pessoas vejam algo que possa ferir alguém e notifiquem para que isso possa ser solucionado. E, se a pessoa não pode, ela deveria poder ir ao supervisor informar isso e ele resolver. [...] Tudo fica sobre o trabalhador. Isso tira a responsabilidade da empresa porque, se algo acontece, a empresa pode dizer: "Ah, ele foi treinado nisso, ele sabia e ele escolheu fazer isso". É uma forma de dar um passo atrás

---

[71] Que os sindicalistas associam a aumento dos riscos, uma vez que, de acordo com seus relatos, nos dois anos posteriores a sua introdução, houve quatro acidentes graves com três mortes nas minas em Sudbury. O USW Local 6500 encontrou dificuldades para realizar uma investigação conjunta com a empresa, como era praxe na Inco, e decidiu conduzir investigação própria, cujo relatório responsabiliza as mudanças nos procedimentos e falhas nas minas pelos acontecimentos.

em muitas responsabilidades e fazer o trabalhador dar um passo à frente em direção a muitas responsabilidades. (Sean, em entrevista)

Para Sam, a política de álcool e drogas tem sido utilizada para tornar ativistas um alvo, gerando insegurança no coletivo operário – já que um erro na produção pode ser motivo de desconfiança de uso de alguma substância e gerar uma ordem para submeter-se a um teste de urina – e trazendo como consequência a exposição diante dos colegas:

> Um incidente menor, não precisa ser um grande incidente... Nos tempos antigos, antes de toda essa política, como alguém mais experiente, eu fiz vários reparos em equipamentos pelos equívocos que os rapazes fizeram. O pessoal geralmente comete algum equívoco quando está na produção. É só um erro: ninguém se feriu, há algum dano no equipamento, nós o arrumamos e ficava tudo bem. Nada era dito. [...] Nos velhos tempos, se alguém sentisse algum cheiro [refere-se a álcool], diria: "Melhor você ir para casa". Um cara poderia ter tido uma noitada e aparecer de manhã para trabalhar tendo bebido pesado à noite. Ele receberia alguma chamada, sabe, mas o supervisor tinha respeito pelo homem e o homem tinha respeito pelo supervisor. Ele diria: "Escute, você está com um cheiro forte. Melhor você ir para casa". Ou então: "Sente-se e coma algo, daqui a algumas horas nos encontramos para saber como você está". Agora, um cara pode estar sóbrio ou ser alguém que absolutamente não bebe e ele terá que urinar e ser testado para ver se fez algo. [...] Os ativistas ficam marcados. A maioria deles é só de caras comuns: eles talvez saiam para tomar umas cervejas, têm vida social. Um ativista, digamos que seja um mineiro, eles o colocarão em uma posição perigosa e vão marcá-lo de modo que possam ter certeza de que algo acontecerá e... [batendo palma] Eles pegam! Então, se ele é agressivo, se é um *steward* – e para ser um *steward* tem que ser um pouco agressivo, ele tem que se impor em defesa de seu pessoal –, então os supervisores, gerentes ficam incomodados e começam a formular planos seja para pressioná-lo, seja para se livrar dele de um jeito ou de outro. É tudo relacionado ao controle. Se eles acham que alguém é muito ativo, eles querem controlar. (Sam, em entrevista)

Gregory, mineiro demitido da Vale, manifestou grande ressentimento do período passado na empresa. Membro de uma família (avô, pai e tios) que trabalhou por décadas na Inco, ele afirmou ter enfrentado os supervisores no período pós-greve, o que ocasionou sua demissão. Seu relato sobre a política de álcool e drogas da empresa é duro e, ao mesmo tempo, mostra o aspecto multifacetado da questão. Por um lado, ele reconheceu ter lidado com problemas de adicção em decorrência de seu trabalho no subsolo. Ao mesmo tempo, em sua opinião, a política de drogas da empresa não visava à recuperação de trabalhadores com dependência química – uma vez que o uso de drogas e álcool no subsolo persistiria –, mas a pressionar e a intimidar ativistas ou trabalhadores críticos de seus supervisores, em um contexto de busca, pela Vale, de fortalecimento da autoridade destes no local de trabalho.

186   O solo movediço da globalização

O estresse é tanto que afeta as pessoas em casa e no trabalho. Eu vi pessoas tremendo não porque estivessem com frio, mas porque elas estavam tão estressadas que não tinham outra escolha a não ser lidar com seu estresse da única forma que elas sabem. E a maioria das pessoas não sabe qual a melhor forma para lidar com estresse. Eu, pessoalmente, sei que fiz coisas que foram muito ruins para mim. Eu costumava cheirar cocaína no subsolo, usar oxicam, um analgésico, enfim, algo muito ruim. Eu costumava fumar maconha no subsolo, mas sabe: a maconha costumava me acalmar, me livrar das coisas e não as levar para casa comigo. As outras coisas não deveriam ser feitas lá embaixo. Eu poderia ter machucado alguém, me machucado. Eu poderia ter matado alguém. Você nunca sabe, né? [...] Há pessoas fumando maconha lá embaixo, pessoas fazendo outras coisas, mas essa é a única maneira com que elas podem lidar com o fato de ter que voltar para aquele lugar no dia seguinte.
[...] O que acontecia antes? Se um supervisor desconfiasse, sentisse algum cheiro, ele simplesmente mandava a pessoa para casa. Agora, você tem que se submeter a um teste de urina. Tem que urinar em uma garrafa na frente de alguém, para garantir que seja sua... Claro, porque todo mundo carrega um pote com urina consigo! Óbvio que não! Então, você tem que fazer isso na frente de alguém, é imediatamente testado e, se há qualquer álcool ou droga em seu sangue, você é imediatamente demitido. Não vai para a reabilitação, nada: é mandado para casa sem pagamento. [...] Antes, se houvesse algo, se dizia: "Ei, há algo errado com esse cara, vamos ajudá-lo". Não mais, a não ser através do sindicato, e eles têm que lutar com as unhas para conseguir algo. [...] Mesmo se você tem alguma discussão com alguém da gerência, se eles só quiserem forçar a barra porque você está fazendo perguntas, questionando: "Ok, nós vamos fazer um teste de urina porque você não está normal". É só o que eles dizem: "Você não está normal, então vamos testá-lo". [...] [Numa reunião,] eu levantei e disse: "Tudo bem, se vocês querem fazer conosco, vamos fazer também com vocês e vamos ver quantos são pegos do nosso lado e do lado de vocês". E, então, eu fui retirado da reunião e mandado para casa por ter dito isso.
Eu estou melhor agora porque não sou mais aquela pequena merda raivosa que eu era. Eu estava com raiva do mundo. Eu odiava tudo porque odiava meu emprego. Odiava ser tratado como um número. Como eu estava falando daquela reunião [em que recebeu uma punição], o supervisor veio até mim no dia seguinte, exatamente no dia seguinte, e disse: "Olá, Gregory 1542431". Ele recitou meu número serial que nem eu mesmo sabia que era meu número serial. Naquele dia percebi que nós realmente somos tratados como números. Dali em diante, comecei a dizer: "Olá, sou o 1542431[72]". E eles tratavam como insulto. (Gregory, em entrevista)

Depoimentos como os apresentados apontam para o aumento do controle do local de trabalho pela gerência, por meio de seus apelos por disciplina, em um conflito diário pela supressão do poder coletivo do sindicato no local de trabalho. Ao mesmo tempo, a imposição da reestruturação, à revelia da oposição do sindicato, mostrou uma disposição da companhia não apenas de alinhar bônus e pensões aos

---

[72] Além do nome, o número de identificação de Gregory foi, obviamente, modificado.

adotados no Brasil. Na verdade, o conflito mostrou como a Vale não aceita que o sindicato exerça papel relevante na intermediação entre empresa e força de trabalho, sobretudo no que se refere ao controle do processo de trabalho. Sua estratégia de relações sindicais, como mostraram as declarações de André Teixeira reproduzidas no capítulo 2, busca subordinar os sindicatos, fazendo com que exerçam um papel de intermediação indireta entre empresa e trabalhadores, complementando o papel de intermediação direta realizado pelos gerentes e supervisores.

Como parte de sua "estratégia social"[73], a empresa também se esforça em manter relações com a comunidade, financiando equipamentos de educação, cultura e saúde em Sudbury. A influência da Vale na cidade, porém, parece ir além do processo de produção no interior das minas e de suas relações com sindicato e comunidade: sindicalistas entrevistados relataram a influência da mineradora na eleição municipal ocorrida logo após a greve, quando John Rodriguez, prefeito de 2006 a 2010, buscava a reeleição. Rodriguez é filiado ao National Democratic Party, partido social-democrata com vínculos com o USW, e teria apoiado os trabalhadores em greve:

> John Rodriguez apoiou muito a greve, participou de comícios, falou da importância dos trabalhadores. Minha opinião e de outras pessoas é de que ele foi punido por isso. (Julian, em entrevista)

Na eleição em 2010, Rodriguez foi derrotado por Marianne Matichuk (que governou a cidade até 2014), filiada ao Partido Liberal, que não havia tido nenhuma experiência prévia de militância política ou atuação eleitoral. A prefeita, antes de ser eleita, era... supervisora de segurança da Vale.

> Nós tivemos uma prefeita, por exemplo, que não tinha qualquer experiência anterior como política, concorrendo com o prefeito que esteve no cargo durante a greve. Ela era supervisora de segurança da Vale antes de concorrer. Gastou rios de dinheiro na campanha e foi eleita prefeita. (Julian, em entrevista)

O caso da eleição de uma prefeita em Sudbury próxima da Vale não é, no entanto, uma novidade ao se considerar a "estratégia institucional"[74] da empresa. Alguns de seus aspectos vêm sendo apresentados ao longo deste livro. Podem-se mencionar: a dependência econômica das atividades da mineração, que submete governos locais aos interesses corporativos; o relacionamento com instituições do Estado e agentes públicos por meio de *lobby* e de mecanismos de "porta-giratória",

---

[73] Ver Bruno Milanez et al., "A estratégia corporativa da Vale S.A.: um modelo analítico para redes globais extrativas", *Versos – Textos para Discussão PoEMAS*, v. 2, n. 2, 2018.

[74] Ibidem, p. 20

188 *O solo movediço da globalização*

pelos quais gerentes ou profissionais ligados à empresa ocupam assentos em conselhos e órgãos públicos; e o financiamento de campanhas eleitorais.

A respeito do último aspecto, as empresas pertencentes ao grupo Vale, na eleição de 2014[75], doaram R$ 79,3 milhões em campanhas para o Executivo e o Legislativo nacional e locais. Houve doações para as candidaturas de Dilma Rousseff (R$ 12 milhões) e de Aécio Neves (R$ 3 milhões) à presidência da República e para os governadores de Minas Gerais e do Espírito Santo eleitos naquela oportunidade – respectivamente, Fernando Pimentel (R$ 3,1 milhões) e Paulo Hartung (R$ 300 mil). Também foram financiadas, pela Vale, as campanhas de legisladores envolvidos diretamente em comissões de interesse da empresa, como os senadores Antônio Anastasia (R$ 1 milhão) e Rose de Freitas (R$ 500 mil), membros da Comissão Temporária da Política Nacional de Segurança de Barragens do Senado Federal. Por sua vez, dos dezenove membros da comissão estabelecida pela Câmara dos Deputados para acompanhar e monitorar as consequências do rompimento da barragem de Fundão, da Samarco, em novembro de 2015, dez tiveram suas campanhas financiadas pela Vale[76].

Pode-se concluir, portanto, que a influência da Vale na eleição municipal de Sudbury, apontada por membros do sindicato USW Local 6500, também é parte da estratégia corporativa desenvolvida originalmente pela empresa em suas operações no Brasil.

O balanço de John Peters[77] sobre o desenlace da greve é bastante crítico das táticas utilizadas pelo USW. Para ele, apesar de se tratar, talvez, do sindicato mais poderoso do mundo, com recursos financeiros e ligações internacionais, houve pouco esforço para ganhar apoio da comunidade local e pouca pressão sobre os meios políticos canadenses. A solidariedade internacional teria sido protocolar, apesar da presença de alguns sindicalistas brasileiros durante os atos em apoio à greve. Como se mostrou no capítulo anterior, a fragilidade dos sindicatos da Vale no Brasil ajuda a explicar o pouco engajamento do sindicalismo da Vale no apoio internacional à greve. Na seção seguinte, essa discussão será retomada.

Talvez seja útil ilustrar o balanço da greve de 2009-2010 no Canadá com o relato de Guilherme Zagallo, que assessorou o USW Local 6500 durante a greve. Para Zagallo, que acompanhou *in loco* o conflito durante algumas semanas, o sindicato foi derrotado pela Vale e teve de aceitar, após um ano nos piquetes, as mesmas imposições que a mineradora apresentara desde o início.

---

[75] A última antes da reforma eleitoral de 2015, que proibiu o financiamento empresarial de campanhas.

[76] Tádzio Peters Coelho, Bruno Milanez e Raquel Giffoni Pinto, "A empresa, o Estado e as comunidades", em Marcio Zonta e Charles Trocate (orgs.), *Antes fosse mais leve a carga: reflexões sobre o desastre da Samarco/Vale/BHP Billiton* (Marabá, iGuana, 2016), p. 186-8.

[77] John Peters, "Down in the Vale", cit.

Os companheiros do Canadá não gostam. Para eles, foi um embate importante, no sindicato, foi um movimento atípico de uma empresa do Terceiro Mundo, de um país periférico, comprando a Inco. Tem um pouco do orgulho canadense [...], tinha uma certa identidade nacional. E eles têm uma leitura da greve de resistência... Realmente, foi uma resistência importante, mas eu tenho uma leitura que, nesse processo do Canadá, a Vale foi vitoriosa. Ela conseguiu impor a sua agenda. Assim, o sindicato faz discurso de vitória, mas as concessões no processo foram mínimas. Quase um terço dos trabalhadores... Optaram por um trabalho muito duro, embora os mineradores canadenses sejam os mais bem pagos do mundo, com salários médios da ordem de US\$ 5 mil [estadunidenses por mês]. É um trabalho muito duro, muitos jovens não querem, minas subterrâneas quase tudo. Então, acabou que muita gente foi para outros empregos. A empresa conseguiu, de certo modo, impor um nível diferente... Tanto que, no acordo coletivo subsequente, não houve greve, não houve essa postura de maior enfrentamento. A empresa teve um prejuízo bilionário. Assim, um ano de paralisação não deve ter custado menos de US\$ 1 bilhão em perda de lucratividade, não em prejuízo. Teve prejuízo *cash* também, de manutenção, contratação de terceirizados para fazer algumas atividades mínimas, sobretudo nas plantas industriais, com estoques, enfim. Mas você dificilmente vai extrair dos companheiros lá do Canadá essa leitura, essa percepção de que foi uma derrota para eles. Eles fazem uma leitura de... Acho que faz parte do processo de enfrentamento: é muito difícil você, em uma greve de um ano, sair com o discurso de que "fomos derrotados". Mas eu acho que, do ponto de vista estratégico, ali a Vale mais ou menos conseguiu quebrar a resistência, as concessões que foram feitas no final do processo foram mínimas. Basicamente, o contrato que foi assinado era muito parecido com o contrato que foi recusado no início, que gerou a greve. (Guilherme Zagallo, em entrevista)

Ainda que os sindicalistas não o digam abertamente, trata-se de uma "derrota amarga"[78], em que o sindicato considerado o mais poderoso do mundo curvou-se às imposições de uma transnacional oriunda do Sul global. Os efeitos da intensa globalização da mineração na primeira década do século XXI chegavam à antiga cidade mineira canadense. Um interessante diálogo com três trabalhadores da Vale em Sudbury ilustrou os impasses e as diferenças no interior do coletivo operário a respeito dos rumos da greve que se tornou histórica:

Leonard – Houve um grupo grande que dizia que tínhamos que ficar em greve.
Sam – Bem, eu conheço gente que votou para sair mesmo que eles discordassem completamente [da proposta].
Leonard – Eu não acho que ninguém concordava. Era uma questão de escolha: eu consigo aguentar mais um mês?
Sam – Eu poderia aguentar mais um mês pelo menos.
George – É.

---

[78] Ibidem, p. 101.

Leonard – Eu estava pensando assim, mas eu dizia: não vai ser mais só um mês. Não vai ser um mês, vai ser muito mais.

Sam – Você não sabe se seria assim.

Leonard – Eu não sei. Esse era o meu pensamento.

George – Cada um tinha sua própria escolha. Eu, pessoalmente, votei contra sair porque não aceitava, por uma questão de princípios.

Sam – Eu votei pela continuação.

Leonard – Eu votei por sair. [Os outros dois riem]. Mas, se você perguntar, 80% ou 90% vão dizer: eu votei contra! Votei contra aquele contrato! Não votei por aquilo!

George – [Rindo] Mas este é o Leonard!

Leonard – Eu estou dizendo. Eu conversei com muita gente entre os trabalhadores.

George – Mas cada um tinha suas razões: se era mais financeiramente estável, se sua esposa estava trabalhando etc. Para mim, pessoalmente, foi uma questão de princípios, porque os temas em si pelos quais entramos em greve eram exatamente os mesmos pelos quais estávamos sendo demandados a assinar um ano depois.

Leonard – Era idêntico.

George – É. Por isso era uma questão de princípios.

Então, na opinião de vocês, a greve foi derrotada?

Sam – Sim.

George – Sim.

Leonard – Como, Thiago?

Foi uma derrota?

Sam – A empresa derrotou o sindicato?

Leonard – Ah, sim... Sim... Se você olhar para o que recebemos, sim. Olhando por esse lado, foi uma derrota. Acho que a greve foi... pfff... Como dizer isso? A base estava cansada.

O balanço apresentado por brasileiros envolvidos no conflito também apontou para uma derrota da greve, uma vez que a Vale pôde impor, ao final do processo, a reestruturação das operações canadenses que planejava. Há, contudo, diferenças de matizes: Artur Henrique, então presidente da CUT que acompanhou eventos da greve em Sudbury, enfatizou a capacidade de organização do USW. Para André Teixeira, houve aprendizado e "amadurecimento", que fortaleceram a relação capital-trabalho. Já Sérgio Rosa, presidente do Conselho de Administração da Vale na época da greve, opinou que o conflito é parte de um "jogo" capital--trabalho "infelizmente duro".

Olha, eu não acho que houve vencedores e perdedores. O processo da greve fez com que a imagem da Vale, não só no Canadá, mas também nos outros países, fosse fortemente abalada. [...] Claro que, do ponto de vista da mudança de gestão e do fundo de pensão, a Vale foi vitoriosa. [...] A Vale acabou tendo o resultado que ela procurava alcançar com a reestruturação. [...] E ali se demonstrou mesmo que o pessoal tinha organização. (Artur Henrique, em entrevista)

A saída da greve, o final da greve: as duas partes acho que aprenderam. As duas partes mudaram o comportamento. Nesse sentido, foi aprendizado para as duas partes e saiu com acordo de cinco anos. Foi uma saída legal e ainda mais mostrou amadurecimento. Eu acredito que o resultado: a relação capital e trabalho lá ficou mais forte depois da greve, por incrível que pareça. Foi uma greve em que eles se sentiram derrotados, mas que significou... E a Vale também perdeu, a Vale perdeu muito naquilo ali. Se você pegar os balanços, você vê como é que perdeu. A Vale perdeu naquela greve. Eles perderam também. (André Teixeira, em entrevista)

Há uma crítica dos sindicatos de impermeabilidade da empresa na negociação da greve do Canadá. O que você acha disso?
Sérgio Rosa – Eu acho que, na prática, isso é verdadeiro, na medida em que não se chegou a um acordo e prolongou o conflito durante muito tempo. É óbvio que, quando isso acontece, tem uma dificuldade dos dois lados. De novo, eu não tenho condição – não tive na época e não tenho hoje condição – de dizer: a Vale foi muito dura, embora esteja implícito. Assim como também está implícito que o sindicato também foi muito duro. E não estou dizendo que está errado nem um lado nem o outro: é um jogo duro de capital-trabalho. Um jogo infelizmente duro, né?

Portanto, o caso em questão mostra como – diante das pressões pelo aumento da produtividade para ampliar a captura de valor em um contexto de preços de *commodities* rebaixados – as CTNs da mineração reestruturam e reduzem custos de operação, ampliando a flexibilização do trabalho nos limites da legislação e enfraquecendo os sindicatos e sua capacidade de negociação. O resultado da greve da Vale no Canadá exemplifica como, com a globalização, a classe trabalhadora perde força para enfrentar uma classe capitalista que se transnacionaliza e tem maior liberdade de circulação e articulação política global. Presa às fronteiras nacionais e limitada por barreiras linguísticas, políticas, culturais e econômicas, a classe trabalhadora, em geral, oferece respostas locais e nacionais às imposições da CCT, com menores chances de sucesso ao lidar com gigantes globais[79].

A Vale dobrou a aposta diante da maior greve no setor privado canadense em trinta anos, aproveitando a paralisação das atividades para executar trabalhos de manutenção e reestruturação das minas, enquanto aguardava preços mais convenientes do níquel no mercado global. A empresa também pôde fazê-lo pela importância relativamente menor das receitas da exploração de níquel no Canadá no conjunto de suas operações globais.

Como se verá na seção seguinte, as redes sindicais internacionais são uma tentativa de transcender o isolamento da classe trabalhadora diante da globalização, ampliando os vínculos de trabalhadores de CTNs em países diferentes. No caso

---

[79] Ver William I. Robinson, *Una teoría sobre el capitalismo global: producción, clase y Estado en un mundo transnacional* (trad. Víctor Acuña e Myrna Alonzo, Cidade do México, Siglo XXI Editores, 2013).

192   *O solo movediço da globalização*

da Vale, contudo, como se argumentará, tem havido grande dificuldade para que tal articulação tenha sucesso.

Antes disso, como forma de enquadrar alguns elementos das estratégias de relações de trabalho e sindical da Vale apresentados até aqui, o quadro 2 oferece uma síntese das mudanças nos contratos negociados entre Inco e Vale com o USW Local 6500 (em 2006, 2010 e 2015) e das informações obtidas por meio das observações de campo e entrevistas realizadas com sindicalistas e trabalhadores da empresa no Brasil e no Canadá.

QUADRO 2: MUDANÇAS NOS CONTRATOS DA INCO/VALE CANADÁ EM COMPARAÇÃO COM A VALE BRASIL

	Inco/Vale Contrato 2006-2009 Pré-greve	Vale Canadá Contratos 2010-2015 e 2015-2020 Pós-greve	Vale Brasil
Bônus	*Nickel bonus* – com variação de acordo com aumento dos preços do níquel no mercado mundial.	AIP – atrelado ao cumprimento de metas e aos lucros alcançados pela empresa.	PLR – atrelada ao cumprimento de metas e aos lucros alcançados pela empresa.
Pensões	Planos de benefício definido.	Planos de benefício definido para trabalhadores antigos e planos de contribuição definida para contratados a partir de 2010.	Plano Vale Mais, de contribuição definida.
Papel dos sindicatos no local de trabalho	Procedimentos de *grievances* em três etapas, com papel de *stewards* e sindicato no tratamento das queixas.	De 2010 a 2015, procedimentos de *grievances* em duas etapas; redução do papel dos *stewards* e do sindicato; envio de queixas à arbitragem. De 2015 a 2020, retorno ao procedimento de *grievances* em três etapas. A partir de 2010, código de álcool e drogas fortalece o papel dos supervisores na produção.	Não há papel do sindicato no tratamento de queixas no local de trabalho; dificuldade de acesso dos dirigentes sindicais aos locais de produção (Metabase Carajás); supervisores e gerentes com controle do local de trabalho; gerentes presentes em assembleias sindicais (Stefem).
Política de segurança	Política de segurança baseada na paralisação das atividades quando há exposição ao perigo (*hazard-based style*); sindicato envolvido em verificações de segurança do trabalho; investigações conjuntas de acidentes.	Política de segurança baseada no comportamento (*behavior-based safety*); sindicato menos envolvido em verificações de segurança do trabalho; aumento do número de acidentes e não realização de investigação conjunta com sindicato; código de álcool e drogas com determinação de testes de urina por supervisores.	Empresa determina política de segurança; pouco ou nenhum papel do sindicato; eventual atuação de membros da Comissão Interna de Prevenção de Acidentes (Cipa), cumprindo requisitos legais.

Fontes: Inco e USW Local 6500, *Collective Agreement between Inco Limited and United Steelworkers, Local 6500*, June 1st, 2006; Vale S.A. e USW Local 6500, *Collective Agreement between Vale Canada Limited and United Steelworkers, Local 6500, July, 8, 2010 – May, 31, 2015, Ontario Operations*, 2010; Vale S.A. e USW Local 6500, *Collective Agreement between Vale Canada Limited and United Steelworkers, Local 6500, June, 1, 2015 – May, 31, 2020, Ontario Operations*, 2015; e entrevistas com dirigentes dos sindicatos Metabase Carajás, Stefem e USW Local 6500.

A REDE SINDICAL INTERNACIONAL DA VALE: UMA EXPERIÊNCIA FRUSTRADA

A compra da Inco em 2006, como se viu, teve um papel fundamental na internacionalização da Vale. Em sua estratégia corporativa, a aquisição fazia parte de um plano ambicioso: diversificação da extração de minérios; redução da dependência das receitas do minério de ferro extraído no Brasil; abertura de novas fontes de financiamento, com a presença em um país do Norte global; e ampliação da captura de valor, com os preços do níquel valorizando-se no mercado mundial, acompanhando o movimento do *boom* das *commodities*.

Os trabalhadores e os sindicatos da empresa no Canadá, no entanto, chocaram-se com as estratégias sindical e de relações de trabalho da companhia, que buscaram reestruturar as operações naquele país, reduzindo custos operacionais e ampliando seu controle sobre o local de trabalho. Tal diagnóstico também está presente em uma carta da International Federation of Chemical, Energy, Mine and General Workers' Unions (Icem)[80] para a direção da Vale, na qual reivindica a reabertura das negociações com o USW durante a longa greve na unidade canadense de Voisey's Bay:

> A imagem de suas relações com os sindicatos no Brasil é muito diferente daquela que nos foi apresentada durante o período de nossa campanha global. Os trabalhadores da Vale no Brasil assinam contratos individuais de trabalho e podem ser desligados de seus empregos a qualquer momento, sem justa causa e sem uma representação sindical. Não existem sistemas para queixas e os trabalhadores são demitidos rotineiramente, mesmo após vários anos de trabalho. Há um grande número de acidentes de trabalho, e foram verificadas mais de trinta mortes nos últimos três anos.
>
> Somos totalmente contra esta forma de relação trabalhista como a praticada pela Vale no Brasil e estamos profundamente preocupados com o fato de a Vale ter a intenção de exportar um modelo onde os direitos do trabalhador não são respeitados. No caso de a Vale ter sucesso em sua expansão global, é preciso que mude suas práticas e aprenda a respeitar os trabalhadores e seus sindicatos por todo o globo.[81]

A forte greve de 2009-2010, portanto, pode ser entendida como uma resposta dos trabalhadores à globalização da mineração em Sudbury[82], ainda que malsucedida em sua tentativa de impedir as mudanças promovidas pela empresa na remuneração, nas pensões e nas relações com o sindicato. O conflito, além disso, permite a reflexão sobre um aspecto fundamental das relações entre trabalho e globalização:

---

[80] A Icem era a federação sindical internacional do setor químico e outros, que se fundiu à IndustriALL em 2012.

[81] Carta da Icem para a Diretoria de Relações Trabalhistas da Vale, 10 set. 2010.

[82] Como também apontaram Reuben Roth, Mercedes Steedman e Shelley Condratto, "The Casualization of Work and the Rise of Precariousness in Sudbury's Nickel Mining Industry", cit.

194 *O solo movediço da globalização*

a emergência de iniciativas de cooperação transnacional entre organizações de trabalhadores para reagir às consequências da expansão das atividades das CTNs.

Com a internacionalização da Vale e, especialmente, durante o conflito no Canadá, houve tentativas de estabelecer maior intercâmbio entre os sindicatos da empresa em todo o mundo. O Steelworkers, em particular, engajou-se nesse esforço, já que, com a intransigência da empresa nas negociações, era preciso ampliar as formas de pressão. Visitas ao Brasil e aos sindicatos da Vale, protestos durante reuniões de acionistas e em frente a bolsas de valores foram realizados. Como explicou Bernard, dirigente do USW Local 6500:

> Eu tenho certeza de que a Vale tinha tudo planejado com muita antecedência, pela forma como eles jogavam as cartas, sabe? Eles tinham isso planejado por muito tempo. Eu acho que simplesmente queriam nos destruir. Eles queriam destruir este sindicato local. Tratou-se disto: não apenas nos enfraquecer, mas nos destruir. [...] Acho que eles queriam mostrar que tinham controle e iriam submeter os trabalhadores, da mesma forma como fazem no Brasil. É assim que eles fazem [...]. Nós tomamos esse conflito internacionalmente. Eu estive no Brasil quatro vezes, visitando áreas, partes do país, conversando com trabalhadores da Vale e discutindo como a empresa trata seu pessoal, explicando o que estavam fazendo no Canadá. Para as pessoas, era difícil acreditar no que a Vale estava fazendo no Canadá. Eu acho que seu padrão de relações de trabalho é quase o mesmo ao redor do mundo. [...] Eu não posso falar sobre todos os lugares, mas posso falar de minha experiência aqui e das visitas que fiz ao Brasil. [...] É o controle do trabalho: eu sou o chefe e você obedece. Dividir e conquistar. Eu notei isto: eles colocam trabalhadores contra trabalhadores. [...] Acho que foi uma guerra grande, envolvendo os executivos do Brasil e também nosso sindicato internacional. Então, trazer os sindicatos aqui em atividades de solidariedade... Eles realmente não gostaram disso. Foi algo que afetou a empresa. Ou quando fomos ao Brasil, a Nova York pressionar Agnelli ou à África, à Inglaterra, à Suíça... Nós estivemos em todos os lugares nos encontrando com eles, e acho que isso ajudou. Infelizmente, as pessoas do Brasil que vieram aqui, que eram parte da CUT de diferentes áreas, foram maltratadas posteriormente. A Vale fez as pessoas que vieram aqui nos apoiar parecerem ruins no Brasil, dizendo que elas estavam mais preocupadas com a greve do Canadá do que com os próprios membros. Então, realmente colocaram os trabalhadores contra eles. Isso aconteceu. (Bernard, em entrevista)

A fala de Bernard é bastante ilustrativa dos desafios dos sindicatos em sua relação desigual com transnacionais pouco dependentes de operações locais isoladas e, desse modo, com uma posição de força superior diante do isolamento do trabalho e de suas organizações, limitadas por fronteiras nacionais e regionais. Ao tratar de desafios para o trabalho e para a sociedade como esses, Peter Evans[83] apontou

---

[83] Peter Evans, "Is an Alternative Globalization Possible?", *Politics and Society*, v. 36, n. 2, 2008, p. 271-305.

A Vale compra um orgulho canadense   195

o que seriam as "falhas" da globalização neoliberal – por exemplo, não oferecer suficiente proteção social e aos bens coletivos; favorecer monopólios e sua busca pela extração de rendas, limitando a inovação; não conseguir obter consentimento a sua dominação; e apresentar graves debilidades de coordenação e governança – para diferenciar a globalização, compreendida como o processo de diminuição das distâncias geográficas pelos avanços nos transportes e na comunicação, do neoliberalismo, cujos efeitos ameaçam a reprodução social e mesmo a própria acumulação do capital, dadas as contradições acumuladas.

Inspirado na obra de Polanyi, Evans chama a atenção para as possibilidades de emergência de contramovimentos da sociedade, protegendo-se – eventualmente unindo atores com interesses diversos – da expansão global do neoliberalismo. Tais respostas da sociedade, em sua análise, não podem ser antecipadas, mas a hipótese de utilizar os instrumentos oferecidos pela globalização a favor de contramovimentos ao neoliberalismo (como a luta de trabalhadores, mulheres, ambientalistas e em defesa dos direitos humanos em uma escala global) poderia abrir espaço para um "movimento dos movimentos" em favor de uma "globalização contra-hegemônica",

> um projeto de transformação organizado globalmente cujo objetivo é a substituição do regime global dominante (hegemônico) por outro que maximize o controle político democrático e faça do desenvolvimento equânime das capacidades humanas e da proteção ambiental suas prioridades.[84]

A proposição de uma globalização contra-hegemônica não significa considerá-la a trajetória mais provável para a substituição da ordem global. Evans aponta outros caminhos possíveis, como uma mudança no balanço dos poderes nacionais ou mesmo a emergência de "movimentos sociais regressivos por proteção social", que reivindiquem saídas autoritárias, nacionalistas e em defesa da repressão interna e externa[85].

O trabalho, por sua vez, diante do declínio de seu poder em nível nacional e premido pela pressão da mobilidade do capital, do deslocamento geográfico de atividades produtivas e do risco do desemprego, teria uma oportunidade com a globalização: desenvolver um novo transnacionalismo, construindo alianças e promovendo campanhas que auxiliem a criar instituições mais duráveis, redes transnacionais do trabalho que possam oferecer uma perspectiva contra-hegemônica para a globalização[86]. Essa seria, para Evans, uma alternativa ao "pessimismo estrutural" dos que veem na globalização neoliberal o crepúsculo da organização do trabalho.

---

[84] Ibidem, p. 272. Tradução nossa.
[85] Ibidem, p. 281.
[86] Ibidem, p. 293.

196   *O solo movediço da globalização*

Para Michael Burawoy[87], os estudos sobre trabalho global que buscam inspiração na obra de Polanyi[88] são marcados pelo mesmo "falso otimismo" desse pensador, que não teria imaginado a ideologia do fundamentalismo de mercado tomando o mundo novamente por, entre outras razões, ter-se focado no mercado e no contramovimento em oposição a ele, reduzindo, além disso, o Estado à sociedade. Mais do que uma diferença de apropriação da obra de Polanyi, Burawoy busca chamar a atenção para o fato de que os movimentos "contra-hegemônicos" à globalização, apontados por Evans e por outros autores, talvez não sejam propriamente *contra*-hegemônicos. Não estaria claro "de que modo representam uma 'hegemonia' alternativa, nem a que eles realmente estão 'contra', tampouco sua eficácia em construir solidariedade transnacional"[89]. Desse modo, tais movimentos poderiam ser apenas um ajustamento ao capitalismo neoliberal hegemônico. Por isso, Burawoy afirma a necessidade de a investigação ter como foco mais os obstáculos à contestação do que os embriões de um contramovimento global ou de uma globalização contra-hegemônica[90]. Para evitar um tipo de otimismo "Pollyanna", Burawoy afirma ter uma postura de "pessimismo intransigente" diante da promessa de solidariedade global do trabalho, uma vez que este, considerado globalmente, estaria na defensiva[91].

Respondendo a tais considerações, Evans, animado por seu "otimismo cético"[92], sugere que a globalização – considerada como encurtamento do espaço social e geográfico ou sob a forma do capitalismo neoliberal contemporâneo – estimula a mobilização da solidariedade do trabalho em nível transnacional, assim como a constituição de redes e organizações transnacionais do movimento operário[93].

A reprodução desse debate teórico, a respeito da emergência de formas de transnacionalismo operário, é útil ao se tratar de um caso multifacetado como o processo de conversão da Vale em uma CTN, além das relações de trabalho e sindicais em sua RGP e as reações organizadas dos sindicatos. O olhar pode direcionar-se, por um lado, às possibilidades de desenvolvimento das relações entre sindicatos da Vale no mundo e, por outro lado, ao fracasso do embrião de rede

---

[87] Michael Burawoy, "From Polanyi to Pollyanna: The False Optimism of Global Labor Studies", *Global Labour Journal*, Berkeley, v. 1, n. 2, 2010, p. 301-12.

[88] Karl Polanyi, *A grande transformação: as origens políticas e econômicas de nossa época* (trad. Vera Ribeiro, Rio de Janeiro, Contraponto, 2021).

[89] Michael Burawoy, "From Polanyi to Pollyanna", cit., p. 302. Tradução nossa.

[90] Ibidem, p. 307.

[91] Idem, "On Uncompromising Pessimism: Response to My Critics", *Global Labour Journal*, Berkeley, v. 2, n. 1, 2011, p. 73-7.

[92] Peter Evans, "National Labor Movements and Transnational Connections: Global Labor's Evolving Architecture under Neoliberalismo", *Global Labour Journal*, v. 5, n. 3, set. 2014, p. 258-82.

[93] Idem, "Is It Labor's Turn to Globalize? Twenty-First Century Opportunities and Strategic Responses", *Global Labour Journal*, v. 1, n. 3, set. 2010, p. 356.

sindical internacional organizado a partir de 2007, com impulso durante a greve de 2009-2010 no Canadá.

Após anos de tentativas de articulação dos sindicatos da empresa no Brasil, a rede sindical internacional da Vale foi oficializada em 2007, com a assinatura de um acordo envolvendo sindicatos do Brasil, do Canadá e da Nova Caledônia. Na sequência, o USW buscou aproximar os sindicalistas de Moçambique à iniciativa, que ganhou algum fôlego em campanhas internacionais realizadas durante a greve no Canadá. Dos oito representantes de entidades sindicais brasileiras locais e nacionais – cuja presença era esperada no Canadá e cujos nomes constavam do texto do acordo –, há uma assinatura em branco: justamente a de Tonhão, importante dirigente do Metabase Carajás, maior sindicato de trabalhadores da Vale no Brasil[94], que não compareceu à reunião fundacional, mostrando, desde o início, que a dificuldade de coordenação dos sindicatos brasileiros inviabilizaria a consolidação da rede sindical internacional da Vale.

Se é difícil considerar, acompanhando Burawoy[95], a rede sindical internacional *per se* como parte de uma iniciativa contra-hegemônica, é preciso reconhecer que os vínculos entre sindicatos da Vale, como mostraram as entrevistas, criaram embaraços para a empresa, que atuou para dificultar a consolidação da rede. A estratégia sindical da Vale, analisada empiricamente ao longo dos últimos capítulos, orientou as medidas tomadas pela companhia para frear a continuidade do desenvolvimento de campanhas e iniciativas internacionais comuns de seus sindicatos. André Teixeira deixou explícita sua antipatia às federações sindicais internacionais e, como se verá, às propostas de que a empresa assinasse um acordo-marco internacional.

> Como que a Guerra Fria influenciou o sindicato mundial? [...] Quando a Rússia viu o comunismo e, principalmente depois da Segunda Guerra Mundial, quando vários países ali passaram a fazer parte da Cortina de Ferro, eles criaram as centrais sindicais, que não era central sindical coisa nenhuma. Os Estados Unidos naquela época, o capitalismo naquela época, a Europa também, incentivaram o surgimento das federações internacionais do trabalho. As grandes federações surgiram naquela época e foram uma contrapartida para o surgimento daquilo ali. Se você for verificar, as federações internacionais, durante anos e anos e anos, foram uma inutilidade total. Se você for ver: o que o trabalhador ganhou com as federações durante tanto tempo? Ganhou pouca coisa. Era uma estrutura que existia e que era incentivada pela Guerra Fria. (André Teixeira, em entrevista)

Como relatou Bernard, durante a greve no Canadá, o USW organizou uma campanha de solidariedade global, envolvendo denúncias à imprensa, protestos

---

[94] De acordo com os documentos de criação da rede internacional da Vale reproduzidos em Hans Brasch, *Winds of Change*, cit., p. 12-3.

[95] Michael Burawoy, "From Polanyi to Pollyanna", cit., p. 301-2.

198   *O solo movediço da globalização*

em frente a bolsas de valores e durante reuniões de acionistas da Vale, além de tentar fortalecer os vínculos da rede criada pouco tempo antes, por meio de visitas aos sindicatos brasileiros e às operações da Vale no país. Os entrevistados disseram também ter havido tentativas de conversas com fundos de pensão acionistas da Vale, como a Previ, e com membros do governo federal.

No capítulo 2, foi possível verificar que a estratégia sindical da Vale tem por objetivo manter os sindicatos próximos à direção da companhia e dificultar sua atuação conjunta. André Teixeira, ao descrever sua concepção sobre boas relações entre empresa e sindicato, afirmou opor-se à exposição, por meio da imprensa, da negociação de acordos coletivos, deixando evidente a contrariedade com o escrutínio público das ações da companhia. Além disso, ao falar da greve no Canadá, Teixeira mencionou o aprendizado da Vale com o conflito trabalhista envolvendo a Gerdau nos Estados Unidos[96], afirmando ter buscado informações com essa empresa para melhor lidar com a greve canadense e com o tipo de atuação do USW. A longa reconstrução do gerente de relações trabalhistas sobre a forma como a companhia lidou com a greve e com a campanha do Steelworkers é útil para compreender as dificuldades que a rede sindical internacional da Vale teve para consolidar-se.

> André Teixeira – A Gerdau teve um problema com o Steelworkers também nos Estados Unidos. E nós, inclusive, na época, quando começou o problema, antes da greve mesmo, começamos a conversar com a Gerdau [sobre] como é que foi a relação entre gestão brasileira e empresas canadenses, americanas, né? Eles passaram por situações semelhantes. Agora, na Gerdau, eles tentaram na época a interferência do Lula no processo. Teve um... O Lula esteve em Pittsburgh. [...] Teve um fórum lá [...] em Pittsburgh ou na região, que é onde fica a sede do USW, não sei, onde eles procuraram o Lula para conversar, né?
>
> **E na greve no Canadá?**
> André Teixeira – [...] Eles tentaram a interferência com o Lula: vieram aqui e conversaram com o ministro Dulci, [...] foram atrás do Paim, foram atrás de fazer

---

[96] Peter Evans apontou a rede sindical internacional da Gerdau como um exemplo bem-sucedido do "novo transnacionalismo do trabalho". A rede, criada em 2003, teve papel fundamental em 2005, "quando as negociações de um contrato em uma planta de propriedade da Gerdau em Beaumont, Texas, terminaram em um *lockout* após a Ameristeel, subsidiária da Gerdau, demandar o corte de férias, de pagamento de horas extras e de direitos de senioridade como parte de sua 'última melhor oferta'". Ver Peter Evans, "National Labor Movements and Transnational Connections", cit., p. 264. Tradução nossa. O USW e a rede internacional Gerdau organizaram uma campanha global e pressionaram a empresa no Brasil, com apoio de sindicatos brasileiros e da CUT, conseguindo, em 2007, o fim do *lockout* e a mudança nas demandas e na linha de negociação do novo contrato pela empresa. A menção, por Teixeira, da busca de aprendizado com o conflito da Gerdau parece indicar a preocupação da Vale com a possibilidade de que a organização da rede sindical internacional durante a greve canadense criasse dificuldades semelhantes para a empresa. Para uma análise detalhada da rede Gerdau, ver Chad William Gray, *Riding Bicycles When We Need Cars: The Development of Transnational Union Networks in Brazil* (tese de doutorado, Ithaca, Cornell University, 2015).

audiência aqui no Congresso. Eles tentaram a interferência do governo: pressionar o governo Lula na época para que o Lula pressionasse a Vale. Usaram muito esse caminho. Eles vieram aqui: eles queriam interferir na nossa negociação, queriam que tivesse greve no Brasil em solidariedade a eles. Eu fiz uma negociação: [...] eu estava no Hotel Novo Mundo, na sala de reuniões, e eles estavam em cima e tinha um sindicalista lá, na época, com um computador, transmitindo ao vivo minha negociação para eles. Eles tinham uma representante aqui, que eu esqueci o nome, que era da AFL-CIO também. Então, eles acompanharam uma negociação minha e tentaram interferir numa negociação minha. Aí, os sindicatos brasileiros falaram assim: "Pera aí, calma aí, a negociação é nossa!". Eles foram em Moçambique pedir solidariedade dos sindicatos em Moçambique, incentivar a greve lá, e eles falaram assim: "Estranho, quando a gente estava precisando, vocês não vieram aqui. Agora que vocês estão precisando, vieram". Eles tentaram nos acertar no mundo inteiro, né?

Isso é um aspecto interessante: então, ocorreu uma internacionalização do conflito?
André Teixeira – Teve. Quando eu fui na Icem, na [International Metalworkers' Federation] IMF em Genebra, na [Organização Internacional do Trabalho] OIT... E, naquela época, estava se discutindo – agora os sindicatos desistiram desse negócio – *International Framework Agreement*, traduzido como Acordo-Marco Internacional. Eram acordos globais, que as empresas faziam para que garantissem as oito convenções fundamentais da OIT e mais outras coisas. E eu tive muita pressão na época para assinar esse acordo. Muita pressão.

E a Vale assinou o acordo?
André Teixeira – Não assinou

Por quê?
André Teixeira – O que eu ganho assinando esse acordo? O que eu ganho?

O que as empresas em geral ganham com esse tipo de acordo?
André Teixeira – Pressão. Você tem uma pressão: você assinar, depois ficar acuado. Nenhuma empresa assinou isso por livre e espontânea vontade. Você já viu alguma empresa procurar o Ministério Público: "Eu vim aqui assinar um TAC porque eu estou querendo". Não tem, está entendendo? Então a pressão que fazia... [...] Qual era meu receio com esses acordos internacionais? Qual é o sonho do sindicalismo internacional? Ter acordos globais definindo salário. Era esse o sonho deles, que eles tinham na época. Só que esses acordos nunca saíram. Os textos desses acordos foram ridículos. Algumas empresas: a Petrobras assinou, o Banco do Brasil assinou. Se você pega o texto que a Petrobras assinou e nada é a mesma coisa. Daí eu falei: "*This is a picture on the wall*", está entendendo? Várias empresas siderúrgicas... Montadoras na Alemanha assinaram esse acordo! Esse acordo prevê que você tem uma atuação na cadeia produtiva. [...] Eles queriam atuação da cadeia produtiva. Eu nunca recebi nada... Faço parte da cadeia produtiva da indústria de automóveis, faço parte da siderúrgica e nunca recebi pressão nenhuma para seguir isso aí. A maior parte, diria 99% desses acordos, foi um quadro na parede. Tanto que eles desistiram. [...] Acabou. Eles não estão fazendo mais esses acordos.

[...] Então, nós nunca assinamos porque eu nunca vi o que ganharíamos com aquilo ali. E, na época, era o Artur Henrique o presidente da CUT. Ele me botou muita pressão para assinar aquilo ali. Aí, um dia, uma pessoa [...] disse assim: "André, ou você vai assinar esse acordo aqui no Brasil ou você vai assinar esse acordo no Canadá. É melhor você assinar no Brasil". É melhor eu não assinar esse acordo, tá? [...] Mas o que eu vou ganhar? "Não, você tem que assumir o compromisso com as oito convenções fundamentais". Claro! Nós temos um relatório GRI: a primeira coisa [...] eu declaro que assumo o compromisso com as oito convenções fundamentais [da OIT]! Sou contra o trabalho infantil, sou contra o trabalho escravo! Eu assumo o compromisso: só não quero assinar um acordo com você. Então, nós passamos a assumir esse compromisso em documentos. [...] Em vez de utilizar o acordo como *marketing*, eu assumo, de livre e espontânea vontade: nós assumimos esse compromisso com o mercado internacional.

[...] Mas você falava que, de algum modo, os sindicatos tentaram um apoio governamental por conta das relações do governo com os sindicatos, em particular com a CUT...
André Teixeira – Mas eu quero dizer o seguinte: em momento nenhum nós identificamos interferência do PT na nossa negociação. [...] Não identificamos isso. Eu estou dizendo que eles [USW] procuraram o ministro Dulci. O ministro os recebeu. Eu tive depois, por conta dos sindicatos brasileiros... [...] Eu até fiquei sabendo o que eles conversaram e tudo mais, mas nós não sentimos pressão do governo em cima disso.

Pode-se concluir, pela fala de André Teixeira, que a campanha internacional do USW foi bem-sucedida na exposição da empresa. A presença do USW em uma negociação com sindicatos brasileiros pareceu particularmente incômoda, bem como a busca por membros do governo. Questionado a respeito desse episódio, Artur Henrique, então presidente da CUT, confirmou que a greve da Vale no Canadá foi tema de debate no governo:

Ah, eu acho que sim. Pode não ter sido, digamos, pauta oficial que levasse... Mas, por exemplo, tinha... não me lembro se era o Gilberto Carvalho ou se ainda era o [Luiz] Dulci, mas, com certeza, Dulci, Gilberto Carvalho e pessoas que estavam próximas ao presidente tinham todo o relato e iam fazer a denúncia. [...] Com certeza, deve ter virado alguma conversa, não sei se com o próprio Roger, do ponto de vista da Vale, com alguém da Vale, não tenho informação sobre isso, mas que, com certeza, virou debate, eu não tenho a menor dúvida. (Artur Henrique, em entrevista)

O sindicalista também confirmou a pressão realizada à época sobre a Vale para que a empresa assinasse um acordo-marco internacional. Segundo Artur Henrique, houve tentativas iniciais de debater o acordo a partir de temas como saúde e segurança, que seriam mais fáceis de negociar por não influenciar questões de rentabilidade, mas as conversas não avançaram por falta de tempo, já que, com a eclosão da crise de 2008, a situação tornou-se mais difícil.

A Vale compra um orgulho canadense 201

Mas, ao mesmo tempo, quando a gente forçava a barra para ter reuniões com representantes internacionais para ir construindo a rede, as dificuldades eram muito grandes. E eu diria que as dificuldades eram muito grandes no sentido de que eles têm muito medo de estabelecer compromissos que eles não conseguiriam controlar depois. [...] Compromissos empresariais, inclusive, do ponto de vista internacional. (Artur Henrique, em entrevista)

As falas de André Teixeira mostraram, entretanto, que talvez houvesse ainda menos interesse da empresa do que tempo. De todo modo, se os acordos-marco internacionais (AMIs) fossem apenas um "quadro na parede", sem importância, a resistência da Vale a iniciativas desse tipo não seria tão grande. Os AMIs

visam essencialmente a garantir o respeito aos direitos dos trabalhadores, instaurando mecanismos permanentes de troca de informações e de controle, que apregoam a implantação de práticas sadias de trabalho em todas as operações de uma empresa internacional. São geralmente assinados, por um lado, pela direção da empresa e, no mínimo, por uma Federação Sindical Internacional (FSI) [...].[97]

Surgidos, a princípio, estimulados por tópicos como a "responsabilidade social corporativa" e pela busca por fazer cumprir as cláusulas da OIT nas cadeias de produção globais, os AMIs converteram-se em um instrumento útil para garantir mobilização e coesão sindical internacional, estimulando, também, o surgimento de redes sindicais internacionais[98]. Pode-se afirmar, aliás, que a falta de um AMI, cujas cláusulas poderiam orientar atividades comuns dos sindicatos, contribuiu para as dificuldades de continuidade do embrião de rede sindical internacional organizado em 2007. André Teixeira associou os AMIs às redes sindicais como projetos exógenos, estimulados pelas federações internacionais, com chances remotas de sucesso no Brasil pelas características do sindicalismo no país:

André Teixeira – As federações competiam não com o teor do acordo, mas com o número de acordos. E elas, procurando o espaço delas, [...] queriam assinar cada vez mais. Agora, eles desistiram disso. Acabaram com isso aí. Aí, o conceito deles é o seguinte: o que eu tenho que fazer são as redes sindicais. [...] Pode fazer a rede? Pode fazer a rede. Agora, não queira a minha ajuda para fazer a rede porque o que vocês estão querendo é o domínio do sindicato europeu sobre o sindicato brasileiro. [...] Não sou contra a rede não, mas não me venha pedir para ajudar a fazer rede. **Eu imagino que quem conduziria a rede seriam os sindicatos brasileiros e não [os] sindicatos europeus...**

---

[97] Marc-Antonin Hennebert, "Os acordos-marco internacionais e as alianças sindicais internacionais: instrumentos de uma necessária transnacionalização da militância sindical", *Sociologias*, Porto Alegre, v. 19, n. 45, 2017, p. 116.

[98] Idem.

202 *O solo movediço da globalização*

André Teixeira – Duvido! Agora, por que essas redes não funcionam no Brasil? Por que essas redes não funcionaram na Vale? Porque as pessoas que vieram aqui não conheciam nosso sindicalismo. [...] O sindicalismo da Vale é dividido. Hoje você não consegue colocar o sindicato da Vale em uma mesma mesa. [...] Então, eles vieram aqui organizar as redes e se deram com esse problema. A divisão dos sindicatos do Brasil é que impediu que as redes crescessem aqui quando eles quiseram crescer. [...] Isso é o que ocorre na Vale e em muitas outras empresas.

Então, por que as redes não dão certo?
André Teixeira – Porque, na minha opinião, o sindicato nunca pode se distanciar da categoria. Essas redes não são construídas pelos sindicatos. São muito construídas pelas centrais. E o trabalhador não vê ganho nenhum nisso aí. Ele não participa disso aí. [...] Então, são modelos bonitos que se traçam, mas que estão longe da realidade. "Ah, não, mas a Basf, a rede da Basf funciona no mundo inteiro!". [...] Quem paga as reuniões da [rede] Basf é a própria Basf: ela paga a passagem para os caras irem lá para a Alemanha. [...] Para mim, isso é dar dinheiro para o sindicato, dinheiro para os sindicalistas: eles vão lá e passeiam. Então, eu não vi nenhuma rede sindical em que o dinheiro sai do sindicato e traz resultados. Pode até ter umas duas ou três reuniões, mas não dura isso aí. [...] Não estou discutindo se é ruim ou se é bom. Só estou dizendo: a rede sindical não funciona sem o apoio da empresa. [...] O mundo do trabalho começou com o *International Framework Agreement*, acabou com o *International Agreement* e colocaram as redes sindicais, que também não deslancharam. [...] A rede sindical da Vale já foi criada umas cinco ou seis vezes e nunca teve a segunda reunião com o mesmo pessoal que criou a rede lá. Nunca fizemos nada contra também porque não tem nada para fazer contra isso, não. Qual que vai ser o próximo passo deles? Eu fico pensando: o que eles vão inventar?

A dificuldade crescente de "postular o interesse nacional como interesse da burguesia interna" torna menos provável a articulação de "interesses de classe baseados em um discurso nacional"[99]. Se isso não é propriamente uma novidade, há, por outro lado, uma hipótese de recuperação do interesse pelas questões do trabalho nos locais de produção e no chão de fábrica, retomando força e politização justamente pela inesperada articulação internacional de trabalhadores baseada em seus laços comuns com uma empresa.

As redes de trabalhadores, ou redes sindicais, apareceram no Brasil no início dos anos 2000[100], a partir da organização de fábricas ou instalações de uma mesma

---

[99] Leonardo Mello e Silva, "Inovações do sindicalismo brasileiro em tempos de globalização e o trabalho sob tensão", em André Singer e Cibele Rizek (orgs.), *As contradições do lulismo: a que ponto chegamos?* (São Paulo, Boitempo, 2016), p. 96-7.

[100] Idem, "Redes sindicais em empresas multinacionais: contornos de um sindicalismo cosmopolita? A experiência do ramo químico", em Maria Cristina Cacciamali, Rosana Ribeiro e Júnior Macambira (orgs.), *Século XXI: transformações e continuidades nas relações de trabalho* (Fortaleza, Instituto de Desenvolvimento do Trabalho, Banco do Nordeste do Brasil, Universidade de São Paulo, 2011). Para uma análise da organização de redes sindicais em diversos setores econômicos no Brasil, ver

empresa espalhadas pelo território nacional. A participação de sindicatos e centrais do país da matriz costuma ser decisiva para a organização da rede, a fim de que ela alcance dimensão internacional. As redes sindicais internacionais, no entanto, lidam com uma contradição: ao mesmo tempo em que são uma resposta "cosmopolita" à crise do sindicalismo tradicional, enfrentam as dificuldades inerentes a uma ação voltada a uma empresa ou organização específica, mesmo que global[101].

É necessário, então, colocar em questão a capacidade das redes organizarem-se como agentes coletivos e não apenas como agentes sociais capturados pelas pautas empresariais no contexto da globalização. Ao analisar as características de redes sindicais bem-sucedidas, podem-se localizar algumas razões para o fracasso da rede Vale:

> Uma rede sindical é uma organização horizontal que visa a articular em um mesmo espaço de troca de informações e de ação os representantes dos trabalhadores que atuam em relação a uma mesma empresa transnacional em diversos locais. [...] A relação da rede com o sindicato pode ser complementar ou tensa. Em geral, uma rede é sempre uma rede *sindical* de trabalhadores, pois isso evita dois riscos possíveis: o primeiro é o perigo de cooptação dos membros da rede pela empresa; o segundo [...] é o arbítrio dos patrões.[102]

Um estudo que analisou experiências de quinze redes sindicais internacionais[103] apontou quatro características de redes bem-sucedidas: 1) o compromisso dos membros da rede com a continuidade das ações, evitando a alta rotatividade; 2) o acesso a recursos (reivindicando-os da própria CTN ou por meio dos fundos sindicais)[104]; 3) a existência de um plano de ação; e 4) a criação de uma coordenação da rede. Além disso, é fundamental que as FSIs ofereçam apoio às redes.

É possível afirmar que nenhum desses elementos encontrava-se na rede Vale: 1) não havia comprometimento de todos os sindicatos da empresa – pelo contrário,

---

Ricardo Framil Filho, *O internacionalismo operário entre o local e o global: as redes sindicais de trabalhadores químicos e metalúrgicos no Brasil* (dissertação de mestrado, São Paulo, Faculdade de Filosofia, Letras e Ciências Humanas, Universidade de São Paulo, 2016), e Maurício Rombaldi, "Diferentes ritmos da internacionalização sindical brasileira: uma análise dos setores metalúrgico e de telecomunicações", *Caderno CRH*, Salvador, v. 29, n. 78, 2016, p. 535-51.

[101] Leonardo Mello e Silva, "Redes sindicais em empresas multinacionais", cit.

[102] Leonardo Mello e Silva, Ricardo Framil Filho e Raphael Freston, "Redes sindicais em empresas transnacionais: enfrentando a globalização do ponto de vista dos trabalhadores", *Análise*, Friedrich Ebert Stiftung Brasil, n. 5, 2015, p. 3.

[103] Idem.

[104] Tal aspecto tornou-se ainda mais sensível após as mudanças promovidas pela reforma trabalhista de 2017 e com o fim do imposto sindical. Ao menos no médio prazo, sindicatos e centrais terão menos recursos, o que provavelmente será uma dificuldade adicional para a manutenção dos esforços de construção de redes sindicais no Brasil. Uma análise da reforma trabalhista encontra-se em José Dari Krein, Roberto Véras de Oliveira e Vitor Araújo Filgueiras (orgs.), *Reforma trabalhista no Brasil: promessas e realidade* (Campinas, Curt Nimuendajú, 2019).

204   *O solo movediço da globalização*

havia oposição do Metabase Carajás e de outros sindicatos[105] –, o que inviabilizou qualquer compromisso das entidades locais com a rede; 2) os recursos eram escassos, dependentes, sobretudo, do USW e da AFL-CIO (como se viu, há intensa oposição da Vale a financiar o funcionamento das redes); 3) a rede sustentou-se enquanto havia uma campanha de solidariedade à greve no Canadá, mas não tinha, pelas diferenças entre os sindicatos brasileiros, qualquer possibilidade de estabelecer planos de longo prazo; e 4) pela mesma razão, dificilmente seria possível organizar uma coordenação estável.

Além disso, podem-se destacar as dificuldades enfrentadas pelos sindicalistas brasileiros que apoiaram a organização da rede Vale. No capítulo 2, mencionou-se o deslocamento de Ronaldo de sua posição na direção do Stefem em represália a seu apoio à greve canadense, como sindicalista e membro do Conselho de Administração da Vale. Sindicalistas entrevistados também narraram pressões da empresa sobre um ativo dirigente do Sindimina-RJ[106]. Esse sindicalista saiu de sua entidade como consequência das represálias da empresa.

> O que houve é que, após a greve, todos tomaram seu rumo. Eu não acredito nisso, acho que está errado. Sinto que nós deixamos nossos amigos do Brasil [...] que nos apoiaram. Mas isso depende dos sindicatos maiores. Sei que ainda há conversações. [...] Mas aqui, no nível local, eu gostaria que isso continuasse. Sei que no Brasil as coisas são difíceis, que o Ronaldo perdeu sua posição, fizeram-no parecer ruim. E eu me sinto mal com o que fizeram com eles no Brasil. (Bernard, em entrevista)

> Os sindicalistas que nos ajudaram no Brasil, a empresa estava dizendo para os trabalhadores lá: "Por que vocês estão tentando ajudar os trabalhadores canadenses? Eles ganham muito mais dinheiro que vocês. Por que eles estão indo para o Canadá? Deveriam estar ajudando vocês. Não deveriam estar preocupados com o que acontece lá. Deveriam estar preocupados com o que acontece aqui". Muitos líderes sindicais lá perderam suas posições no sindicato [fazendo referência ao dirigente do Sindimina-RJ]. (Michael, em entrevista)

> O principal problema da [rede] Vale foi falta de dinheiro, porque os sindicatos, com raríssimas exceções, [não] estavam dispostos a pagar alguma despesa ou passagem, esse negócio todo, de seus membros, como no caso do Pará. No Rio de Janeiro, o dirigente do sindicato da Vale era um cara de linha de frente de negociação e era um cara quebrador de pau, muito duro. A Vale fez que fez até que afastou ele da direção do sindicato. Esses sindicatos vivem da empresa. [...] Todo seu imposto sindical vem de uma empresa só. As outras empresas [por eles representadas], tudo empresinha de fundo de quintal. Então, se a empresa quiser, ela não recolhe mais o dinheiro dos

---

[105] Como também apontou Laura Nazaré de Carvalho, "Análise da ação dos sindicatos dos trabalhadores da mineradora Vale S.A. na região Sudeste brasileira", cit., p. 107.

[106] Sindicato que organiza portuários, engenheiros e trabalhadores da administração central da Vale.

sócios – a empresa fala: "Ah, vá cobrar o dinheiro lá na porta da fábrica" –, não repassa o imposto sindical e quebra [o sindicato]. Chega para o presidente do sindicato e fala: "Olha, se você não tirar o cara da diretoria, se não tirar da mesa de negociação, você sabe das consequências". [...] A Vale tem uma postura antissindical no Brasil. Se o Tonhão estiver lá no sindicato e você for lá no Pará, ele vai dizer que não. Ele ganhou tudo da Vale. [...] E tinha uma oposição lá, mas a briga deles era na bala. Na bala. Não sei como está aquele sindicato lá. (Carlos Andrade, dirigente da CUT envolvido com a organização da rede Vale, em entrevista)

E tiveram também... Não vou dizer que teve ajuda financeira, mas eles davam uma diária lá muito boa, está entendendo? Você via que os caras saíam daqui e voltavam cheios de *laptop* e começavam a vender. Houve diárias muito interessantes para ir para lá... Pagando tudo e ainda vai com diária para tomar cafezinho, diária boa pra caramba! Então, assim, a maior parte dos sindicatos brasileiros, dos sindicalistas brasileiros, falaram o seguinte: "Olha, eles querem me usar!". Falaram mesmo para mim: "Eles querem me usar!". E, quando eles estavam no andar de cima do hotel, no segundo andar, e eu estava na sala de convenções, quando eles descobriram, vieram me contar: "André, ocorreu isso. Estou envergonhado com o que aconteceu". Mas a reação deles: no Brasil, na Indonésia... Foram na Indonésia também! Foram na Nova Caledônia, em Moçambique... Em Moçambique, foi toda de repulsa. Foram no Chile... (André Teixeira, em entrevista)

Segundo Carlos Andrade, dirigente da CUT que coordenou o CUT-Múlti, projeto de construção de redes sindicais em empresas multinacionais no Brasil[107], havia interesse por parte de sindicatos de trabalhadores da Vale no exterior, notoriamente no Canadá e em Moçambique, de organizar a rede Vale. As dificuldades, portanto, estariam principalmente no sindicalismo brasileiro da Vale por duas razões principais: as pressões da empresa sobre os sindicalistas para evitar que se aproximassem de seus congêneres de outros países e as tradicionais dificuldades de articulação dos sindicatos da Vale, estimuladas pela companhia.

[Nas tentativas de montar a rede Vale,] nós conhecemos o pessoal dos ferroviários [Stefem], que era um pessoal mais jovem e muito porreta. Um sindicato muito bom, um pessoal muito combativo, que veio da própria construção da ferrovia, conhecendo todos os aspectos daquela ferrovia, briga com índio, com posseiro... E tiveram a sorte de ganhar um advogado [Guilherme Zagallo], que era da Vale e que passou a trabalhar para eles. Um cara muito bom, que foi presidente da OAB do Maranhão. Ele era o nosso advogado da rede, que orientava a rede em termos jurídicos. Ia para a mesa de negociação junto com os sindicatos. [...] Estudou inglês, começou a estudar a Vale, a bolsa de Nova York. De repente, recebíamos aquele relatório dele. [...] Então, com

---

[107] Que funcionou de 2000 a 2009 por iniciativa da central, com apoio e financiamento de federações sindicais internacionais holandesas e alemãs.

206 *O solo movediço da globalização*

base nesses sindicatos mais combativos, nós montamos a rede Vale: fizemos manifesto, formação da rede, com apoio da Icem e da AFL-CIO, que representavam esses sindicatos no Canadá. [...] Foi uma pena a gente não conseguir organizar essa rede na Vale. Porque o pessoal do Canadá topou. Fizeram uma greve histórica lá. Aliás, a Vale fez uma sacanagem com a gente. [...] Ela ia por trás e sabotava a reunião. Tipo o seguinte: a gente chamava a reunião, aí ela chamava o Tonhão e falava, por exemplo: "Tonhão, sabe aquele negócio de insalubridade que a gente estava discutindo? Vai ser amanhã a discussão, com grande chance de a gente fechar um acordo. Vai ser amanhã às 14 horas", na mesma data que a gente tinha convidado para fazer a reunião em São Paulo. Aí o Tonhão ligava: "Ah, não posso". Tonhão, manda outro! Não mandava porque a Vale tinha feito pressão para cair fora. [...] O principal problema de não ter conseguido fechar um acordo da rede foi essa divergência sindical. Você não podia confiar um no outro. Teve uma hora que o PSTU[108], inclusive, ficou tão puto que eles falaram: "Olha, vocês vão tudo para a puta que pariu! Eu não aguento mais essa pelegada aqui. Vou me reunir com o nosso pessoal do Peru – que tinha uma unidade da Vale lá – e vou começar a rede [...]. Se vocês não quiserem fazer a rede, eu vou fazer a rede do nosso modo". O PSTU nunca se recusou a participar da rede. Nunca se recusou, porque aqui a ideia é ter todas as forças, todas as ideias, porque aqui vai ser uma luta comum. (Carlos Andrade, em entrevista)

Nos capítulos 1 e 2, foi possível identificar, nos sindicatos de trabalhadores brasileiros da Vale estudados, tendências de conservação das diretorias sindicais, burocratização e afastamento das bases, seja pelos efeitos de inércia da própria estrutura sindical brasileira, seja pela pressão consciente da empresa sobre os sindicatos. Como consequência, desenvolvem-se – mesmo que contra a orientação publicamente manifestada pelas entidades – relações de maior proximidade e menor conflito entre a Vale e os sindicatos representativos de seus trabalhadores. As entrevistas em São Luís (onde há um sindicato com discurso claramente opositor às investidas da empresa) e em Parauapebas (onde o sindicato local coloca-se muitas vezes como porta-voz dos interesses da Vale e de sua lucratividade) mostraram como a empresa é bem-sucedida em fragmentar os sindicatos e enfraquecer, desse modo, seu poder coletivo.

Um estudo comparativo de casos de cooperação sindical transnacional em três setores[109] mostrou como a globalização do capital leva ao aumento da diferenciação intra e intersetorial em cada país, o que torna as parcerias sindicais transnacionais uma possibilidade, não uma necessidade imanente, uma vez que sindicalistas nacionais e locais lutam pela manutenção dos empregos, em uma lógica de competição entre os trabalhadores. Dessa forma, "interesses paroquiais" podem frustrar a cooperação internacional. Por isso, as "relações sindicais transnacionais são alavancadas pelas relações industriais nacionais do país de origem da empresa

---

[108] Refere-se aos sindicalistas ligados à central CSP-Conlutas.
[109] Mark Anner et al., "Determinantes industriais da solidariedade transnacional: política intersindical global em três setores", *Estudos Avançados*, São Paulo, v. 28, n. 81, 2014, p. 229-50.

globalizada"[110] e há fatores de incentivo e de desincentivo para que os sindicatos se engajem em iniciativas de cooperação transnacional. Entre os fatores de desincentivo, além das várias formas de competição entre os trabalhadores, está a pressão de gerentes e empresas sobre os sindicatos, colocando-os uns contra os outros. Por sua vez, os fatores de incentivo relacionam-se à existência de estruturas de cooperação transnacional prévias e de uma força de trabalho forte e sindicalizada.

Ora, se o papel dos sindicatos do país de origem da empresa transnacional é fundamental para a criação de instrumentos de cooperação internacional[111], um aspecto decisivo do fracasso da tentativa de organizar a rede sindical internacional da Vale fica evidente: a fragilidade dos sindicatos brasileiros e sua divisão em grupos foram as principais razões para a descontinuidade das iniciativas da rede após a greve no Canadá. Enquanto os fatores de desincentivo[112] estão evidentemente presentes, poucos (ou nenhum) fatores de incentivo para a ação transnacional encontram-se nos sindicatos brasileiros da Vale. O USW Local 6500, por sua vez, tinha mais elementos – materiais (os recursos econômicos de um enorme sindicato multinacional), estruturais (a expertise da AFL-CIO e do Solidarity Center, por exemplo) e de oportunidade (a necessidade de responder às imposições da Vale na negociação do contrato de 2009) – para estimulá-lo à busca da construção da rede. Uma vez terminada a greve e assinado um contrato de cinco anos com a Vale, pode-se dizer que tal impulso também arrefeceu.

Há outro aspecto fundamental para entender o fracasso da rede Vale e os motivos pelos quais a solidariedade internacional à greve no Canadá restringiu-se a algumas iniciativas isoladas de dirigentes sindicais brasileiros. Trata-se da importância dos fundos de pensão, em particular da Previ, no controle da Vale. Carlos Andrade e Guilherme Zagallo trataram dessa questão:

> A gente tentou de várias formas. Tentou conversar com a Previ, que tinha um cara indicado pelos bancários, porque a Previ tinha participação na Vale do Rio Doce e não nos ajudou um milímetro. Não nos ajudou no Canadá. Não nos ajudou a abrir um diálogo. Teve uma posição patronal. A Previ, com representante do sindicato dos bancários, não quis saber de jeito nenhum. Teve uma posição mais patronal do que o patrão. Nem sequer recebeu a delegação estrangeira que veio conversar com eles. Foi muito difícil. (Carlos Andrade, em entrevista)

> Eles tentaram construir uma rede em 2007. Eu conheci o Carlos Andrade, na época, nessa atividade de tentar construir uma rede de trabalhadores [...], mas acabou que

---

[110] Ibidem, p. 237.

[111] Como também apontaram Leonardo Mello e Silva, Ricardo Framil Filho e Raphael Freston, "Redes sindicais em empresas transnacionais", cit.

[112] Identificados por Mark Anner et al., "Determinantes industriais da solidariedade transnacional", cit.

208 *O solo movediço da globalização*

não evoluiu e não evoluiu, eu acho, sobretudo, pela debilidade do movimento sindical da contraparte brasileira. Essa coisa de ser um movimento sindical que não faz greve, de um sindicalismo mais de negociação e menos de enfrentamento [...]. Mas isso não avançou muito. Enfrentou resistências, inclusive internas, aqui no Brasil. Por quê? Por conta da circunstância da Vale ter uma posição *sui generis*, de ser uma empresa controlada por um fundo de pensão muito ligado a sindicato de trabalhadores, a Previ, e um pouco também o fundo de pensão da Caixa, mas pequeno. Maciçamente, se você junta as ações de governo e Previ, é maioria no bloco de acionistas da Vale, no acordo de acionistas. [...] É uma empresa *sui generis* do ponto de vista que governo e Previ tinham maioria nesse acordo, nesse bloco de acionistas. E, no caso da Previ, havia aí acho que um certo conflito de interesses. Em que sentido? Era o principal investimento da Previ. Houve momentos em que a Vale representou acho que 30%, 32% dos investimentos, do ativo da Previ, em um momento em que a Vale foi crescendo, foi aumentando essa participação. [...] Acontece um certo conflito de interesses. A rentabilidade da Vale nos anos áureos causou geração de superávits na Previ, gerou em determinados momentos redução de valores de contribuição, rateio de superávit do fundo de pensão, determinado valor extra que é pago para os cotistas. Então, mesmo no âmbito do movimento sindical, do movimento sindical cutista, que tinha, vamos dizer assim... Os sindicatos da Vale são predominantemente filiados à CUT, embora haja alguns sindicatos da Força e Conlutas [...]. Mas o fato é que havia um certo conflito de interesses, vamos dizer assim, a criar dificuldades para essa solidariedade mais ampla entre o movimento sindical brasileiro, que tinha interesses – o meu associado, que vota em mim, que vai pagar menos aposentadoria ou que vai ter um benefício extra de aposentadoria – *versus* o que a Vale faz no Brasil e no resto do mundo. Havia um certo conflito de interesses, que é um pouco essa situação do capitalismo moderno, que é o papel preponderante dos fundos de pensão nos investimentos globais. Eu considero isso um caso típico de conflito de interesses: você acaba se vendo dividido entre valores de solidariedade, de construção de um mundo com mais benefícios, com a distribuição da riqueza *versus* o seu próprio interesse. Alguns sindicalistas, não do ponto de vista pessoal... Alguns até do ponto de vista pessoal, porque viram gestores, diretores, membros permanentes no Conselho de Administração. [...] Os dirigentes dos fundos de pensão acabam, com o tempo, incorporando as práticas e a visão capitalistas de gestão. É um conflito permanente, ou seja, eu permito que se faça com os trabalhadores da Vale o que não quero que aconteça com os trabalhadores bancários do sindicato de que eu faço parte, da direção dos sindicatos. Então, é uma situação muito contraditória essa hoje dos fundos de pensão. Não é um problema específico da Vale, mas na Vale a gente percebia muito claramente isso ser um fator assim: eu apoio, presto solidariedade, mas faço o suficiente para eu não parecer... Eu não faço o máximo que posso, também não digo que não tenho nenhuma ação de solidariedade. Quando você tem um presidente da CUT eletricitário, com menor vínculo, por exemplo, na época do Artur Henrique: ele, como tinha um vínculo menor com o movimento sindical bancário, com a Previ, teve uma participação mais intensa, uma aproximação mais intensa, por exemplo, com a greve do Canadá. Quando você tem a sucessão e aí vem Vagner Freitas, bancário, ou seja, você tem os interesses próprios dessa categoria, aí tem um certo afastamento [...] dessa solidariedade que deveria marcar o movimento sindical. (Guilherme Zagallo, em entrevista)

Confrontado com críticas como essas, Artur Henrique afirmou compreender o papel dos fundos de pensão e sugeriu ter faltado um esforço de formação política e de discussão estratégica no movimento sindical para que questões sensíveis aos trabalhadores fossem levadas aos conselhos de administração das empresas com participação de fundos de pensão. Sérgio Rosa, por sua vez, afirmou que houve conversas com os sindicatos e que a alternativa – indesejável – às críticas recebidas pela Previ seria os trabalhadores não mais participarem da gestão das empresas:

Muitos sindicalistas entrevistados criticaram o comportamento da Previ na greve. Para eles, ela teria defendido a lucratividade da Vale em vez de abrir espaço para uma saída negociada da greve. Você concorda?
Artur Henrique – Eu acho muito difícil fazer uma afirmação dessas. O que acho, assim, é claro que o fundo de pensão tem como objetivo prioritário e principal manter recursos para garantir a aposentadoria dos seus cotistas, que você representa no fundo de pensão. Isso é óbvio. Então, a minha prioridade de atuação enquanto fundo de pensão será essa. Isso deve ser feito a qualquer custo? Aí é que está. Esse é o ponto. [...] Você não vai usar o fundo de pensão para ser socialista. Nós estamos falando de outra coisa. O que você não pode querer é: se precisar demitir metade dos funcionários para aumentar o lucro para garantir então dinheiro, aí você vai demitir metade dos funcionários? Aí é que eu digo que isso não pode acontecer. Então, quando a gente chama a responsabilidade dos fundos de pensão para uma estratégia que deveria ter sido construída conjuntamente de estabelecer regras ou, minimamente, limites, nós estamos falando de uma coisa que é assim: demissão de um, cinco, dez trabalhadores, seja lá quanto for, ela tem que passar pelo Conselho de Administração. O conselheiro tem o dever de conversar, de articular, de falar com o sindicato. Isso nunca foi o centro de preocupação dos conselheiros. [...] Eu acho que, aí, nós estamos falando de uma necessidade de formação, de uma discussão estratégica do movimento sindical, que não fizemos nem na minha época como presidente. Eu não estou dizendo que a CUT fez. Não estou falando de culpa.

Alguns sindicalistas da CUT, que tentaram intermediar uma solução para a greve no Canadá, relatam certa mágoa com a Previ...
Sérgio Rosa – A gente conversou. A mágoa que eu imagino é essa: eles sabem que a Previ tinha um papel relevante dentro e achavam que... Eles não queriam só conversar. Queriam que a gente interviesse para provocar uma flexibilização, e a gente não tinha essa capacidade. É uma situação... em que a gente podia cobrar, tentar sensibilizar, dar diretrizes genéricas, mas eu não tinha condição de chegar lá e dizer: muda isso aqui no acordo. Isso aqui faz diferença, por favor... Não tenho essa capacidade. Primeiro, que a gente não tem poder de decisão sozinho no Conselho e, segundo, que não é natural que o Conselho tome esse tipo de decisão.

210   *O solo movediço da globalização*

Você considera essa crítica injusta?

Sérgio Rosa – Nem injusta nem nada. Acho normal. Eles vão criticar a direção da empresa, vão criticar seus acionistas. [...] Eu acho que eles têm todo o direito de fazer a crítica como acho que a gente tem o direito, lendo as coisas, de fazer a interpretação das coisas: quais eram os limites da Previ enquanto acionista de uma empresa, até onde ela pode ir. Ainda que ela tivesse uma gestão 100% dos trabalhadores, que fossem 100% trabalhadores, com uma visão sobre o mundo do trabalho etc. etc., ainda assim, dentro da visão de investidor, ela teria limites para fazer grandes mudanças no jogo da relação capital-trabalho. [...] Então, a gente ouve crítica, você sabe: então, não, os trabalhadores não deveriam participar disso. Os trabalhadores deveriam se recusar a participar desse jogo. Tá bom: então deixa os outros, os dirigentes da empresa gerirem os recursos que são nossos, que vão fazer nossos benefícios. Qual é o limite disso? Qual é o limite em que a gente participa ou não de um capitalismo que existe e que tem um conflito de classe dentro dele? Onde eu participo e onde eu não participo? Qual é o limite de eu estar defendendo os interesses dos trabalhadores do Brasil para estar tomando algumas medidas que podem ser melhores do que outros tomariam, embora eu não vá mudar... Então, é difícil. Eu vou ter várias respostas para isso [...].

A confluência de interesses apontada por Guilherme Zagallo – que permitia a Roger Agnelli apresentar-se pelo mundo como alguém próximo do governo brasileiro e que levava o sindicalismo do país a promover ações no limite da manutenção das aparências – teve origem na defesa da lucratividade da Vale por parte da "burocracia sindical financeirizada"[113], com origens no sindicalismo bancário da CUT, que participava da administração da Vale por meio de sua presença na Previ.

O próximo capítulo dedica-se a essa questão, bem definida no dilema expressado pelas palavras de Sérgio Rosa, ex-sindicalista bancário, ex-presidente da Previ e ex-presidente do Conselho de Administração da Vale: "Qual é o limite em que a gente participa ou não de um capitalismo que existe e que tem um conflito de classe dentro dele?". Será o momento de avaliar, como forma de conclusão, os acordos de acionistas de 1997 e 2017, e as mudanças recentes na "governança corporativa" da Vale. Na sequência, o epílogo trará as reflexões finais deste livro.

---

[113] Alvaro Bianchi e Ruy Braga, "The Lula Government and Financial Globalization", *Social Forces*, v. 83, n. 4, jun. 2005, p. 1.745-62.

4
Capitalismo global, fundos de pensão e a "nova governança corporativa" da Vale como forma de conclusão

O fracasso das tentativas de organizar uma rede sindical internacional da Vale, analisado no capítulo anterior, revelou, por um lado, as possibilidades abertas de estabelecimento de vínculos organizativos entre trabalhadores da empresa em diversos países e, por outro lado, as dificuldades do sindicalismo brasileiro da Vale, fragmentado nacionalmente e alvo de estratégias de relações de trabalho e sindicais que visam ao controle da produção e à proximidade entre sindicatos e empresa como forma de contornar conflitos trabalhistas e garantir flexibilidade às operações. Pela falta de unidade nacional entre os sindicatos brasileiros da Vale, naufragou o embrião de rede sindical internacional.

Há, no entanto, um elemento adicional para a compreensão da relação entre a empresa e seus sindicatos, enfatizado por Guilherme Zagallo ao definir a Vale como uma "empresa *sui generis*", por conta da importante participação de fundos de pensão de empresas estatais em seu capital social. Ao longo dos governos de Lula e Dilma Rousseff, fundos como a Previ – cujos dirigentes são, paritariamente, indicados pela direção do Banco do Brasil e eleitos pelos sindicatos bancários, em sua maioria, filiados à CUT – tinham forte ligação com o governo federal dirigido pelo PT. Artur Henrique, ex-presidente da CUT, descreveu tal proximidade ao falar da Vale:

> O caso da Vale do Rio Doce, por exemplo, é emblemático porque a Vale era uma empresa estatal e foi privatizada. Ao ser privatizada, ela passa a ser comandada pelo setor privado, por interesses privados, porém com uma forte influência do governo, seja porque os fundos de pensão exerciam uma forte influência no conjunto das ações da empresa na bolsa, seja porque parte das pessoas indicadas para serem alto escalão dessas empresas eram também indicadas pela influência junto ao governo, seja do governo Lula, do governo Dilma ou pelos próprios fundos de pensão. (Artur Henrique, em entrevista)

212   *O solo movediço da globalização*

A reduzida solidariedade do sindicalismo brasileiro à greve na Vale Canadá e os obstáculos criados pela empresa ao desenvolvimento da rede sindical internacional podem ser vistos, então, como uma ilustração das contradições de uma parcela do movimento sindical, dividida entre a defesa da lucratividade da Vale – cuja gestão era próxima ao governo apoiado pela CUT e de cujos resultados dependem os fundos de pensão – e a luta contra a exploração dos trabalhadores e a defesa da solidariedade típicas do sindicalismo.

Será preciso, portanto, analisar a relação entre a Vale, em seu período de intensa internacionalização nas primeiras décadas do século XXI, e o governo brasileiro, lançando luz sobre aspectos da estratégia financeira da empresa, que, ao longo de sua história, além de financiar-se externamente, pôde contar com importantes fontes internas de financiamento, como o BNDES. O acordo de acionistas pós-privatização, em 1997, é central para a compreensão da "governança corporativa" da Vale, na qual os fundos de pensão e seus acionistas, como Bradesco e Mitsui, tinham papel preponderante. Essa discussão será realizada como forma de enquadrar os aspectos de continuidade e de mudança no novo acordo de acionistas estabelecido em 2017, o qual, como se verá, tornou possível a pulverização do capital social da Vale.

Neste capítulo, como forma de conclusão, também se pretende analisar as mudanças recentes na "governança corporativa" da Vale visando à consolidação de sua transformação em uma corporação transnacional. Espera-se, com isso, avaliar de que modo o financiamento interno e os fundos de pensão contribuíram para a internacionalização da companhia e, ao mesmo tempo, vincularam-se à dinâmica de integração da economia brasileira ao capitalismo global, criando as condições para que a Vale pudesse tornar-se uma empresa menos limitada às fronteiras brasileiras de um ponto de vista da captura de valor, do controle acionário e de sua gestão, ainda que a maior parte de suas receitas continue sendo obtida com a exportação de minério de ferro extraído no Brasil. A transnacionalização da Vale afetou não apenas seus trabalhadores e sindicatos, mas os múltiplos agentes envolvidos em sua rede global de produção. Por isso, as considerações finais promoverão um balanço das consequências desse processo à luz do que foi exposto nos capítulos anteriores.

Os fundos de pensão e o controle da Vale pós-privatização

No capítulo 1, por meio das declarações de Sérgio Rosa, ex-presidente do Conselho de Administração da Vale, foi descrito o processo de "descruzamento de ações" e de elaboração da estratégia corporativa da empresa pós-privatização, que possibilitou um salto em sua internacionalização. Com a consumação da venda da participação na Vale de Benjamin Steinbruch, os fundos de pensão de empresas estatais passaram a ter uma fatia majoritária da Valepar, *holding* criada em 1997, após a privatização, para exercer o controle da CVRD.

A privatização da Vale estabeleceu uma estrutura de propriedade dual, na qual se combinavam ações ordinárias (com direito a voto) e ações preferenciais (com prioridade na distribuição de dividendos). Tais "estruturas de propriedade corporativas duais são um componente disseminado nos mercados de capitais latino-americanos"[1] e visam à proteção de acionistas minoritários, compensando os benefícios dos controladores em sua prerrogativa de voto. Após a privatização, investidores estrangeiros passaram a deter a maioria das ações preferenciais da Vale, enquanto capitais nacionais mantinham a maioria das ações ordinárias, e, desse modo, controlavam o Conselho de Administração e a Diretoria Executiva da empresa. Essa estrutura dual relacionava-se à busca crescente por fontes externas de capital na estratégia financeira da Vale, ainda que sob a direção de capitais nacionais:

> Nesse sentido, a estrutura acionária dual da Vale permitiu, desde a privatização, a operacionalização de uma estratégia de financiamento estruturalmente apoiada na atração de capital externo, ainda que dirigida pelo capital doméstico e fortemente suportada pelo Estado. Considerando a natureza capital-intensiva da mineração, a oligopolização do segmento de minério de ferro e a centralização de seu mercado consumidor, a obtenção de recursos externos à corporação em volume crescente assumiu um papel central na estratégia corporativa da Vale.[2]

O acordo de acionistas[3] pós-privatização foi assinado em 1997, com validade de vinte anos, e estabelecia que as partes não poderiam vender, ceder ou transferir as ações ordinárias envolvidas no acordo pelo qual foi criada a Valepar. Em fevereiro de 2017, como se verá, foi anunciado o novo acordo de acionistas, pelo qual a Valepar foi dissolvida no capital da Vale. Estabeleceu-se, então, um dispositivo de conversão de ações preferenciais em ações ordinárias, com vistas à mudança da estrutura dual de propriedade até então vigente.

Os gráficos 3 e 4 ilustram de que modo a Valepar, apesar de não ter a maioria do capital total da empresa, exercia o controle da Vale, por deter a maioria das ações ordinárias da companhia. Em janeiro de 2017, um mês antes do anúncio do novo acordo de acionistas, como mostra o gráfico 3, do capital total da Vale (ações ordinárias e preferenciais somadas), 33,70% pertenciam à Valepar; 48,65% a investidores privados estrangeiros; 12,36% a investidores privados brasileiros; e 5,29% à União, que também detém 12 *golden shares*, ações pelas quais o governo

---

[1] Rodrigo S. P. Santos, "A nova governança corporativa da Vale S.A.: um percurso político em direção à '*true corporation*'", *Versos – Textos para Discussão PoEMAS*, v. 1, n. 4, 2017, p. 3.

[2] Ibidem, p. 4.

[3] Trata-se de "um tipo específico de instituição de base contratual interna à firma [...], [que] define e regula as relações entre os seus proprietários, assim como normatiza as condições sob as quais os direitos de propriedade desses agentes são exercidos", de acordo com Rodrigo S. P. Santos, "A construção social de uma corporação transnacional: notas sobre a 'nova privatização' da Vale S.A.", *Revista de Estudos e Pesquisas sobre as Américas*, Brasília, v. 13, n. 2, 2019, p. 242-3.

federal tem poderes de veto em mudanças na razão social, na localização da sede e no objeto social da empresa[4].

GRÁFICO 3: COMPOSIÇÃO ACIONÁRIA DA VALE (JANEIRO DE 2017)

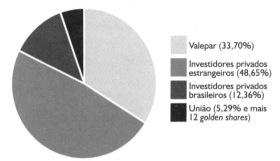

Fonte: Vale S.A., *Composição acionária*, 31 jan. 2017[5].

Ainda em janeiro de 2017, como mostra o gráfico 4, das ações ordinárias da Vale, a Valepar, *holding* controladora, possuía 53,88%; investidores estrangeiros possuíam 33,16%; investidores brasileiros possuíam 6,48%; e a União também possuía 6,48%.

GRÁFICO 4: DISTRIBUIÇÃO DAS AÇÕES ORDINÁRIAS DA VALE (JANEIRO DE 2017)

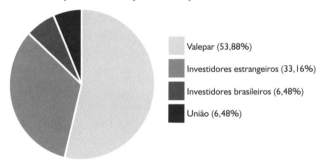

Fonte: Vale S.A., *Composição acionária*, 31 jan. 2017[6].

O controle da Valepar, por sua vez, como mostra o gráfico 5, estava dividido entre Litel Participações S.A., com 49% das ações; Bradespar S.A. (fundo de par-

---

[4] Vale S.A., *Formulário 20-F: relatório anual 2016*, p. 113; disponível em: <http://www.vale.com/PT/investors/information-market/annual-reports/20f/20FDocs/Vale_20-F_FY2016_-_p.pdf>; acesso em: 26 maio 2021.
[5] Idem, *Composição acionária*, 31 jan. 2017; disponível em: <http://www.vale.com/PT/investors/company/Documents/assets/201702_Composi%C3%A7%C3%A3o_acion%C3%A1ria_Jan-17.pdf>; acesso em: 26 maio 2021.
[6] Idem.

ticipações do Bradesco), com 21,21%; o grupo japonês Mitsui, com 18,24%; o BNDESPar (fundo de participações do BNDES), com 11,51%; e a Eletron S.A., com 0,03%[7]. A Litel Participações S.A., portanto, detinha a maior fatia da Valepar, que, por sua vez, controlava a Vale.

GRÁFICO 5: DISTRIBUIÇÃO DAS AÇÕES ORDINÁRIAS DA VALEPAR (2016)

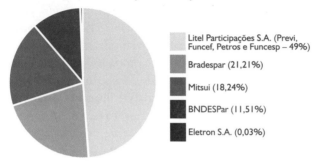

Fonte: Vale S.A., *Formulário 20-F: relatório anual 2016*[8].

Também em 2017, como mostra o gráfico 6, a Litel tinha seu controle dividido entre quatro fundos de pensão: 80,62% da Previ, fundo dos funcionários do Banco do Brasil; 6,94% da Petros, dos funcionários da Petrobras; 11,50% da Fundação dos Economiários Federais (Funcef), dos funcionários da Caixa Econômica Federal; e 0,94% da Fundação de Empresas Elétricas de São Paulo (Funcesp), fundo originário da Companhia Energética de São Paulo (Cesp) e das companhias elétricas paulistas[9].

GRÁFICO 6: ACIONISTAS DA LITEL (2017)

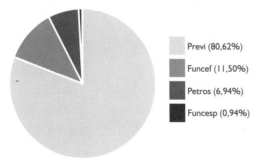

Fonte: Vale S.A., *Formulário 20-F: relatório anual 2017*[10].

---

[7] Idem, *Formulário 20-F: relatório anual 2016*, cit., p. 113.
[8] Idem.
[9] Idem, *Formulário 20-F: relatório anual 2017*, p. 115; disponível em: <http://www.vale.com/PT/investors/information-market/annual-reports/20f/20FDocs/Vale_20F_2017_p.pdf>; acesso em: 26 maio 2021.
[10] Idem.

216 *O solo movediço da globalização*

Esses dados ilustram a importante participação dos fundos de pensão, Previ em particular, no controle da Vale e nas decisões tomadas em seu Conselho de Administração após a privatização. As ações da Vale são o principal investimento da Previ e, portanto, a lucratividade da mineradora remunera os investimentos do fundo e de suas carteiras de benefícios. Em sua estrutura organizacional[11], o Conselho Deliberativo da Previ, sua instância máxima, é composto por seis membros titulares – três dos quais indicados pelo Banco do Brasil e três eleitos pelos funcionários – com seus respectivos suplentes. Seu Conselho Fiscal é formado por quatro membros titulares – dois indicados pelo Banco do Brasil e dois eleitos pelos funcionários – com seus respectivos suplentes. A Diretoria Executiva da Previ é composta por seis membros, indicados pelo Conselho Deliberativo do fundo. Os sindicatos bancários da Confederação Nacional dos Trabalhadores do Ramo Financeiro da CUT (Contraf-CUT[12]) têm importante presença na Diretoria Executiva e nos conselhos da Previ[13].

De acordo com Roberto Grün[14], nos anos 1990, durante os governos Collor e Fernando Henrique Cardoso, os fundos de pensão de empresas estatais foram alvo de um processo de deslegitimação por parte de agentes do governo e do "mercado", que viam nos fundos "braços do esquema corporativista". Iniciou-se uma disputa pelo controle dessas entidades, envolvendo seus administradores – oriundos da gestão das empresas estatais patrocinadoras dos fundos –, banqueiros, sobretudo de bancos de investimento, e sindicalistas, que se propunham a representar os trabalhadores cotistas. No processo de privatização de empresas estatais, além disso, os fundos

> foram colocados no centro [...], na qualidade de "sócios capitalistas" dos grupos que se formaram para os leilões, situação em que se destacou, de um lado, seu papel na viabilização dos esquemas financeiros necessários para dar solvência aos lances e, de outro, o seu muito limitado poder de intervenção na conduta das empresas de que se tornaram coproprietários.[15]

Nesse processo, os dirigentes dos fundos de pensão orientaram-se pela ideia de que essas entidades não deveriam guiar-se pelo curto prazo em seus investimentos, mas buscar "um horizonte mais amplo – o longo prazo referente ao pagamento das

---

[11] Disponível em: <https://www.previ.com.br/portal-previ/a-previ/estrutura-organizacional/>; acesso em: 26 maio 2021.

[12] A Contraf-CUT reúne, sobretudo, sindicatos bancários de todo o Brasil.

[13] A chapa apoiada pela Contraf-CUT venceu a última eleição para representantes dos associados na Previ, realizada em julho de 2020. Informação disponível em: <https://contrafcut.com.br/noticias/chapa-1-obtem-quase-60-dos-votos-e-vence-eleicao-da-previ/>; acesso em: 26 maio 2021.

[14] Roberto Grün, "Fundos de pensão no Brasil do final do século XX: guerra cultural, modelos de capitalismo e os destinos das classes médias", *Mana*, v. 9, n. 2, 2003, p. 7-38.

[15] Ibidem, p. 9.

Capitalismo global, fundos de pensão e a "nova governança corporativa"   217

aposentadorias e pensões"[16]. Isso explicaria a duração de vinte anos do acordo de acionistas celebrado na privatização da Vale em 1997. Grün, então, propôs uma hipótese: com uma vitória eleitoral do PT em 2002, os fundos de pensão estariam "mais próximos da constelação da representação política sindical"[17].

Em uma disputa para estender sua representação aos cotistas dos fundos, os sindicatos buscaram maior participação nas instâncias decisórias das entidades. Ainda durante o governo de Fernando Henrique Cardoso, dirigentes do PT oriundos do movimento sindical bancário, como Ricardo Berzoini e Luís Gushiken, tiveram um papel importante nas discussões sobre o desenvolvimento da previdência privada no Brasil[18]. Sérgio Rosa era próximo de ambos desde os anos 1980, quando, então militante trotskista, ingressou no Banco do Brasil e, em 1985, se elegeu diretor do Sindicato dos Bancários de São Paulo. Rosa foi presidente da Confederação Nacional dos Bancários, precursora da Contraf-CUT; exerceu, durante curto período, mandato de vereador na cidade de São Paulo (1995-1996) e, no ano 2000, foi eleito Diretor de Participações da Previ. Considerado "um caso exemplar" da "conversão de dirigentes sindicais em gestores financeiros"[19], Rosa assim descreveu a mudança no estatuto da Previ que permitiu a eleição de representantes dos cotistas na entidade e sua entrada na direção do fundo de pensão:

> A Previ teve uma mudança no estatuto em 1997, que democratizou, na nossa visão, a gestão da Previ. Então, uma parte da diretoria é eleita pelos funcionários e uma parte também do Conselho Deliberativo da Previ é eleita diretamente pelos associados. [...] Criaram-se seis diretorias: três eram eleitas pelos funcionários; três indicadas pelo banco. Em 2000, teve uma eleição e eu fui eleito Diretor de Participações da Previ [...], que acompanhava as empresas em que a Previ tinha uma participação mais significativa. [...] A principal motivação, que ocorreu em 1997, era uma motivação muito voltada para... Óbvio que as pessoas têm motivações políticas etc., mas a principal motivação era defender os direitos dos associados da Previ naquilo que é mais fundamental, que eram as regras do plano, a gestão correta dos recursos, para que não houvesse desvio. Tinha um volume de denúncias muito grande com relação ao uso dos recursos da Previ. [...] Em 1997, então, criaram um estatuto em que a gente podia participar diretamente da diretoria. [...] Essas três diretorias davam uma possibilidade de os associados, enfim, fiscalizarem, acompanharem, se sentirem mais seguros com a gestão dos recursos da Previ. (Sérgio Rosa, em entrevista)

---

[16] Ibidem, p. 11.

[17] Ibidem, p. 26.

[18] Idem.

[19] Alvaro Bianchi e Ruy Braga, "A financeirização da burocracia sindical no Brasil", *Correio da Cidadania*, 11 maio 2011; disponível em: <http://www.correiocidadania.com.br/index. php?option=com_content&view=article&id=5816:submanchete120511&catid=25:politica&I temid=47>; acesso em: 26 maio 2021.

218   *O solo movediço da globalização*

Após a eleição de Lula, Sérgio Rosa participou do gabinete de transição e foi indicado para ocupar a presidência da Previ, em 2003, por seus antigos companheiros Ricardo Berzoini, Luís Gushiken e Antônio Palocci, que se tornara ministro da Fazenda[20].

Pode-se apontar a participação do movimento sindical cutista na direção da Previ e de outros fundos de pensão de empresas estatais, durante os governos do PT, como uma "ponte que torna viável uma aliança orgânica entre setores da burocracia sindical e do capital financeiro"[21]. Vista desse modo, a "financeirização da burocracia sindical" seria o corolário do processo de "transformismo" da burocracia sindical e partidária petista – baseado no aumento progressivo das posições do PT no aparato estatal, com seus parlamentares, administradores e assessores –, que não encontrou barreiras no partido, dados o pragmatismo e a indefinição teórica que historicamente marcaram a prática de seus dirigentes[22].

O PT teria assumido como seu programa, então, a "revolução passiva", "uma atualização gradual da estrutura econômica do capitalismo por meio de sucessivas transições comandadas pelo Estado, evitando a intervenção ativa das classes subalternas no processo"[23]. Para fazê-lo, "o sindicalismo brasileiro elevou-se à condição de um ator estratégico no tocante ao investimento capitalista no país"[24] e o governo federal, conduzido pelo PT, expandiu e fortaleceu o mercado financeiro, instrumentalizando fundos de pensão e salariais. A financeirização de fundos salariais e previdenciários também foi acompanhada pelo velho apelo da colaboração de classes para que os trabalhadores defendessem o interesse de suas empresas.

Tal orientação programática levou a uma simbiose entre interesses dos administradores de fundos de pensão, oriundos da burocracia sindical, e do capital financeiro globalizado, em busca de ampliação dos lucros e valorização das empresas das quais eram sócios comuns. Certamente, esse foi o caso da Vale, já que o governo federal, por meio da direção do Banco do Brasil, nomeava parte dos conselheiros e dirigentes da Previ, enquanto o sindicalismo bancário cutista fornecia os conselheiros representantes dos funcionários. Instalou-se, portanto, uma confluência de interesses baseada na promoção dos investimentos e dos lucros da Vale e de seus acionistas nacionais e estrangeiros, deixando em segundo plano os interesses dos trabalhadores da empresa e de outros agentes afetados por suas atividades.

Não por acaso, a orientação do sindicalismo bancário cutista de ocupar posições de comando nos fundos de pensão foi alvo de críticas. Sérgio Rosa, ao ser

---

[20] Consuelo Dieguez, "Sérgio Rosa e o mundo dos fundos", *Piauí*, n. 35, ago. 2009.
[21] Alvaro Bianchi e Ruy Braga, "The Lula Government and Financial Globalization", *Social Forces*, v. 83, n. 4, jun. 2005, p. 1.761. Tradução nossa.
[22] Alvaro Bianchi e Ruy Braga, "The Lula Government and Financial Globalization", cit.
[23] Ibidem, p. 1.753. Tradução nossa.
[24] Idem, "A financeirização da burocracia sindical no Brasil", cit.

Capitalismo global, fundos de pensão e a "nova governança corporativa" 219

questionado a respeito, demonstrou incômodo e justificou essa decisão justamente pelas melhorias na gestão financeira alcançadas pela Previ:

Houve polêmicas no movimento sindical bancário com essa orientação de participação na gestão dos fundos?
Sérgio Rosa – Sempre há [risos]. Nunca tem absolutamente nada que não gere [risos].

Eu pergunto porque, tanto na literatura como no movimento sindical, há críticas que afirmam que essa escolha, de alguma forma, pode ter desarmado o movimento sindical e gerado alguma cumplicidade de interesses. Como você avalia tais críticas?
Sérgio Rosa – Bom, não era esse o foco da entrevista. [...] Como eu te disse, tudo é polêmico. Se você faz um acordo, alguns acham que você não devia ter feito acordo, devia ter feito a greve. Se faz a greve, alguns acham que ela não devia ter acabado no sétimo dia. Se vai até o vigésimo, alguns acham que ela não devia ter acabado no vigésimo dia e que, mais do que a greve, você deveria derrubar os banqueiros e tomar os bancos deles. Bom, é uma visão, né? A Previ, até hoje, é o melhor exemplo de fundo de pensão. É o que teve o maior sucesso do ponto de vista da gestão financeira. Tem o melhor padrão de benefícios entre todos os fundos de pensão. Embora seja difícil você ousar muito na gestão de um fundo que vai lidar com dinheiro de terceiros etc., tem uma legislação rígida com relação a isso. [A Previ] foi a que mais inovou em termos de "governança corporativa", de trazer a agenda do investimento sustentável para o Brasil –participou do programa internacional da ONU chamado [Principles for Responsible Investment] PRI, o programa para investidores responsáveis. Então, a Previ trouxe uma gestão, com a participação dos trabalhadores lá dentro, um monte de coisas que o sistema não tinha, um monte de garantias que a gente conseguiu melhorar bastante para os trabalhadores da Previ, um padrão de resultado, de benefício... Então, a nossa função, que é proteger os interesses dos trabalhadores, eu acho que foi muito melhor executada com essa função do que estando fora, que você vê poucas coisas, não consegue saber o que está acontecendo. Veja, você participar da gestão de uma Vale do Rio Doce! Tem um monte de coisas que eu participei e acompanhei porque estava lá dentro vendo. E que, mesmo eu estando lá, não podia contar para terceiros. Você não pode sair de uma reunião do Conselho da Vale e contar para o mundo: olha, o pessoal quer fazer isso, quer fazer aquilo. Mas você pode intervir lá dentro, se estiver na hora certa e no lugar certo. Então, eu acho que essa decisão foi extremamente importante para proteger os interesses dos associados da Previ, para melhorar os padrões de governança. [...] Até 1998, a Previ se envolvia frequentemente em escândalos. Naquela época, ela tinha dois diretores indicados pela diretoria do banco. Tinha uma influência grande, dizem, na época, de José Serra, Ricardo Sérgio e outras figuras. E, de fato, depois, ao longo do tempo, nós fomos identificando um monte de operações que a Previ fez, muito danosas para o fundo... Participação em fundos que foram ruins para a Previ, aquisição de ativos por preços... Enfim, isso melhorou bastante depois que houve a participação lá dentro.

Roberto Grün, aliás, afirmou que, desde os anos 1990, os dirigentes dos fundos de pensão "faziam questão de se posicionar como dirigentes do mercado

220 *O solo movediço da globalização*

financeiro, tão capazes quanto qualquer congênere dos bancos privados"[25]. Ao buscar legitimidade no sucesso da gestão financeira da Previ e, como visto no capítulo 1, no enorme crescimento do valor de mercado da Vale, Sérgio Rosa mostrou que os dirigentes sindicais que assumiram a gestão dos fundos de pensão não se diferenciaram de seus antecessores nesse aspecto.

No capítulo 3, a descrição da greve no Canadá e do fracasso das tentativas de construção da rede sindical internacional da Vale revelou as críticas à impermeabilidade da empresa e, sobretudo, da Previ nas negociações. Os obstáculos criados pela Vale ao funcionamento da rede – como as pressões sobre sindicalistas que dela participavam e a ausência, em sua organização, de sindicatos próximos à empresa, como o Metabase Carajás – foram apontados por sindicalistas como uma proteção aos investimentos dos fundos de pensão e ao bom desempenho da companhia, cujos gestores costumavam mostrar sua proximidade com o governo. Para Artur Henrique, a influência da empresa sobre os sindicatos para inviabilizar a rede sindical internacional era uma possibilidade:

> Eu não diria que era visível, mas a influência da Vale em determinados sindicatos e formas de atuação dos sindicatos era muito grande. [...] Acho que pode ter tido. Eu não vou fazer uma afirmação porque não posso provar, mas pode ter acontecido. (Artur Henrique, em entrevista)

O ex-presidente da CUT também apontou o afastamento entre os gestores dos fundos de pensão e a agenda do movimento sindical: para Artur Henrique, conselheiros e diretores de fundos de pensão, sobretudo indicados pelo sindicalismo bancário, teriam entrado em uma "roda-viva" que os faria afastar-se das entidades às quais deviam suas posições:

> Não só por conta da Vale, mas uma vez eu fui ao Rio de Janeiro fazer uma reunião com os fundos de pensão e era um jantar, portanto, fora do ambiente formal. E, no jantar, representantes de vários fundos: Previ, Petros, Funcef. E eu dizia: olha, nós estamos em uma fase em que a gente precisa dar um salto, dar um passo. Então, nós precisamos criar condição para criar acordos-marco globais. Nós precisamos ter contrapartidas sociais para os investimentos do BNDES. Não dá para pegar dinheiro do BNDES e ir financiando empresas, que cada vez ficam mais ricas, mais milionárias, têm mais lucro, para a gente ter, no Brasil ou fora daqui, uma forma de dobrar ou triplicar seus lucros com demissão de trabalhadores, com não sei o quê... Então, a gente foi... Tem uma parte do povo ali, que eram na verdade pessoas ligadas ao setor financeiro, mas não só [...], alguns indicados pelo setor financeiro pela experiência que tinham nas próprias empresas para serem representantes dos fundos de pensão nos conselhos das empresas. E o que a gente queria discutir era que, justamente,

---

[25] Roberto Grün, "Fundos de pensão no Brasil do final do século XX", cit., p. 17.

Capitalismo global, fundos de pensão e a "nova governança corporativa" 221

no conselho, em que se discutem as questões estratégicas das empresas, que a gente tivesse espaço. Como eu não tinha espaço como presidente da CUT e nem acho que deveria ter – poderia até ter, mas por que vão dar espaço para mim como presidente da CUT? Mas um cara que é conselheiro, indicado pelo fundo de pensão, que tem 10, 12, 15, 20, 22% de ações da empresa... Espera aí! E alguns desses conselheiros falaram: "Não, olha aqui, senhor Artur, se o senhor precisar, a gente marca uma reunião com o Roger Agnelli". Eu falei: vocês me desculpem, mas vocês não entenderam o que eu vim fazer aqui. Eu não preciso de você para ligar para o Roger Agnelli. Se o Roger Agnelli não atender o presidente da CUT – que é a quinta maior central sindical do mundo – e eu precisar pedir para você articular uma reunião com o Roger Agnelli, nós estamos... roubados, estamos fodidos! Aí, o cara ficou assustado, olhou para a minha cara: "Mas o que você quer dizer com isso?". Quero dizer que você é conselheiro! Quero dizer que nós temos que discutir uma estratégia e você só está lá indicado por alguém da CUT! Se você não se deu conta disso ainda... Você não está lá por causa de seus lindos olhos azuis! Você está lá porque teve um sindicato de bancário que te bancou para ir para lá. Porque a hora que o Sindicato dos Bancários disser que você não vai mais, você não vai mais! Aí os caras... Acho que caiu a ficha. Eu nem critico, mas acho que entra em uma roda-viva, em uma coisa tão natural que: "Eu sou indicado! Eu tenho trinta anos de experiência". Claro que tem! Agora, meu filho, me desculpe, mas você só está lá, primeiro, porque nós somos governo; segundo, porque a empresa está comprada com tantos por cento de ação; e, terceiro, porque o fundo de pensão é bancado por um sindicato por trás! Então, aí começou a cair a ficha. (Artur Henrique, em entrevista)

Ocorre que os dirigentes dos fundos, cujo comportamento foi questionado por Artur Henrique, não eram simples "indicados" pelos sindicatos, mas, na realidade, eram dirigentes e ex-dirigentes graduados de entidades sindicais que mantinham vínculos muito próximos ao primeiro escalão do governo federal, o qual, em última instância, era o fiador de tais indicações. Sérgio Rosa, por exemplo, em articulação direta com os então ministros Antônio Palocci e José Dirceu, teve papel fundamental na mudança da "governança corporativa" da Brasil Telecom: um enfrentamento aos interesses do banqueiro Daniel Dantas que levou governo e Previ a aproximarem-se do Citibank, cujo presidente mundial esteve diretamente envolvido nas conversas com os ministros sobre o tema[26].

A proximidade entre os fundos de pensão de empresas estatais e os governos do PT também pode ser ilustrada em um discurso do ex-presidente Lula de 2003[27], no qual ele defendeu enfaticamente que os fundos buscassem o maior retorno financeiro possível. Nessa mesma oportunidade, Lula afirmou ter revisto sua posição contrária, nos anos 1990, à participação dos fundos de pensão na privatização de

---

[26] De acordo com Consuelo Dieguez, "Sérgio Rosa e o mundo dos fundos", cit.

[27] Reproduzido por Alvaro Bianchi e Ruy Braga, "The Lula Government and Financial Globalization", cit., p. 1.760-1.

222 *O solo movediço da globalização*

empresas estatais, uma vez que elas teriam experimentado bons resultados e sido bem-sucedidas com a participação dos fundos. A Vale, como se sabe, é a maior das empresas estatais privatizadas com participação dos fundos de pensão.

A RELAÇÃO COM O GOVERNO FEDERAL E O PAPEL DO BNDES NA ESTRATÉGIA FINANCEIRA DA COMPANHIA

O debate a respeito da relação entre dirigentes dos fundos de pensão e os governos conduzidos pelo PT não é uma novidade. Ao retomá-lo, pretende-se estabelecer os nexos entre esse vínculo e as estratégias de relações de trabalho e sindicais da Vale. O isolamento dos sindicatos da empresa e as dificuldades de coordenação nacional e internacional contribuem para a existência de um regime de "consenso manipulado"[28]. As observações de campo e as entrevistas conduzidas em São Luís (MA) e em Parauapebas (PA) identificaram a capacidade de a empresa impedir a emergência de contestação ao poder corporativo.

Como mostraram a greve no Canadá e o fracasso das tentativas de organizar uma rede sindical internacional, a presença de fundos de pensão de empresas estatais – cujos gestores eram ex-dirigentes sindicais próximos ao governo – no controle da Vale contribuiu para a desarticulação dos sindicatos da empresa e para o enfraquecimento do poder coletivo, uma vez que o movimento sindical[29] tem pouco estímulo para enfrentar a companhia. Outra razão para a debilidade do poder coletivo, como analisado no capítulo 2, é a incorporação de dirigentes sindicais ao Conselho de Administração da Vale, o que reforça a proximidade dos sindicatos com a gestão da empresa e contribui para o distanciamento entre as entidades e suas bases.

Tais características aproximam-se da descrição de Ruy Braga do "modo de regulação lulista"[30], sobretudo em seu aspecto referente ao consentimento ativo das direções do movimento sindical. As mudanças ocorridas no país com a crise do "modelo de desenvolvimento" promovido pelos governos do PT, no entanto, não parecem ter modificado a disposição do movimento sindical em relação à empresa. Antes de tratar das mudanças na estratégia corporativa da Vale após o "superciclo de *commodities*", é útil ainda tratar de outro aspecto do período precedente, que também se relaciona com a discussão a respeito do papel da "burocracia sindical financeirizada" na Vale. Trata-se da confluência de interesses do governo federal e da empresa em seu processo de internacionalização, além da importância de capitais domésticos, sobretudo do BNDES, no financiamento de seus investimentos,

---

[28] Como discutido no capítulo 2, a partir de conclusões de pesquisa em operações da Vale em Itabira (MG) de Rodrigo S. P. Santos e Bruno Milanez, "Poder corporativo e ação econômica: reflexões a partir da mineração de ferro", *Revista de Ciências Sociais*, n. 48, jan./jun. 2018, p. 95-113.

[29] Sobretudo a CUT, central à qual a maioria dos sindicatos da Vale é filiada, inclusive o Metabase Carajás, cujo dirigente tem posições abertamente pró-patronais, como se apresentou no capítulo 2.

[30] Ruy Braga, *A política do precariado: do populismo à hegemonia lulista* (São Paulo, Boitempo, 2012).

Capitalismo global, fundos de pensão e a "nova governança corporativa" 223

como no Projeto S11D, que ampliou enormemente a capacidade de extração de minério de ferro da Vale.

Os interesses da Vale em seu processo de internacionalização aproximaram-se aos da política externa do governo federal conduzido pelo PT. Tal proximidade pode ser ilustrada por dois casos em que o ex-presidente Lula engajou-se pessoalmente na defesa dos interesses da Vale na África.

Em Moçambique, Lula apresentou Roger Agnelli ao governo do país em visita oficial. Afirmando tratar-se de um exemplo da orientação "Sul-Sul" de sua política externa, ele teria aconselhado os moçambicanos a concederem licença de operação das minas de carvão de Moatize à Vale, em vez das mineradoras chinesas que, segundo teria argumentado, levariam a própria mão de obra e não criariam empregos no país africano[31]. Contrariando as próprias afirmações quando da apresentação da Vale aos moçambicanos, anos depois, em 2012, já como ex-presidente, Lula retornou ao país acompanhado de Murilo Ferreira, então presidente da Vale. Ambos se encontraram com a ministra do Trabalho moçambicana, Helena Taipo, "em *lobby* [...], para reduzir as restrições ao uso de mão de obra estrangeira nas operações da Vale em Moçambique"[32]. A mineradora buscava autorização para subcontratar empresas de construção que utilizam mão de obra filipina, mas não obteve sucesso.

Sérgio Rosa, ao ser questionado sobre a eventual participação do governo federal nos investimentos em Moçambique, respondeu de forma ambígua e afirmou que o negócio estava alinhado à estratégia de internacionalização formulada no ano 2000 após o "descruzamento" de ações com a CSN.

> Olha, eu acho assim... Eu não sei dizer no detalhe quanto. Confesso a você, sem sacanagem, não é... Talvez, se eu soubesse, talvez não te falasse, não. De fato, eu não sei. Eu sei que, por exemplo, evidentemente, o Lula é uma pessoa que, na minha visão, inteligentemente olhou para a África e foi fazer várias incursões diplomáticas e comerciais na África, como todos os outros países fazem. Como todos os outros países fazem. A China estava presente na África o tempo todo. A China viu a África como oportunidade de expansão, crescer, levar trabalho, levar empresa, enfim. O Lula viu isso e foi para lá. E levava missões de empresários. O Roger foi uma ou duas vezes para lá. [...] Está documentado. Como foi gente da Odebrecht, como foi gente da OAS... Ele levava gente do Brasil em missões comerciais. Quer dizer: qual país não faz isso? Então, primeiro, dizer que isso é um... Sim e não. Sim e não. É uma tradição, mais ou menos, você pode fazer mais ou menos. Certamente, o Lula fez e eu acho que fez adequadamente. Se houve uma... Até onde eu saiba, o Roger, como o próprio

---

[31] Judith Marshall, "Behind the Image of South-South Solidarity at Brazil's Vale", em Patrick Bond e Ana Garcia (orgs.), *BRICS: An Anti-Capitalist Critique* (Chicago, Haymarket Books, 2015), p. 165-6. Para uma análise da atuação de mineradoras chinesas na África, ver Ching Kwan Lee, "The Spectre of Global China", *New Left Review*, n. 89, set./out. 2014.

[32] Judith Marshall, "Behind the Image of South-South Solidarity at Brazil's Vale", cit., p. 165. Tradução nossa.

224   *O solo movediço da globalização*

Bradesco, embora nunca quisesse ficar contra o governo – nenhum empresário quer ser frontalmente contra o governo, ainda mais um governo daquele que tinha características muito populares –, mas também não faz o que o governo quer só porque o governo pediu. Na minha visão, o ativo em Moçambique se encaixava muito bem na estratégia de investimento que a Vale tinha traçado em 2000, ou seja, antes do governo Lula. Essa estratégia de crescimento, com esses parâmetros, tinha sido dada ainda antes do governo Lula. Executada durante o governo Lula, vamos dizer, mas elaborada em grande parte antes. [...] Um ativo que a Vale sabia desenvolver muito bem. Foi tudo que ela fez aqui: desenvolver mina, ferrovia e porto. A Vale sabia fazer isso e lá tinham essas características. [...] E de baixo risco político na época. (Sérgio Rosa, em entrevista)

O advogado Guilherme Zagallo, por sua vez, afirmou que a proximidade do governo brasileiro foi utilizada pela Vale como forma de facilitar a abertura de operações na África. Zagallo mencionou as dificuldades que a empresa enfrentou na Guiné.

A Vale teve um momento de expansão muito grande – hoje, ela vive um momento de contração, alienou já ativos no Peru, de fertilizantes, de carvão na Colômbia, paralisou e está tentando vender um ativo de potássio na Argentina. Em seu auge ela chegou a estar presente em quarenta países. Hoje está presente em pouco mais da metade disso. Então, vive um momento de contração. Mesmo a iniciativa dela na África, em Moçambique, ela já buscou sócios, já não tem mais a exclusividade do processo. Algumas iniciativas dela na África não deram certo, com prejuízo para a empresa inclusive. Adiantou US$ 500 milhões para uma mineração de ferro, uma mina de classe mundial no oeste da África, dois países, Libéria e Guiné, uma circunstância de a mina estar em um lugar e o porto estar em outro país, uma estrada de ferro, mas também acusações de corrupção. Aparentemente, os problemas de corrupção eram do proprietário anterior, a forma como ele tinha recebido o direito de extração. Ela aparentemente conseguiu se isentar de uma responsabilidade maior em relação a isso. Mas teve um prejuízo grande: tinha adiantado US$ 500 milhões por essa tentativa de aquisição, perdidos. Enfim, nesse processo, houve, sim, uma relação muito próxima do governo federal, esse processo de crescimento da Vale. (Guilherme Zagallo, em entrevista)

A entrada da Vale na Guiné deu-se por meio de uma sociedade com a empresa Benjamin Steinmetz Group Resources (BSGR), de propriedade do investidor israelense Benjamin Steinmetz, que obteve a permissão do governo local para a extração de minério de ferro em Simandou, em 2008, por US$ 160 milhões[33]. Apenas um ano e meio depois, Steinmetz repassou seus direitos à Vale, por US$ 2,5 bilhões, com a criação da *joint venture* Vale BSGR Guinea (VBG). A viabilização da operação dependia da construção, pela Vale, de uma ferrovia que passasse pelo território da vizinha Libéria. Com a ascensão de um novo governo na Guiné, uma investigação acusou Steinmetz de obter os direitos de exploração por meio do pagamento

---

[33]   Consuelo Dieguez, "O bilionário do barulho", *Piauí*, n. 171, dez. 2020.

de suborno para a viúva do ex-presidente Lansana Conté. A disputa pelas minas de Simandou envolveu grandes CTNs da mineração, como Vale e Rio Tinto. O conflito entre Benjamin Steinmetz, a Vale e o governo da Guiné levou a disputas arbitrais e judiciais em diversos países. O Tribunal de Arbitragem Internacional, em Londres, condenou Steinmetz a ressarcir US$ 2,2 bilhões à Vale em 2019[34].

Sérgio Rosa afirmou que a empresa retirou-se da sociedade quando as denúncias na Guiné contra Steinmetz foram formalizadas:

> Teve um caso polêmico lá em Simandou, um projeto muito polêmico. [...] Houve uma investigação internacional sobre a hipótese de que o cara [Steinmetz] que comprou [...] teria, através da mulher do presidente da Guiné, corrompido a mulher para ganhar o direito de exploração disso. Como é que a ideia surgiu dentro da Vale? Esse é um ativo muito importante. Quer dizer, enquanto ativo minerário, é um ativo de qualidade semelhante ao de Carajás, que tem uma concentração e um volume de minério de ferro muito grande e o direito de exploração dessa mina era todo da Rio Tinto. Durante muito tempo, era todo da Rio Tinto. De repente, o governo lá da Guiné decidiu retirar metade dessa mina porque a Rio Tinto também não investia. [...] Como a Rio Tinto não investia, ela estava usando aquilo só como reserva estratégica, ou seja, comprou o direito minerário, sentou em cima e não desenvolveu nada. O cara falou: para o país, isso aqui não serve. Então, tirou metade da concessão e colocou no mercado e esse israelense comprou e ofereceu para a Vale porque ele também não tinha dinheiro para desenvolver. Ofereceu para a Vale. De novo: por um valor pequeno, dada a qualidade e o volume de reservas lá. A gente ficou com receios com relação a isso, contratou uma agência internacional de investigação que fez uma *dilligence* legal nesse aspecto, para proteger a Vale de participar de algum processo... Essa empresa fez uma investigação internacional e não chegou a conclusão nenhuma. O Conselho resolveu aprovar a compra dessa participação por um valor, na época, que eu não me lembro e foi isso. Depois, acabou nem chegando a ter o investimento restante. [...] Você tinha dois problemas lá: esse problema da origem da concessão [...] e tinha as questões de equacionar logisticamente. Você comprava a mina na Guiné, mas, para ela ser viável, você tinha que construir uma ferrovia para sair em um porto na Libéria. Não houve, assim, um plano que chegou a ser colocado no papel e foi negociado. Existiram conversas preliminares avaliando o risco e a possibilidade de a coisa funcionar. O investimento foi feito por um valor considerado, naquela época, razoável para estar comprando um direito para no futuro representar uma boa oportunidade. (Sérgio Rosa, em entrevista)

Há ainda elemento adicional sobre a conturbada presença da Vale na Guiné: Lula, já como ex-presidente, e Roger Agnelli, então presidente executivo da empresa, viajaram àquele país em 2011 para interceder junto ao governo da Guiné

---

[34] Detalhes da disputa, que envolveu outros agentes, como o investidor húngaro George Soros e diversos governos nacionais, podem ser encontrados em Consuelo Dieguez, "O bilionário do barulho", cit., e em André Guilherme Delgado Vieira, *O mapa da mina* (Curitiba, Kotter Editorial, 2020).

226 *O solo movediço da globalização*

e auxiliar a Vale a resolver as pendências em que se viu envolvida por conta das acusações contra seu sócio[35].

Outro aspecto marcante da proximidade da Vale com os governos liderados pelo PT é o volume de recursos obtidos por meio do BNDES para financiar investimentos da companhia. Evidentemente, a Vale não foi a única empresa, no período, a obter recursos do banco para financiar investimentos e atividades de internacionalização[36]. Com efeito, no primeiro governo de Dilma Rousseff, houve aumento significativo do financiamento do BNDES para a Vale. Apenas em operações diretas de empréstimo, de 2011 a 2014, o BNDES repassou à Vale R$ 14,150 bilhões[37]. Excetuando-se um grande aporte (de mais de R$ 3,2 bilhões) para a modernização das minas de ferro de Itabira (MG), em dezembro de 2012, e outro (de cerca de R$ 800 milhões) para a modernização de uma mina de cobre no complexo de Carajás, a maior parte desses recursos destinou-se ao Projeto Ferro Carajás S11D – "o maior *startup* mineral da história humana, com 90 milhões de toneladas por ano"[38] – para implantar a mina (altamente mecanizada e planejada para realizar o transporte do minério apenas por esteiras, sem caminhões); ampliar e reformar a EFC; e reformar o porto de Ponta da Madeira (em São Luís) para atender ao aumento da produção em Carajás[39].

Apenas em um dia, 19 de maio de 2014, por exemplo, foram assinados dois contratos bilionários de empréstimo entre a mineradora e o banco: um deles, de mais de R$ 2,5 bilhões, direcionava-se à "implantação da unidade de extração de minério de ferro [...] com capacidade de 90 milhões de toneladas/ano"[40]; o

---

[35] De acordo com notícia publicada pelo Instituto Lula, naquele ano, de fato, o ex-presidente esteve na Guiné, a convite da Vale, para inaugurar a pedra fundamental da ferrovia que permitiria escoar a produção de minério de ferro de Simandou. Informação disponível em: <http://www.institutolula.org/lula-participa-de-abertura-de-obra-da-vale-na-guine>; acesso em: 26 maio 2021. Uma descrição das atividades de Lula e Roger Agnelli na Guiné naquela oportunidade encontra-se em André Guilherme Delgado Vieira, *O mapa da mina*, cit., p. 166-9.

[36] Aspecto enfatizado por André Singer, *O lulismo em crise: um quebra-cabeça do período Dilma (2011-2016)* (São Paulo, Companhia das Letras, 2018), ao tratar das características do "ensaio desenvolvimentista" que teria sido realizado durante o governo Dilma Rousseff.

[37] Informação baseada em dados do portal de consulta às operações do BNDES; disponível em: <http://www.bndes.gov.br/wps/portal/site/home/transparencia/consulta-operacoes-bndes/>; acesso em: 26 maio 2021. Já entre 2006 e 2014, "o banco aprovou R$ 20,9 bilhões em recursos para projetos, sendo o maior agente financiador da corporação no período", de acordo com Rodrigo S. P. Santos, "A construção social de uma corporação transnacional", cit., p. 253.

[38] Rodrigo S. P. Santos, "Desenvolvimento econômico e mudança social: a Vale e a mineração na Amazônia Oriental", *Caderno CRH*, Salvador, v. 29, n. 77, maio/ago. 2016, p. 303.

[39] Vale S.A., *Projeto Ferro Carajás S11D: um novo impulso ao desenvolvimento sustentável do Brasil*, ago. 2013.

[40] Informação baseada em dados do portal de consulta às operações do BNDES; disponível em: <http://www.bndes.gov.br/wps/portal/site/home/transparencia/consulta-operacoes-bndes/>; acesso em: 26 maio 2021.

outro, de mais de R$ 3,6 bilhões, para a expansão da EFC. O investimento total no projeto S11D foi de US$ 19,67 bilhões[41], incluindo a implantação da mina, a expansão da EFC e do porto, convertendo-se em um "empreendimento de dimensões superlativas que representará o maior volume de investimento privado no Brasil nesta década"[42].

Para viabilizar empréstimos desse vulto, em maio de 2012, o Banco Central alterou norma para permitir que a Vale fosse incluída em um rol de empresas (que já incluía Petrobras e Eletrobrás) para as quais o BNDES poderia "emprestar mais do que 25% do seu patrimônio de referência"[43]. Anos depois, em junho de 2015, o Banco Central derrubou essa normativa[44], como sinal da reorientação da política econômica em curso no país.

A Vale inaugurou o complexo S11D Eliezer Batista[45] em 17 de dezembro de 2016. Como argumentou Guilherme Zagallo, nesse contexto, os investimentos no S11D, a maior mina de minério de ferro do mundo, passaram a ser estratégicos para a companhia. O minério nela extraído tem maior teor de ferro e menores custos de produção, reposicionando a empresa para a competição internacional no pós-*boom* de *commodities*:

A Vale surfou muito. Muito do crescimento foi puxado pela China, pelo crescimento da China, que demanda muito minério de ferro. Embora ela esteja em condições desfavoráveis de distância – os concorrentes australianos dela estão a 8 ou 9 dias de navio da China, ela está a 42 dias da China –, [...] tinha quantidade de minério de boa qualidade que permite *blendagem*. A China é também o maior produtor de minério de ferro do mundo, mas produz um minério de qualidade muito ruim, com teor de minério de ferro muito baixo. Isso significa que o custo de produção do aço só com minério exclusivamente chinês é elevadíssimo: você queima mais carvão, tem mais poluição, muito mais rejeito, muito mais escória de aceria e de alto forno. Você tem então que fazer uma *blendagem* nesse alto forno, nessa panela, com um minério de qualidade melhor, um pouco de sucata, para ter custos de produção mais competitivos. Então, a China puxa esse crescimento e puxa os preços do minério de ferro. E, nesse crescimento, a Vale alavancou muito a sua produção. Hoje, está na casa dos 340 milhões de toneladas. Quando ela concluir o S11D e outros projetos, tinha planos de chegar a 450 milhões.

---

[41] Rodrigo S. P. Santos, "Desenvolvimento econômico e mudança social", cit., 304.

[42] Vale S.A., *Projeto Ferro Carajás S11D*, cit.

[43] João Villaverde e Thiago Resende, "Vale entra para seleto grupo de empréstimos 'especiais' do BNDES, *Valor Econômico*, 24 maio 2012; disponível em: <https://valor.globo.com/brasil/noticia/2012/05/24/vale-entra-para-seleto-grupo-de-emprestimos-especiais-do-bndes.ghtml>; acesso em: 26 maio 2021.

[44] Disponível em: <http://www.bcb.gov.br/pre/normativos/busca/downloadNormativo.asp?arquivo=/Lists/Normativos/Attachments/48516/Res_4430_v1_O.pdf>; acesso em: 26 maio 2021.

[45] Em homenagem ao ex-presidente da CVRD.

228   *O solo movediço da globalização*

Só o S11D é a maior mina de minério de ferro que já foi aberta no mundo: uma das minas é de 90 milhões de toneladas, com tecnologia nova, que demanda menos uso de caminhões, custo de produção mais baixo. Em vez de levar o minério de caminhão, aqueles caminhões gigantescos, para a usina de beneficiamento, você leva a usina. Você vai desmontando, com correias transportadoras, então faz esse transporte por correias. Não a usina toda. Mas você vai fazendo por módulos e reduzindo o custo de produção. A grande aposta da Vale, nesse momento em que o [valor do] minério cai, é concluir o S11D porque [...] os custos mais baixos de produção irão posicionar a Vale em um nível de competitividade superior em relação aos concorrentes. (Guilherme Zagallo, em entrevista)

Como já analisado nos capítulos anteriores, a transformação da Vale em uma CTN é "condicionada ao acesso privilegiado à maior reserva de minério de ferro do mundo, a Província Mineral de Carajás"[46]. Tendo isso em mente, é possível enquadrar o lugar do S11D na atual estratégia corporativa da empresa. Com a redução do preço das *commodities* minerais no pós-*boom* e o alto endividamento da companhia, a companhia passou a realizar desinvestimentos, buscando reduzir seu endividamento do patamar de US$ 25 bilhões no final de 2016[47] para US$ 10 bilhões ao final de 2018[48]. Decidiu, então, focar-se em seu *core business*, isto é, a extração de minério de ferro, combinando essa orientação a "uma estratégia de produto baseada na diversificação da receita dos ativos existentes"[49], extraindo mais valor de suas operações, como as de metais básicos no Canadá.

Diante de tal reorientação da estratégia de produto, o S11D passou a ocupar um lugar fundamental, uma vez que o ganho de escala com o projeto e o maior teor de ferro do minério nele extraído permitem à empresa melhores condições de competição. A Vale também inaugurou uma "estratégia de *blending*", "tendo lançado os *Brazilian Blend Fines* (BRBF), mistura de *sinter feed* [...] com 70% de finos de Carajás (PA) e 30% do Quadrilátero Ferrífero"[50], o que lhe permitiu, também, lidar com o esgotamento de minas dos sistemas sudeste e sul (em Minas Gerais).

Os investimentos da Vale no Projeto S11D, financiados pelo BNDES, foram, portanto, fundamentais para o reposicionamento da empresa diante das mudanças

---

[46]   Rodrigo S. P. Santos, "Desenvolvimento econômico e mudança social", cit., p. 302.

[47]   Francisco Góes e Renato Rostás, "Novo CEO terá desafio de reduzir dívida de US$ 25 bilhões", *Valor Econômico*, 28 mar. 2017; disponível em: <https://valor.globo.com/empresas/noticia/2017/03/28/novo-ceo-tera-desafio-de-reduzir-divida-de-us-25-bilhoes.ghtml>; acesso em: 26 maio 2021.

[48]   Vale S.A., *Formulário 20-F: relatório anual 2017*; disponível em: <http://www.vale.com/PT/investors/information-market/annual-reports/20f/20FDocs/Vale_20F_2017_p.pdf>; acesso em: 26 maio 2021.

[49]   Bruno Milanez et al., "A estratégia corporativa da Vale S.A.: um modelo analítico para redes globais extrativas", *Versos – Textos para Discussão PoEMAS*, v. 2, n. 2, 2018, p. 11.

[50]   Idem.

Capitalismo global, fundos de pensão e a "nova governança corporativa" 229

nos preços dos minérios após o "superciclo de *commodities*". A estratégia financeira da Vale relaciona-se "fundamentalmente às opções de endividamento e de controle proprietário disponíveis"[51] e conta com três principais fontes de recursos na estratégia financeira da empresa: 1) o fluxo de caixa, dependente da variação dos preços dos minérios e, portanto, volátil; 2) empréstimos e outras formas de captação de recursos; e 3) a emissão de debêntures e ativos de renda fixa[52]. Em anos recentes, como se verá, a Vale tem buscado ampliar seu financiamento por agentes privados, sobretudo no exterior.

> Não obstante, os empréstimos públicos efetivos [...] continuam a constituir seu principal mecanismo de obtenção de recursos externos, seguidos da emissão de títulos [...]. Nesses termos, o BNDES é um parceiro estratégico no acesso ao crédito pela Vale, sendo relevante observar o impacto das mudanças anunciadas nas políticas de financiamento do banco, com destaque para a substituição da Taxa de Juros de Longo Prazo (TJLP) para a Taxa de Longo Prazo (TLP), em sua relação com a empresa.[53]

A importância do BNDES no financiamento dos investimentos da Vale e a proximidade entre a diretoria da empresa, os fundos de pensão e o governo federal podem ser vistas como um exemplo da expansão internacional de capitais nacionais, uma consequência da política de criação de "campeãs", durante dos governos do PT, mencionada na apresentação deste livro. Artur Henrique e Sérgio Rosa comentaram essa hipótese:

> Pegamos a crise de 2008, internacional, mas também uma recuperação ou a proposta de grandes intervenções, de uma política, no Brasil, que fortalecia as grandes empresas brasileiras a atuar no exterior. Você vai lembrar [...] o papel do BNDES nas grandes empresas, questionável em alguns momentos, em algumas situações, até hoje. Mas tinha o papel de ser um protagonista, um ator internacional com protagonismo, mas financiando empresas e a atuação de empresas lá fora, no exterior. (Artur Henrique, em entrevista)

> Existia um movimento todo que não era só na Previ. Existia no setor dos fundos de pensão, no setor de economia... Não que a gente fosse, vamos dizer, afeitos a uma tese ou outra da economia, porque não era nosso papel gerir a economia nem ser Ministro do Desenvolvimento, nem nada disso, mas a gente percebia essas discussões acontecendo, ou seja, empresas brasileiras com alguma vocação, podendo crescer e, em vez de ser empresas cuja trajetória natural seria ser adquiridas, em vez de virem as multinacionais para cá comprarem, se implantarem aqui, a gente tem uma trajetória da empresa nacional poder crescer e, eventualmente, sair para fora também. Ou seja, você aumentar a presença de mercado mundial das empresas brasileiras, seja

---

[51] Ibidem, p. 15.
[52] Idem.
[53] Ibidem, p. 17.

230   *O solo movediço da globalização*

defendendo o mercado brasileiro, seja indo para fora. Então, isso aconteceu, discussões desse tipo, na Perdigão, você tinha uma presença grande [da Previ], na Embraer, que era uma empresa em que a gente tinha uma presença grande também, enfim, outras em que a gente tinha uma participação menor, como a Weg, a gente era acionista pequeno da Weg, mas acompanhou lá a discussão dos caras fazerem isso. Enfim, era um movimento que a gente acompanhava e via com olhos positivos. Era bom para nós enquanto acionistas até porque a Previ só pode investir no mercado brasileiro. Hoje, pode até investir um pouco lá fora, mas fundo de pensão só pode investir aqui. Então, se o mercado brasileiro não tiver um certo tamanho, empresas de um certo porte, você vai estar limitado a investir... no que tiver, né? [...] Era uma maneira de você dinamizar o mercado, solidificar, potencializar o mercado e interessava para a gente. (Sérgio Rosa, em entrevista)

Ao ser questionado se o movimento de internacionalização de capitais nacionais era de algum modo estimulado ou coordenado pelo governo federal, Sérgio Rosa afirmou que havia diferenças internas no governo a esse respeito e que, na realidade, tal processo partiu de uma "vontade do mercado", possibilitada pela expansão do mercado de capitais no Brasil e sem participação do governo federal.

A Previ não fazia parte de nenhuma coordenação disso. Eu via, porque eu era sócio do BNDES em algumas situações, um debate disso, mas esse debate também no BNDES variou desde a primeira gestão do BNDES na mão do [Carlos] Lessa [...] [até] o Luciano Coutinho. [...] Por outro lado, tinha uma resistência muito grande ao chamado mercado de capitais, que era o nosso... Eu só podia intervir, só podia investir, só me interessavam as coisas dentro de uma dinâmica de mercado de capitais, que é o ambiente onde eu faço meus investimentos. Então, ter um mercado de capitais saudável, para mim, independentemente de qualquer discussão ideológica – saber se o mercado é bom, se o mercado é ruim –, eu fui eleito para fazer isto: gerir os investimentos. Então, para mim, pensar em "governança corporativa", melhoria nos padrões de governança na Bovespa, melhoria nos níveis, nível 1, nível 2... Para mim, tudo isso era superimportante. No caso do Lessa, por exemplo, eu sei que ele tinha muito mais problemas em achar que isso era saudável. Enfim, então eu acho que variou bastante dentro do governo um pouco essa questão. O que eu acho que aconteceu foi uma ambição dos empresários como um todo, dos investidores... Foi uma época de virem fundos de investimento para cá que não tinham, da Bolsa de Valores se tornar algo mais [importante]. [...] Então, existia um ambiente todo favorável a imaginar que o mercado de capitais brasileiro, tanto na parte de títulos quanto na parte de ações, tinha uma oportunidade de melhorar e isso ia trazer uma coisa boa para os investidores, ia atrair capital para investimento. As empresas iam poder se financiar melhor. Enfim, tinha um movimento amplo em relação a esse momento e as empresas com a ambição de crescer, no momento em que viram essa possibilidade: novos gestores, novos acionistas, novo ambiente econômico, novo mercado de capitais. [...] Essa vontade estava no mercado. [...] O governo não participou dessas discussões. Nesse aspecto, o governo não participou. Eu posso dizer com clareza. (Sérgio Rosa, em entrevista)

Capitalismo global, fundos de pensão e a "nova governança corporativa"   231

O ex-presidente da Previ e do Conselho de Administração da Vale apresentou os mesmos argumentos ao tratar do papel do BNDES. Para Sérgio Rosa, os empréstimos do banco foram uma oportunidade de desenvolver um movimento que estava em curso no mercado. Na realidade, para ele, a expansão de empresas brasileiras foi estimulada pela presença de novos fundos de investimento e pelo desenvolvimento do mercado de capitais, que teriam sido mais importantes no financiamento da Vale do que os empréstimos do BNDES. Rosa descartou, portanto, que tenha havido alguma forma de coordenação, no governo ou no BNDES, em favor do processo de internacionalização de empresas brasileiras no início do século XXI.

Mas o BNDES financiou boa parte desses investimentos...
Sérgio Rosa – Financiou porque a Vale chegou lá com os projetos, mostrou e convenceu os caras de que era uma boa ideia. Nesse aspecto, mérito das equipes técnicas do BNDES, que viram e acreditaram nos projetos, [...] mas não foi a fonte original da ideia. Não foi lá. Foi a empresa. Não foi o BNDES quem chegou lá e disse: "Olha, vocês têm uma oportunidade. A gente pode ajudar vocês". Não foi.
Nunca houve nenhum tipo de debate, de coordenação?
Sérgio Rosa – Olha, a gente poderia gostar, seja pela direita querendo fazer uma crítica, seja pela esquerda querendo se apropriar positivamente disso que aconteceu, mas a verdade é que, na minha percepção, isso aconteceu muito mais como um movimento de dentro das empresas. Pega a Embraer, caramba! A decisão da Embraer, de investir nessa família do jato [E]190, é uma decisão de engenharia, de visão de mercado dentro da Embraer. É coisa lá de dentro. Os caras viram lá dentro a oportunidade e acharam que tinham que fazer isso, que estava se esgotando a família do [E]145, estava completamente esgotada. Foi um sucesso brutal de vendas no mundo, mas o [E]145 era, enfim, um jato pequeno. Viram a oportunidade de mercado, começaram a investir na engenharia disso, um ciclo, sei lá, de quase dez anos de concepção do produto [...]. Não teve governo. A decisão de investir no [KC]390 como avião de carga, de novo, uma discussão interna da companhia, visão de mercado. É óbvio que você tem interações com o governo nesse período. O cara vai visitar um ministério, fala com um cara da Aeronáutica. Óbvio, mas você tem interações. Dizer que você tem um centro... Infelizmente, no Brasil, você não tem uma tradição chinesa de ter um governo com centros de pensamento. Então, não temos. Aqui, a gente tem uma coisa bem mais diluída do que uns poderiam gostar e do que outros poderiam não gostar, mas é muito mais diluída.
[...] Eu acho que isso é bom. Dentro dos marcos da economia que a gente tem, [...] uma empresa brasileira, que aumenta sua participação no mercado global, é melhor do que deixar isso para os outros. É uma disputa. Eu sou tão solidário com o trabalhador australiano, inglês, como qualquer outro, mas, enfim, dentro de um mundo... Eu vou incentivar a empresa brasileira a capturar parte do mercado lá fora. Então, eu acho que foi um movimento bom. Foi um momento positivo: um momento em que a Vale soube aproveitar a dinâmica da economia global, o movimento dos acionistas aqui, crédito do BNDES quando ele... Agora, a maior

232   *O solo movediço da globalização*

parte do crédito da Vale não foi do BNDES: foi do mercado de capitais. A Vale tinha uma capacidade muito grande de se financiar no mercado de capitais, lançar debêntures, bônus etc.

A posição de Sérgio Rosa talvez se deva à cautela de não se associar, como ex-presidente da Previ, a algum tipo de coordenação de investimentos com os governos conduzidos pelo PT em um período em que as operações do BNDES e dos fundos de pensão eram alvo de atenção da imprensa e de investigações então em curso[54]. De todo modo, merece atenção sua afirmação de que o processo de internacionalização de empresas brasileiras vivido nos anos 2000 não teria sido conduzido por alguma forma de coordenação governamental, mas, na realidade, teria sido dirigido, sobretudo, pelo fortalecimento do mercado de capitais.

OS FUNDOS DE PENSÃO E A TRANSNACIONALIZAÇÃO DA VALE

Pode-se especular se a subestimação da coordenação governamental é realmente o que Sérgio Rosa pensa ou apenas uma forma de esquivar-se de uma questão incômoda. O fato é que sua análise se aproxima à de Alvaro Bianchi e Ruy Braga[55], que relacionaram a política econômica do governo Lula à expansão do mercado financeiro, por meio da aproximação da burocracia sindical ao regime de acumulação financeira globalizado, instrumentalizando fundos de pensão e salariais[56].

A partir dessas considerações, é possível retomar a análise de Chico de Oliveira em "O ornitorrinco"[57], a respeito das convergências programáticas entre PT e PSDB, baseadas na emergência de uma "verdadeira nova classe social",

> que se estrutura sobre, de um lado, técnicos e economistas *doublés* de banqueiros, núcleo duro do PSDB, e trabalhadores transformados em operadores de fundos de previdência, núcleo duro do PT. A identidade dos dois casos reside no controle do acesso aos fundos públicos, no conhecimento do "mapa da mina". Há uma rigorosa simetria entre os núcleos dirigentes do PT e do PSDB no arco político, e o conjunto dos dois lados simétricos é a nova classe. Ideologicamente também são muito parecidos: o núcleo formulador das políticas de FHC proveio da PUC-Rio, o templo do neoliberalismo, [...] e o núcleo formulador do PT passou pela Escola de Administração de Empresas da FGV em São Paulo. [...] A nova classe tem unidade de objetivos, formou-se no consenso ideológico sobre a nova função do Estado,

---

[54] Como já se mencionou anteriormente, a entrevista com Sérgio Rosa foi realizada em janeiro de 2018, no Rio de Janeiro.

[55] Alvaro Bianchi e Ruy Braga, "The Lula Government and Financial Globalization", cit., p. 1.745-62.

[56] Dando continuidade a um movimento que se iniciara durante os governos Collor e, sobretudo, Fernando Henrique Cardoso.

[57] Francisco de Oliveira, "O ornitorrinco", em *Crítica à razão dualista/O ornitorrinco* (São Paulo, Boitempo, 2003).

Capitalismo global, fundos de pensão e a "nova governança corporativa"   233

trabalha no interior dos controles dos fundos estatais e semiestatais e está no lugar que faz a ponte com o sistema financeiro.[58]

A tese da emergência de uma "nova classe social" é resgatada, neste ponto da exposição, pela força do *insight* de Chico de Oliveira, já que, a nosso ver, a "financeirização da burocracia sindical"[59] não é suficiente para classificá-la como uma "nova classe". Aqui se pretende, portanto, reter o diagnóstico de que "técnicos e economistas *doublés* de banqueiros" do PSDB, por um lado, e "operadores dos fundos de previdência" do PT, por outro lado, fizeram uma ponte com o sistema financeiro baseada no controle de acesso aos fundos públicos e em uma ideologia comum – a reestruturação neoliberal da função do Estado – formulada em escolas de elite, como a Pontifícia Universidade Católica do Rio de Janeiro (PUC-Rio) e a Fundação Getulio Vargas (FGV).

As declarações de Sérgio Rosa, quinze anos depois da posse de Lula e da publicação do ensaio de Chico de Oliveira, corroboraram esse diagnóstico. Rosa afirmou que o mercado de capitais, em expansão no início do século XXI, dirigiu a internacionalização de empresas brasileiras como forma de ampliar seus lucros. Nesse processo, capitais do BNDES e dos fundos de pensão, em conjunto com novos fundos estrangeiros e nacionais (além de investidores individuais), foram destinados à expansão de operações internas e à abertura de atividades no exterior de empresas originalmente controladas por capital nacional, além de financiarem operações de fusões e aquisições corporativas.

Ora, esse processo é justamente o que buscamos enquadrar, na Apresentação deste livro, como a transnacionalização do capital típica da globalização, uma mudança de época no capitalismo. Vista por esse ângulo, a "rigorosa simetria entre os núcleos dirigentes do PT e do PSDB", formados em escolas de elite com base ideológica neoliberal, apontada por Chico de Oliveira, assemelha-se bastante ao que William I. Robinson[60] nomeou "elite transnacional", os quadros a serviço da classe capitalista transnacional que atuam na direção de empresas, no Estado, em agências e em órgãos supranacionais, na academia e na imprensa, para assegurar as condições necessárias à acumulação global. É certo que, nesse processo, alguns membros dessa elite, com altas remunerações, possam tornar-se acionistas de CTNs e, eventualmente, integrar os quadros da CCT.

Seja como for, neste ponto, é menos necessário delimitar precisamente as fronteiras entre a elite transnacional e a CCT – tarefa para a qual a sociologia tem muito a contribuir – do que apontar o caráter tendencial e o movimento de

---

[58] Ibidem, p. 147-8.

[59] Alvaro Bianchi e Ruy Braga, "The Lula Government and Financial Globalization", cit.

[60] William I. Robinson, *Una teoría sobre el capitalismo global: producción, clase y Estado en un mundo transnacional* (trad. Víctor Acuña e Myrna Alonzo, Cidade do México, Siglo XXI Editores, 2013).

234 *O solo movediço da globalização*

integração à economia global apontados por Robinson. Para Sérgio Rosa, houve um movimento da "empresa brasileira" em busca de "maior participação no mercado global", o que talvez possa ser apenas a aparência de um fenômeno mais amplo, identificado pelo ex-presidente da Previ como "a dinâmica da economia global".

Robinson debruçou-se sobre essa aparente contradição ao tratar dos Brics[61], vistos por muitos analistas como uma espécie de "desafiantes do Sul ao capitalismo global". No entanto, os governos desses países, em vez de promoverem uma agenda contrária à globalização, buscaram ampliá-la, integrando suas economias ao capitalismo global e lutando por maior espaço para os novos membros da classe capitalista transnacional oriundos desses locais. Desse modo, a luta contra os subsídios agrícolas, promovida pelo governo brasileiro em fóruns internacionais, por exemplo, que aparentava ser um enfrentamento ao protecionismo de países do Norte global em benefício de seus produtores rurais, na realidade, foi muito benéfica para as CTNs do agronegócio, que atuam no desenvolvimento de sementes, modificação genética, pesticidas e fertilizantes[62], além das empresas e dos fundos que atuam na compra de colheitas e na especulação em mercados de futuros em todo o mundo. Outro exemplo do fenômeno em questão é a importante participação mantida por fundos de investimento transnacionais nas CTNs de origem chinesa, mesmo naquelas controladas por capitais estatais[63].

Nessa perspectiva, as diferentes "variedades de capitalismo" seriam, portanto, diferentes variedades de "integração ao capitalismo global". Robinson sublinha a importância, nos Brics, de empresas e fundos de investimento estatais, como fundos soberanos, que estariam sendo profundamente integrados a circuitos corporativos transnacionais, em uma "fusão de interesses entre capitalistas transnacionais de setores estatais e privados"[64]. Isso não significa que diferenças e disputas nacionais deixem de existir, mas reforça a importância de análises que transcendam os limites do Estado-nação.

Para ser claro, o capitalismo global continua caracterizado por amplas e crescentes desigualdades, seja as medidas *dentro* dos países, seja *entre* países em termos Norte-Sul,

---

[61] Idem, "The Transnational State and the BRICS: A Global Capitalism Perspective", *Third World Quarterly*, v. 36, n. 1, 2015, p. 1-21.

[62] A CTN resultante da fusão de Bayer e Monsanto, anunciada em 2016, é um claro exemplo do tipo de agentes que Robinson tem em mente. Em anos recentes, aliás, consolidaram-se CTNs do processamento de proteína animal sediadas no Brasil, como BRF, JBS e Marfrig – as duas últimas, em particular, adquiriram operações no exterior, sobretudo nos Estados Unidos, e hoje obtêm a maior parte de suas receitas fora do Brasil. A transnacionalização da agricultura no Brasil e as CTNs que nela atuam parecem ser casos promissores para o estudo da sociologia.

[63] A esse respeito, uma análise baseada na teoria do capitalismo global encontra-se em Jerry Harris, "Who Leads Global Capitalism? The Unlikely Rise of China", *Race, Class and Corporate Power*, v. 6, n. 1, 2018.

[64] William I. Robinson, "The Transnational State and the BRICS", cit., p. 17. Tradução nossa.

e as relações de poder grosseiramente desiguais coincidem com relações *interestatais*. [...] Mas isso não pode cegar-nos para análises que se movam além do enquadramento do Estado-nação/interestatal. [...] Romper com análises centradas no Estado-nação não significa abandonar a análise de processos e fenômenos em nível nacional ou dinâmicas interestatais. Isso significa que nós vemos o capitalismo transnacional como o contexto histórico-mundial no qual estes se manifestam. Não é possível entender nada sobre a sociedade global sem estudar uma região concreta e suas circunstâncias particulares; uma parte da totalidade em sua relação com aquela totalidade.[65]

A integração de fundos estatais (e paraestatais) aos circuitos corporativos transnacionais, então, pode ser uma forma útil de enquadrar a relação dos fundos de pensão de estatais e de capitais do BNDES (por meio de seu braço de participações) com fundos transnacionais na estrutura de propriedade da Vale. Se, durante a vigência do acordo de acionistas pós-privatização, capitais domésticos exerciam o controle da empresa, com a queda nos preços das *commodities* minerais e com a crise econômica brasileira inaugurada em 2014, os fundos de pensão, como se verá, perderam rentabilidade e iniciaram discussões para um novo acordo de acionistas que permitisse a liberação de suas ações imobilizadas na Valepar em busca de maior liquidez.

As mudanças políticas após o golpe parlamentar que depôs Dilma Rousseff em 2016 e a ascensão do governo de Michel Temer facilitaram a redefinição do papel dos fundos de pensão e do BNDES na empresa[66]. O governo de Jair Bolsonaro, por sua vez, consolidou tal reorientação com a venda, em andamento, da carteira de ações do BNDESPar e com a expectativa de liquidar, na sequência, o braço de participações do banco estatal de desenvolvimento[67].

Por razões como essas, para Sérgio Rosa, a participação dos fundos de pensão no controle de grandes empresas foi parte de um momento da economia brasileira e do mercado de capitais que terminou. Os fundos, segundo o ex-presidente da Previ, diminuirão sua participação pela necessidade crescente de pagar aposentadorias e mesmo por características estruturais do mercado de trabalho brasileiro.

Sérgio Rosa – [Os fundos de pensão] Vão estar cada vez menos [no controle de empresas]. Esse debate vai ficar velho rapidamente! Primeiro, que isso foi verdade em um período específico da história, seja da economia americana, seja do Brasil por um prazo muito curto. E não vai ser mais assim. Os fundos de pensão vão sair do capital das empresas e vão deixar de... Então, esse debate vai ficar velho, vai ficar história, não vai ter mais importância.

---

[65] Idem. Tradução nossa.

[66] Rodrigo S. P. Santos, "A nova governança corporativa da Vale S.A.", cit., p. 8.

[67] Joana Cunha, "Governo quer ficar só com Petrobras, Caixa e Banco do Brasil, afirma secretário", *Folha de S. Paulo*, 29 jan. 2019; disponível em: <https://www1.folha.uol.com.br/mercado/2019/01/bndespar-vai-se-desfazer-de-suas-acoes-e-ser-fechado-nos-proximos-quatro-anos-diz-salim-mattar. shtml>; acesso em: 26 maio 2021.

Por quê?

Sérgio Rosa – Porque, no Brasil, tirando a gente, que via no mercado de ações uma oportunidade importante de diversificar investimentos, em um momento em que o mercado de capitais acolheu isso e desejou que os fundos de pensão participassem, hoje, fundo de pensão, previdência privada propriamente dita, não está se expandindo. Pelo contrário, está se contraindo – seja por polêmicas no próprio interior do movimento sindical, de setores que não abraçaram a ideia de você ter a previdência complementar como um direito do trabalhador... Na CUT, a gente já fazia o debate: por que a CUT não abraça a discussão de que os trabalhadores coloquem em suas pautas de reivindicações a melhoria, onde já tem plano de previdência complementar, ou a criação de... A CUT não tinha... A CUT nunca...

Nunca se definiu?

Sérgio Rosa – Nunca se definiu muito claramente nisso. Então... E a economia hoje vai na contramão disso. Quer dizer, hoje, quanto menos benefício, melhor. A precarização do trabalho vai na contramão. Quer dizer, o que a gente tem hoje é o estoque de fundos de pensão que já existiu e vai ter praticamente muito pouca coisa acontecendo de novidade nisso, né? Então, o movimento de crescimento dos fundos de pensão já se deu. Vamos viver da gestão dos que estão aí. E os que estão aí, como a maioria já está madura – madura, quero dizer, já está no ciclo de pagamento de benefício do que de acumular –, os investimentos vão acumular para coisas muito mais líquidas do que participações dessas, como de uma Vale, que você pode ficar quinze anos participando de uma empresa apostando no crescimento. Então, quer dizer, eu comprei a Vale por um valor proporcional de [R$] 10 bi, cheguei no final com [R$] 180 [bilhões]. Então, valeu a pena um investimento que eu levei doze, treze anos para fazer crescer, mas onde eu iria conseguir uma rentabilidade dessas? Ah, posso errar mais três outros lances desses. Mas tudo bem: acertei um desse e eu pago toda a... Esse movimento não vai acontecer mais. Os fundos não têm mais esse tempo, não vão ter mais essa percepção. Seja pela direita ou pela esquerda, atitudes como a nossa, que ia dentro das empresas para discutir... O pessoal da esquerda acha que é bobagem; o pessoal da direita não quer nem saber de gente com essa cabeça lá discutindo com eles. Então, isso foi uma bolha: aconteceu em um determinado momento e vai virar um debate histórico. Vai ficar analisando o que aconteceu e dificilmente vai servir de lição para o que está por vir.

Sérgio Rosa, desse modo, questionou a viabilidade futura dos fundos de pensão, levando em conta a precarização do trabalho e a falta de iniciativa do movimento sindical para estimular a adesão aos fundos existentes e a criação de novos. No entanto, suas declarações a respeito das relações de trabalho e sindicais na Vale, apresentadas nos capítulos 2 e 3, ilustram como a defesa da lucratividade das empresas pelos gestores dos fundos de pensão, oriundos do sindicalismo, leva à mesma precarização[68] que é apontada como um risco para o futuro dos próprios fundos de pensão.

---

[68] Em um "jogo", como costuma afirmar Rosa, entre capital e trabalho, em que as condições desiguais do último diante do poder corporativo são ignoradas ou vistas como parte de uma "lógica" natural à qual não resta alternativa senão a adesão.

Ao fim e ao cabo, a conclusão implícita no argumento de Rosa é que a própria gestão de CTNs como a Vale, bem-sucedidas no "jogo" da globalização neoliberal, eventualmente dirigidas por fundos de pensão como a Previ, pode terminar solapando as bases futuras para a manutenção da existência dos fundos tal como existiram durante a breve "bolha". Os fundos de pensão de estatais, dessa forma, cumpriram o papel de estimular a capitalização da Vale e conduzir sua internacionalização (como parte do processo de transnacionalização) para, no final, saírem do papel de protagonistas, entregando-o, paulatinamente, como se verá, a fundos transnacionais.

Se, para os acionistas privados da Vale, o resultado da privatização e da internacionalização da empresa foi o aumento exponencial de seu valor de mercado, ao avaliar as observações de campo e entrevistas realizadas, pode-se dizer que os resultados desse processo, para os trabalhadores, foram a intensificação da exploração do trabalho, a pulverização dos sindicatos e o enfraquecimento do poder coletivo. Nesse sentido, o caso em questão parece estar alinhado às conclusões de Alvaro Bianchi e Ruy Braga:

> A financeirização da burocracia sindical é um processo que divide fundamentalmente a classe trabalhadora e enfraquece a defesa de seus interesses históricos. Na condição de gestores dos fundos de pensão, o compromisso principal deste grupo é com a liquidez e a rentabilidade de seus ativos. [...] Os fundos de pensão brasileiros têm atuado como uma linha estratégica do processo de fusões e aquisições de empresas no país e, consequentemente, estão financiando o processo de oligopolização econômica com efeitos sobre a intensificação dos ritmos de trabalho, o enfraquecimento do poder de negociação dos trabalhadores e o enxugamento dos setores administrativos. [...] O curioso é que, no período atual, a poupança do trabalhador, administrada por burocratas sindicais oriundos do novo sindicalismo, está sendo usada para financiar o aumento da exploração do trabalho e da degradação ambiental.[69]

O que está em questão, contudo, é menos – como parece acreditar Rosa – o risco de existência de mecanismos de previdência complementar e de fundos de pensão, tão ao gosto do neoliberalismo, e muito mais a reprodução de determinada forma conjuntural, concreta, de sua regulação, na qual personagens como Sérgio Rosa estiveram em primeiro plano. A amargura que transparece em sua fala e as constantes vacilações e reticências no discurso, de algum modo, acompanharam o reconhecimento do período como uma "bolha", sublinhando o aspecto conjuntural, pouco sustentável, do modo de regulação lulista. Uma vez esgotada essa fase, gestores como Rosa, oriundos do movimento sindical, talvez não sejam mais necessários e bem-vindos "pela direita", como afirmou o ex-presidente da Previ, apesar de sua defesa intransigente da produtividade e dos lucros da empresa, desde sempre criticada "pela esquerda".

---

[69] Alvaro Bianchi e Ruy Braga, "A financeirização da burocracia sindical no Brasil", cit.

Vistas desse modo, parecem ser o retrato de tal esgotamento as respostas de Sérgio Rosa sobre como experimentou a contradição entre sua origem sindical e sua atuação como gestor empresarial:

Em algum momento, você viveu esse conflito entre suas convicções e sua trajetória como sindicalista e o fato de que você se via tomando decisões como...
Sérgio Rosa – [Interrompendo] Eu vivo isso todo dia. Como usuário de carro, eu vivo esse conflito. Sou contra o aquecimento global, sei que o carro é o principal instrumento do aquecimento global e tenho meu carro, ando de carro. Vivo esse conflito todo dia. Comportamentos ou exigências da minha vida pessoal que não estão completamente alinhados com coisas com que eu me preocupo. Óbvio. Eu senti esse conflito. Eu gostaria de poder chegar dentro de uma empresa e dizer: gente, vamos... Várias... Não é que eu gostaria de chegar: muitas vezes cheguei, mas não consegui convencer, não consegui... Nem no próprio Banco do Brasil, uma empresa estatal. Eu discutia: "Puxa vida, agora temos um governo democrático e popular no Brasil. Por que não se mudam algumas relações no trabalho dentro do Banco do Brasil? Por que não se democratiza a gestão das empresas?". A gente trazia os exemplos que tinha aprendido no sindicalismo. [...] Essas contradições estão presentes demais na vida da gente e eu não vou dizer para você que nunca senti... Não, pelo contrário, eu sentia muitas vezes ao dia as contradições. Entre ideias gerais que a gente tem, contradições que a gente tem, tal, e que não conseguem se realizar, que estão em conflito com a função específica que você está exercendo naquele momento. Agora, aceitei totalmente, quando fui candidato, que era uma missão que eu tinha que dar conta. Não podia chegar lá e... Sabe? Era uma função que eu tinha que exercer.

Que avaliação, ao final, você faz dessa relação entre fundos de pensão e sindicatos, por um lado, e entre fundos de pensão e administração das empresas por outro lado?
Sérgio Rosa – Eu não acredito que nada na sociedade vá existir sem conflito. Vai existir conflito o tempo todo. É da natureza da sociedade existir conflito. Acho uma relação menos explorada, menos discutida, menos conversada, menos entendida do que acho que poderia ser. Eu acho que a Previ mostrou, quando a gente fez um esforço nesse sentido, que tinha alguma capacidade, dada uma condição muito particular da economia brasileira, em que o fundo do tipo da Previ era bastante grande, grande o suficiente para influenciar – não para determinar, mas para influenciar, para ser ouvido, para estar nos fóruns e falar. Eu não acho que a gente ia mudar a lógica do dinheiro, do capital, não acredito nisso, mas que a gente ia fazer pequenas forçações de... de... de... de posicionamento. Forçar como um investidor consciente pequenas coisas. A gente teria capacidade de fazer pequenos esforços nesse sentido se fosse mais... Então, quando a gente foi escolhido, por exemplo, para participar do programa internacional da ONU... "Ah, uma grande ilusão da ONU, uma grande bobagem". Verdade, não vamos mexer no capitalismo. Vamos dizer que ele tem que ser um pouco mais responsável socialmente... Mas, está bom: consegue colocar uma regrinha lá. Nesse sentido, de gênero, de respeito ao movimento sindical internacional. Quer dizer, você ter um movimento internacional em que você pega um pouquinho dos fundos escandinavos, um fundo da Noruega, traz um pouquinho das coisas que eles

Capitalismo global, fundos de pensão e a "nova governança corporativa" 239

puderam desenvolver lá e traz para cá e tenta trazer como elemento de modernização da nossa realidade. Eu acho que isso são movimentos que você vai conseguindo fazer.

A "NOVA GOVERNANÇA CORPORATIVA" DA VALE APÓS O *BOOM* DAS *COMMODITIES*: REORIENTAÇÃO DOS FUNDOS DE PENSÃO E AUMENTO DA PRESENÇA DE INVESTIDORES TRANSNACIONAIS

Com o fim do "superciclo de *commodities*" e a queda dos preços dos minérios, iniciou-se na Vale um processo de mudança na estratégia corporativa, analisado ao longo deste livro. Em 2015, as perdas da mineradora, apresentadas no capítulo 1, afetaram o valor da participação dos fundos de pensão na empresa. Naquele ano, a Previ informava, com relação à Vale, que

> Em 2015, a participação da Previ na Vale/Litel teve uma desvalorização de aproximadamente R$ 8 bilhões em relação a 2014. O principal fator que influenciou esse resultado foi a forte redução do preço do minério de ferro, principal produto de venda da companhia (os preços praticados pela Vale sofreram redução da ordem de 40,8%), combinado com a volatilidade da demanda da China, principal mercado comprador, que representa 34,9% da receita operacional bruta da Vale. A desvalorização do real em relação ao dólar é positiva para a companhia, mas não compensou esses fatores. A Vale tem reduzido seus custos de produção e despesas e aumentado sua eficiência operacional, além de ter como estratégia a disciplina de capital e o foco em seus principais negócios, com um programa de desinvestimentos de ativos *non-core* para fortalecer seu caixa. É importante destacar os recordes de produção anual verificados em 2015 [...]. Além da expectativa de que o preço do minério de ferro se estabilize em patamares mais elevados, está previsto para o segundo semestre de 2016 o início das operações do S11D, o maior projeto da Vale e do setor de mineração no mundo. O S11D contribuirá para que a companhia se torne ainda mais competitiva, por ter custo de produção baixo, além de transporte até o porto e minério de ferro de ótima qualidade. Outro fator que impactou a companhia em 2015 foi o acidente da Samarco, ocorrido em 5 de novembro, na região de Mariana (MG). A Vale, como sócia da Samarco (50% de participação), tem apoiado as iniciativas de mitigação dos impactos sociais e ambientais [...].[70]

Entre as mudanças promovidas pela Vale no pós-*boom* de *commodities*, podem-se mencionar o foco no *core business*; a realização de desinvestimentos para reduzir o endividamento da companhia; o corte de custos operacionais; o aumento paulatino da produção em Carajás e no S11D – com menores custos e maior teor de ferro em relação às minas do Quadrilátero Ferrífero; e a busca por aumento do valor de mercado da empresa, após dificuldades trazidas pela queda dos preços

---

[70] Previ, *Relatório anual 2015*; disponível em: <https://www.previ.com.br/quemsomos/relatorio2015/files/PREVI_RA2015_20160415c.pdf>; acesso em: 4 dez. 2021.

dos minérios e pelo impacto, mencionado no relatório da Previ, da ruptura da barragem do Fundão, operada pela Samarco (da qual a Vale é controladora em *joint venture* com a BHP Billiton) em 2015[71].

Com a aproximação do final da vigência do acordo de acionistas da Valepar de 1997 e em um contexto de crise econômica e mudanças políticas no Brasil, os controladores da Valepar iniciaram discussões sobre a mudança na "governança corporativa" da Vale, visando à obtenção de maior liquidez de suas participações e à recuperação financeira da empresa depois do forte prejuízo registrado em 2015.

> [Os] integrantes do grupo controlador teriam optado por uma posição pragmática de curto prazo, orientada à recuperação financeira da corporação e da posição de seus ativos. Sob pressão da expiração do acordo de acionistas então vigente e do "risco político sobre o valor da empresa"[72] a ela associada, de resultados econômico-financeiros problemáticos nos últimos anos e de mudanças nas estruturas de governança dos fundos de pensão e no comando do BNDES, essa posição teria se tornado majoritária. Desse modo, "Previ, BNDESPar e Bradespar abraçaram o projeto"[73], conduzindo a um desfecho rápido sobre o modelo de "governança corporativa".[74]

O afastamento da "influência política" sobre a Vale tornou-se uma das principais justificativas dos controladores para as mudanças na "governança corporativa" da empresa, uma vez que o novo acordo de acionistas previa a incorporação da Valepar pela Vale e a unificação das duas categorias acionárias em ações ordinárias com direito a voto[75]. Até 2020, quando terminou o prazo estabelecido pelo novo acordo, uma parte das ações dos antigos sócios na Valepar seguiu sem poder ser negociada. Na sequência, ações dos fundos de pensão, Bradespar, BNDESPar e Mitsui passaram a ter livre circulação. Sem um controlador definido e, sobretudo, com a diminuição relativa de poder dos antigos controladores diante de acionistas minoritários, a influência do governo federal sobre a Vale reduziu-se após o novo acordo de acionistas. A "mudança no regime de governança corporativa da Vale"[76] aproximou-a daquele verificado em outras CTNs da mineração.

No entanto, o discurso sobre o fim da "influência política" na Vale, celebrado por agências de *rating*, empresas de consultoria e jornalistas econômicos, é enga-

---

[71] Como se verá a seguir, a ruptura da barragem da Vale em Brumadinho (MG), em janeiro de 2019, trouxe impactos ainda maiores sobre a produção, a geração de caixa e a reputação da direção da empresa.

[72] Graziella Valenti, "Vale só terá gestão 'sem dono' em 2021", *Valor Econômico*; disponível em: <http://www.valor.com.br/empresas/4876120/vale-so-tera-gestao-sem-dono-em-2021>; acesso em: 26 maio 2021.

[73] Idem.

[74] Rodrigo S. P. Santos, "A nova governança corporativa da Vale S.A.", cit., p. 7.

[75] Idem.

[76] Rodrigo S. P. Santos, "A construção social de uma corporação transnacional", cit., p. 231.

Capitalismo global, fundos de pensão e a "nova governança corporativa" 241

noso, já que a "governança corporativa" foi "reordenada de modo essencialmente político – não se restringindo a uma dimensão econômica pura" –, e mobilizou "um conjunto de dispositivos de poder" que estabeleceram formas de "disciplinamento financeiro" sobre a gestão da empresa e mesmo sobre seus proprietários[77]. A unificação da estrutura de propriedade ampliou o poder decisório de acionistas minoritários, entre os quais fundos de investimento transnacionais, e abriu espaço para a pulverização do controle da empresa.

A "governança corporativa" relaciona-se aos arranjos institucionais que definem as formas de propriedade e controle de empresas de capital aberto, além dos limites da ação dos agentes e a distribuição de resultados[78]. Roberto Grün, por sua vez, trata a "governança corporativa" como uma "ferramenta" relacionada à dominação financeira:

> a "governança corporativa" é a principal "ferramenta" através da qual diversos setores da sociedade foram se acostumando e aceitando os pressupostos da visão de mundo financeira. Evidentemente, chamar a "governança corporativa" de ferramenta causa incômodo. Ela não é um instrumento com escopo e finalidade delimitados, como um fundo de recebíveis, ou um certificado de depósito bancário. Antes, ela é uma expressão genérica que designa a relação entre as empresas e todos aqueles que têm interesse direto ou indireto no funcionamento delas e suas consequências. Mas chamá-la de "ferramenta", creio eu, é um procedimento heurístico necessário para entender as profundas transformações recentes do espaço econômico e político contemporâneos produzidas pelo aumento de importância dos pressupostos financeiros que temos assistido tanto no Brasil quanto no panorama internacional.[79]

Pelo novo acordo de acionistas de 2017, além da unificação das duas categorias de ações, foi estabelecida uma relação de troca das ações da Valepar, *holding* extinta e incorporada à mineradora, por ações ordinárias da Vale "com acréscimo de 10% sobre o valor de origem"[80], de modo que o antigo grupo controlador obtivesse uma compensação em sua participação em troca da cessão de poder decisório. Esse "pretenso *trade-off* entre controle político e recompensa econômica" deve ser analisado à luz da reorientação da ação estatal, das mudanças no comando dos fundos de pensão e do BNDES após o golpe parlamentar de 2016 e das "pressões internas dos associados, se relacionando aos resultados cumulativamente negativos" dos anos anteriores[81].

A conversão de ações preferenciais em ordinárias foi apresentada pela Vale como uma forma de aderir ao "Novo Mercado" da B3, que demanda:

---

[77] Idem, "A nova governança corporativa da Vale S.A.", cit., p. 2-3.

[78] Ibidem, p. 2, nota 4.

[79] Roberto Grün, *Decifra-me ou te devoro: o Brasil e a dominação financeira* (São Paulo, Alameda, 2015), p. 58-9.

[80] Rodrigo S. P. Santos, "A construção social de uma corporação transnacional", cit., p. 247.

[81] Idem, "A nova governança corporativa da Vale S.A.", cit., p. 8.

níveis superiores de transparência das informações econômico-financeiras e, principalmente, critérios especiais de "governança corporativa". [...] No que diz respeito aos principais critérios para a listagem no Novo Mercado, três regras relativas à estrutura de governança e direitos dos acionistas se afiguram centrais: a exclusividade da composição de capital por ações ordinárias, a isonomia do preço de venda das ações de controladores e minoritários (*tag alone*) e a manutenção mínima de 25% das ações em circulação (*free float*).[82]

A Vale anunciou ter concluído, em 22 de dezembro de 2017, os procedimentos de entrada no Novo Mercado da B3[83]. Na sequência, houve um aumento significativo no preço de suas ações[84]. A incorporação da Valepar pela Vale e a perspectiva de que as ações da empresa estariam em livre circulação após 2020 foram apontadas por comentaristas econômicos como a "conclusão da privatização" da Vale[85].

Como mostra o gráfico 7, efetivamente, após o novo acordo de acionistas, ocorreu uma pulverização das ações da empresa e aumentou a presença de investidores estrangeiros na composição acionária da Vale:

GRÁFICO 7: COMPOSIÇÃO ACIONÁRIA DA VALE (ABRIL DE 2021)

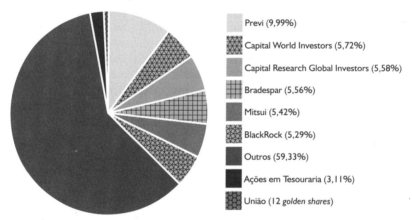

Fonte: Vale S.A. *Composição acionária*, 30 abr. 2021[86].

---

[82] Ibidem, p. 6.
[83] Vale S.A., *Formulário 20-F: relatório anual 2017*, cit.
[84] Com efeito, apenas para critérios de ilustração, a ação ordinária da Vale na B3 era negociada por cerca de R$ 30,00 em 20 de fevereiro de 2017, data do anúncio do novo acordo de acionistas. Em 31 de dezembro de 2018, um mês antes da ruptura da barragem em Brumadinho (MG), a ação era negociada por cerca de R$ 52,00. Informação disponível em: <https://br.tradingview.com/symbols/BMFBOVESPA-VALE3/>; acesso em: 26 maio 2021.
[85] Rodrigo S. P. Santos, "A nova governança corporativa da Vale S.A.", cit.
[86] Vale S.A., *Composição acionária*, 30 abr. 2021; disponível em: <http://www.vale.com/PT/investors/company/shareholding-structure/Documents/Abr_Shareholder%20Structure_p.pdf>; acesso em: 26 maio 2021. Segundo esse documento, os dados referentes ao Capital World Investors e ao

As mudanças na composição acionária da Vale chamam a atenção. Em primeiro lugar, pode-se destacar a saída do BNDES do capital da empresa[87], concluída em fevereiro de 2021, e a venda de debêntures da mineradora em poder do banco de desenvolvimento[88]. Reduziu-se a participação dos antigos sócios da Valepar, que exerciam o controle da companhia.

O gráfico 7 mostra que 37,56% das ações ordinárias da Vale, em abril de 2021, pertenciam a acionistas que detêm, cada um, mais de 5% do capital social total da empresa. Outros 59,33% das ações pertenciam a acionistas com participações menores do que 5% do capital social total. Adicionalmente, deve-se destacar que atualmente, na Vale, "65% do capital estão em poder de estrangeiros e 35% nas mãos de investidores nacionais"[89].

Entre os maiores acionistas individuais da Vale (e suas participações entre parênteses), podem-se mencionar: Capital Group (17%[90]), Previ (11,36%[91]), Bradespar (5,56%), Mitsui (5,42%) e BlackRock (5,29%). O gráfico 7 mostra, portanto, a importante presença de fundos transnacionais no controle da mineradora. Após as mudanças introduzidas pelo acordo de acionistas de 2017, a venda da participação do BNDES e a redução da participação dos fundos de pensão de empresas estatais brasileiras no capital da Vale, o maior acionista da mineradora é o Capital Group, "uma das maiores organizações de gestão de investimentos do mundo, gerindo mais de US$ 2,2 trilhões"[92]. A BlackRock, por sua vez, é a maior gestora de investimentos do mundo, com US$ 8,7 trilhões em ativos sob sua administração[93]. A mudança

---

Capital Research Global Investors (ambos veículos do Capital Group) são de 31 de dezembro de 2020.

[87] Francisco Góes e Maria Luíza Filgueiras. "BNDES sai da Vale e embolsa R$ 11,2 bi", *Valor Econômico*, São Paulo, 24 fev. 2021, Finanças, p. C3.

[88] Ana Paula Ragazzi, Talita Moreira e Maria Luíza Filgueiras, "Venda de debêntures da Vale soma R$ 11,5 bilhões", *Valor Econômico*, São Paulo, 13 abr. 2021; disponível em: <https://valor.globo.com/financas/noticia/2021/04/13/venda-de-debentures-da-vale-soma-r-115-bilhoes.ghtml>; acesso em: 26 maio 2021.

[89] Francisco Góes e Rafael Rosas, "Conselho da Vale será mais diversificado", *Valor Econômico*, São Paulo, 4 maio 2021, Empresas, p. B1.

[90] Fundo transnacional sediado nos Estados Unidos que controla as divisões de investimento Capital World Investors e Capital Research Global Investors, mencionadas no gráfico 7. No entanto, Francisco Góes e Rafael Rosas, "Conselho da Vale será mais diversificado", cit., afirmam que, em maio de 2021, o Capital Group "participa da mineradora por meio de três veículos, tendo, no total, cerca de 17% do capital social da empresa".

[91] Além dos 9,99% de participação direta indicados no gráfico 7, a Previ possui outro 1,37% de participação indireta na Vale, totalizando controle de 11,36% do capital social total da empresa. De acordo com Vale S.A., *Composição acionária*, 30 abr. 2021, cit.

[92] De acordo com informações disponíveis em: <https://www.capitalgroup.com/about-us.html>; acesso em: 26 maio 2021.

[93] De acordo com dados de BlackRock, *2020 Annual Report*, p. 26; disponível em: <https://www.blackrock.com/corporate/literature/annual-report/blackrock-2020-annual-report.pdf>; acesso em: 4 jun. 2021.

no regime de "governança corporativa" da Vale favoreceu, assim, investidores institucionais e fundos transnacionais como os mencionados, que passaram a ter maior poder decisório na empresa. Tais fundos têm participações acionárias em concorrentes da Vale[94] e outras CTNs.

Além disso, as modificações no estatuto social da Vale estabeleceram a presença de 20% de conselheiros independentes no Conselho de Administração da empresa[95], o que amplia os dispositivos financeiros de controle da corporação e pode criar contradições entre um Conselho mais orientado à remuneração dos acionistas e a Diretoria Executiva, que lida com decisões de prazo mais longo[96]. Em abril de 2017, Murilo Ferreira foi substituído por Fabio Schvartsman na presidência executiva da companhia. Esse executivo, que trabalhara na Klabin e no grupo Ultra, seguiu o processo de desinvestimentos iniciado na gestão anterior, conduziu o processo de reorganização da "governança corporativa" e de entrada no Novo Mercado da B3, e iniciou uma política de ampliação do pagamento de dividendos para os acionistas.

A Vale encaminha-se, dessa forma, para maior desnacionalização e pulverização de seu controle acionário, consolidando-se como uma CTN. Em anos recentes, os fundos de pensão de empresas estatais têm buscado maior liquidez para pagar seus cotistas aposentados. Pode-se esperar, então, a paulatina diminuição de sua participação na companhia[97]. A nova "governança corporativa" da Vale consolidou a transnacionalização da empresa, em curso desde a "preparação" para a venda, passando pela privatização, pelo salto na internacionalização e pelo crescimento do valor de mercado no início do século XXI, tal como se demonstrou ao longo deste livro. Nesse processo, capitais nacionais (estatais e privados) e transnacionais fundiram-se na criação de uma CTN sediada no Brasil, mas com operações globais. É necessário sublinhar, portanto, os aspectos de *continuidade* nas *mudanças* identificadas.

Desse modo, a Vale "se encaminha, possivelmente, para se tornar uma CTN dotada de composição acionária assemelhada ao perfil setorial da mineração, em geral, e do minério de ferro em paritcular"[98]. O interesse crescente de investidores institucionais brasileiros e de fundos transnacionais pela empresa, suas necessidades

---

[94] Por exemplo, em 2017, o Capital Group detinha 4% das ações da Rio Tinto e a BlackRock possuía 6,3% das ações ordinárias dessa mesma empresa, além de 10,1% dos direitos de voto da BHP Billiton, de acordo com dados de Rodrigo S. P. Santos, "A nova governança corporativa da Vale S.A.", cit., p. 3, notas 7 e 8.

[95] Vale S.A., *Formulário 20-F: relatório anual 2017*, cit.

[96] De acordo com Rodrigo S. P. Santos, "A nova governança corporativa da Vale S.A.", cit., p. 13.

[97] A Previ, por exemplo, desde 2018, vendeu R$ 36 bilhões em participações em renda variável, incluindo ações na Vale, de acordo com Juliana Schincariol, "Previ vende R$ 36 bi em renda variável", *Valor Econômico*, São Paulo, 12 maio 2021, Valor Investe, p. C6.

[98] Rodrigo S. P. Santos, "A nova governança corporativa da Vale S.A.", cit., p. 14.

de financiamento e a possibilidade, aberta pelo novo estatuto social da companhia, de ampliação de seu capital com a emissão de novas ações permitem levantar hipóteses sobre o futuro da Vale, como um possível desmembramento da companhia ou mesmo a mudança de sua sede[99].

> Se, de fato, a financeirização corporativa significa também a ampliação da importância das condições de acesso a recursos externos à corporação e, portanto, do disciplinamento macropolítico dos mercados de capitais, não parece despropositado levantar a possibilidade de um futuro desmembramento organizacional ou mesmo mudança de sede da Vale. Assim, a corporação poderia acessar de modo direto maiores volumes e fontes mais diversas de capitais. Na primeira situação, o modelo organizacional que pode servir de balizamento a essa possibilidade diz respeito aos exemplos dos grupos BHP Billiton e Rio Tinto, caracterizados por dupla listagem na Austrália e no Reino Unido. Por sua vez, o balizador de uma potencial mudança de sede poderia ser o grupo Anglo American, que se transferiu da África do Sul para o Reino Unido. Certamente, mudanças dessa magnitude implicariam a transformação radical das relações entre Estado e mercado nos planos corporativo e da política econômica doméstica. Entretanto, mudanças menores, porém cumulativas, vêm apoiando a reorientação estratégica do Estado brasileiro no sentido de uma reconfiguração profunda de seus papéis na economia [...].[100]

É possível concluir, então, que a mudança no regime de "governança corporativa" da Vale relaciona-se à reconfiguração do papel exercido pelo Estado brasileiro na transnacionalização de empresas e da economia diante do solo movediço do capitalismo global. Os efeitos da pulverização do controle acionário da empresa também foram analisados por André Teixeira e Guilherme Zagallo. Ao refletir sobre o futuro da companhia, ambos manifestaram que as mudanças em sua "governança corporativa" poderiam significar menor vinculação nacional, do ponto de vista de sua gestão e da captura de valor. Para Zagallo, a Vale pode vir a ser envolvida, no futuro, em alguma operação de fusão ou aquisição corporativa.

> A entrada no Novo Mercado [da B3] da Vale é justamente isso. As empresas melhor gerenciadas são pulverizadas. Quanto mais pulverizado está seu controle, mais profissional é aquilo ali. O Conselho de Administração, a diretoria da empresa, são profissionais. Não é porque eu sou amigo de fulano e ciclano, não é a família, não é nada disso, não: é a profissionalização da gestão da empresa. Eu quero resultado. O mundo é assim! O mundo está caminhando para ser assim. Parte da

---

[99] A Vale estaria, por exemplo, conduzindo "estudos para separar suas operações de metais básicos [das quais as mais relevantes encontram-se no Canadá] com possibilidade de lançamento de ações de uma nova companhia em Bolsa de Valores", de acordo com Nicola Pamplona, "Vale volta a estudar IPO de divisão de metais básicos", *Folha de S.Paulo*, 28 abr. 2021, Mercado, p. A24.

[100] Rodrigo S. P. Santos, "A nova governança corporativa da Vale S.A.", cit., p. 15.

246   *O solo movediço da globalização*

valorização da ação da Vale é por conta dessa mudança, ou seja, não tem mais o Estado no Brasil, aquela interferência. Quanto mais pulverizado está o controle, a presença de conselheiros independentes, isso faz parte de um modelo que está no mundo, está entendendo? E vai ser assim. [...] Mas a tendência que existe é o seguinte, na minha opinião: uma pulverização internacional de nosso capital [...]. (André Teixeira, em entrevista)

Você acredita que a nova "governança corporativa" pode permitir uma tomada de controle da Vale, no médio ou longo prazo, por capital estrangeiro?
Guilherme Zagallo – Acho que sim, porque, embora você tenha o limite por empresa – por exemplo, há um limite de que [n]o controle ninguém pode ter mais de 25% –, mas eu não consigo imaginar o que impede, por exemplo, [...] que o governo chinês resolva, através de empresas diferentes, adquirir 50% do controle acionário da Vale. [...] E isso é possível. Esse desenho não impede que, a médio ou longo prazo, isso aconteça.

As transnacionais da mineração concorrentes da Vale poderiam ter interesse em tomar seu controle?
Guilherme Zagallo – Não pelo volume, pelo tamanho delas. Elas precisariam, se não me engano, acho que passar por um nível de alavancagem muito grande, de financiamento, para poder conseguir isso. Não acho provável em um primeiro momento. Acho mais factível que isso venha de empresas chinesas, em um movimento geopolítico do governo chinês [...] de controlar o mercado. Com uma grande empresa, você regular preços, adquirir o controle de uma grande empresa, individualmente a maior, embora não seja tão próxima como as australianas. Mas, a partir daí, você regular o preço desse insumo que é importante.

O que levaria a uma extração mais acelerada no Brasil...
Guilherme Zagallo – Mais acelerada. Definitivamente, a gente caminhando no sentido de uma primarização ou de uma reprimarização, abdicando tanto de qualquer controle de fluxo como de uso do minério. Viraríamos uma província mineral da China.

Estamos aqui discutindo uma hipótese, mas neste momento ainda não há nenhuma indicação concreta nesse sentido...
Guilherme Zagallo – Não, neste momento a gente não vê nenhuma movimentação acionária. Não há nenhuma sinalização. As sinalizações que surgiram foram de pequenas fatias de controle acionário. Eu acho que, se isso fosse acontecer, seria com algum dos grandes blocos sendo vendidos. Então, não percebo isso ainda. Também porque acho que isso talvez não seja necessário. Talvez se torne necessário se o minério de ferro voltar a ter um crescimento que se aproxime aí dos US$ 100 a tonelada ou que ultrapasse esse valor. No momento, no cenário atual, isso talvez não seja necessário.

Pode-se também supor que a Vale, após a reorientação de sua estatégia corporativa, avalie a aquisição de outras mineradoras de minério de ferro para reforçar sua posição de mercado. No entanto, a concentração em seu *core business* – a extração de minério de ferro –, que favorece a empresa diante de seus concorrentes,

Capitalismo global, fundos de pensão e a "nova governança corporativa" 247

pode fragilizar suas receitas, caso ocorra um novo período de retração nos preços do minério de ferro, como experimentado no pós-*boom* de *commodities*. Em um contexto de pulverização acionária, tal cenário poderia tornar a Vale mais vulnerável a ofertas de aquisição ou de tomada de controle. Por outro lado, a instabilidade dos preços do minério de ferro após o choque da pandemia de covid-19, em 2020-2021, como se verá a seguir, talvez torne possível a ocorrência de novas movimentações acionárias na Vale, na direção sugerida por Guilherme Zagallo.

O certo é que a consolidação da transformação da Vale em uma CTN torna-a menos subordinada a controles nacionais ou locais e mais dependente de sua capacidade de remuneração dos acionistas, trazendo consequências profundas para seus trabalhadores e para os demais agentes envolvidos em sua rede global de produção.

Epílogo
Vale S.A., uma corporação transnacional no solo movediço da globalização

Quando se concluía a pesquisa que baseou este livro, em 25 de janeiro de 2019, a barragem I da mina Córrego do Feijão da Vale, em Brumadinho (MG), rompeu-se. As operações de resgate identificaram, nos meses seguintes, 270 vítimas fatais da inundação de cerca de 12 milhões de metros cúbicos de rejeitos de mineração que engolfaram a região, tomaram o rio Paraopeba e se encaminharam ao rio São Francisco, afetando dezenas de milhares de famílias. A maioria dos mortos e desaparecidos era de trabalhadores da Vale, próprios ou terceirizados.

O rompimento da barragem em Brumadinho aconteceu pouco mais de três anos depois da ruptura da barragem do Fundão, operada pela Samarco (controlada pela Vale e pela BHP Billiton) em Mariana (MG). Como essa obra direcionou seu foco à transnacionalização da Vale e às estratégias de relações de trabalho e sindicais da empresa, a ruptura das barragens não foi objeto de nossa análise. Está claro, no entanto, que não há ilustração mais brutal e concreta dos efeitos da mineração globalizada sobre trabalhadores, comunidades e meio ambiente do que esses acontecimentos recentes em Minas Gerais.

A princípio, as terríveis imagens da avalanche de rejeitos não se relacionavam ao "solo movediço" que dá título a este livro. A escolha devia-se, na realidade, à instabilidade característica da globalização e à desterritorialização do capital, diante de antigas amarras nacionais e locais para sua circulação e apropriação. Com o título, buscava-se também fazer referência à instabilidade vivida pela classe trabalhadora e por seus sindicatos ao lidar com o poder corporativo transnacional fortalecido, bem como às mudanças profundas ocorridas durante os quatro anos em que a investigação transcorreu.

Ainda que não se pretenda analisar em detalhes a ruptura da barragem em Brumadinho e seus efeitos[1] – sobretudo os mais importantes, relacionados às

---

[1] A respeito, ver Bruno Milanez et al., "Minas não há mais: avaliação dos aspectos econômicos e institucionais do desastre da Vale na bacia do rio Paraopeba", *Versos – Textos para Discussão PoEMAS*, v. 3, n. 1, 2019, p. 1-114.

250   *O solo movediço da globalização*

centenas de mortes e aos milhares de desalojados e afetados pela degradação ambiental e pela desorganização da economia local –, é necessário destacar algumas de suas consequências para a Vale. A empresa declarou ter tido "amplo impacto" em seu "desempenho financeiro e resultados operacionais" após o evento. Entre outras consequências, em 2019, a companhia destinou US$ 7,402 bilhões a despesas e provisões relacionadas à descaracterização de barragens a montante e perdeu US$ 235 milhões, "atribuíveis à baixa da mina Córrego do Feijão e outras barragens a montante"[2].

Várias operações foram suspensas como resultado de decisões judiciais, revogação de licenças e por iniciativa da empresa, afetando sua produção e suas receitas: a "suspensão das operações em seu nível mais crítico totalizou 92,8 milhões de toneladas por ano de capacidade de produção, mas parte dessas operações foi retomada durante 2019"[3]. Nesse ano, por conta disso, a produção de minério de ferro da Vale foi de 302 milhões de toneladas métricas, com redução de 21,5% em relação a 2018[4]. A produção de pelotas foi de 41,8 milhões de toneladas métricas, com redução de 24,4% em relação a 2018[5]. A mineradora registrou prejuízo de US$ 1,683 bilhão em 2019, comparado ao lucro de US$ 6,860 bilhões em 2018[6]. Como já mencionado no capítulo 1, a redução da produção de minério de ferro, em 2019 e 2020, retirou temporariamente da Vale a posição de maior produtora global desse minério, mantida por anos, assumida pela Rio Tinto. No entanto, em 2020, a produção começou a recuperar-se e a empresa teve lucro líquido de US$ 4,5 bilhões[7].

Os esforços da gestão de Fabio Schvartsman, descritos anteriormente, para reduzir o endividamento da empresa, conduzir desinvestimentos e se concentrar no *core business* – para que a Vale pudesse transformar-se em uma "máquina de dividendos" para seus acionistas – sofreram um revés temporário. Logo após a ruptura da barragem de Brumadinho, a mineradora anunciou a suspensão do pagamento de dividendos, retomado em setembro de 2020, e, em 1º de março de 2019, recebeu do "Ministério Público Federal, do Ministério Público do Estado de Minas Gerais, da Polícia Federal e da Polícia Civil do Estado de Minas Gerais

---

[2] Vale S.A., *Formulário 20-F: relatório anual 2019*, p. 7; disponível em: <http://www.vale.com/ PT/investors/information-market/annual-reports/20f/20FDocs/Vale%2020-F%202019_p.pdf>; acesso em: 26 maio 2021.

[3] Idem.

[4] Idem, *Relatório de sustentabilidade 2019*, p. 112; disponível em: <http://www.vale.com/PT/ investors/information-market/annual-reports/sustainability-reports/Sustentabilidade/Relatorio_ sustentabilidade_vale_2019_alta_pt.pdf>; acesso em: 26 maio 2021.

[5] Idem.

[6] Ibidem, p. 113.

[7] Vale S.A., *Relatório integrado 2020*, p. 40; disponível em: <http://www.vale.com/PT/investors/ information-market/annual-reports/sustainability-reports/Sustentabilidade/Vale_Relato_ Integrado_2020.pdf>; acesso em: 26 maio 2021.

Vale S.A., uma corporação transnacional no solo movediço da globalização 251

[...] recomendações sobre afastamento de alguns executivos e colaboradores"[8]. Schvartsman e três diretores executivos afastaram-se de suas funções[9]. Na sequência, Eduardo Bartolomeo, que ocupava a Diretoria de Metais Básicos, assumiu a presidência executiva da companhia[10].

Enquanto processos judiciais seguiam em andamento e os milhares de afetados aguardavam a resolução de iniciativas de reparação, um acordo foi firmado pelo estado de Minas Gerais, Defensoria Pública do Estado, Ministério Público Federal e Vale, por meio do qual a empresa pagará R$ 37,7 bilhões "para reparar perdas econômicas e ambientais, e garantir a indenização por danos morais, coletivos e sociais do rompimento da barragem da mina Córrego do Feijão"[11].

A Vale ainda lidava com a corrosão de sua reputação, as mudanças na diretoria e as consequências operacionais, econômicas e judiciais da ruptura da barragem I da mina Córrego do Feijão quando a pandemia de covid-19, em 2020 e 2021, também afetou sua produção, suspendendo temporariamente o funcionamento de algumas de suas operações. No entanto, o choque da pandemia, que inicialmente desorganizou redes globais de produção e afetou a oferta de minérios, foi seguido pela recuperação da economia chinesa e pelos pacotes de estímulo nos países do Norte global, sobretudo nos Estados Unidos, levando a um aumento na demanda e a um inesperado aumento nos preços das *commodities*, liderado pelo minério de ferro, que subiu mais de 150% em um ano[12], superando a marca de US$ 200,00 por tonelada, um recorde, em meados de maio de 2021. A subida dos preços levou a especulações sobre o possível início de um novo *boom* de *commodities*, o que, por fim, não ocorreu[13]. A instabilidade na economia global e a queda das taxas de

---

[8] De acordo com fato relevante divulgado pela empresa em 2 mar. 2019; disponível em: <http://www.vale.com/brasil/PT/investors/information-market/press-releases/Paginas/Vale-informa-sobre-afastamento-temporario-de-executivos.aspx>; acesso em: 26 maio 2021.

[9] Idem.

[10] De início presidente interino, Bartolomeo foi efetivado em abril de 2019. Em março de 2021, foi reconduzido pelo Conselho de Administração para um mandato de três anos.

[11] Cibelle Bouças, Francisco Góes e Rafael Rosas, "Vale fecha acordo com MG e vai pagar R$ 37,7 bilhões", *Valor Econômico*, São Paulo, 5 fev. 2021, Empresas, p. B4. Críticas ao processo de negociação do acordo e a seu conteúdo, como a destinação de parte dos valores pagos pela Vale a obras de mobilidade do governo de Minas Gerais encontram-se em Daniel Camargos, "Brumadinho: Vale quer reduzir em R$ 30 bi valor que pagará por reparação de danos", *Repórter Brasil*, 19 nov. 2020; disponível em: <https://reporterbrasil.org.br/2020/11/brumadinho-vale-quer-reduzir-em-r-30-bi-valor-que-pagara-por-reparacao-de-danos/>; acesso em: 26 maio 2021.

[12] Neil Hume e Michael Pooler, "Presidente da Vale rejeita cenário de superciclo para o minério de ferro", *Valor Econômico*, São Paulo, 18 maio 2021, Empresas, p. B5.

[13] Confirmando as previsões de Eduardo Bartolomeo, presidente da Vale, para quem a alta dos preços seria temporária: "No último superciclo tivemos a urbanização da China. Foi uma mudança estrutural. Um choque de demanda. [...] Não estamos falando de um grande choque na demanda agora. É algo pequeno. Não se trata de um choque", em declaração reproduzida por Neil Hume e Michael Pooler, "Presidente da Vale rejeita cenário de superciclo para o minério de ferro", cit.

crescimento da China levaram os preços novamente para o patamar de US$ 100 por tonelada no final de 2021.

O gráfico 8 mostra a evolução dos preços do minério de ferro em um período de quinze anos, de novembro de 2006 a outubro de 2021. Nele, aparecem os dois picos de preços anteriores, descritos no capítulo 1, quando foram analisados o *boom* e o pós-*boom* das *commodities*: em abril de 2008, o preço da tonelada do minério de ferro superou os US$ 190, enfrentou queda acentuada após a crise de 2008-2009 e alcançou novo pico em janeiro de 2011, quando os preços se aproximaram novamente de US$ 190. Em seguida, no pós-*boom*, houve uma queda consistente dos preços, com alguns momentos de recuperação. A partir de abril de 2020, é possível verificar um aumento constante, alcançando novamente os picos de preços anteriores em meados de 2021. Entretanto, como mencionado, no segundo semestre desse ano, houve rápida e acentuada queda dos preços.

Gráfico 8: Preços mensais (em dólares americanos) do minério de ferro de teor 62% (nov. 2006-out. 2021)[14]

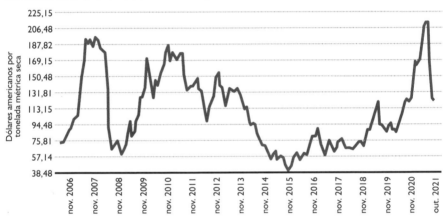

Fonte: IndexMundi, com informações da Thomson Reuters Datastream e Banco Mundial[15].

A manutenção dos preços do minério de ferro nesse patamar elevado seria muito benéfica à Vale após a conclusão dos investimentos no S11D. Nesse cenário, com as mudanças descritas no regime de "governança corporativa", investidores institucionais e fundos transnacionais, com presença crescente no capital da empresa, teriam condições privilegiadas para ampliar a captura de valor por meio da distribuição de lucros e dividendos.

---

[14] Gráfico baseado nos preços de importação da tonelada do minério de ferro no porto de Tianjin (China).

[15] Disponível em: <https://www.indexmundi.com/pt/pre%C3%A7os-de-mercado/?mercadoria=min%c3%a9rio-de-ferro&meses=180>; acesso em: 6 dez. 2021.

Vale S.A., uma corporação transnacional no solo movediço da globalização 253

Em maio de 2021, ocorreu a primeira eleição para o Conselho de Administração da Vale após a liberação das ações do antigo grupo controlador – cujos membros detêm cerca de 21% das ações da empresa e atuaram em conjunto na votação[16]. No entanto, a assembleia de acionistas foi marcada por intensa disputa entre o antigo grupo controlador e um grupo de acionistas minoritários, "respaldado por um dos maiores acionistas de referência da Vale"[17] na atualidade: o fundo transnacional Capital Group. Foram eleitos quatro membros vinculados a acionistas do antigo grupo controlador e oito membros tidos como "independentes", dos quais quatro nomes foram lançados pelo grupo de acionistas minoritários apoiados pelo Capital Group[18]. Consolida-se, assim, a pulverização do capital da empresa e uma nova relação de forças interna em seu Conselho de Administração, conforme analisado no capítulo 4.

Ao longo deste livro, buscou-se apresentar os contornos do processo de transnacionalização da Vale e, ao fazê-lo, também iluminar as formas de integração da economia brasileira ao capitalismo global nas primeiras décadas do século XXI. O caso em questão ofereceu um olhar privilegiado sobre esse fenômeno, já que, como mencionado anteriormente, a Vale é uma empresa que teve papel decisivo na estruturação do capitalismo industrial no Brasil no século XX e ainda hoje "opera como um elemento de transferência e conexão entre processos internacionais e dinâmicas domésticas"[19]. Como encerramento, então, apresenta-se a seguir uma síntese das várias dimensões da estratégia corporativa da mineradora, discutidas nos capítulos anteriores, e nossas últimas considerações.

A estratégia de relações de trabalho e sindicais da Vale é decisiva para garantir flexibilidade às operações da empresa. Em um mercado de *commodities* com preços instáveis, competição entre poderosas CTNs e oferta de minérios superior à demanda global, a empresa requer de seus trabalhadores e sindicatos flexibilidade diante de variações nas receitas e nos lucros, como se viu em 2015 e 2016 – quando, depois de experimentar um prejuízo histórico ocasionado pela queda brusca do preço do minério de ferro, impôs reajuste e PLR zero a seus trabalhadores no Brasil. Ou seja, as táticas empregadas pela companhia em sua relação com trabalhadores e sindicatos visam contribuir para a redução dos custos de operação e do trabalho, uma forma de ampliar a captura de valor e oferecer preços competitivos no mercado global de minérios.

O controle dos locais de produção, diante de sindicatos, movimentos sociais e outros agentes, também é um aspecto decisivo da estratégia corporativa.

---

[16] De acordo com Francisco Góes e Rafael Rosas, "Conselho da Vale será mais diversificado", *Valor Econômico*, São Paulo, 4 maio 2021, Empresas, p. B1.

[17] Idem.

[18] Idem. No Conselho de Administração da Vale, também há um membro eleito pelos trabalhadores da empresa: a cadeira foi novamente ocupada por um dirigente do Stefem.

[19] Bruno Milanez et al., "A estratégia corporativa da Vale S.A.: um modelo analítico para redes globais extrativas", *Versos – Textos para Discussão PoEMAS*, v. 2, n. 2, 2018, p. 2.

254   *O solo movediço da globalização*

Os supervisores são os intermediários prioritários na relação entre a empresa e sua força de trabalho. Cabe a eles, quando necessário, disputar com os sindicatos a primazia da informação. Aos sindicatos, também cabe um papel de intermediação, cujo objetivo é estabilizar e contornar o conflito. A mineradora busca mantê-los próximos de seus interesses e se esforça para enfraquecer o poder coletivo das entidades por meio de sua fragmentação. Isso não significa que a Vale prescinda dos sindicatos. Pelo contrário, a estratégia de relações sindicais tem como efeito a perpetuação de direções nos sindicatos – sejam mais ou menos críticas à empresa –, que se tornam agentes reconhecidos e, de algum modo, confiáveis à companhia. Ao mesmo tempo, grupos opositores, particularmente em sindicatos estratégicos como o Metabase Carajás, têm poucas chances de sucesso, uma vez que a Vale atua para dificultar sua organização, de acordo com as entrevistas e a literatura mobilizadas. A noção de "consenso manipulado"[20] parece ter bastante aderência às observações realizadas em Parauapebas (PA) e São Luís (MA): a empresa é bem-sucedida em seus esforços para conter o exercício do poder coletivo dos sindicatos e para impedir a emergência pública das reivindicações de seus trabalhadores.

Um episódio confirma o importante papel atribuído pela Vale a seus sindicatos. Em 2018, o Stefem aprovou em assembleia o estabelecimento de uma contribuição negocial, no valor de meio dia de trabalho, para substituir o imposto sindical extinto pela reforma trabalhista de 2017. Dado o ineditismo e os eventuais obstáculos para sua aplicação, sindicato e Vale estabeleceram um acordo inédito no Tribunal Superior do Trabalho, o primeiro do tipo no Brasil, validando a medida. A razão parece evidente: os sindicatos precisam de recursos para seguir existindo. Em sua ausência, grupos opositores, de comportamento desconhecido pela companhia, podem tornar-se mais fortes e competitivos em relação às direções sindicais estabelecidas há décadas, com as quais a Vale tem o hábito de negociar, discutir e, quando necessário, impor suas determinações.

No Canadá, a Vale buscou reestruturar suas operações, conforme descrito no capítulo 3, e se chocou com o coletivo operário ali estabelecido em busca, sobretudo, do controle da produção e da afirmação de seu poder corporativo perante um poderoso sindicato internacional, que poderia trazer dificuldades para a execução de sua estratégia corporativa. O vencimento do contrato coletivo em 2009, em um período de forte redução dos preços do níquel, permitiu à Vale estender o impasse nas negociações por um ano, enfraquecendo o sindicato e o poder coletivo dos trabalhadores, que, ao final, cederam à maioria das imposições da empresa em termos de remuneração, pensões e relações com supervisores e *stewards* na produção.

---

[20] Proposta para descrever como opera o poder corporativo da Vale em Itabira (MG) por Rodrigo S. P. Santos e Bruno Milanez, "Poder corporativo e ação econômica: reflexões a partir da mineração de ferro", *Revista de Ciências Sociais*, n. 48, jan./jun. 2018, p. 95-113.

Foi possível identificar, além disso, que a Vale busca evitar o escrutínio público de suas ações. Sua estratégia institucional visa à proximidade com agentes que influenciam a regulação de suas atividades – não apenas no Brasil, já que, como se viu, uma supervisora da Vale foi eleita prefeita de Sudbury na eleição posterior à greve canadense de 2009-2010. Mecanismos como o financiamento de campanhas e a "porta giratória" em órgãos reguladores são descritos na literatura sobre a empresa[21].

As mudanças na estrutura de propriedade e de financiamento, e a consolidação da transformação da Vale em uma CTN, por sua vez, talvez tenham como consequência seu "desenraizamento" no que se refere, por exemplo, à captura de valor, destinada prioritariamente a seus acionistas, espalhados pelo planeta, por meio da distribuição crescente de lucros e dividendos – um possível "desenraizamento", também e portanto, das origens nacionais da antiga mineradora estatal brasileira. Obviamente, não se trata de um processo de mão única, uma vez que os vários agentes envolvidos na rede global de produção da empresa podem mobilizar-se para enfrentar as consequências desse processo e os efeitos da mineração.

Este livro também descreveu a tentativa de articulação dos sindicatos da Vale no mundo por meio de uma rede sindical internacional que, apesar de não ter tido sobrevida, se revelou uma ferramenta incômoda, ao menos temporariamente, para o exercício do poder corporativo da CTN diante de seus trabalhadores e sindicatos. Eis aí uma lição importante para o futuro: a organização transnacional do trabalho, tal como apontado por Peter Evans[22], pode ser uma alternativa à emergência de movimentos sociais regressivos na esteira da crise da globalização capitalista.

*

A escola do capitalismo global forneceu uma bússola teórica fundamental para o enquadramento de questões que transcendem as fronteiras nacionais, como as analisadas neste livro. William I. Robinson[23] também chamou a atenção para os efeitos da crise do capitalismo global, entre eles, o recrudescimento da repressão interna e externa – e de seu uso como fonte de acumulação –, e a emergência de

---

[21] Ver, por exemplo, as análises sobre as mudanças no Código Mineral, promovidas em 2017 e 2018, de Bruno Milanez, "Governo Temer 'dialoga por decreto' para concluir mudanças no Código Mineral", 19 jun. 2018; disponível em: <http://emdefesadosterritorios.org/governo-temer-dialoga-por-decreto-para-concluir-mudancas-no-codigo-mineral/>; acesso em: 26 maio 2021; e de Bruno Milanez, Tádzio Peters Coelho e Luiz Jardim de Moraes Wanderley, "O projeto mineral no Governo Temer: menos Estado, mais mercado", *Versos – Textos para Discussão PoEMAS*, v. 1, n. 2, 2017, p. 1-15.

[22] Peter Evans, "Is It Labor's Turn to Globalize? Twenty-First Century Opportunities and Strategic Responses", *Global Labour Journal*, v. 1, n. 3, set. 2010, p. 352-79.

[23] William I. Robinson, *The Global Police State* (Londres, Pluto Press, 2020).

256 *O solo movediço da globalização*

formas políticas ainda mais restritas, dada a impossibilidade objetiva de a classe capitalista transnacional organizar novas formas de dominação hegemônica. Nos últimos anos, ganharam força movimentos políticos e governos com características neofascistas, além da intensificação da especulação financeira e da acumulação militarizada em todo o mundo. Os eventos recentes no Brasil e a experiência com o governo de Jair Bolsonaro, certamente representativos desse fenômeno, trazem novos desafios para a classe trabalhadora e para as massas populares.

Sem pretender desenvolver tais reflexões neste momento, é útil igualmente apontar as escolhas da CCT em tal contexto de crise. A sobreacumulação de capitais e a dificuldade de valorizá-los levam à intensificação de formas de acumulação primitiva e à despossessão de bens comuns tornados mercadorias, em um processo descrito por David Harvey como "acumulação por espoliação"[24], a que estariam sujeitos os recursos naturais, a terra e os serviços públicos. Se a acumulação por espoliação é uma das faces da crise do capitalismo global, faz ainda mais sentido a aposta na mobilização transnacional como resposta à barbárie – manifestada na destruição de vidas e sonhos de centenas de trabalhadores e de suas famílias em Brumadinho ou na escala trágica e inaudita das centenas de milhares de vítimas da covid-19 em nosso país. A respeito do lugar do Brasil na globalização neoliberal, Chico de Oliveira chegou a uma conclusão cortante há quase duas décadas:

> O ornitorrinco é isso: não há possibilidade de permanecer como subdesenvolvido e aproveitar as brechas que a Segunda Revolução Industrial propiciava; não há possibilidade de avançar, no sentido da acumulação digital-molecular: as bases internas da acumulação são insuficientes, estão aquém das necessidades para uma ruptura desse porte. Restam apenas as "acumulações primitivas", tais como as privatizações propiciaram: mas agora com o domínio do capital financeiro, elas são apenas transferências de patrimônio, não são, propriamente falando, "acumulação". [...] O ornitorrinco capitalista é uma acumulação truncada e uma sociedade desigualitária sem remissão.[25]

Com a inspiração etnográfica desta pesquisa, baseada na metodologia do "estudo de caso ampliado" de Michael Burawoy[26], pretendia-se buscar as macroforças sociais nos microprocessos observados em campo. A dinâmica do capitalismo global, por essa razão, esteve sempre presente como pano de fundo da análise do objeto e das transformações experimentadas durante a investigação. A ida a campo em Sudbury e o tratamento da longa greve de 2009-2010 nas operações da Vale

---

[24] David Harvey, *O novo imperialismo* (8. ed., trad. Adail Sobral e Maria Stela Gonçalves, São Paulo, Loyola, 2014).

[25] Francisco de Oliveira, "O ornitorrinco", em *Crítica à razão dualista/O ornitorrinco* (São Paulo, Boitempo, 2003), p. 150.

[26] Michael Burawoy, *Marxismo sociológico: quatro países, quatro décadas, quatro grandes transformações e uma tradição crítica* (trad. Marcelo Guirau e Fernando Jardim, São Paulo, Alameda, 2014).

no Canadá revelaram a necessidade de transcender análises baseadas apenas em dinâmicas nacionais.

Tal "ampliação" para além do Estado-nação permite enquadrar melhor os fenômenos locais e globais, a parte e o todo: como no poema de Drummond que serve de epígrafe a este livro, uma rua começa em Itabira (ou em Carajás, São Luís, Sudbury...) e vai dar em qualquer ponto da Terra. Novamente, contemplo a maravilha e a tragédia, a riqueza e a miséria do Brasil, tal como quando me apoiei em um mirante diante da maior mina de ferro do mundo no coração da Amazônia.

Referências bibliográficas

AGUIAR, Thiago. *Maquiando o trabalho*: opacidade e transparência numa empresa de cosméticos global. São Paulo, Annablume, 2017.

_____. Trabalhadoras lesionadas demitidas numa empresa global de capital nacional: trabalho, flexibilidade e gênero sob a "nova condição operária". *Revista da ABET*, v. 15, n. 1, jan./ jun. 2016.

ANNER, Mark et al. Determinantes industriais da solidariedade transnacional: política intersindical global em três setores. *Estudos Avançados*, São Paulo, v. 28, n. 81, 2014, p. 229-50.

ANTUNES, Ricardo (org.). *Riqueza e miséria do trabalho no Brasil*. São Paulo, Boitempo, 2006.

_____. *Riqueza e miséria do trabalho no Brasil II*. São Paulo, Boitempo, 2013.

_____. *Riqueza e miséria do trabalho no Brasil III*. São Paulo: Boitempo, 2014.

ASKOLDOVA, Svétlana. *Le Trade-unionisme américain – formation d'une idéologie (fin du XIXème siècle)*. Moscou, Éditions du Progrès, 1981.

BAN, Cornel. Brazil's Liberal Developmentalism. *Review of International Political Economy*, v. 20, n. 2, 2013, p. 298-331.

BEAUD, Stéphane; PIALOUX, Michel. Partir para o trabalho de campo em Sochaux com "Bourdieu na cabeça". *Cadernos CERU/Centro de Estudos Rurais e Urbanos*, São Paulo, v. 24, n. 2, dez. 2013.

_____. *Retorno à condição operária*: investigação em fábricas da Peugeot na França. Trad. Mariana Echalar, São Paulo, Boitempo, 2009.

BEYNON, Huw. *Trabalhando para Ford*: trabalhadores e sindicalistas na indústria automobilística. Rio de Janeiro, Paz e Terra, 1995.

BEYNON, Huw; NICHOLS, Theo. *Patterns of Work in the Post-Fordist Era: Fordism and Post-Fordism*. Cheltenham: Edward Elgar Pub, 2006.

BIANCHI, Alvaro; BRAGA, Ruy. A financeirização da burocracia sindical no Brasil. *Correio da Cidadania*, 11 maio 2011. Disponível em: <http://www.correiocidadania.com.br/index.php?option=com_content&view=article&id=5816:submanchete120511&catid=25:politica&Itemid=47>. Acesso em: 26 maio 2021.

_____. The Lula Government and Financial Globalization. *Social Forces*, v. 83, n. 4, jun. 2005, p. 1.745-62.

BLACKROCK. *2020 Annual Report*. Disponível em: <https://www.blackrock.com/corporate/literature/annual-report/blackrock-2020-annual-report.pdf>. Acesso em: 4 jun. 2021.

BOITO JR., Armando. Governos Lula: a nova burguesia nacional no poder. In: _____. *O sindicalismo de Estado no Brasil*. São Paulo, Hucitec/Editora da Unicamp, 1991.

BOITO JR., Armando; GALVÃO, Andréia. *Política e classes sociais no Brasil dos anos 2000*. São Paulo, Alameda, 2012.

BOND, Patrick; GARCIA, Ana (orgs.). *BRICS*: An Anti-Capitalist Critique. Chicago, Haymarket Books, 2015.

BOUÇAS, Cibelle; GÓES, Francisco; ROSAS, Rafael. Vale fecha acordo com MG e vai pagar R$ 37,7 bilhões. *Valor Econômico*, São Paulo, 5 fev. 2021, Empresas, p. B4.

BRAGA, Ruy. *A política do precariado*: do populismo à hegemonia lulista. São Paulo, Boitempo, 2012.

_____. Terra em transe: o fim do lulismo e o retorno da luta de classes. In: SINGER, André; RIZEK, Cibele (orgs.). *As contradições do lulismo*: a que ponto chegamos? São Paulo, Boitempo, 2016, p. 55-92.

BRASCH, Hans. *Winds of Change: The Local 6500 USW Strike of 2009 to 2010*. Sudbury, Hans and Teresa Brasch, 2010.

BRESSER-PEREIRA, Luiz Carlos. Do antigo ao novo desenvolvimentismo na América Latina. In: PRADO, Luiz Carlos (org.). *Desenvolvimento econômico e crise*. Rio de Janeiro, Contraponto, 2012, p. 27-66.

_____. O governo Dilma frente ao "tripé macroeconômico" e à direita liberal e dependente. *Novos Estudos*, São Paulo, Cebrap, n. 95, mar. 2013.

BURAWOY, Michael. From Polanyi to Pollyanna: The False Optimism of Global Labor Studies. *Global Labour Journal*, Berkeley, v. 1, n. 2, 2010, p. 301-12.

_____. *Manufacturing Consent*: Changes in the Labor Process Under Monopoly Capitalism. Chicago, The University of Chicago Press, 1979.

_____. *Manufacturing Consent* revisitado: uma nova aproximação. *Revista Outubro*, n. 29, nov. 2017.

_____. *Marxismo sociológico*: quatro países, quatro décadas, quatro grandes transformações e uma tradição crítica. São Paulo, Alameda, 2014.

_____. On Uncompromising Pessimism: Response to My Critics. *Global Labour Journal*, Berkeley, v. 2, n. 1, 2011, p. 73-7.

BURAWOY, Michael et al. *Ethnography Unbound*. Berkeley, University of California Press, 1991.

_____. *Global Ethnography*. Berkeley, University of California Press, 2000.

CAMARGOS, Daniel. Brumadinho: Vale quer reduzir em R$ 30 bi valor que pagará por reparação de danos. *Repórter Brasil*, 19 nov. 2020. Disponível em: <https://reporterbrasil.org.br/2020/11/brumadinho-vale-quer-reduzir-em-r-30-bi-valor-que-pagara-por-reparacao-de-danos/>. Acesso em: 26 maio 2021.

CARDOSO, Fernando Henrique; FALETTO, Enzo. *Dependency and Development in Latin America*. Trad. Marjory Urquidi, Berkeley, University of California Press, 1979.

CARROLL, William. Global, Transnational, Regional, National: The Need for Nuance in Theorizing Global Capitalism. *Critical Sociology*, v. 38, n 3, 2012.

_____. *The Making of a Transnational Capitalist Class*. Londres, Zed Books, 2010.

CARVALHO, Laura Nazaré de. Análise da ação dos sindicatos dos trabalhadores da mineradora Vale S.A. na região Sudeste brasileira. *Textos & Debates*, Boa Vista, n. 23, jan./jul. 2013, p. 91-114.

CASTEL, Robert. *As metamorfoses da questão social*: uma crônica do salário. Trad. Iraci Poleti, Petrópolis, Vozes, 2005.

Referências bibliográficas   261

CHESNAIS, François. *A mundialização do capital.* São Paulo, Xamã, 1996.

COELHO, Tádzio Peters. Minério-dependência e alternativas em economias locais. *Versos – Textos para Discussão PoEMAS*, v. 1, n. 3, 2017, p. 1-8.

_____. *Noventa por cento de ferro nas calçadas*: mineração e (sub)desenvolvimentos em municípios minerados pela Vale S.A. Tese de doutorado, Rio de Janeiro, Universidade do Estado do Rio de Janeiro, 2016.

_____. *Projeto Grande Carajás*: trinta anos de desenvolvimento frustrado. Rio de Janeiro, Ibase, 2014.

COELHO, Tádzio Peters; MILANEZ, Bruno; PINTO, Raquel Giffoni. A empresa, o Estado e as comunidades. In: ZONTA, Marcio; TROCATE, Charles (orgs.). *Antes fosse mais leve a carga*: reflexões sobre o desastre da Samarco/Vale/BHP Billiton. Marabá, iGuana, 2016.

COUTROT, Thomas. *L'Entreprise néo-libérale, nouvelle utopie capitaliste?* Paris, La Découverte, 1998.

CUNHA, Joana. Governo quer ficar só com Petrobras, Caixa e Banco do Brasil, afirma secretário. *Folha de S.Paulo*, 29 jan. 2019. Disponível em: <https://www1.folha.uol.com.br/mercado/2019/01/bndespar-vai-se-desfazer-de-suas-acoes-e-ser-fechado-nos-proximos-quatro-anos--diz-salim-mattar.shtml>. Acesso em: 26 maio 2021.

DE LA GARZA, Enrique. Epistemología de las teorías sobre modelos de producción. In: _____. *Los retos teóricos de los estudios del trabajo hacia el siglo XXI.* Buenos Aires, CLACSO (Consejo Latinoamericano de las Ciencias Sociales), 1999.

DICKEN, Peter. *Global Shift.* 7. ed., Londres e Nova York, The Guilford Press, 2015.

DIEGUEZ, Consuelo. O bilionário do barulho. *Piauí*, n. 171, dez. 2020.

_____. Sérgio Rosa e o mundo dos fundos. *Piauí*, n. 35, ago. 2009.

DILLMAN, Martha. Mine, Mill and Smelter Workers Vote 85% for Vale Contract, Ending 2--Month Strike. *CBC News*, 4 ago. 2021. Disponível em: <https://www.cbc.ca/news/canada/sudbury/usw-vale-collective-agreement-1.6128851>. Acesso em: 4 fev. 2021.

DUBAR, Claude. A sociologia do trabalho frente à qualificação e a competência. *Educação & Sociedade*, v. 19. n. 64, set. 1999.

DURAND, Jean Pierre. A refundação do trabalho no fluxo tensionado. *Tempo Social*, v. 1, n. 15, abr. 2003.

EIDLIN, Barry. Class vs. Special Interest: Labor, Power, and Politics in the United States and Canada in the Twentieth Century. *Politics & Society*, v. 43, n. 2, 2015, p. 181-211.

EVANS, Peter. Counter-Hegemonic Globalization: Transnational Social Movements in the Contemporary Global Political Economy. In: JANOSKI, Thomas; ALFORD, Robert R.; HICKS, Alexander; SCHWARTZ, Mildred. *The Handbook of Political Sociology.* Nova York, Cambridge University Press, 2005, p. 655-70.

_____. Is an Alternative Globalization Possible? *Politics and Society*, v. 36, n. 2, 2008, p. 271-305.

_____. Is It Labor's Turn to Globalize? Twenty-First Century Opportunities and Strategic Responses. *Global Labour Journal*, v. 1, n. 3, set. 2010, p. 352-79.

_____. National Labor Movements and Transnational Connections: Global Labor's Evolving Architecture Under Neoliberalism. *Global Labour Journal*, v. 5, n. 3, set. 2014, p. 258-82.

_____. Predatory, Developmental and Other Apparatuses: A Comparative Political Economy Perspective on the Third World State. *Sociological Forum*, v. 4, n. 4, dez. 1989, p. 561-89.

FRAMIL FILHO, Ricardo. *O internacionalismo operário entre o local e o global*: as redes sindicais de trabalhadores químicos e metalúrgicos no Brasil. Dissertação de mestrado, São Paulo, Faculdade de Filosofia, Letras e Ciências Humanas, Universidade de São Paulo, 2016.

262   *O solo movediço da globalização*

GEREFFI, Gary et al. The Governance of Global Value Chains. *Review of International Political Economy*, v. 12, n. 1, 2005.

GEREFFI, Gary; KORZENIEWICZ, Miguel (orgs.). *Commodity Chains and Global Capitalism*. Westport, Praeger, 1994.

GODEIRO, Nazareno (org.). *Vale do Rio Doce*. Nem tudo que reluz é ouro. Da privatização à luta pela reestatização. São Paulo, Sundermann, 2007.

GÓES, Francisco; FILGUEIRAS, Maria Luíza. BNDES sai da Vale e embolsa R$ 11,2 bi. *Valor Econômico*, São Paulo, 24 fev. 2021, Finanças, p. C3.

GÓES, Francisco; ROSAS, Rafael. Conselho da Vale será mais diversificado. *Valor Econômico*, São Paulo, 4 maio 2021, Empresas, p. B1.

GÓES, Francisco; ROSTÁS, Renato. Novo CEO terá desafio de reduzir dívida de US$ 25 bilhões. *Valor Econômico*, 28 mar. 2017. Disponível em: <https://valor.globo.com/empresas/noticia/2017/03/28/novo-ceo-tera-desafio-de-reduzir-divida-de-us-25-bilhoes.ghtml>. Acesso em: 26 maio 2021.

GORDON, Todd; WEBBER, Jeffery. *Blood of Extraction – Canadian Imperialism in Latin America*. Halifax e Winnipeg, Fernwood Publishing, 2016.

GRAY, Chad William. *Riding Bicycles When We Need Cars*: The Development of Transnational Union Networks in Brazil. Tese de doutorado, Ithaca, Cornell University, 2015.

GRÜN, Roberto. *Decifra-me ou te devoro*: o Brasil e a dominação financeira. São Paulo, Alameda, 2015.

_____. Fundos de pensão no Brasil do final do século XX: guerra cultural, modelos de capitalismo e os destinos das classes médias. *Mana*, v. 9, n. 2, 2003, p. 7-38.

HALL, Peter A.; SOSKICE, David. An Introduction to Varieties of Capitalism. In: HALL, Peter A.; SOSKICE, David (orgs.). *Varieties of Capitalism*: The Institutional Foundations of Comparative Advantage. Oxford, Oxford University Press, 2001, p. 1-68.

HARRIS, Jerry. Who Leads Global Capitalism? The Unlikely Rise of China. *Race, Class and Corporate Power*, v. 6, n. 1, 2018.

HARTMANN, Michael. Transnationalisation et spécificités nationales des élites économiques. *Actes de la Recherche en Sciences Sociales*, n. 190, 2011, p. 10-23.

HARVEY, David. *Condição pós-moderna*: uma pesquisa sobre as origens da mudança cultural. Trad. Adail Sobral e Maria Gonçalves, São Paulo, Loyola, 2009.

_____. *O novo imperialismo*. 8. ed., trad. Adail Sobral e Maria Gonçalves, São Paulo: Loyola, 2014.

HENDERSON, Jeffrey et al. Redes de produção globais e a análise do desenvolvimento econômico. *Revista Pós Ciências Sociais*, v. 8, n. 15, 2011.

HENNEBERT, Marc-Antonin. Os acordos-marco internacionais e as alianças sindicais internacionais: instrumentos de uma necessária transnacionalização da militância sindical. *Sociologias*, Porto Alegre, v. 19, n. 45, 2017, p. 116-43.

HIRATA, Helena. *Sobre o modelo japonês*: automatização, novas formas de organização e de relações de trabalho. São Paulo, Edusp, 1993.

HIRST, Paul; THOMPSON, Grahane. *Globalização em questão*. Trad. Wanda Brandt, Petrópolis, Vozes, 1998.

HUME, Neil; POOLER, Michael. Presidente da Vale rejeita cenário de superciclo para o minério de ferro. *Valor Econômico*, São Paulo, 18 maio 2021, Empresas, p. B5.

INCO; USW LOCAL 6500. *Collective Agreement between Inco Limited and United Steelworkers, Local 6500*. June 1st, 2006.

Referências bibliográficas 263

KNOWLES, Caroline. *Nas trilhas de um chinelo*: uma jornada pelas vias secundárias da globalização. São Paulo, Annablume, 2017.

KREIN, José D.; VÉRAS DE OLIVEIRA, Roberto; FILGUEIRAS, Vitor (orgs.). *Reforma trabalhista no Brasil*: promessas e realidade. Campinas, Curt Nimuendajú, 2019.

LEE, Ching Kwan. The Spectre of Global China. *New Left Review*, n. 89, set./out. 2014.

LIMA, Raphael Jonathas da Costa. CSN e Volta Redonda: uma relação histórica de dependência e controle. *Política & Sociedade*, v. 12, n. 25, 2013, p. 41-64.

LIRA NETO. *Getúlio (1930-1945)*: do governo provisório à ditadura do Estado Novo. São Paulo, Companhia das Letras, 2013.

LUKES, Steven. Poder. In: OUTHWAITE, William; BOTTOMORE, Tom (orgs.). *Dicionário do pensamento social do século XX*. Rio de Janeiro, Jorge Zahar Editor, 1996, p. 580-2.

_____. *Power: A Radical View*. Basingstoke, Palgrave Macmillan, 2005.

MADRID, Sebastián. Elites in Their Real Lives: A Chilean Comment on Robinson. *Critical Sociology*, v. 38, n. 3, 2012.

MARSHALL, Judith. Behind the Image of South-South Solidarity at Brazil's Vale. In: BOND, Patrick; GARCIA, Ana (orgs.). *BRICS: An Anti-Capitalist Critique*. Chicago, Haymarket Books, 2015, p. 162-85.

_____. *Tailings Dam Spills at Mount Polley and Mariana*: Chronicles of Disasters Foretold. CMP; CCPA–BC Office; PoEMAS; Wilderness Committee, 2018. Disponível em <https://www.policyalternatives.ca/sites/default/files/uploads/publications/BC%20Office/2018/08/CCPA--BC_TailingsDamSpills.pdf>. Acesso em: 12 jan. 2019.

_____. The Worst Company in the World. *Jacobin*, Nova York, n. 19, outono 2015, p. 53-9.

MCGUGAN, Ian. The Great Canadian Mining Non-Disaster. *The Globe and Mail*, Toronto, 5 nov. 2016. Disponível em: <https://www.theglobeandmail.com/report-on-business/industry-news/energy-and-resources/sudbury-mining-foreign-acquisition/article32675450/>. Acesso em: 26 maio 2021.

MELLO E SILVA, Leonardo. Inovações do sindicalismo brasileiro em tempos de globalização e o trabalho sob tensão. In: SINGER, André; RIZEK, Cibele (orgs.). *As contradições do lulismo*: a que ponto chegamos? São Paulo, Boitempo, 2016, p. 93-122.

_____. Redes sindicais em empresas multinacionais: contornos de um sindicalismo cosmopolita? A experiência do ramo químico. In: CACCIAMALI, Maria Cristina; RIBEIRO, Rosana; MACAMBIRA, Júnior (orgs.). *Século XXI*: transformações e continuidades nas relações de trabalho. Fortaleza, Instituto de Desenvolvimento do Trabalho, Banco do Nordeste do Brasil, Universidade de São Paulo, 2011.

_____. Trabalho e regresso: entre desregulação e re-regulação. In: OLIVEIRA, Francisco; BRAGA, Ruy; RIZEK, Cibele (orgs.). *Hegemonia às avessas*: economia, política e cultura na era da servidão financeira. São Paulo, Boitempo, 2010.

MELLO E SILVA, Leonardo (org.). *Exercícios de sociologia do trabalho*. Belo Horizonte, Fino Traço, 2016.

MELLO E SILVA, Leonardo; FRAMIL FILHO, Ricardo; FRESTON, Raphael. Redes sindicais em empresas transnacionais: enfrentando a globalização do ponto de vista dos trabalhadores. *Análise*, Friedrich Ebert Stiftung Brasil, n. 5, 2015.

MICUSSI, Pedro. *Empresário industrial e governos do PT*: o caso do Iedi (2003-2016). Dissertação de mestrado, São Paulo, Faculdade de Filosofia, Letras e Ciências Humanas, Universidade de São Paulo, 2021.

MILANEZ, Bruno. Governo Temer dialoga por decreto para concluir mudanças no Código Mineral. 19 jun. 2018. Disponível em: <http://emdefesadosterritorios.org/governo-temer-dialoga-por-decreto-para-concluir-mudancas-no-codigo-mineral/>. Acesso em: 26 maio 2021.

MILANEZ, Bruno; COELHO, Tádzio Peters; WANDERLEY, Luiz Jardim de Moraes. O projeto mineral no Governo Temer: menos Estado, mais mercado. *Versos – Textos para Discussão PoEMAS*, v. 1, n. 2, 2017, p. 1-15.

MILANEZ, Bruno; SANTOS, Rodrigo S. P. Topsy-Turvy Neo-Developmentalism: An Analysis of the Current Brazilian Model of Development. *Revista de Estudios Sociales*, n. 53, jul./set. 2015, p. 12-28.

MILANEZ, Bruno et al. A estratégia corporativa da Vale S.A.: um modelo analítico para redes globais extrativas. *Versos – Textos para Discussão PoEMAS*, v. 2, n. 2, 2018, p. 1-43.

_____. Minas não há mais: avaliação dos aspectos econômicos e institucionais do desastre da Vale na bacia do rio Paraopeba. *Versos – Textos para Discussão PoEMAS*, v. 3, n. 1, 2019, p. 1-114.

MINAYO, Maria Cecília de Souza. *De ferro e flexíveis*: marcas do Estado empresário e da privatização na subjetividade operária. Rio de Janeiro, Garamond, 2004.

MOODY, Roger. *Rocks and Hard Places*: The Globalization of Mining. Londres, Zed Books, 2007.

MUNCK, Ronaldo. *Globalization and Labour*: The New "Great Transformation". Londres, Zed Books, 2002.

_____. Labour Dilemmas and Labour Futures. In: MUNCK, Ronaldo; WATERMAN, Peter (orgs.). *Labour Worldwide in the Era of Globalization*: Alternative Union Models in the New World Order. Londres, Macmillan Press, 1999, p. 3-23.

NOGUEIRA, Marta. Vale perde posto de maior produtora global de minério de ferro para Rio Tinto. *UOL*, 11 fev. 2020. Disponível em <https://economia.uol.com.br/noticias/reuters/2020/02/11/vale-perde-posto-de-maior-produtora-global-de-minerio-de-ferro-para-rio-tinto.htm>. Acesso em: 26 maio 2021.

OLIVEIRA, Francisco de. O ornitorrinco. In: _____. *Crítica à razão dualista/O ornitorrinco*. São Paulo, Boitempo, 2003.

OLIVEIRA, Francisco de; BRAGA, Ruy; RIZEK, Cibele (orgs.). *Hegemonia às avessas*: economia, política e cultura na era da servidão financeira. São Paulo, Boitempo, 2010.

PAMPLONA, Nicola. Vale volta a estudar IPO de divisão de metais básicos. *Folha de S.Paulo*, 28 abr. 2021, Mercado, p. A24.

PETERS, John. Down in the Vale: Corporate Globalization, Unions on the Defensive, and the USW Local 6500 Strike in Sudbury, 2009-2010, *Labour*, v. 66, outono 2010, p. 73-105.

POCHMANN, Marcio. *Nova classe média?* O trabalho na base da pirâmide social brasileira. São Paulo, Boitempo, 2012.

POLANYI, Karl. *A grande transformação: as origens políticas e econômicas de nossa época*. Rio de Janeiro, Contraponto, 2021.

PREVI. *Relatório anual 2015*. Disponível em: <https://www.previ.com.br/quemsomos/relatorio2015/files/PREVI_RA2015_20160415c.pdf>. Acesso em: 4 dez. 2021.

PWC. *Mine 2020: Resilient and Resourceful*, 2020. Disponível em: <https://www.pwc.com/gx/en/energy-utilities-mining/publications/pdf/pwc-mine-2020.pdf>. Acesso em: 26 maio 2021.

RAGAZZI, Ana Paula; MOREIRA, Talita; FILGUEIRAS, Maria Luíza. Venda de debêntures da Vale soma R$ 11,5 bilhões. *Valor Econômico*, São Paulo, 13 abr. 2021. Disponível em: <https://valor.globo.com/financas/noticia/2021/04/13/venda-de-debentures-da-vale-soma-r-115-bilhoes.ghtml>. Acesso em: 26 maio 2021.

Referências bibliográficas   265

ROBINSON, William I. Debate on the New Global Capitalism: Transnational Capitalist Class, Transnational State Apparatuses and Global Crises. *International Critical Thought*, v. 7, n. 2, 2017, p. 171-89.

_____. *Global Capitalism and the Crisis of Humanity*. Nova York: Cambridge University Press, 2014.

_____. *The Global Police State*. Londres, Pluto Press, 2020.

_____. The Transnational State and the BRICS: A Global Capitalism Perspective. *Third World Quarterly*, v. 36, n. 1, 2015, p. 1-21.

_____. Transnational Processes, Development Studies and Changing Social Hierarchies in the World System: A Central American Case Study. *Third World Quarterly*, v. 22, n. 4, 2001, p. 529-63.

_____. Trumpismo, fascismo do século XXI e ditadura da classe capitalista transnacional, 2018. Disponível em: <https://movimentorevista.com.br/2018/11/trumpismo-fascismo-do-seculo-xxi-e-ditadura-da-classe-capitalista-transnacional/>. Acesso em: 15 jan. 2019.

_____. *Una teoría sobre el capitalismo global*: producción, clase y Estado en un mundo transnacional. Trad. Víctor Acuña e Myrna Alonzo, Cidade do México, Siglo XXI Editores, 2013.

ROMBALDI, Maurício. Diferentes ritmos da internacionalização sindical brasileira: uma análise dos setores metalúrgico e de telecomunicações. *Caderno CRH*, Salvador, v. 29, n. 78, 2016, p. 535-51.

ROTH, Reuben; STEEDMAN, Mercedes; CONDRATTO, Shelley. The Casualization of Work and the Rise of Precariousness in Sudbury's Nickel Mining Industry. In: *33th International Labour Process Conference (ILPC)*, Atenas, 2015.

RUESCHEMEYER, Dietrich; EVANS, Peter. The State and Economic Transformation: Toward an Analysis of the Conditions Underlying Effective Intervention. In: EVANS, Peter; RUESCHEMEYER, Dietrich; SKOCPOL, Theda (orgs.). *Bringing the State Back In*. Cambridge, Cambridge University Press, 1985, p. 44-77.

SAAD FILHO, Alfredo; MORAIS, Lecio. *Brasil*: neoliberalismo versus democracia. São Paulo, Boitempo, 2018.

SAMPAIO JR., Plínio de Arruda. *Crônica de uma crise anunciada*: crítica à economia política de Lula e Dilma. São Paulo, SG-Amarante Editorial, 2017.

_____. Desenvolvimentismo e neodesenvolvimentismo: tragédia e farsa. *Serviço Social e Sociedade*, n. 112, out./dez. 2012.

SANTOS, Rodrigo S. P. A construção social de uma corporação transnacional: notas sobre a 'nova privatização' da Vale S.A.. *Revista de Estudos e Pesquisas sobre as Américas*, Brasília, v. 13, n. 2, 2019.

_____. A nova governança corporativa da Vale S.A.: um percurso político em direção à *"true corporation"*. *Versos – Textos para Discussão PoEMAS*, v. 1, n. 4, 2017, p. 1-20.

_____. Desenvolvimento econômico e mudança social: a Vale e a mineração na Amazônia Oriental. *Caderno CRH*, Salvador, v. 29, n. 77, maio/ago. 2016, p. 295-312.

SANTOS, Rodrigo S. P.; MILANEZ, Bruno. Poder corporativo e ação econômica: reflexões a partir da mineração de ferro. *Revista de Ciências Sociais*, n. 48, jan./jun. 2018, p. 95-113.

_____. Redes globais de produção (RGPs) e conflito socioambiental: a Vale S.A. e o Complexo Minerário de Itabira. In: VII SINGA, 2015, Goiânia. *Anais do VII Singa*. Goiânia: PPGEO; Laboter; Iesa, UFG, 2015a, p. 2.093-108.

_____. The Global Production Network for Iron Ore: Materiality, Corporate Strategies, and Social Contestation in Brazil. *The Extractive Industries and Society*, v. 2, 2015, p. 756-65.

SANTOS, Rodrigo S. P.; RAMALHO, José Ricardo. Estratégias corporativas e de relações de trabalho no Brasil: uma análise preliminar de 4 grupos multinacionais. In: *Anais do XIV Encontro Nacional da ABET*, 2015.

SCHINCARIOL, Juliana. Previ vende R$ 36 bi em renda variável. *Valor Econômico*, São Paulo, 12 maio 2021, Valor Investe, p. C6.

SCHNEIDER, Ben Ross. Hierarchical Market Economies and Varieties of Capitalism in Latin America. *Journal of Latin American Studies*, v. 41, n. 3, ago. 2009, p. 553-75.

SCHRANK, Andrew. Conquering, Comprador, or Competitive: The National Bourgeoisie in the Developing World. *New Directions in the Sociology of Global Development*, v. 11, 2005.

SIMON, Bernard; WHEATLEY, Jonathan. Heading in Opposite Directions. *Financial Times*, Londres, 11 mar. 2010. Disponível em: <https://www.ft.com/content/6de1ac42-2c69-11df-be-45-00144feabdc0>. Acesso em: 26 maio 2021.

SINGER, André. A (falta de) base política para o ensaio desenvolvimentista. In: SINGER, André; RIZEK, Cibele (orgs.). *As contradições do lulismo*: a que ponto chegamos? São Paulo, Boitempo, 2016, p. 21-54.

_____. *O lulismo em crise*: um quebra-cabeça do período Dilma (2011-2016). São Paulo, Companhia das Letras, 2018.

_____. *Os sentidos do lulismo*: reforma gradual e pacto conservador. São Paulo, Companhia das Letras, 2012.

SINGER, André; RIZEK, Cibele (orgs.). *As contradições do lulismo*: a que ponto chegamos? São Paulo, Boitempo, 2016.

SKLAIR, Leslie. *Globalization*: Capitalism and Its Alternatives. Nova York, Oxford University Press, 2002.

SOUZA, Jessé. *Os batalhadores brasileiros*: nova classe média ou nova classe trabalhadora. Belo Horizonte: Editora UFMG, 2010.

SWIFT, Jamie. *The Big Nickel: Inco at Home and Abroad*. Kitchener, Between the Lines, 1977.

THOMPSON, Mark; BLUM, Albert. International Unionism in Canada: The Move to Local Control. *Industrial Relations*, Berkeley, v. 22, n. 1, inverno 1983, p. 71-85.

USW. *Steelworkers Reject Vale's Concessionary Offer, Call for Good-Faith in Negotiations as Strike Continues*, 2021. Disponível em: <https://www.usw.ca/news/media-centre/releases/2021/steelworkers-reject-vales-concessionary-offer-call-for-good-faith-negotiations-as-strike-continues>. Acesso em: 4 dez. 2021.

VALE S.A. *Composição acionária*, 31 jan. 2017. Disponível em: <http://www.vale.com/PT/investors/company/Documents/assets/201702_Composi%C3%A7%C3%A3o_acion%C3%A1ria_Jan-17.pdf>. Acesso em: 26 maio 2021.

_____. *Composição acionária*, 30 abr. 2021. Disponível em: <http://www.vale.com/PT/investors/company/shareholding-structure/Documents/Abr_Shareholder%20Structure_p.pdf>. Acesso em: 26 maio 2021.

_____. *Demonstrações contábeis Vale S.A.* 4º trimestre de 2015, 25 fev. 2016. Disponível em: <http://www.vale.com/PT/investors/information-market/financial-statements/FinancialStatementsDocs/itr_IFRS_BRL_4T15p.pdf>. Acesso em: 20 jan. 2019.

_____. *Formulário 20-F*: relatório anual 2015. Disponível em: <http://www.vale.com/PT/investors/information-market/annual-reports/20f/20FDocs/Vale%2020-F%202015_p.pdf>. Acesso em: 26 maio 2021.

_____. *Formulário 20-F*: relatório anual 2016. Disponível em: <http://www.vale.com/PT/investors/information-market/annual-reports/20f/20FDocs/Vale_20-F_FY2016_-_p.pdf>. Acesso em: 26 maio 2021.

_____. *Formulário 20-F*: relatório anual 2017. Disponível em: <http://www.vale.com/PT/investors/information-market/annual-reports/20f/20FDocs/Vale_20F_2017_p.pdf>. Acesso em: 26 maio 2021.

_____. *Formulário 20-F*: relatório anual 2019. Disponível em: <http://www.vale.com/PT/investors/information-market/annual-reports/20f/20FDocs/Vale%2020-F%202019_p.pdf>. Acesso em: 26 maio 2021.

_____. *Formulário 20-F*: relatório anual 2020. Disponível em: <http://www.vale.com/PT/investors/information-market/annual-reports/20f/20FDocs/Vale%2020-F%20FY2020%20-%20Final%20Version_pt.pdf>. Acesso em: 26 maio 2021.

_____. *Projeto Ferro Carajás S11D*: um novo impulso ao desenvolvimento sustentável do Brasil, ago. 2013.

_____. *Relatório de sustentabilidade 2015*. Disponível em: <http://www.vale.com/PT/investors/information-market/annual-reports/sustainability-reports/Sustentabilidade/relatorio-de-sustentabilidade-2015.pdf>. Acesso em: 26 maio 2021.

_____. *Relatório de sustentabilidade 2016*. Disponível em: <http://www.vale.com/PT/investors/information-market/annual-reports/sustainability-reports/Sustentabilidade/relatorio-de-sustentabilidade-2016.pdf>. Acesso em: 26 maio 2021.

_____. *Relatório de sustentabilidade 2017*. Disponível em: <http://www.vale.com/PT/aboutvale/relatorio-de-sustentabilidade-2017/Documents/v_VALE_RelatorioSustentabilidade_2017_v.pdf>. Acesso em: 26 maio 2021.

_____. *Relatório de sustentabilidade 2019*. Disponível em: <http://www.vale.com/PT/investors/information-market/annual-reports/sustainability-reports/Sustentabilidade/Relatorio_sustentabilidade_vale_2019_alta_pt.pdf>. Acesso em: 26 maio 2021.

_____. *Relatório Integrado 2020*. Disponível em: <http://www.vale.com/PT/investors/information-market/annual-reports/sustainability-reports/Sustentabilidade/Vale_Relato_Integrado_2020.pdf>. Acesso em: 26 maio 2021.

VALE S.A.; USW LOCAL 6500. *Collective Agreement between Vale Canada Limited and United Steelworkers, Local 6500, July, 8, 2010-May, 31, 2015, Ontario Operations*, 2010.

_____. *Collective Agreement between Vale Canada Limited and United Steelworkers, Local 6500, June, 1, 2015-May, 31, 2020, Ontario Operations*, 2015.

VALENTI, Graziella. Vale só terá gestão "sem dono" em 2021. *Valor Econômico*. Disponível em: <http://www.valor.com.br/empresas/4876120/vale-so-tera-gestao-sem-dono-em-2021>. Acesso em: 26 maio 2021.

VELTMEYER, Henry; PETRAS, James; VIEUX, Steve. *Neoliberalism and Class Conflict in Latin America: A Comparative Perspective on the Political Economy of Structural Adjustment*. Nova York, St. Martin's Press, 1979.

VIEIRA, André Guilherme Delgado. *O mapa da mina*. Curitiba: Kotter Editorial, 2020.

VILLAVERDE, João; RESENDE, Thiago. Vale entra para seleto grupo de empréstimos "especiais" do BNDES. *Valor Econômico*, 24 maio 2012. Disponível em: <https://valor.globo.com/brasil/noticia/2012/05/24/vale-entra-para-seleto-grupo-de-emprestimos-especiais-do-bndes.ghtml>. Acesso em: 26 maio 2021.

WALLERSTEIN, Immanuel. Dependence in an Interdependent World: The Limited Possibilities of Transformation within the Capitalist World Economy. *African Studies Review*, v. 17, n. 1, abr. 1974, p. 1-26.

WAGNER, Anne-Catherine. La bourgeoisie face à la mondialisation. *Mouvements*, n. 26, 2003, p. 33-9.

WANDERLEY, Luiz Jardim de Moraes. Do *boom* ao pós-*boom* das *commodities*: o comportamento do setor mineral no Brasil. *Versos – Textos para Discussão PoEMAS*, v. 1, n. 1, 2017, p. 1-7.

WILLIAMSON, John. What Washington Means by Policy Reform. In: WILLIAMSON, John (org.). *Latin American Adjustment: How Much Has Happened*. Washington, D.C., Institute for International Economics, 1990, p. 7-20.

WISNIK, José Miguel. *Maquinação do Mundo: Drummond e a mineração*. São Paulo: Companhia das Letras, 2018.

ZALUTH BASTOS, Pedro Paulo. A economia política do novo-desenvolvimentismo e do social--desenvolvimentismo. *Economia e Sociedade*, Campinas, v. 21, número especial, dez. 2012, p. 779-810.

ZONTA, Marcio; TROCATE, Charles (orgs.). *Antes fosse mais leve a carga*: reflexões sobre o desastre da Samarco/Vale/BHP Billiton. Marabá, iGuana, 2016.

Índice onomástico

Agnelli, Roger, 24, 38, 61, 64-5, 68, 71-2, 82, 122, 143, 156, 161-2, 164-5, 174, 194, 210, 221, 223, 225-6

Anastasia, Antônio, 188

Anner, Mark, 206-7

Antunes, Ricardo, 22

Artur Henrique, 110, 135, 165, 190, 200-1, 208-9, 211, 220-1, 229

Askoldova, Svétlana, 153

Ban, Cornel, 23

Bartolomeo, Eduardo, 146, 251

Bastos, Pedro Paulo Zaluth, 24

Batista, Eliezer, 227

Beresford, Harvey, 165

Berzoini, Ricardo, 217-8

Beynon, Huw, 20, 22, 155

Bianchi, Alvaro, 210, 217-8, 221, 232-3, 237

Blum, Albert, 152-3

Boito Jr., Armando, 23

Bolsonaro, Jair, 235, 256

Bond, Patrick, 23-4, 62, 151, 223

Bouças, Cibelle, 251

Braga, Ruy, 23-4, 27-8, 210, 217-8, 221-2, 232-3, 237

Brasch, Hans, 146, 156-8, 167, 179, 181, 197

Bresser-Pereira, Luiz Carlos, 23

Burawoy, Michael, 19, 29, 38, 41, 45-8, 196-7, 256

Cacciamali, Maria Cristina, 202

Camargos, Daniel, 251

Cardoso, Fernando Henrique (FHC), 21, 54, 56, 60-1, 67, 134, 216-7, 232

Carroll, William, 31, 36

Carvalho, Gilberto, 200

Carvalho, Laura Nazaré de, 58, 71, 80, 90, 98-9, 107, 121, 164, 176, 204,

Chesnais, François, 33

Coelho, Tádzio Peters, 24-6, 54, 60, 82, 84, 147-8, 150, 157, 164, 188, 255

Collor, Fernando, 59-60, 74-5, 133, 216, 232

Condratto, Shelley, 80, 148, 177, 182, 193,

Conté, Lansana, 225

Coutrot, Thomas, 33

Cunha, Joana, 235

Dantas, Daniel, 221

Dicken, Peter, 31, 36

Dieguez, Consuelo, 218, 224-5

Dino, Flávio, 113

Dirceu, José, 221

Drummond de Andrade, Carlos, 7, 257

Dulci, Luiz, 198, 200

Durand, Jean-Pierre, 22

270 *O solo movediço da globalização*

Eidlin, Barry, 153-4

Evans, Peter, 55-6, 194-6, 198, 255

Faletto, Enzo, 21, 54, 56

Ferreira, Murilo, 143, 164, 223, 244

Filgueiras, Maria Luíza, 243

Filgueiras, Vitor Araújo, 203

Filho, Ricardo Framil, 203, 207

Freitas, Rose de, 188

Freston, Raphael, 203, 207

Galvão, Andréia, 23

Garcia, Ana, 23-4, 62, 151, 223

Gerard, Leo, 146, 156, 161

Gereffi, Gary, 22, 31, 41

Godeiro, Nazareno, 61-2, 76,

Góes, Francisco, 228, 243, 251, 253

Gordon, Todd, 145

Gray, Chad William, 198

Grün, Roberto, 216-7, 219-20, 241

Gushiken, Luís, 217-8

Hall, Peter, 39, 154

Harris, Jerry, 234

Hartmann, Michael, 36

Hartung, Paulo, 188

Harvey, David, 22, 36, 256

Henderson, Jeffrey, 31, 41-2, 103

Hennebert, Marc-Antonin, 201

Hirata, Helena, 22

Hirst, Paul, 36

Hume, Neil, 251

Knowles, Caroline, 32

Korzeniewicz, Miguel, 22, 41

Krein, José Dari, 203

Lago, Jackson, 118

Lermen, Darci José, 135

Lessa, Carlos, 230

Lima, Raphael Jonathas da Costa, 58

Lira Neto, 52

Lukes, Steven, 104

Lula da Silva, Luiz Inácio 23, 26-7, 64, 133-4, 151, 175, 198-9, 211, 218, 221, 223-6, 232-3

Macambira, Júnior, 202

Madrid, Sebastián, 36

Maki, Jennifer, 146

Marshall, Judith, 23-5, 38, 61-2, 77, 81, 151, 164, 223

Matichuk, Marianne, 187

McGugan, Ian, 145, 159

Mello e Silva, Leonardo, 22, 43, 202-3, 207

Micussi, Pedro, 27

Milanez, Bruno, 26, 28-9, 42, 44, 52, 56-7, 62-3, 66, 70, 83-6, 88, 90-1, 95, 104, 119, 129, 139, 187-8, 222, 228, 249, 253-5

Minayo, Maria Cecília, 38, 51-3, 56, 58-60, 74-5, 101-2, 115-6

Moody, Roger, 30, 82

Moreira, Talita, 243

Neves, Aécio, 188

Nichols, Theo, 22

Oliveira, Francisco (Chico) de, 24, 232-3, 256

Oliveira, Roberto Véras de, 203

Palocci, Antônio, 218, 221

Pamplona, Nicola, 245

Peters, John, 21, 144, 150, 152, 156, 159, 163, 165, 167, 173, 188

Pimentel, Fernando, 188

Pinto, Raquel Giffoni, 188

Pochmann, Marcio, 24

Polanyi, Karl, 195-7

Pooler, Michael, 251

Prado, Luiz Carlos, 24

Índice onomástico 271

Ragazzi, Ana Paula, 243

Ramalho, José Ricardo, 43-4

Ribeiro, Rosana, 202

Rizek, Cibele, 24, 26-7, 43, 202

Robinson, William I., 24, 31-7, 40, 60-1, 191, 233-4, 255

Rodriguez, John, 187

Rombaldi, Maurício, 203

Rosa, Sérgio, 40, 45, 49, 64, 66-8, 82, 110, 119, 121, 160-1, 175-6, 190-1, 209-10, 212, 217-21, 223-5, 229-38

Rosas, Rafael, 243, 251, 253

Rostás, Renato, 228

Roth, Reuben, 80, 148, 177, 182, 193

Rousseff, Dilma, 26-7, 72, 113, 188, 211, 226-7, 235

Rueschemeyer, Dietrich, 55

Sampaio Jr., Plínio de Arruda, 24, 26, 29

Santos, Rodrigo S. P., 28, 38, 40, 42-4, 53-4, 56-7, 62, 83-5, 104, 213, 222, 226-8, 235, 240-2, 244-5, 254

Sarney, José, 113

Schneider, Ben Ross, 39

Schrank, Andrew, 36

Schvartsman, Fabio, 146, 244, 250-1

Simon, Bernard, 162

Singer, André, 24, 26-7, 43, 202, 226

Sklair, Leslie, 31, 36

Skocpol, Theda, 55

Soros, George, 225

Soskice, David, 39, 154, 183

Sousa, Marcelo, 125, 135, 139

Souza, Jessé, 24

Steedman, Mercedes, 80, 148, 177, 182, 193

Steinbruch, Benjamin, 60-1, 63-4, 66, 212

Steinmetz, Benjamin, 224-5

Swift, Jamie, 59, 144, 148

Taipo, Helena, 223

Teixeira, André, 30, 45, 57, 66-7, 82, 91-2, 98, 105-7, 109, 122, 161-2, 166, 169-71, 175-6, 179, 181-2, 187, 190-1, 197-202, 205, 245-6

Temer, Michel, 26, 84, 140, 235, 255

Thompson, Grahame, 36

Thompson, Mark, 152-3

Travers, Mark, 146

Trocate, Charles, 25, 188

Vargas, Getúlio, 51, 138

Vieira, André Guilherme Delgado, 24, 61, 71, 225-6

Wagner, Anne-Catherine, 36

Wallerstein, Immanuel, 52

Wanderley, Luiz Jardim de Moraes, 25-6, 68, 70, 84, 255

Webber, Jeffery, 145

Wheatley, Jonathan, 162

Williamson, John, 60

Zagallo, Guilherme, 59, 62-4, 81-2, 93, 96-8, 105, 122, 124, 129, 188-9, 205, 207, 209-11, 224, 227-8, 245-7

Zonta, Marcio, 25, 188, 203

Foto da ponte ferroviária de Brumadinho, que desabou após o
rompimento da barragem da mineradora Vale S.A.

Publicado em 2022, 3 anos após o rompimento da barragem Mina Córrego do Feijão, controlada pela Vale S.A., em Brumadinho (MG) – desastre que, além de toda a destruição ambiental, vitimou centenas de trabalhadores da mineradora –, este livro foi composto em Adobe Garamond Pro, corpo 11/13,2, e impresso em papel Pólen Soft 80 g/m² pela gráfica Rettec, para a Boitempo, com tiragem de 1.500 exemplares.